Thomas Ellerkmann, Dirk Christian Küsters

Gemeinsam handeln

Politik/Gesellschaftslehre für die Berufsfachschule
(Wirtschaft und Verwaltung, Technik und Naturwissenschaften,
Gesundheit und Soziales)
Ausgabe NRW

1. Auflage

Bestellnummer 21473

■ Bildungsverlag EINS
westermann

Die in diesem Produkt gemachten Angaben zu Unternehmen (Namen, Internet- und E-Mail-Adressen, Handelsregistereintragungen, Bankverbindungen, Steuer-, Telefon- und Faxnummern und alle weiteren Angaben) sind i. d. R. fiktiv, d. h., sie stehen in keinem Zusammenhang mit einem real existierenden Unternehmen in der dargestellten oder einer ähnlichen Form. Dies gilt auch für alle Kunden, Lieferanten und sonstigen Geschäftspartner der Unternehmen wie z. B. Kreditinstitute, Versicherungsunternehmen und andere Dienstleistungsunternehmen. Ausschließlich zum Zwecke der Authentizität werden die Namen real existierender Unternehmen und z. B. im Fall von Kreditinstituten auch deren IBANs und BICs verwendet.

Die in diesem Werk aufgeführten Internetadressen sind auf dem Stand zum Zeitpunkt der Drucklegung. Die ständige Aktualität der Adressen kann vonseiten des Verlages nicht gewährleistet werden. Darüber hinaus übernimmt der Verlag keine Verantwortung für die Inhalte dieser Seiten.

service@bv-1.de
www.bildungsverlag1.de

Bildungsverlag EINS GmbH
Ettore-Bugatti-Straße 6-14, 51149 Köln

ISBN 978-3-427-**21473**-1

westermann GRUPPE

© Copyright 2017: Bildungsverlag EINS GmbH, Köln
Das Werk und seine Teile sind urheberrechtlich geschützt. Jede Nutzung in anderen als den gesetzlich zugelassenen Fällen bedarf der vorherigen schriftlichen Einwilligung des Verlages.
Hinweis zu § 52a UrhG: Weder das Werk noch seine Teile dürfen ohne eine solche Einwilligung eingescannt und in ein Netzwerk eingestellt werden. Dies gilt auch für Intranets von Schulen und sonstigen Bildungseinrichtungen.

Vorwort

Das vorliegende Lehrbuch im Fach Politik/Gesellschaftslehre folgt den aktuellen Bildungsplänen für die Bildungsgänge der Berufsfachschule in den Fachbereichen Wirtschaft und Verwaltung, Technik und Naturwissenschaften sowie Gesundheit und Soziales die zu beruflichen Kenntnissen, Fähigkeiten und Fertigkeiten und Abschlüssen der Sekundarstufe I führen (Bildungsgänge der Anlage B APO-BK). Es ist in acht Anforderungssituationen gegliedert, die in ihrer Gesamtheit ein breites Spektrum an wichtigen Sachverhalten und Zusammenhängen unserer modernen, globalisierenden Gesellschaft abdecken.

Den Autoren lag es beim Verfassen des Buches am Herzen, den Grundcharakter des berufsübergreifenden Faches Politik/Gesellschaftslehre zu wahren und gleichzeitig die spezifischen Gegebenheiten des Fachbereichs Wirtschaft und Verwaltung in sinnvoller Weise einfließen zu lassen. So soll dieses Buch die Schülerinnen und Schüler dazu anregen, Sachverhalte kritisch zu hinterfragen, an demokratischen Prozessen eigenständig und mit Freude teilzunehmen und gesellschaftliche Veränderungen positiv mitzugestalten. Zudem sollen die Individualität eines jeden jungen Menschen sowie seine Urteilsfähigkeit gefördert werden.

Um diese Ziele möglichst effizient zu erreichen, ist dieses Buch kompetenzorientiert aufgebaut. Anhand von Einstiegssituationen am Anfang jedes neuen Kapitels werden die Schülerinnen und Schüler mit Grundsatzproblemen wie der scheinbaren Unvereinbarkeit zwischen wirtschaftlichem Anspruch und gesellschaftlicher Verantwortung oder dem Spannungsverhältnis zwischen individueller Freiheit des Einzelnen und dem Schutz der Gruppe konfrontiert.

Zu jeder Unterrichtseinheit werden Arbeitsvorschläge angeboten, die für die im Lehrplan geforderten Kompetenzkategorien der Sozialkompetenz und Selbstständigkeit herangezogen werden können. Sie sind mit sogenannten Kompetenzquadraten gekennzeichnet.

Mithilfe dieser Icons werden die Kompetenzen hervorgehoben, die in der jeweiligen Aufgabe im Vordergrund stehen oder besonders gefördert werden.

Grundsätzlich haben die vier im Lehrplan geforderten Kompetenzen eine feste Stellung im Kompetenzquadrat, der auch jeweils eine eigene Farbe zugeordnet wird. Kompetenzen, die in ihrer Aufgabe nicht den Schwerpunkt bilden oder nur am Rande gestreift werden, werden farbig nicht hinterlegt.

Zudem sind Fragen, die einen bestimmten Bildungsgang verstärkt ansprechen, mit einem für diesen Bereich repräsentativen Symbol versehen:

- steht für Wirtschaft und Verwaltung,
- steht für Technik und Naturwissenschaften und
- steht für Gesundheit und Soziales.

Die Verfasser

Inhaltsverzeichnis

Vorwort 3

Anforderungssituation 1
Spannungsfeld von individueller Freiheit und gesellschaftlicher Verantwortung – Soziales Handeln in lebensweltlichen Kontexten (Familie, Schule, Betrieb) 11

1	**Leben in der modernen Gesellschaft**	**12**
1.1	Definitionen von Gesellschaft	13
1.2	Gesellschaftliche Akteure	14
1.3	Aspekte unserer Gesellschaft	15
1.3.1	Globalisierung	15
1.3.2	Technisierung	17
1.3.3	Individualisierung	17
1.4	Verhaltensregeln in einer Gesellschaft	18
1.4.1	Werte	19
1.4.2	Normen	20
1.4.3	Sanktionen	22
2	**Gesellschaftliche Gruppen**	**24**
2.1	Bedeutung gesellschaftlicher Gruppen	25
2.2	Entstehung und Entwicklung sozialer Gruppen	26
2.3	Formelle Gruppen	27
2.3.1	Der Betrieb	27
2.3.2	Die Schule	30
2.4	Informelle Gruppen	31
2.4.1	Die Familie	31
2.4.2	Die Peergroup	36
2.5	Primär- und Sekundärgruppen	38
3	**Soziale Rollen**	**40**
3.1	Position und Rolle in der Gesellschaft	41
3.2	Erwartungen	41
3.2.1	Kann-Erwartungen	42
3.2.2	Soll-Erwartungen	42
3.2.3	Muss-Erwartungen	42
3.3	Soziale Rolle und Identität	43
3.4	Rollenkonflikte	44
3.4.1	Intra-Rollenkonflikte	44
3.4.2	Inter-Rollenkonflikte	45
3.5	Strategien zur Konfliktbewältigung	46
3.5.1	Konfliktvermeidung	46
3.5.2	Konfliktlösung	46

Anforderungssituation 2
Berufsorientierung und Arbeitsplatzsicherung im Wirtschaftssystem – Bedeutung von Arbeit und Beruf für den Einzelnen 49

1	**Berufsausbildung**	**50**
1.1	Das duale Ausbildungssystem	50
1.2	Die Geschichte des dualen Systems von 1830 bis heute	51
1.3	Gesetzliche Grundlagen	51
1.3.1	Das Berufsbildungsgesetz (BBiG)	52
1.3.2	Ausbildungsordnung und Rahmenlehrplan	53
1.3.3	Der Berufsausbildungsvertrag	54

1.3.4	Pflichten des Ausbildenden	57
1.3.5	Pflichten des Auszubildenden	59
1.4	Berufsbilder im Wandel	61
1.5	Schlüsselqualifikationen	63
1.5.1	Das lebenslange Lernen	64
1.5.2	Fort- und Weiterbildung	65
2	**Der Arbeitsvertrag**	**67**
2.1	Die Aufnahme eines Arbeitsverhältnisses	68
2.2	Rechte und Pflichten des Arbeitnehmers	69
2.3	Beendigung eines Arbeitsverhältnisses	70
2.3.1	Kündigung durch den Arbeitnehmer	71
2.3.2	Kündigung durch den Arbeitgeber	72
2.3.3	Aufhebungsvertrag	73
2.4	Gesetze zum Schutz der Arbeitnehmer	74
2.4.1	Allgemeiner Kündigungsschutz	74
2.4.2	Besonderer Kündigungsschutz	75
2.4.3	Jugendarbeitsschutz	75
2.4.4	Mutterschutz	76
2.5	Arbeitsgerichtsbarkeit	78
2.6	Der Tarifvertrag	80
2.6.1	Rund um den Tarifvertrag	81
2.6.2	Arten von Tarifverträgen	82
2.6.3	Wie entsteht ein Tarifvertrag?	82
2.6.4	Arbeitskampf	83
3	**Der Arbeitsmarkt in Deutschland**	**87**
3.1	Deutschlands Arbeitsmarkt im Wandel	88
3.1.1	Demografischer Wandel	88
3.1.2	Technologischer Wandel	89
3.2	Bildung und Arbeitslosigkeit	89
3.3	Zeit- und Leiharbeit	91

Anforderungssituation 3
Sicherung und Weiterentwicklung der Demokratie durch Partizipation – Mitwirkung und Mitbestimmung im Betrieb als demokratisches Handeln **93**

1	**Mitbestimmung**	**94**
1.1	Interessengegensätze von Arbeitgebern und Arbeitnehmern	95
1.2	Betriebsverfassungsgesetz	96
1.3	Betriebsrat	97
1.4	Jugend- und Auszubildendenvertretung	99
1.5	Bedeutung von Betriebsvereinbarungen	100
2	**Aufbau und Ordnung des Staates, Widerstandsrecht**	**102**
2.1	Merkmale der Demokratie	103
2.1.1	Merkmale der deutschen Demokratie	103
2.1.2	Föderale Struktur in Deutschland	104
2.2	Die Aufgaben der Parteien in der Demokratie	105
2.2.1	Das Parteienspektrum	105
2.2.2	Die Parteien der Bundesrepublik	106
2.2.3	Parteiprogramme	106
2.3	Wahlen in der Bundesrepublik	108
2.3.1	Mehrheitswahl	108
2.3.2	Verhältniswahl	109
2.3.3	Personalisierte Verhältniswahl	109

2.3.4	Rechtliche Grundlagen	110
2.3.5	Bundestagswahlen	112
2.4	Die Organe der deutschen Demokratie	115
2.4.1	Grundlegender Staatsaufbau	115
2.4.2	Der Bundestag	116
2.4.3	Der Bundesrat	117
2.4.4	Der Bundespräsident	119
2.4.5	Der Bundeskanzler	120
2.4.6	Polizei, Gerichtswesen, Verwaltung	122
2.4.7	Das Bundesverfassungsgericht	122

Anforderungssituation 4
Soziale Gerechtigkeit und Ungleichheit – Wert der Arbeit **125**

1	**Welchen Wert hat unsere Arbeit?**	**126**
1.1	Aspekte der Entlohnung	127
1.2	Entlohnungsformen	128
1.3	Schwächen im System der Entlohnung	128
1.3.1	Managergehälter	128
1.3.2	Unterschiede bei der Entlohnung von Frauen und Männern	130
1.3.3	Minijob oder 450-Euro-Job	130
1.3.4	Niedriglohnsektor	131
1.3.5	Welche Gegenmaßnahmen ergreift die Politik?	131
2	**Von Armut zur sozialen Gerechtigkeit**	**133**
2.1	Was bedeutet soziale Ungleichheit?	133
2.1.1	Ungleichheit der Bildungschancen	134
2.1.2	Einkommens- und Vermögensverteilung in Deutschland	134
2.2	Armut, wann liegt sie vor?	135
2.3	Sozialpolitik als Verteilungspolitik	135
3	**Sozialversicherung**	**137**
3.1	Private und gesetzliche soziale Absicherung	138
3.1.1	Überblick: Individualversicherungen	138
3.1.2	Überblick: Sozialversicherung	138
3.2	Entstehung der Sozialversicherung	139
3.3	Gesetzliche Krankenversicherung (GKV)	140
3.4	Pflegeversicherung (PV)	143
3.5	Rentenversicherung (RV)	147
3.6	Arbeitslosenversicherung (AV)	148
3.7	Unfallversicherung (UV)	150
3.8	Sonstige staatliche Maßnahmen zur sozialen Sicherheit	152
3.9	Private Vorsorgemöglichkeiten	153
3.10	Risiken und Schwächen im System der sozialen Sicherung	154
3.10.1	Demografischer Wandel	154
3.10.2	Grundlegende Reformstrategien	155

Anforderungssituation 5
Chancen und Risiken globaler Vernetzung – Wirtschaftliche Möglichkeiten, rechtliche Aspekte und ethische Grenzen des Internets **157**

1	**Globalisierung**	**158**
1.1	Aspekte der Globalisierung	159
1.1.1	Mobilität	159
1.1.2	Internationale Arbeitsteilung	160
1.1.3	Globale Vernetzung	161

1.2	Die moderne Informationsgesellschaft	162
1.3	Das Internet	163
1.3.1	Die Anfänge	163
1.3.2	Entwicklung bis heute	163
1.3.3	Ausblick	164
1.4	Nutzerverhalten	166
1.4.1	Das Internet als Informationsquelle	167
1.4.2	Das Internet als Ort für Computerspiele	167
1.4.3	Das Internet als Kommunikationsplattform	169
2	**Soziale Netzwerke**	**171**
2.1	Die Entstehung sozialer Netzwerke	172
2.2	Gemeinsamkeiten sozialer Netzwerke	172
2.3	Verschiedene Formen sozialer Netzwerke	173
2.3.1	Allgemeine soziale Netzwerke	173
2.3.2	Themenbezogene Netzwerke	174
2.3.3	Karrierenetzwerke	175
2.4	Der Nutzen sozialer Netzwerke	176
2.4.1	Nutzen für Privatanwender	176
2.4.2	Nutzen für Unternehmen	177
2.4.3	Nutzen für die Betreiber	178
3	**Gefahren in sozialen Netzwerken**	**180**
3.1	Das Netz vergisst nichts	181
3.2	Formen von Kriminalität in sozialen Netzwerken	182
3.2.1	Cybermobbing	182
3.2.2	Cyberstalking	184
3.2.3	Phishing	184
3.3	Facebook-Partys	186
3.4	Radikalität und Gewalt	187
3.5	Suchtverhalten und Schuldenfalle	188
3.6	Prävention und Intervention	189
3.7	Rechtliche Aspekte	190
3.7.1	Datenschutzbestimmungen im Internet	191
3.7.2	Urheberrecht	192
3.7.3	Jugendschutz im Internet	193
3.7.4	Allgemeine Geschäftsbedingungen	193
3.7.5	Gerichtliche Zuständigkeit	194
3.7.6	Verschiedene aktuelle Urteile zum Thema Internetkriminalität	195

Anforderungssituation 6
Schutz von Natur und Umwelt – Ressourcensicherung und Nachhaltigkeit als politische Herausforderung ... **197**

1	**Der Betrieb als Teil des Wirtschaftssystems**	**198**
1.1	Menschliche Bedürfnisse	199
1.2	Freie und wirtschaftliche Güter	199
1.3	Märkte und ihre Bedeutung	200
1.4	Grundfunktionen eines Produktionsbetriebs	202
1.4.1	Beschaffung/Disposition	202
1.4.2	Produktion	203
1.4.3	Absatz	203
1.4.4	Lager und Verwaltung	204
1.5	Unternehmensziele	204
1.5.1	Ökonomische Ziele	205
1.5.2	Soziale Ziele	205

1.5.3	Ökologische Ziele	206
1.5.4	Zielharmonien	207
1.5.5	Zielkonflikte	208

2 Wertschöpfung und Konsum 210
2.1	Die Wertschöpfungskette	211
2.1.1	Beschaffung von Rohstoffen	211
2.1.2	Verarbeitung	211
2.1.3	Verkauf – Erschließung von Absatzmärkten für den Konsum	212
2.2	Die Bedeutung des Konsums	214
2.2.1	Die Bedeutung des Konsums für den Staat	215
2.2.2	Die Bedeutung des Konsums für die Wirtschaft	215
2.2.3	Die Bedeutung des Konsums für den Einzelnen	216
2.3	Auswirkungen des Konsums auf die Umwelt	219
2.3.1	Waldrodung	219
2.3.2	Überfischung	220
2.3.3	Ausbeutung des Bodens	221

3 Umweltschutz 224
3.1	Entstehung des Umweltschutzes	225
3.2	Bereiche der Umweltgefährdung	225
3.2.1	Luftverschmutzung durch Emissionen	226
3.2.2	Verschmutzung der Meere und Gewässer	226
3.2.3	Gefährdung und Verschmutzung des Bodens	226
3.3	Das ökologische Gleichgewicht	227
3.4	Auswirkungen von Umweltverschmutzung	227
3.4.1	Lokale Auswirkungen	228
3.4.2	Globale Auswirkungen	229
3.5	Bedeutende Umweltschutzorganisationen	230
3.6	Grenzen des Umweltschutzes	231
3.7	Nachhaltigkeit	232
3.7.1	Nachhaltiges Handeln der Konsumenten	233
3.7.2	Nachhaltiges Handeln der Produzenten	233
3.7.3	Umsetzung des Nachhaltigkeitsprinzips durch die Politik	234
3.7.4	Internationale Umsetzung des Nachhaltigkeitsprinzips - Agenda 21	235

Anforderungssituation 7
Europas Zukunft zwischen Kontinuität und Krise – Die Bedeutung der Eurozone für die Weiterentwicklung der Europäischen Integration 237

1 Die Europäische Union entsteht 238

2 Die Vertiefung der Union 241
2.1	Vertrag von Maastricht	242
2.2	Vertrag von Lissabon	242

3 Die politischen Ziele der Europäischen Union 244
3.1	Hintergrund	244
3.2	Ziele der EU	245
3.3	Supranationalität	245

4 Die Institutionen (Organe) der Europäischen Union 247
4.1	Europaparlament	248
4.2	Europäischer Rat	249
4.3	Ministerrat	250
4.4	Europäische Kommission	251

4.5	Gerichtshof der Europäischen Union	252
4.6	Europäischer Rechnungshof	253
4.7	Europäische Zentralbank (EZB)	253

5	**Wie beeinflusst die EU mein Leben?**	**255**
5.1	Der Europäische Binnenmarkt	256
5.2	Grenzen der Freiheit	257
5.3	Kontrolle des Binnenmarktes	258
5.4	Der Europass	259

6	**Der Euro**	**260**
6.1	Das Eurosystem	261
6.2	Erweiterung des Eurosystems	262
6.3	Aufgabe des Eurosystems: Preisstabilität sichern	263
6.4	Unabhängigkeit der Zentralbank	264
6.5	Die Krise des Euro	264

7	**Der Weg der EU in die Zukunft**	**267**
7.1	Die Erweiterung der Union, der richtige Weg?	268
7.2	Bundesstaat oder Staatenbund?	269
7.3	Europa der Regionen	270
7.4	Europa der zwei Geschwindigkeiten	270

Anforderungssituation 8
Friedenssicherung und Globalisierung als politische Herausforderungen –
Globale Verteilung von Armut und Reichtum **273**

1	**Globalisierung: Zusammenleben in einer gemeinsamen Welt**	**274**
1.1	Was ist Globalisierung?	274
1.1.1	Neue Technologien	275
1.1.2	Liberalisierung und Deregulierung	276
1.1.3	Fluss des Geldes	276
1.2	Wie erleben wir in Deutschland die Globalisierung?	277

2	**Wie funktioniert eine globalisierte Wirtschaft?**	**279**
2.1	Die Rolle internationaler Großkonzerne in der globalisierten Weltwirtschaft	280
2.1.1	Standortwahl der Unternehmen	280
2.1.2	Verlagerung von Arbeitsplätzen	281
2.2	Globalisierung: Gewinner und Verlierer	282
2.2.1	Chancen und Risiken für Entwicklungsländer	282
2.2.2	Benachteiligung durch Handelshemmnisse	285
2.2.3	Globale Umweltprobleme	286
2.3	Globalisierung und Migration	289
2.3.1	Warum kommt es zu Migration?	289
2.3.2	Zahlen zur Migration	289
2.3.3	Migration hoch qualifizierter Menschen	290
2.3.4	Auslandsüberweisungen	290
2.3.5	Migration in Deutschland	291

3	**Friedenssicherung als globale Herausforderung**	**294**
3.1	Ursachen für Kriege zwischen Staaten	294
3.2	Ursachen für einen innerstaatlichen Konflikt	295
3.3	Die NATO und der Frieden in Europa	297
3.4	Internationaler und globaler Terrorismus	298
3.4.1	Internationale Ausweitung	298
3.4.2	Dezentrale Netzwerk-Strukturen	298

3.4.3	Finanzquellen und Unterstützung	299
3.4.4	Bekämpfungsstrategien	299

4 Die UNO ... 301

4.1	Aufgaben der UNO	302
4.2	Wichtige Organe der UNO	302
4.2.1	Generalversammlung (GV)	303
4.2.2	Sicherheitsrat (SR)	303
4.2.3	Internationaler Gerichtshof (IGH)	304
4.2.4	Generalsekretär	304
4.3	Mit welchen Mitteln kann die UNO den Frieden sichern?	305
4.3.1	Blauhelme (Peacekeeping)	305
4.3.2	Robustes Peacekeeping (3. Generation von Friedenseinsätzen)	306
4.3.3	Bewusster Kampfeinsatz (4. Generation von Friedenseinsätzen)	306
4.3.4	Die Grenzen der Belastung	306
4.4	Muss die UNO reformiert werden?	307
4.4.1	Probleme des Sicherheitsrats	308
4.4.2	Militärische Sicherheit	308

Methodenverzeichnis ... 310

Kugellagermethode oder kommunikatives Stühle rücken	310
Spinnennetzmethode	311
Karikatur	312
Pro-und-Kontra-Debatte	313
Fishbowl	314
Gruppenpuzzle	315
Mindmapping	316
Szenario	317

Stichwortverzeichnis ... 318

Bildquellenverzeichnis ... 322

Anforderungssituation 1

Spannungsfeld von individueller Freiheit und gesellschaftlicher Verantwortung – Soziales Handeln in lebensweltlichen Kontexten (Familie, Schule, Betrieb)

Kompetenzen

In diesem Kapitel lernen Sie die Bedeutung einer wertebasierten Zusammenarbeit in wichtigen Feldern unserer Gesellschaft kennen.

Sie erkennen, dass alle Mitglieder der Gesellschaft Akteure sind, die in unterschiedlichen Lebenszusammenhängen verschiedene Rollenmuster ausfüllen. Sie können Rollenkonflikte benennen und einschätzen und Lösungsansätze sowie Vermeidungsstrategien für diese Konflikte entwerfen.

1 Leben in der modernen Gesellschaft

„Unsere Gesellschaft ist immer schnelllebiger geworden", „Der Sport ist auch nur ein Querschnitt unserer Gesellschaft", „Zunehmende Rücksichtslosigkeit ist ein gesamtgesellschaftliches Problem" und „Früher war alles besser, da zählte die Gesellschaft noch etwas": Solche oder ähnliche Sätze hat jeder schon gehört, gelesen oder möglicherweise auch schon selbst einmal gesagt.

Die Gesellschaft wird für vieles verantwortlich gemacht, von globalen Lebensumständen über wirtschaftliche Entwicklungen bis hin zur Herausbildung der eigenen Persönlichkeit.

Wir befinden uns gern in netter Gesellschaft, gründen eine Gesellschaft mit beschränkter Haftung, leben in einer Wohlstandsgesellschaft, sind ehrenamtlich gesellschaftlich engagiert und haben gesellschaftliche Verpflichtungen.

Die viel zitierte Gesellschaft – was ist das überhaupt?

Arbeitsvorschläge

1 Ist ein Ameisenhaufen eine Gesellschaft?
   Finden Sie Argumente dafür und dagegen und diskutieren Sie die Ergebnisse in der Klasse.

1.1 Definitionen von Gesellschaft

Der Begriff der Gesellschaft ist nicht einfach zu fassen und je nach Sichtweise oder wissenschaftlicher Disziplin existieren verschiedene Definitionen. Einige davon sind nachstehend aufgeführt:

M1

> Gesellschaft (zu althochdeutsch Giselliscaft = Vereinigung mehrerer Gefährten, freundliches Beisammensein).
> Vieldeutig gebrauchter Begriff, der im weitesten Sinne die Verbundenheit von Lebewesen (Pflanzen, Tiere, Menschen) mit anderen ihrer Art und ihr Eingeschlossensein in den gleichen Lebenszusammenhang bezeichnet.
> Allein auf den Menschen bezogen meint G. die Menschheit schlechthin oder bestimmte begrenzte Teile davon (z. B. Menschen einer Nation) und weist auf deren Gliederung, (Rang)Ordnung und bes. strukturiertes Beziehungssystem hin.
> *Meyers großes Taschenlexikon, Band 8, Mannheim: Bibliographisches Institut Taschenbuchverlag 1994, S. 139*
>
> Gesellschaft (lat. Societas, engl. Society, frz. Societé). Grundsätzlich eine Verbindung von freien und selbstständigen Individuen, organisiert nach mehr oder weniger ausdrücklichen (bis hin zu rechtlichen) Konventionen.
> *Martin Gessmann: Philosophisches Wörterbuch, 23., vollständig neu bearb. Auflage, Stuttgart: Kröner 2009, S. 265*
>
> Gesellschaft: Ein in der Alltags- und Wissenschaftssprache vieldeutig benutzter Begriff:
> 1. Allgemein bezeichnet er das zeitlich andauernde Zusammenleben von Lebewesen einer je bestimmten Art (Menschen, Tiere, Pflanzen) in einem räumlich abgegrenzten Bereich.
>
> *Karl-Heinz Hillmann: Wörterbuch der Soziologie, 5. Auflage, Stuttgart: Kröner 2007, S. 289*
>
> Gesellschaft, das jeweils umfassendste System menschlichen Zusammenlebens. Über weitere einschränkende Merkmale besteht kein Einverständnis.
> *Werner Fuchs-Heinritz; Rüdiger Lautmann; Werner Fammstedt; Hanns Wienhold: Lexikon zur Soziologie, Opladen: Westdt. Verl. 1994, S. 235*

Alles Griechisch oder was?
Der Begriff „Psychologie" entstammt dem Altgriechischen und bedeutet so viel wie „Lehre des Geistes". Die Psychologie beschäftigt sich mit dem Verhalten eines Individuums und dessen Gründen. Erkrankungen an der Seele werden daher von einem Psychiater behandelt. Spitzensportler arbeiten oft mit einem Psychologen zusammen, um mit mentalem Druck besser umgehen zu können.

Ob beispielsweise ein Ameisenhaufen oder ein Bienenstock eine Gesellschaft bildet, ist also nicht sofort eindeutig zu klären und hängt durchaus vom Argumentationsstandpunkt ab.

Aufgaben

2 Welcher der Gesellschaftsdefinitionen in **M1** beschreibt Ihrer Meinung nach die Gesellschaft am besten und warum?

3 Finden Sie durch Recherche weitere unterschiedliche Definitionen des Begriffs „Gesellschaft".

4 Finden Sie im Konsens mit Ihrer Klasse eine eigene Definition von Gesellschaft. Bilden Sie dazu fünf Gruppen, die sich je eine Definition überlegen. Am Ende wird entweder eine dieser Definitionen gewählt oder eine ganz neue Definition gefunden.

1.2 Gesellschaftliche Akteure

Institution
Eine Institution ist eine staatliche oder gesellschaftliche Einrichtung, die nach festen Regeln funktioniert und an der Allgemeinheit ausgerichtet ist.

Blow my Whistle …
Es gibt in jeder Sprache Begriffe, die man kaum wörtlich übersetzen kann. Seit dem Politskandal um Edward Snowden bereichert der sogenannte Whistleblower, wörtlich „Pfeifenbläser", den deutschen Wortschatz. Gemeint ist jemand, der in einer Organisation Missstände oder Machenschaften aufdeckt, diese aber zunächst nicht an die Öffentlichkeit weitergibt, also im Prinzip ein interner Informant.

Gesellschaftliche Akteure sind Personen, Personengruppen oder Institutionen, die aktiv am gesellschaftlichen Leben teilnehmen, die Gesellschaft prägen und ihr damit sozusagen ein Gesicht, also eine Identität verleihen. Die Handlungen der Akteure können nicht losgelöst voneinander betrachtet werden, sondern haben stets Gründe und rufen Reaktionen anderer Gesellschaftsakteure hervor.

Prinzipiell kann man zwischen dem Staat und den Akteuren der Zivilgesellschaft unterscheiden. Staatliche Institutionen als Akteure der Gesellschaft handeln zumeist im Sinne und zum Wohle des Kollektivs, also der Gemeinschaft. Einzelpersonen und zivilgesellschaftliche Gruppen dagegen verfolgen oft individuelle, eigene Interessen.

So kann es durchaus passieren, dass Handlungen unterschiedlicher Akteure nicht die Zustimmung anderer Akteure finden. Letztendlich kommt es früher oder später jedoch in den allermeisten Fällen zu einer Einigung zwischen den Akteuren, da der Staat zwar die Rahmenbedingungen vorgibt, seine Vertreter in unserer Demokratie jedoch vom Volk, also individuell handelnden Akteuren, in regelmäßigen Abständen gewählt werden.

Aufgaben

5 Was ist höher zu bewerten: die individuelle Freiheit und Privatsphäre des Einzelnen oder Schutz und Sicherheit der Gruppe? Diskutieren Sie diese Frage am Beispiel des ehemaligen US-Geheimdienstlers Edward Snowden, der 2013 als sogenannter Whistleblower die umfangreichen Abhöraktivitäten der amerikanischen Geheimdienste öffentlich machte.

1.3 Aspekte unserer Gesellschaft

Gesellschaftliche Veränderungen hat es schon immer gegeben. Zu jeder Zeit fanden Entwicklungen statt, die einzelne Zweige der Gesellschaft oder gar die gesamte Gesellschaft prägten und in eine bestimmte, teilweise neue Richtung brachten. Diese Entwicklungen fanden auf politischem, technischem oder wirtschaftlichem Sektor statt.

M2

Häufig wirkten sich Entwicklungen in einem Bereich auch auf die anderen aus.

Nicht wenige Menschen sind der Auffassung, dass Veränderungen und Entwicklungen in immer kürzeren Abständen erfolgen, unsere Welt also immer schnelllebiger wird.

1.3.1 Globalisierung

Das Wort „Globalisierung" ist momentan sowohl in der politischen als auch der gesellschaftlichen Diskussion in aller Munde.

Der Begriff an sich ist keineswegs neu. „Globalisierung" leitet sich nämlich vom lateinischen Adjektiv „global" ab, was so viel bedeutet wie „die ganze Welt betreffend" oder auch „weltweit". Gemeint ist eine zunehmende Verflechtung und Vernetzung vieler Länder in wichtigen Bereichen des täglichen Lebens auf geschäftlicher, politischer und privater Ebene (siehe auch AS 5, 1.1).

Die Auswirkungen der Globalisierung sind für die meisten Mitglieder unserer Gesellschaft deutlicher zu spüren, als man gemeinhin wahrnimmt.

Im Folgenden werden nur einige, wichtige Beispiele aufgeführt:

Sprache

Kaum ein Bereich der modernen Gesellschaft ist so bedeutend wie Kommunikation. Um etwas gemeinsam zu verwirklichen, müssen Menschen sich verständigen.

Dabei ist die Frage, wie viele Sprachen es genau auf der Welt gibt, nicht mit letzter Sicherheit zu beantworten. Schätzungen von Sprachwissenschaftlern gehen von 4000 bis 6000 unterschiedlichen Sprachen aus, die tatsächlich noch gesprochen werden. Rechnet man tote Sprachen und Dialekte hinzu, ergibt sich schnell ein Wert von über 10000 Sprachen.

Die Entwicklung von Sprachen ist durchaus dynamisch. So ist, nicht zuletzt durch die Werbung, in vielen Sprachen eine fortschreitende Anglifizierung zu beobachten, also das Einflechten englischer Ausdrücke in die jeweilige Sprache. In Deutschland sprechen Werbemanager bereits von „Denglisch". Überhaupt hat sich Englisch in Gesellschaft, Wirtschaft und Technik als Weltsprache Nummer eins durchgesetzt und spielt beim Globalisierungsprozess eine wesentliche Rolle.

Weltsprache Deutsch?
Es ist heute vielleicht schwer zu glauben, aber Deutsch war, unter anderem wegen seiner sehr präzisen Ausdrucksmöglichkeiten, zwischen 1860 und 1950 Weltsprache im Wissenschaftssektor. Zwei verlorene Weltkriege führten dazu, dass Deutsch in der Folge stark an Bedeutung verlor.

Esperanto
Der Pole Ludwik Lejzer Zamenhof

(1859–1917) entwickelte 1887 die Kunstsprache Esperanto (hoffend). Sie sollte zur Weltsprache werden, konnte sich allerdings gegenüber historisch gewachsenen Sprachen nie behaupten und wird kaum gesprochen.

Warum heißt der Euro Euro?

Im Dezember 1995 einigte sich der Europäische Rat in Madrid auf einen Namen für die gemeinsame Währung: Euro. In der engeren Auswahl standen damals auch: Europäischer Franken, Europäische Krone und Europäischer Gulden.

Ethik
Die Ethik als Teilbereich der Philosophie wurde bereits im antiken Griechenland von Sokrates und Aristoteles begründet.
Die Ethik befasst sich mit den Verhaltensweisen von Menschen und begründet ihre Annahmen allein durch die menschliche Vernunft.

Monotheismus
bezeichnet Religionsgemeinschaften, die nur an einen einzigen Gott glauben. Die drei größten monotheistischen Religionen sind das Christentum, der Islam und das Judentum.

Säkularisierung
bedeutet die verfassungsmäßige Trennung von Religion und Staat. Gesetze basieren auf Vernunft, nicht auf dem Glauben. Besonders strikte Säkularisierung bezeichnet man als **Laizismus**.

Währung

Geld erfüllt weltweit den Zweck des Tauschmittels; der materielle Wert eines Gutes wird in Geldeinheiten ausgedrückt. Die Höhe der Geldeinheit ist dabei unter anderem abhängig von der Währung eines Landes. Und deren Name und Stellenwert weltweit ist oftmals sehr unterschiedlich. Momentan gibt es mehr als 160 verschiedene Währungen weltweit.

Ausdruck der fortschreitenden Globalisierung ist im Währungsbereich die Einführung des Euro als offizielles Zahlungsmittel. Mit Beginn des Jahres 2002 wurde der Euro in 12 Staaten als Bargeld in Umlauf gebracht. 2007 kam mit Slowenien ein 13. Staat hinzu, 2008 folgten Zypern und Malta, 2009 die Slowakei, 2011 Estland und 2014 Lettland.

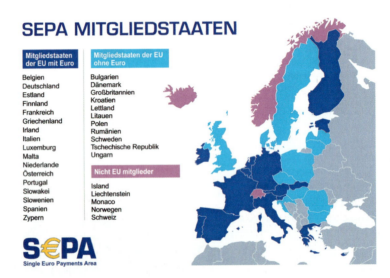

Ein weiterer Globalisierungsbeleg ist die Standardisierung des Europäischen Zahlungsverkehrs (SEPA).

Kultur

Unter dem Begriff „Kultur" werden alle Dinge zusammengefasst, die Menschen alleine oder gemeinschaftlich erschaffen und gestalten. Im weitesten Sinne liegt in der Kultur die Identität einer Gesellschaft. Diese drückt sich in Religion, Bildung, Sitten und Gebräuchen, Bauten, Kleidung und Nahrung aus. Die Kultur gibt Aufschluss über den Entwicklungsstand einer Gesellschaft im ethischen Sinne.

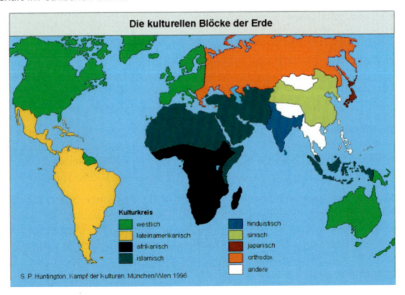

Tendenzen der Globalisierung innerhalb der Kulturen sind in vielen der genannten Bereiche zu beobachten. Vor allem in großen Städten verwischen kulturelle Unterschiede von einst. Als Paradebeispiele für Globalisierung im Kulturbereich werden immer wieder Coca Cola und McDonald's genannt, die bestimmte (US-amerikanische) Nahrungsgewohnheiten in die gesamte Welt brachten und hoffähig machten.

1.3.2 Technisierung

Technik hilft den Menschen seit jeher bei der Bewältigung schwerer oder schwieriger Arbeit. Sinnvoll eingesetzt führt sie darüber hinaus zu einem angenehmeren, weil weniger anstrengenden Leben bei gleichzeitig höherem Lebensstandard und Wohlstand. Ein weiterer angenehmer Effekt technischen Fortschritts ist der Gewinn an Freizeit.

Welche Erfindung war die wichtigste?
Technische Innovationen gibt es zuhauf. Aber welche technische Errungenschaft war für die Menschheit wirklich die wichtigste? Das Rad? Die Elektrizität? Die Dampfmaschine? Oder doch das Flugzeug oder das Handy? Sie können diese Frage in der Klasse oder mit Ihren Eltern diskutieren.

Mit zunehmenden Erkenntnissen auf den Gebieten der Medizin, Mathematik, Astronomie, Biologie, Physik und Chemie beschleunigte sich der technische Fortschritt bis heute ständig. Nicht zu unterschätzen ist auch der Einfluss zahlreicher Kriege als Triebfeder technischer Innovationen.

Beispiele für die Verflechtung von Globalisierung und technischem Fortschritt gibt es, salopp formuliert, in Hülle und Fülle: angefangen bei interkontinentaler Mobilität durch Flugverbindungen über digitales Fernsehen und das Telefonieren per Smartphone mittels eines weltumspannenden Satellitensystems bis zum Internet, dessen Kürzel „www" (World Wide Web) die Globalisierung sozusagen bereits enthält.

Konform

Wer sich an seine Bezugsgruppe anpasst, gilt als konform. Dies muss nicht immer positiv gemeint sein, viele halten einen konformen Menschen für langweilig. Dennoch ist der Großteil einer Gesellschaft konform.

1.3.3 Individualisierung

Auf den ersten Blick könnte man meinen, die Aspekte Globalisierung und Individualisierung seien zwei Dinge, die sich gegenseitig ausschließen. Denn Individualisierung meint die freie Entfaltung des Einzelnen im Rahmen der bestehenden Regeln und Gesetze einer Gesellschaft, also größtmögliche persönliche Freiheit sowie das Abheben von der Masse. Globalisierung wird dagegen oft – fälschlicherweise – mit einer konformen Weltzivilisation gleichgesetzt.

Wirtschaftswunder
Als „Wirtschaftswunderzeit" werden die 50er- und 60er-Jahre des letzten Jahrhunderts bezeichnet. In dieser Phase kam es in Deutschland zu einem nie vermuteten Aufschwung mit Wirtschaftswachstum und Vollbeschäftigung.

In modernen Gesellschaftsformen sinkt tendenziell die Abhängigkeit des Einzelnen von traditionellen sozialen Mustern. Insbesondere durch die technischen Fortschritte und den damit verbundenen Zuwachs an Wohlstand seit der Wirtschaftswunderzeit entstehen für die Menschen vermehrt Freiheiten und Optionen, die man wahrnehmen kann, aber nicht muss, so zum Beispiel in den Bereichen der Berufswahl, der privaten Lebensführung oder auch des Konsumverhaltens.

Zudem leistet der Individualisierung Vorschub, dass schrullige Außenseiter als positiv und sympathisch wahrgenommen werden. War es früher ein Stigma, anders zu sein, so bedeutet es heute eine Art Prädikat. Erfolgreiche Filme und ganze Literaturzweige befassen sich mit der Suche nach Glück durch Selbstfindung. Egal, ob Töpferei auf La Gomera oder Hundepension statt Managerjob – „Mach dein eigenes Ding und finde dich selbst" lautet die Botschaft.

Stigma

Der Begriff „Stigma" entstammt dem Altgriechischen und bedeutet „Mal" im Sinne von „Kennzeichnung". Dieses ist in unserem Sprachgebrauch negativ zu verstehen. Ein Stigma ist also so etwas wie ein Makel oder ein Schandfleck.

Der Rote Planet

Der Mars befeuert schon seit Jahrhunderten die Fantasien der Menschen. Früher dachte man, die rötliche, sich leicht verändernde Farbe des Mars sei Resultat einer dortigen Vegetation, und glaubte an hoch entwickeltes Leben auf dem Mars. Der Mars besitzt zwar eine Atmosphäre, sie ist allerdings zu dünn, um dort frei leben zu können.

Zur Person

Rosa Luxemburg (1871–1919) war eine marxistische Sozialistin. Zusammen mit Karl Liebknecht leitete sie den Spartakus-Bund, dessen Ziel die Revolution durch die Arbeiterschaft war. Luxemburg und Liebknecht wurden 1919 ermordet.

Weil nun jeder sein Leben weitgehend selbst bestimmen kann und der Erfüllung von Wünschen viel weniger Grenzen gesetzt sind als früher, entstehen, losgelöst von gesellschaftlichen Zwängen, zahlreiche neue Lebensstile als Ausdruck der eigenen Persönlichkeit und als Folge eigener Entscheidungen – in einem Begriff zusammengefasst „Individualisierung".

Aufgaben

6   Interpretieren Sie die Karikatur M2.

7   Finden Sie mindestens 20 Anglizismen aus der täglichen Sprache oder der Werbung. Welche deutschen Begriffe könnte man stattdessen benutzen?

8   Welche Währungen hatten die Länder der Eurozone vor der Einführung des Euro?

9   Finden Sie weitere Beispiele für die Globalisierung der Kulturen, beispielsweise aus dem Mode- und Bekleidungssektor.

10   Im Zuge des nicht aufzuhaltenden technischen Fortschritts spielt ein Verlassen der Erde eine immer größere Rolle. Der Milliardär Richard Branson plant Touristenflüge ins Weltall, ein niederländisches Unternehmen möchte gar den Mars mit einer Kolonie besiedeln. Diskutieren Sie diese Ideen vor dem Hintergrund unserer sich wandelnden Gesellschaft.

11   Die mannigfaltigen Wahlmöglichkeiten in der modernen Gesellschaft führen zu einem hohen Grad an Individualisierung. Nicht wenige Experten warnen jedoch vor Konfusion durch zu viele Möglichkeiten. Halten Sie klare Richtlinien und Strukturen für sinnvoller als einen Wust von Wahlmöglichkeiten? Diskutieren Sie diesen Denkansatz in Ihrer Klasse.

12   Bilden Sie Gruppen zu jeweils drei bis vier Schülern. Entwickeln Sie das Szenario „Gesellschaft der Zukunft". Wie wird unsere Gesellschaft im Jahre 2100 aussehen?

1.4   Verhaltensregeln in einer Gesellschaft

Überall wo Menschen zusammenleben, entsteht eine Form der Gesellschaft. Da verschiedene Individuen auch unterschiedliche Charaktere, unterschiedliche Vorstellungen und unterschiedliche Ziele haben, sind in einer Gesellschaft Regeln notwendig, um Chaos und Unterdrückung durch Stärkere zu verhindern und ein möglichst harmonisches Funktionieren der Gesellschaft zu gewährleisten.

M3

„Freiheit ist immer die Freiheit der Andersdenkenden."
Rosa Luxemburg: Die russische Revolution. Eine kritische Würdigung, Berlin: Verlag Gesellschaft und Erziehung 1920, S. 109

M4

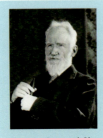

"The golden rule is that there are no golden rules."

George Bernard Shaw (1856–1950)

Auf den ersten Blick schränken Regeln sowohl den Einzelnen als auch die Gruppe ein. Dennoch sind sie positiv, da sie im Normalfall für alle Mitglieder der Gesellschaft gelten, also niemand benachteiligt wird, und Regeln auch Sicherheit vermitteln.

Gesellschaftliche Regeln können in zwei Gruppen unterteilt werden:

- *Regeln ohne Zwang*
  „Andere Länder, andere Sitten" sagt der Volksmund – und hat recht. Denn in jeder Gesellschaft bilden sich Bräuche und Rituale heraus, die freiwillig und in Übereinstimmung der Mitglieder der jeweiligen Gesellschaft ohne Zwang oder Druck von außen entstanden sind. Hierzu zählen beispielsweise das christliche Weihnachtsfest, der muslimische Fastenmonat Ramadan oder auch insbesondere in Köln und Düsseldorf der Karneval.

- *Erzwungene Regeln (meist in Form geschriebener Gesetze)*
  Wo viele Menschen eine Gesellschaft mit formalem Charakter bilden, gibt es schriftliche Regeln. Jeder Fußballverein hat beispielsweise eine Satzung und jeder Staat eine Verfassung. Hier werden die Grundlagen des Umgangs der Gesellschaftsmitglieder untereinander geregelt. Diese staatlichen Regeln werden als „Rechtsordnung" bezeichnet. In einer Demokratie legen die Gesellschaftsmitglieder diese Rechtsordnung weitgehend selbst fest, in einer Diktatur bestimmt sie der Diktator.

Einige Regeln finden sich dabei in nahezu allen Gesellschaften wieder, andere unterscheiden sich deutlich voneinander. Aber woran liegt das?

1.4.1 Werte

Was ist wertvoll? Je nach dem Zusammenhang, in dem diese Frage gestellt wird, ist sie entweder einfach oder nur sehr schwierig zu beantworten.
Legt man einen materiellen Standpunkt zugrunde, so kann der Wert eines Gutes relativ transparent durch den Preis in Geldeinheiten (Euro) ausgedrückt werden. Ein fabrikneuer Ferrari ist demnach objektiv deutlich wertvoller als ein 1968er-Käfer.

Erheblich komplizierter gestaltet sich eine Einordnung gesellschaftlicher Werte. Gesellschaftliche Werte sind Ideen, Orientierungen oder Verhaltensweisen, die von den Mitgliedern einer Gesellschaft für gut und erstrebenswert angesehen werden. Und diese können sich von Gesellschaft zu Gesellschaft durchaus unterscheiden.

M5

Wichtige Werte: Freunde und Familie

Von den befragten Jugendlichen (12 bis 25 Jahre) halten diese **Werte** für wichtig:

Wert	%
gute **Freunde** haben, die einen anerkennen	97 %
einen **Partner** haben, dem man vertrauen kann	93
ein gutes **Familienleben** führen	90
eigenverantwortlich leben und handeln	88
von anderen Menschen **unabhängig sein**	84
Gesetze und **Ordnung** respektieren	84
fleißig und **ehrgeizig** sein	82
viele **Kontakte** zu anderen Menschen haben	80
das **Leben** in vollen Zügen **genießen**	80
gesundheitsbewusst leben	80
seine **Fantasie** und **Kreativität** entwickeln	79
nach **Sicherheit** streben	79

Von den befragten Jugendlichen blicken in ihre persönliche **Zukunft** ...

optimistisch 61 %
mal so, mal so 36
düster 3

repräsentative Befragung von 2 558 Jugendlichen (12 bis 25 Jahre) von Januar bis März 2015 im Auftrag von Shell

dpa•23183   Quelle: 17. Shell Jugendstudie

Arten gesellschaftlicher Werte

Moralische Werte
Sie bilden sozusagen das Gewissen, trennen „Richtig" und „Falsch".

Religiöse Werte
Sie sind mit den moralischen Werten eng verwandt und fußen in unserem Kulturkreis auf der Bibel als heiliger Schrift.

Politische Werte
Sie haben mit den Idealen unserer Demokratie zu tun. Drei der wichtigsten politischen Werte sind im Motto der Französischen Revolution festgehalten: Freiheit, Gleichheit und Brüderlichkeit.

Ästhetische Werte
Ästhetik meint das Schöne, gut Aussehende. Hierzu zählen Kunstobjekte wie Bilder oder Skulpturen.

Materielle Werte
Hierzu zählen alle Dinge, die man kaufen kann und die möglicherweise gesellschaftliches Ansehen verleihen.

Was ist schon normal?
„Normieren" bedeutet, Standards festzulegen, um Kosten zu sparen oder das Leben zu vereinfachen. Aus diesem Grund legt das Deutsche Institut für Normung zahlreiche Standards fest, die allgemeingültig sind, so zum Beispiel bei der Größe von Papier: DIN A4 oder DIN A5.
Im Zuge der Globalisierung werden Standards zunehmend von der International Standardisation Organization (ISO) festgelegt.

Diese Werte beeinflussen Handlungen und Urteile der Gesellschaftsmitglieder losgelöst von persönlichen Zielen und bestimmten Lebensumständen.

Werte unterliegen immer der Entwicklung einer Gesellschaft und damit dem sozialen Wandel. Der Wertewandel ist auch in unserer Gesellschaft an zahlreichen Beispielen gut zu erkennen. Drei Werte sollen im Folgenden kurz beispielhaft dargestellt werden:

- **Toleranz:** Vor 50 Jahren wäre es schwer vorstellbar gewesen, einen Migranten aus Asien oder Zentralafrika als Chef zu akzeptieren. Heute ist dies zwar auch nicht der Normalfall, aber doch überhaupt kein Problem.

- **Umweltbewusstsein:** Vor 50 Jahren war der Begriff „Nachhaltigkeit" nicht Teil des täglichen Sprachgebrauchs. Heute dagegen wird man als asozial angesehen, wenn man seinen Müll nicht trennt.
- **Gesundheit:** Vor 50 Jahren galt ein junger Mann, der nicht rauchte, als Außenseiter. Heute ist es genau umgekehrt.

1.4.2 Normen

Normen vereinfachen das Zusammenleben von Individuen in einer Gesellschaft. Unter „gesellschaftlichen Normen" versteht man konkrete, das Sozialverhalten in einer Gesellschaft betreffende Vorschriften. Durch sie werden Erwartungen der Gesellschaft an das Verhalten eines Menschen ausgedrückt. Sie bieten den Mitgliedern einer Gesellschaft Orientierungspunkte und zeigen Handlungswege in sozialen Situationen auf.

Normen sind stets geprägt von ethischen und moralischen Wertvorstellungen und unterliegen daher auch immer dem sozialen Wandel und der Entwicklung einer Gesellschaft und sind von Gesellschaft zu Gesellschaft verschieden. Normen gelten in einer Gesellschaft als allgemein verbindlich und werden anerkannt und respektiert.

Wandlungen von Normen und Werten sind beispielsweise gut an den Veränderungen der Tischsitten zu erkennen:

So aß man im Mittelalter mit den Fingern, teilte sich mit seinem Nebenmann Löffel und Trinkgefäß und fischte Fleischstücke aus der gemeinsamen Schüssel oder aus dem großen Topf mit den Händen heraus. Dadurch waren allein schon aus hygienischen Gründen bestimmte Verhaltensmaßregeln beim gemeinsamen Mahl erforderlich.

Keine langen Fingernägel, weil sie Krätze verursachen. Halte den Platz vor dir sauber und wirf keine Abfälle unter den Tisch. Schneuz dich nicht zu laut, und wenn du schneuzen mußt, dann tue es nicht mit der Hand, die das Fleisch anfaßt. Bei Tisch kratzt man sich nicht und spuckt nicht über den Tisch. Säubere deine Zähne nicht mit der Messerspitze. Tu Salz auf deine eigene Brotscheibe und tunke nicht das Fleisch ins Salzfaß. Wenn du Brot in den Wein tauchst, trinke den Wein ganz aus oder gieß den Rest auf die Erde. Leg nicht die Ellenbogen auf den Tisch, wie es die reichen Leute tun.

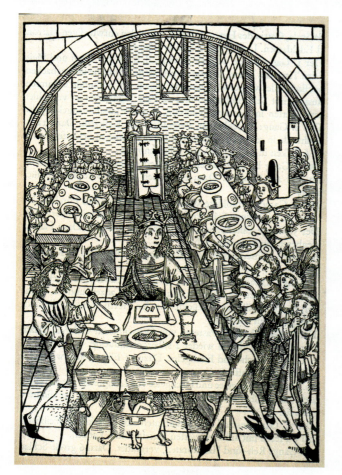

Die Hand, mit der du das Fleisch aus der gemeinsamen Schüssel nimmst, sei nicht fettig oder schmutzig. Es ist wenig schicklich, sich die Finger abzulecken. Nage nicht die Knochen mit den Zähnen ab oder mit den Fingernägeln. Aber du darfst sie mit dem Messer abkratzen. Alles, was sich an Abfall ansammelt (Brotkrusten, Käserinden, Obstschalen, Knochen), leg in einen hierfür bestimmten Korb oder eine Schale, oder wirf die Knochen unter den Tisch, aber nahe an deine Füße und ohne jemanden zu verletzen.

Maike Vogt-Lüerssen: Der Alltag im Mittelalter, Norderstedt: Books on Demand, 2006

Dabei ist die Wertigkeit gesellschaftlicher Normen durchaus nicht immer gleich hoch. Sie orientiert sich am Wert, den die jeweilige Norm für die Gesellschaft besitzt. So ist die Wahrung der Menschenwürde deutlich höher zu bewerten als das korrekte Essen eines Fünf-Gänge-Menüs.

Kann man, soll man oder muss man?
Nicht jede Norm hat in unserer Gesellschaft gleich viel Gewicht. Von manchen Normen wird erwartet, dass sie zwingend eingehalten werden – und zwar von allen Mitgliedern der Gesellschaft. Diese bezeichnet man als *Muss-Norm.*
Weniger stark bindend sind *Soll-Normen.* Hier wird zwar erwartet, dass die Norm eingehalten wird, eine Abweichung jedoch toleriert. Zudem gelten Soll-Normen nicht unbedingt für alle Gesellschaftsmitglieder. Die schwächsten Normen sind die *Kann-Normen.* Hier hat die Person einen großen Spielraum an Verhaltensmöglichkeiten. Abweichungen werden eher als Formfehler wahrgenommen.

1.4.3 Sanktionen

Sanktionen sind soziologisch betrachtet Auswirkungen infolge eines Abweichens von der Norm. Abweichungen zum Guten werden dabei positiv sanktioniert, also belohnt, Abweichungen zum Schlechten negativ sanktioniert, also bestraft.

Soziales Handeln

Sanktioniert werden in der Regel nur Handlungen, die von der Norm abweichen. Soziales Handeln zieht dagegen keine Sanktionen nach sich. Soziales Handeln liegt vor, wenn die Handlungen eines Menschen sich positiv auf andere beziehen oder sich am Verhalten anderer orientieren.

Ein einfaches Beispiel kann das soziale Handeln verdeutlichen: Spannt man seinen Regenschirm allein deswegen auf, weil es zu regnen beginnt, liegt noch kein soziales Handeln vor. Spannt man den Schirm allerdings auf, weil alle anderen ihn auch aufspannen, liegt soziales Handeln vor, da man sich an eben diesen anderen orientiert.

Das kann man sehr gut am Beispiel der Armee darstellen: Bei besonderer Tapferkeit bekommt der Soldat einen Orden, bei groben Regelverstößen ein Disziplinarverfahren.

Die Formen der Normabweichung sind breit gefächert. So gilt bei Regelübertretungen ein Individuum lediglich als Paradiesvogel oder sogar als Straftäter – je nachdem, gegen welche Norm verstoßen wurde.

Die Einhaltung sozialer Normen wird von Gremien oder Einzelpersonen überwacht. Um den Missbrauch dieser Machtposition so gut wie möglich zu verhindern, gibt es in funktionierenden Demokratien die sogenannte Gewaltenteilung (siehe AS 3, 2.4.1).

Aufgaben

13 Vergleichen Sie die Aussagen in M3 und M4.

14 Interpretieren Sie die Grafik M5. Welche dieser Werte haben sich Ihrer Meinung nach in den letzten 50 Jahren am stärksten gewandelt?

15 Finden Sie weitere Beispiele für den Wertewandel in der Gesellschaft.

16 Sortieren Sie die nebenstehend aufgeführten Werte nach Wichtigkeit und vergleichen Sie Ihre Ergebnisse mit denen Ihres Tischnachbarn.

M6

17 Welche Faktoren könnten dazu führen, dass die Ergebnisse unterschiedlich sind?

18 Stellen Sie einen Zusammenhang zwischen dem Artikel 1 des Grundgesetzes „Die Würde des Menschen ist unantastbar" und den sozialen Normen unserer Gesellschaft her.

19 Finden Sie Beispiele für Sanktionen in der Schule.

Wichtiges Wissen

Zu 1.1 Definitionen von Gesellschaft

Gesellschaft ist ein breit gefächerter Begriff. Je nach wissenschaftlicher Disziplin können alle Lebewesen oder nur Menschen eine Gesellschaft bilden. Übereinstimmung besteht allein darin, dass zu einer Gesellschaft immer mehrere gehören.

Zu 1.2 Gesellschaftliche Akteure

In einer Gesellschaft gibt es verschiedene Akteure.

Zu 1.3 Aspekte unserer Gesellschaft

Gesellschaften machen Veränderungen und Entwicklungen durch. In unserer modernen Gesellschaft sind insbesondere drei Entwicklungsaspekte zu beobachten:

- Globalisierung insbesondere in den Bereichen Sprache, Währung und Kultur
- Technisierung und damit verbundene globale Mobilität und Vernetzung
- Individualisierung infolge von Freiheitsbestrebungen und damit verbundene individuelle Lebensstile

Zu 1.4 Verhaltensregeln in einer Gesellschaft

Um das Funktionieren einer Gesellschaft zu gewährleisten, bedarf es bestimmter Regeln, die als geschriebene oder ungeschriebene Gesetze existieren.

Diese Gesetze sind Ausdruck gesellschaftlicher Wertevorstellungen. Werte, die als gut, richtig und wünschenswert empfunden werden, führen zu Normen, die gesellschaftliches Verhalten festlegen und prägen. Abweichungen von der Norm ziehen zumeist Sanktionen nach sich.

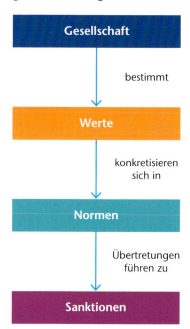

2 Gesellschaftliche Gruppen

Der Gruppenbegriff ist, wie so vieles in den Gesellschaftswissenschaften, nicht eindeutig definiert und bestimmbar.

Der Begriff der gesellschaftlichen Gruppe meint prinzipiell eine Anzahl von mindestens zwei Personen, wobei oft auch drei Menschen als Mindestanzahl genannt werden, da sonst eine sogenannte Zweierbeziehung vorliegt. Um eine Gruppe zu bilden, muss zwischen den Gruppenmitgliedern zudem eine unmittelbare, zumeist emotionale Beziehung bestehen, die sie über längere Zeit verbindet.

Dabei ist es unerheblich, ob es sich um eine kleine oder große Gruppe handelt. Die Mitglieder müssen sich lediglich als Gruppe verstehen, ein sogenanntes Wir-Gefühl besitzen. Nicht zuletzt existieren innerhalb einer Gruppe bestimmte Regeln, die von den Mitgliedern respektiert und eingehalten werden. Halten sich Menschen nur zufällig an demselben Ort auf, sind aber nicht sinnhaft miteinander verbunden, bilden sie keine soziale Gruppe.

M7

Arbeitsvorschläge

20 Benennen Sie die in M7 abgebildeten Gruppen. Welche Ziele verfolgen diese Gruppen und welche Beziehung besteht zwischen den Mitgliedern?

21 Erstellen Sie eine Mindmap über Ihre eigenen Gruppenzugehörigkeiten.

2.1 Bedeutung gesellschaftlicher Gruppen

Menschen lebten schon seit jeher in Gruppen und tun dies noch heute. Der Wunsch nach Zugehörigkeit zu einer Gruppe liegt in der Entwicklungsgeschichte der Menschheit, da die Bindung an andere Menschen früher lebensnotwendig war. Das Bilden von Gruppen ist also kultur- und gesellschaftsübergreifend. Menschen befriedigen innerhalb der Gruppe ihre sozialen Bedürfnisse. Zu diesen Bedürfnissen gehören beispielsweise Geborgenheit, Kommunikation, soziales Ansehen und auch das Gefühl der Zugehörigkeit.

Allein hat das Individuum nur sehr geringe Chancen, diese sozialen Bedürfnisse für sich zu befriedigen, daher gibt es in einer Gesellschaft selten echte Einzelgänger. In einer Gruppe ist die Möglichkeit der Bedürfnisbefriedigung ungleich höher, zudem kann eine Gruppe, je nach Größe und Machtposition, einen stärkeren Einfluss auf die Umwelt ausüben.

Evolution bezeichnet die Weiterentwicklung von Lebewesen und ihre Anpassung an die Umwelt. Dabei findet ein natürlicher Ausleseprozess statt. Die besser angepassten Lebewesen pflanzen sich weiter fort, während weniger gut gerüstete im Laufe der Zeit aussterben.

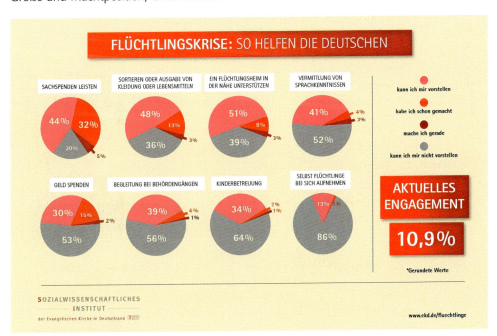

Als Vater der modernen Evolutionslehre gilt der britische Naturwissenschaftler Charles Darwin (1809–1882).

Die Gruppe ist darüber hinaus ein wichtiger Teil der Identität eines Menschen. Das Individuum definiert sich in weiten Teilen über die Zugehörigkeit zu einer Gruppe. Wesentliche Faktoren, die die Identität eines Menschen seit seiner Geburt bestimmen, sind sein Name und seine Herkunft. Hinzu kommt, dass sich Menschen innerhalb einer Gruppe sicherer fühlen und Bestätigung erfahren. Aus diesem Grund schließen sich häufig Minderheiten oder unterprivilegierte, also sozial benachteiligte Menschen zu Gruppen zusammen.

Da der Mensch aber immer Nutzenmaximierer ist, wird er die Zugehörigkeit zu einer Gruppe auch stets unter dem Aspekt des Aufwands sehen, der seinem Nutzen gegenübersteht. Nur wenn der Aufwand geringer ist als der Nutzen, lohnt sich die Mitgliedschaft in einer sozialen Gruppe.

Aufwand	Nutzen
Streit	Zuwendung
Kompromisse	Selbstvertrauen
Kosten	Unterstützung

Aufgaben

22 Nennen Sie sozial benachteiligte Gruppen, die in Deutschland leben.

23 Welchen Nutzen haben die sozial benachteiligten Personen, sich in einer Gruppe zusammenzuschließen?

2.2 Entstehung und Entwicklung sozialer Gruppen

Parallelgesellschaften sind soziale Gruppen die sich bewusst von der Mehrheit der Gesellschaft bzw. der breiten Masse und ihrer Lebensweise distanzieren. Oft bilden Einwanderer in einem fremden Land solche Parallelgesellschaften. Das bekannteste Beispiel hierfür ist vermutlich „Chinatown" in den USA. Parallelgesellschaften sind also das Gegenteil einer gelungenen Integration.

Soziale Gruppen sind in unserer Gesellschaft allgegenwärtig. Sie liegen in verschiedenen Größen, Ausprägungen und Zusammenhängen vor. Manchen sozialen Gruppen kann man sich nur schwer entziehen, weil man in ihren Zusammenhang hineingeboren wird. Hier ist an erster Stelle natürlich die Familie zu nennen. Aber auch aufgrund bestimmter Merkmale wie Geschlecht, Hautfarbe oder Religion gehört man in der Regel zu einer sozialen Gruppe.

Die Zugehörigkeit zu den meisten Gruppen kann man sich im Laufe seines Lebens aussuchen. Interessant sind dann die Prozesse und Entwicklungen, die sich innerhalb sozialer Gruppen abspielen. Diese Prozesse laufen in immer gleichen oder zumindest sehr ähnlichen Phasen ab, unabhängig davon, ob eine Gruppe sich ganz neu zusammenfindet oder lediglich in ihrer Zusammensetzung verändert.

Themen	Zugehörigkeit	Macht	Vertrauen
Phasen	Entstehung	Vergewisserung	Zielgerichtes Handeln
Fragen	Wer gehört dazu?	Wer hat was zu sagen?	Wer kann sich auf wen verlassen?

Dr. Eberhard Huber, abgerufen unter www.pentaeder.de/projekte/2008/10/11/was-steckt-hinter-dem-faktor-mensch [15.09.2016]

Die Dauer und die Intensität, mit der die einzelnen Phasen ablaufen, ist natürlich von Gruppe zu Gruppe verschieden. Eine zentrale Rolle spielen die Umstände, unter denen eine Gruppe sich formt, sowie die Ziele und Interessen der einzelnen Gruppenmitglieder. So wird beispielsweise der Machtaspekt in einem Eishockey-Fanclub zwar existieren, allerdings nicht sonderlich ausgeprägt sein.

Never ending Story? Eine Entwicklung ist fast niemals komplett abgeschlossen, sondern ein offener Prozess. Das trifft auch auf soziale Gruppen zu. Der Prozess der Gruppenentwicklung gleicht daher oft einer Spiralform, in der sich die einzelnen Phasen periodisch wiederholen.

Ganz anders stellt sich die Sachlage bei einem wichtigen Projekt in einem international tätigen Unternehmen dar. Hier steht möglicherweise die Chance des beruflichen Aufstiegs im Vordergrund, was zu Grabenkämpfen und Machtansprüchen verschiedener Gruppenmitglieder führen kann.

Aufgaben

24 Bearbeiten Sie in Gruppen von vier oder fünf Personen das Thema: Sind Männer und Frauen in unserer Gesellschaft tatsächlich gleichberechtigt? Jeweils ein neutraler Beobachter soll den Ablauf des Gruppenprozesses beobachten und dokumentieren.

2.3 Formelle Gruppen

Soziale Gruppen können anhand verschiedener Kriterien unterteilt und eingeordnet werden. Am meisten verbreitet ist die Unterscheidung in formelle und informelle Gruppen.

Formelle Gruppen besitzen feste, oft straffe Organisationsstrukturen. Strenge, starre Richtlinien bilden ein Gerüst mit wenig Handlungsspielraum für die einzelnen Gruppenmitglieder. Die Richtlinien sind häufig in Form von Satzungen, die die Normen und Werte der Gruppe widerspiegeln, schriftlich fixiert. Die Ziele einer formellen Gruppe sind zumeist zweckorientiert. Mitglied in dieser Gruppe wird man in der Regel durch einen formalen Akt der Aufnahme. Zwei der wichtigsten formellen Gruppen für junge Menschen werden im Folgenden dargestellt.

„Du" oder „Sie"?
Der Trend zum Duzen macht auch vor formalen Organisationen nicht halt. In einigen Unternehmen ist es bereits gang und gäbe. Dennoch sind die Hierarchien nur scheinbar flacher, Chef bleibt Chef. Zudem sind schwierige Entscheidungen mit einem „Du" schwieriger zu kommunizieren.

2.3.1 Der Betrieb

Betriebe als formelle Gruppen sind zwar immer noch vergleichsweise starr in ihren Strukturen, haben sich in den letzten 100 Jahren allerdings stark gewandelt. Ausgangspunkt der Wandlung vom starren, disziplinierten und von Kontrolle geprägten Arbeitsklima hin zur Arbeit in kleinen Teams waren die Hawthorne-Experimente.

Die Hawthorne-Experimente

Zwischen 1924 und 1932 wurde in den US-amerikanischen Hawthorne-Werken der Western Electric MC ein wegweisendes Experiment durchgeführt. Untersucht wurden in einer ersten Phase die Auswirkungen externer (äußerer) Faktoren wie Lichtstärke auf die Arbeitsleistung von Fließbandarbeitern. Die Ergebnisse dieser Phase waren noch unspektakulär.

In einer zweiten Phase veränderte der Psychologe Elton Mayo nicht äußere Faktoren, sondern die Zusammensetzung und die Arbeitsbedingungen der Gruppe selbst. So wurden die Anzahl der Arbeiter, die Arbeitszeit und die Länge der Pausen verändert. Zudem wurden Erfrischungen bereitgestellt.

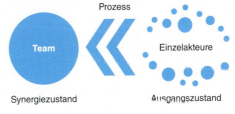

Die Western Electric
Die 1856 gegründete Western Electric Manufacturing Company war ein US-amerikanischer Elektrotechnikkonzern mit Sitz in der Nähe der Metropole Chicago. Schwerpunkt des Unternehmens war die Produktion von Telefonen und Telefonteilen. Heute existiert die Western Electric nicht mehr. Sie ging zunächst im Großkonzern AT&T auf und wurde später aufgelöst. Ihr Name bleibt jedoch untrennbar mit den Hawthorne-Experimenten verbunden.

Auch die Rolle des Vorarbeiters wurde von Mayo neu definiert. Er agierte mehr als Berater, nicht als eine Art Aufseher. Die Arbeiter hatten Mitspracherechte.

Die Resultate waren für damalige Verhältnisse überraschend und bahnbrechend: Trotz verkürzter Arbeitszeit und längerer Pausen stieg die Arbeitsleistung stark an.

Die Erkenntnis, dass Selbstbestimmung und Freiheit als Formen der Motivation wertvoller sind als Angst und Kontrolle, bedeutete nicht nur den Anfang des Prozesses der Humanisierung der Arbeit, sondern markierte auch den Beginn der Untersuchung moderner Teambuildingmaßnahmen.

1 + 1 = 3?!

Mit dieser mathematischen Gleichung werden Synergieeffekte gern verdeutlicht. Die angewandte Gruppendynamik hat ihre Wurzeln in der Kleingruppenforschung der 1940er-Jahre.
Man weiß mittlerweile, dass die Eigenschaften und Fähigkeiten einer Gruppe verschieden sind von der Summe der Eigenschaften und Fähigkeiten der einzelnen Personen in der Gruppe.

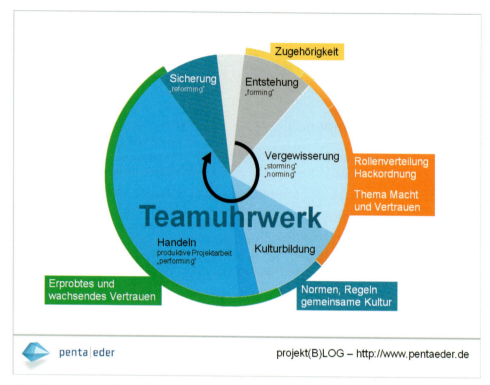

Teamuhrwerk von Dr. Eberhard Huber basierend auf Teamuhr von Bruce Tuckman, siehe Eberhard Huber, Sven Lindenhahn: TEAMWORK: Warum Projektteams erfolgreicher sind als Projektgruppen, Objektspektrum Ausgabe 02/2010

Heute ist die Erkenntnis, dass ein funktionierendes Team deutlich mehr zu leisten imstande ist als eine Ansammlung von Individualisten, nicht mehr neu. Insbesondere in Mannschaftssportarten versuchen psychologisch geschulte Trainer aus ihrer Mannschaft mehr herauszuholen, als die Qualität der Einzelspieler eigentlich hergibt. Man spricht dabei von Synergieeffekten.

Diese Synergien wollen sich auch Unternehmen nutzbar machen und setzen auf funktionierende Kleingruppen, sogenannte Teams. Bis ein Team, das nichts anderes darstellt als eine soziale Gruppe innerhalb der formellen Organisationseinheit „Betrieb", produktiv funktioniert, durchläuft es stets vier Phasen, die im Uhrzeigersinn dargestellt werden können:

1. **Entstehung (Forming)**
   In dieser Phase ist der Begriff „Team" noch etwas zu hoch gegriffen. Die Gruppe besteht noch aus einer Ansammlung von Einzelpersonen. Die Gruppenmitglieder müssen sich zuerst kennenlernen und von den anstehenden Aufgaben und den verschiedenen Rollen klare Vorstellungen gewinnen.
   Diese Phase ist gekennzeichnet durch:
   - Unpersönliche Höflichkeit
   - Vorsichtiges Abtasten
   - Finden des eigenen Platzes in der Gruppe

2. **Konfliktphase (Storming)**
   Nach der Entstehung beginnen die Gruppenmitglieder mit der eigentlichen Arbeit. Es kommt zu ersten Diskussionen und Interessengegensätzen. Schwachpunkte der Mitglieder treten zutage. Eine negative Grundstimmung prägt das Arbeitsklima, es entstehen Reibereien um Kompetenzen.
   Kennzeichen dieser Phase sind:
   - Unterschwellige Konflikte und offene Konfrontation
   - Grüppchenbildung
   - Konkurrenz um Machtpositionen und Aufgaben

3. Phase der Kulturbildung (Norming)

Nach Überwindung der Konflikte bildet sich in der Phase der Kulturbildung erstmals echter Teamgeist. Die Gruppenmitglieder erleben ein Wir-Gefühl. Gestiegene Motivation führt zu ersten positiven Projektergebnissen, was wiederum die Motivation fördert. Regeln der Zusammenarbeit werden festgelegt und jeder findet allmählich seine Rolle und Aufgabe.

Die dritte Phase ist gekennzeichnet durch:

- Entwicklung von Verhaltensregeln
- Gegenseitigen Respekt
- Selbstvertrauen und Zuversicht
- Wir-Gefühl

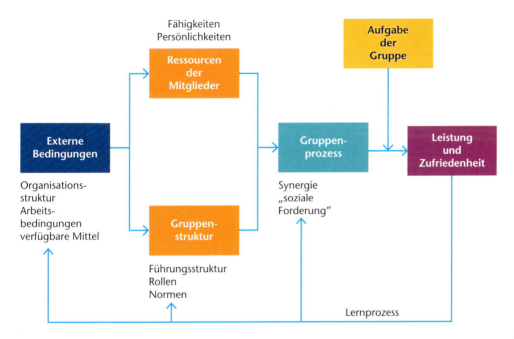

4. Handeln (Performing/Routinephase)

Die Phase der Kulturbildung geht nahtlos in die Handlungsphase über. Alle Gruppenmitglieder ziehen an einem Strang, kennen ihren Platz und ihre Aufgaben. Die Zusammenarbeit erfolgt vertrauensvoll und reibungslos.
Kennzeichen dieser Phase sind:

- Ideenreichtum und Flexibilität
- Hohe Motivation
- Zusammenarbeit aller Gruppenmitglieder
- Hohes Leistungsniveau

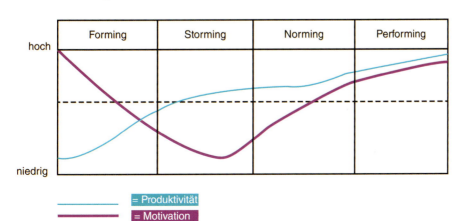

Toll, ein anderer macht's!!!
Teamarbeit gilt in vielen Bereichen unseres Berufslebens mittlerweile als Königsweg. Dennoch garantiert Teamarbeit nicht automatisch Erfolg. Denn Team ist nicht gleich Team. Greifen tatsächlich die Synergiemechanismen, ist das Ziel schnell erreicht. Stehen die Buchstaben T E A M aber für „toll, ein anderer macht's", ist Teamarbeit eher kontraproduktiv.

2.3.2 Die Schule

Meilensteine der Schulentwicklung
1835 Einführung der allgemeinen Schulpflicht in Sachsen als letztem Land Deutschlands
1919 Aufnahme der allgemeinen Schulpflicht in die Weimarer Verfassung
1977 Verbot der körperlichen Züchtigung an Schulen per Gesetz
2011 Nationaler Aktionsplan zur Umsetzung der Behindertenrechtskonvention; Inklusion behinderter Schüler in den Unterricht

Gleiche Chancen?
Von dem was in Deutschland seit Jahrzehnten selbstverständlich ist, sind andere Staaten noch weit entfernt: Gleiche Bildungschancen für Jungen und Mädchen. Ob aus kulturellen, religiösen oder wirtschaftlichen Gründen. In weiten Teilen Zentralafrikas und Zentralasiens haben Mädchen immer noch deutlich geringere Möglichkeiten am Bildungssystem teilzunehmen.

Auch die Schule stellt eine formelle Gruppe dar, unterscheidet sich von einem Betrieb jedoch in einigen Bereichen. Sie stellt für die als Schüler eingebundenen Individuen eine Schnittstelle zwischen Arbeits- und Privatbereich dar, weil oftmals Mitschüler zum engeren Freundes- und Bezugskreis zählen.

Der Lehrer nimmt eine übergeordnete Position ein und gehört im Normalfall zum formellen Gruppensystem. Die Beziehung zu den Mitschülern gestaltet sich grundlegend anders. Sie gehören, ob in Klassen- oder Kursverbänden, zum informellen Gruppenbezug.

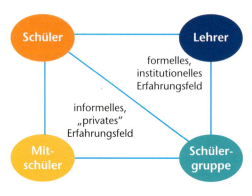

Die Schule hat sich in beiden Bereichen in den letzten 100 Jahren stark gewandelt. Insbesondere die Beziehungen im formellen Gruppenbereich unterlagen dem gesellschaftlichen Wertewandel. Körperliche und seelische Unversehrtheit, Gerechtigkeit und Rücksichtnahme auf individuelle Stärken und Schwächen der Schüler stehen heute im Vordergrund. Der Lehrer leitet als pädagogischer Lernbegleiter Gruppenprozesse ein und fördert angst- und gewaltfreies Lernen in möglichst harmonischer Atmosphäre.

M8

Aufgaben

25 Überlegen Sie, wie sich die Gruppendynamik verändert, wenn in einer Gruppe jemand in seiner Leistung deutlich abweicht.

26 Beschreiben und interpretieren Sie die Bilder M8. Beurteilen Sie, wie effektiv die dargestellten Methoden sind.

2.4 Informelle Gruppen

Im Gegensatz zu formellen Gruppen sind informelle Gruppen in der Regel ungeplante, spontane Beziehungen, die sich innerhalb oder neben einer formellen Gruppe bilden. Informelle Gruppen haben persönlichen Charakter und bestimmen ihre Ziele selbst. Die Gruppenbildung geht hier auf die Bedürfnisse der einzelnen Mitglieder zurück. Dabei ist es sogar möglich, dass die Ziele der informellen Gruppe denen der formellen Gruppe widersprechen.

Die Bildung informeller Gruppen kann verschiedene Folgen auf die Organisation der formellen Gruppe haben, positiv wie negativ.

- Positiv könnte sich auswirken, dass die informelle Gruppe Lücken schließt, die bei der Regelung von Arbeitsabläufen entstehen. Zudem kann eine unbürokratische Atmosphäre entstehen, die schnelle Kommunikation zur Folge hat. Nicht zuletzt kann die Befriedigung von Bedürfnissen, die die formelle Gruppe nicht leistet (z. B. Anerkennung, spezielle Information, gegenseitige Hilfe), ein positiver Aspekt sein.
- Negativ wirkt sich oft Grüppchenbildung aus. Die „Gerüchteküche brodelt", was schnell grenzüberschreitend in Mobbing unbeliebter Teammitglieder umschlagen kann.

Die wichtigsten informellen Gruppen für junge Menschen sind die Hauptbezugsgruppe (Peergroup) und die Familie.

2.4.1 Die Familie

Die erste Gruppe, mit der man als Mensch in Kontakt kommt, ist nicht etwa die Krabbelgruppe, es ist die Familie. Sie bildet die Grundlage für das gesamte spätere Leben. Sie gibt Schutz und Geborgenheit. Sie ist die erste und wichtigste Instanz unserer Sozialisation, sie vermittelt Normen und Werte, damit sich das Kind in der Gesellschaft zurechtfindet.

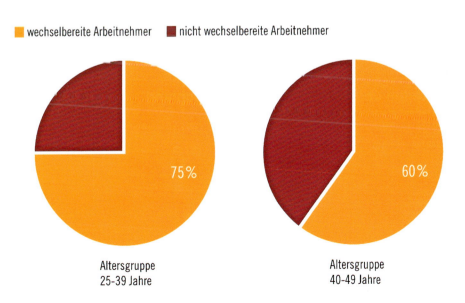

Jobs mit Freiräumen für Familie sind beliebt

Anteil der Beschäftigten, die für eine bessere Vereinbarkeit von Beruf und Familie bereit sind, den Arbeitgeber zu wechseln

M9

Ist Blut dicker als Wasser?

Beinahe jeder kennt die Redewendung, nach der Blut dicker ist als Wasser. Metaphorisch (bildhaft) ist damit gemeint, dass die Bindung an die Familie immer stärker ist als Freundschaften oder Beziehungen zu anderen Gruppen.
Rein chemisch betrachtet stimmt die Aussage, da Blut als Gemisch von Wasser und Zellbestandteilen eine höhere Dichte aufweist als Wasser.

Traditionelle Muster

Was ist eine Ehe?
Der Begriff stammt ursprünglich aus dem Althochdeutschen und bedeutet „für die Ewigkeit".
Im Normalfall bedeutet Ehe in unserem Kulturkreis die dauerhafte Verbindung zweier Personen. In einigen Kulturen ist es dem Mann allerdings erlaubt, mehrere Frauen zu haben (Polygamie).

Entwicklung des Scheidungsrechts
Immer mehr Ehen werden geschieden, oft nicht ohne den sogenannten Rosenkrieg.
Dabei hat sich das Scheidungsrecht in den vergangenen Jahrzehnten einige Male geändert – einmal zum Schutze der Frau, einmal, damit der finanziell besser gestellte Teil nicht zu sehr „bluten" muss. Klar ist aber so oder so: Eine Scheidung lässt zumeist nur Verlierer zurück – am bittersten trifft es dabei, falls vorhanden, die Kinder.

Familie ist nicht mehr gleich Familie. Genau wie unsere Gesellschaft unterliegt auch die Familie einem Wandel und ist mit den Mustern von vor 100 Jahren nicht mehr zu vergleichen. So basierte die damalige Vorstellung von Familie auf alten Traditionen, denen heute deutlich weniger Bedeutung beigemessen wird.

Heiraten im Bürgerstand

Man kann die bürgerliche Formel auf einen einfachen Nenner bringen:
Eine anständige, hübsche Tochter heiratet einen tüchtigen Mann aus gleichem Stand. Dabei sollten sich die Familien kennen und auch sonst auf manche Art verbunden sein.

Der Bräutigam hielt übrigens nicht „beim Vater um die Hand an", weil er seine Liebe gestehen wollte, sondern um den Handel der Übergabe der Tochter perfekt zu machen. Vergessen wir nicht: Es gab lange Zeit keine verbindlichen Ehegesetze. Jede Ehe musste per Vertrag geregelt werden.

Das „hohe Ziel" allerdings war Teil der bürgerlichen Fassade. Der heimliche Wunsch der Väter (und sicherlich einiger Töchter) war so:

„Wir verbessern unseren Status, wenn unsere Tochter einen tüchtigen Mann aus einem besseren Stand heiratet."

Eduard Fuchs: Sittengeschichte, 3. Band, München: Albert Langen Verlag 1909

Die oben beschriebenen Zustände sind natürlich längst vorbei. Das liegt in erster Linie an der gesellschaftlichen Stellung der Frau, die sich emanzipiert hat, eigene Entscheidungen trifft und ein eigenes Leben führt.

Frauen wollen heute nicht mehr zwangsläufig geheiratet werden, sondern können alleine in der Gesellschaft bestehen. Dieser Aspekt bringt die Männer in der Ehe zunehmend unter Druck: Nicht nur die Anzahl der Scheidungen steigt, sie werden auch mehrheitlich von Frauen eingereicht. In weniger als 39 % aller Scheidungsfälle reichte im Jahr 2014 der Mann die Scheidung ein.

M10

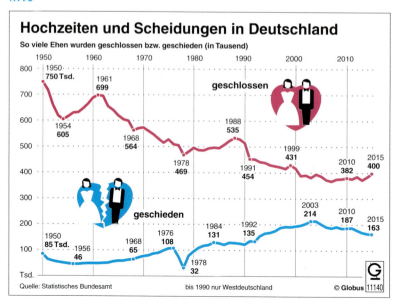

Zudem nähert sich die Scheidungsrate seit mehr als 60 Jahren immer mehr der 1:1-Quote – vom Bund fürs Leben kann also nicht mehr unbedingt die Rede sein (M10).

„Moderne" Lebensformen

Die starren Lebensmuster der älteren und jüngeren Vergangenheit sind spätestens mit dem Eintritt in das neue Jahrtausend Geschichte.

An die Stelle eindimensionaler Strukturen, deren Übertretung gesellschaftlich sanktioniert wurde, ist eine Vielzahl unterschiedlicher Modelle des Zusammenlebens getreten.

Lebensformen der Bevölkerung — in Tausend

	2004	2014
Paare	21 564	20 407
↳ Ehepaare	19 095	17 487
↳ Lebensgemeinschaften	2 469	2 920
↳ nichtehelich[1]	2 412	2 833
↳ gleichgeschlechtlich	56	87
Alleinerziehende	2 502	2 712
Alleinstehende	15 449	17 971
↳ Alleinlebende[2]	13 996	15 997

1 Gemischtgeschlechtlich.
2 Einpersonenhaushalte.
Ergebnisse 2014 auf Basis des Zensus 2011, für 2004 auf Basis früherer Zählungen.
Ergebnisse des Mikrozensus – Bevölkerung in Familien/Lebensformen am Hauptwohnsitz.

Zwei dieser Modelle, die heute beinahe schon unspektakulär sind, wären vor einiger Zeit in unserer Gesellschaft niemals möglich gewesen und sind es in anderen Gesellschaftsformen noch immer nicht: die Patchworkfamilie und der alleinerziehende Elternteil.

> „Eine geschwächte Person, die keinen Vater zum Kinde hat – der solches samt ihrer ernähret – ist die verachtetste und elendste Creatur unter der Sonne."
>
> August der Starke, 1732 in: Sabine Hering: Makel, Mühsal, Privileg, Frankfurt am Main: Dipa-Verlag 1998, S. 20

Die Aussage des Königs von Sachsen liegt zwar immerhin schon beinahe 300 Jahre zurück, hatte aber bis weit über die Hälfte des letzten Jahrhunderts hinaus Gültigkeit. Eine alleinerziehende Mutter, womöglich noch mit unehelichem Kind, wurde gesellschaftlich gemieden. Alleinerziehende Väter gab es überhaupt nicht.

Mittlerweile ist allerdings diese Form der Familienorganisation akzeptiert und stark angestiegen.

Zur Person

August der Starke (1670–1733), eigentlich Friedrich August I. von Sachsen, war eine der auffälligsten Persönlichkeiten seiner Epoche. Seinen Beinamen „der Starke" erhielt er, weil er angeblich mit bloßen Händen ein Hufeisen zerbrechen konnte. Über diese Leistung ließ sich der etwas eitle König sogar ein Zertifikat als Beweis seiner Kraft anfertigen.

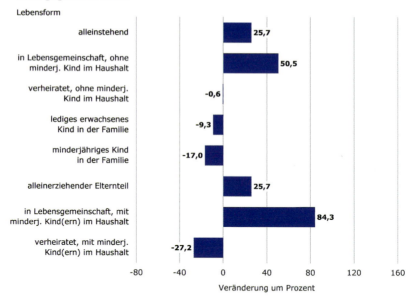

Datenquelle: Statistisches Bundesamt Mikrozensus (Lebensformenkonzept), Berechnungen: BiB

© BiB 2016

Patchwork
ist ein englischer Begriff und bedeutet übersetzt „Flickwerk". Gemeint ist, wie bei einem Flickenteppich, dass einzelne, möglicherweise sehr verschiedene Teile ein harmonisches Ganzes ergeben.

Das verflixte siebente Jahr
ist einer der größten Mythen über die Ehe. Es heißt, dass im siebten Ehejahr die Scheidungsrate am höchsten ist – und jüngste Statistiken erhärten dies auch. Dennoch ist der Zusammenhang nicht unbedingt wissenschaftlich belegt, denn die Zahl 7 spielt psychologisch schon immer eine bedeutende Rolle, deshalb ist man mit Interpretationen zur 7 stets schnell bei der Hand: 7 Wochentage, der Wolf und die 7 Geißlein, die 7 Zwerge, um nur einige zu nennen.

Das Gleiche gilt für das viel zitierte und in der jüngsten Vergangenheit beinahe schon glorifizierte Lebensmodell der Patchworkfamilie, die als Lebensform die höchsten Zuwächse verzeichnet.

Das könnte auch daran liegen, dass sich das Image eines solchen Lebenskonzepts grundlegend verändert hat. Früher mit dem Begriff „Stiefmutter" oder „Stiefvater" stark negativ verbunden, sind Patchworkeltern nun modern und zeitgemäß und werden als positiv wahrgenommen.

M11

Ist Patchwork wirklich das Familienmodell der Zukunft?

Alle sind glücklich. Denn wir haben ein neues gesellschaftliches Ideal gefunden: die Patchworkfamilie. Das Wort klingt nach Sommerferienlager, und die Fotostrecken in den Zeitschriften zeigen fröhliche Menschen, die sicher im Leben stehen und jedes Problem lösen, bevor es überhaupt da ist. Ihr Motto lautet Leichtigkeit. Die Menschen heißen Demi Moore, Heidi Klum oder Boris Becker, sie heißen Christian und Bettina Wulff. Sie wohnen in Hollywood oder im Schloss Bellevue. Sie rufen uns winkend entgegen: Patchworkfamilien sind super!

Melanie Mühl: Das geheuchelte Familienglück, 19.08.2010, FAZ.net, abgerufen unter www.faz.net/aktuell/feuilleton/debatten/patchwork-beziehungen-das-geheuchelte-familienglueck-11023187.html [15.09.2016]

Mittlerweile werden nahezu 50% aller Ehen in Deutschland innerhalb der ersten sieben Jahre wieder geschieden. Jedes Jahr trennen sich also 200 000 verheiratete Paare. Über die Hälfte der geschiedenen Elternteile ist bereits nach nur einem Jahr wieder mit einem neuen Partner zusammen.

FAMILIE IM WANDEL

Es gibt noch keine verlässlichen, genauen Zahlen, wie viele Kinder dauerhaft oder vorübergehend in solchen Patchwork-Konstellationen leben. Schätzungen zufolge sind drei von zehn Kindern bis zur Volljährigkeit Mitglied von mindestens einer Patchworkfamilie.

M12

Im Patchwork ist wenigstens einer schon einmal gescheitert

Es ist der uralte Traum von der eigenen Familie, ein reiner und unschuldiger Traum, der so tief im Menschen festgeschrieben ist, dass ihn auch gesellschaftliche Umbrüche nicht löschen können. Er ist ein Teil jener Fantasie, dass der Mensch sein ganzes Leben auf einem leeren Blatt Papier beginnen könne.

Die Realität von Patchwork ist das Gegenteil davon. Sie ist nicht neu und unschuldig, man kann sie nur noch bedingt selbst gestalten. Da soll eine neue Familie auf den Ruinen einer oder mehrerer vorangegangener Familien entstehen. Trümmer sind zurückgeblieben, sie können plötzlich und **überraschend ein unvorsichtiges** Familienmitglied verletzen. Auch nach Jahren noch. Denn im Patchwork tun sich Menschen zusammen, von denen wenigstens einer schon einmal gescheitert ist. Und das tragen sie mit sich herum.

Petra Steinberger: Die Liebeslüge, 10.05.2010, Sueddeutsche.de, abgerufen unter www.sueddeutsche.de/leben/die-probleme-von-patchwork-familien-die-liebesluege-1.65154 [15.09.2016]

Die Regenbogenfahne

Die Regenbogenfahne wird stets mit positiven Eigenschaften in Verbindung gebracht und von den verschiedensten Bewegungen (Öko, Frieden, Glauben) und für die unterschiedlichsten Ziele genutzt.

In der Homosexuellenszene steht die Fahne für Werte wie Freiheit und Toleranz. Erstmals wurde sie bei der Beerdigung des ermordeten Homosexuellen Harvey Milk 1979 in San Francisco verwendet. Im Gegensatz zu allen anderen Regenbogenflaggen weist diejenige der Homosexuellenbewegung eine Besonderheit auf: Sie hat nur sechs und nicht sieben Streifen.

Gleichgeschlechtliche Lebensgemeinschaften

Diese auch als „Regenbogenfamilie" bezeichnete Lebensform war vor ein bis zwei Generationen noch unvorstellbar. Homosexualität galt als abnormal und war lange Zeit sogar ein Straftatbestand. Glücklicherweise hat auch hier langsam, aber beständig ein Umdenken eingesetzt. Das Outing zahlreicher Prominenter aus Politik, Kunst und Kultur leistete einen nicht unwesentlichen Beitrag dazu, dass die Akzeptanz gleichgeschlechtlicher Liebe in der Gesellschaft heute so groß ist, dass diese Lebensform bereits fast als normal angesehen wird.

Um die gleichen rechtlichen Möglichkeiten zu schaffen, wie sie heterosexuelle Paare genießen, wird die Homo-Ehe auch in der Öffentlichkeit immer stärker propagiert. Da sich die Kirche bislang nicht von ihren in Jahrtausenden gewachsenen und verfestigten Vorstellungen von Liebe und Partnerschaft lösen konnte, schuf der Staat mit der eingetragenen Lebenspartnerschaft eine andere Möglichkeit. Hierbei wird ein Vertrag geschlossen, der prinzipiell einem Ehevertrag gleicht und homosexuellen Paaren in nahezu allen gesellschaftlichen Feldern dieselben Rechte einräumt wie heterosexuellen Ehepaaren.

Entwicklung der gleichgeschlechtlichen Lebensgemeinschaften — in Tausend

	Schätzkonzept	Fragekonzept		
		zusammen	Männer/Männer	Frauen/Frauen
2004	160	56	30	26
2009	177	63	37	27
2012	194	70	39	30
2013	205	78	42	35
2014	223	87	47	39

Bezug Schätzkonzept: Bevölkerung in Privathaushalten am Haupt- und Nebenwohnsitz.
Bezug Fragekonzept: Bevölkerung in Familien/Lebensformen am Hauptwohnsitz.
Ergebnisse ab 2011 auf Basis des Zensus 2011, für die Jahre zuvor auf Basis früherer Zählungen.
Ergebnisse des Mikrozensus.

Gruppe, Clique oder Gang?
Die Bezeichnungen für Bezugsgruppen Jugendlicher unterliegen genauso dem Wandel der Sprache wie viele andere Begriffe auch. So ist der Ausdruck „Peergroup" eher wissenschaftlich und wird in der Umgangssprache selten verwendet.
Die Bezeichnung „Gruppe" ist sehr allgemein und überdauert bereits Jahrzehnte. Zwischenzeitlich war oft der französische Begriff „Clique" gebräuchlich. Der Begriff „Gang" wird zwar momentan von Jugendlichen gern verwendet, ist jedoch durch seine Nähe zur kriminellen Szene eher negativ behaftet.

Wie etabliert und akzeptiert das Modell der Regenbogenfamilie mittlerweile ist, zeigt die Tatsache, dass inzwischen sogar Hollywood die Thematik dieses einstigen Tabuthemas für sich entdeckt hat.

In dem 2011 für vier Oscars nominierten Film „The Kids Are All Right" wird die Geschichte einer Regenbogenfamilie erzählt, deren Leben komplett durcheinandergewirbelt wird, als die Kinder dem Wunsch nachgeben, ihren biologischen Vater kennenzulernen.

2.4.2 Die Peergroup

Als „Peergroup" wird eine soziale Gruppe von etwa gleichaltrigen Jugendlichen bezeichnet. Sie stellt für den einzelnen jungen Menschen neben der Familie und oft auch über diese hinaus die Hauptbezugsgruppe dar, in der man soziale Orientierung sucht und findet.

Unabhängig von sozialem, politischem oder gesellschaftlichem Wandel haben Peergroups stets eigene Werte, Einstellungen und Verhaltensweisen. In den allermeisten Fällen stehen diese Werte und Einstellungen denen der Elterngeneration entgegen. Die Peergroup steht somit für Freiheit, Unabhängigkeit und Eigenständigkeit, markiert also einen Ablösungsprozess.

Die Größe der Gruppe kann variieren, übersteigt im Allgemeinen aber selten 25 Personen. Die meisten Gruppen bestehen aus 11 bis 20 Jugendlichen.

Der Stellenwert der einzelnen Mitglieder einer Peergroup ist allerdings nicht gleich hoch. Wie in jeder Gruppe gibt es hier deutliche Unterschiede. Innerhalb der Peergroup gibt es oft einen oder mehrere Meinungsführer, die einen hohen Stellenwert besitzen, deren Wort Gewicht hat. Diese Mitglieder geben die Richtung der Gruppe vor und bestimmen im Wesentlichen die Werte und das Erscheinungsbild der Peergroup.

Die Beziehungen der Gruppenmitglieder untereinander können in einem sogenannten Soziogramm dargestellt werden.

Das nebenstehende Soziogramm zeigt exemplarisch die verschiedenen Beziehungen einer Peergroup mit lediglich sechs Mitgliedern. Unabhängig von der Gruppengröße sind die einzelnen Gruppenbezüge aber stets gleich.

M13
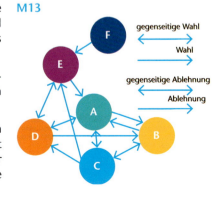

Grundsätzlich unterscheidet man in einer Gruppe Mitgliedertypen, die in den allermeisten Fällen folgende Eigenschaften aufweisen:

M14

Typ	Alpha	Beta	Gamma	Omega
Eigenschaften	Stärke Durchsetzungsvermögen Charisma	Unabhängigkeit Soziale Intelligenz Fachwissen	Unauffälligkeit Kein Führungsanspruch „Normal"	Kein Selbstbewusstsein Kein Durchsetzungsvermögen
Funktionen und Bedeutung innerhalb der Gruppe	Wird als Anführer anerkannt und respektiert Lenkt die Gruppe/Gruppenprozesse Hält die Gruppe zusammen Entscheidet über Gruppenzugehörigkeit Ist innerhalb der Gruppe privilegiert	Steht dem „Alpha" nahe Unterstützt und berät den „Alpha" Als Experte innerhalb der Gruppe sehr anerkannt Entwickelt Ideen und „blickt über den Tellerrand"	Arbeiter jeder Art innerhalb der Gruppe Helfertätigkeiten für das „Alpha" Mehrheit ohne die es die Gruppe nicht gäbe	Außenseiter Manchmal Rebell innerhalb der Gruppe Sündenbock vor allem für „Schwache „Gammas" Steht am Rand der Gruppe Verlässt er die Gruppe wird ein „Gamma" zum neuen „Omega"

Soziogramm
Die grafische Darstellung von Gruppenbezügen oder auch Beziehungen in einer Gruppe bezeichnet man als „Soziogramm".
Der Begriff wurde erstmals 1927 von Rudolf Lochner (1895–1978) verwendet. Die Methode der grafischen Darstellung selbst geht auf Jacob Levy Moreno (1889–1974) zurück, der erstmals Gruppenbezüge in Form von Pfeilen visualisierte.

Es ist nicht einfach, einen einmal zugeschriebenen Status ohne Weiteres zu verändern. So ist der Anführer deshalb in dieser Rolle, weil ihn die Gruppe als solchen akzeptiert. Er kann nicht einfach durch einen Mitläufer ersetzt werden. Auf der anderen Seite wird es dem Außenseiter schwerfallen, diese Position zu verlassen, da die Gruppe ihn nicht als gleichberechtigt akzeptiert. Zudem stärkt die Ausgrenzung des Außenseiters das Wir-Gefühl der Restgruppe.

Aufgaben

27 Ist Blut wirklich dicker als Wasser? Diskutieren Sie die Bedeutung dieser Metapher (M9) in der Klasse.

28 Analysieren Sie die Grafik M10. Welche Gründe konnten für die Entwicklung der Scheidungen verantwortlich sein?

29 Oft wird im Zusammenhang mit Patchworkfamilien der Begriff „modern" genannt (M11). Ist eine Patchworkfamilie wirklich modern oder nur der Ausdruck gescheiterter Lebenskonzepte (M12)?

30 Ordnen Sie den Mitgliedern der Gruppe des Soziogramms M13 die einzelnen Typen und Eigenschaften der Matrix M14 zu.

31 Überlegen Sie, wodurch man in einer Gruppe zum Außenseiter wird.

32 Welche Größe und Struktur weist Ihre eigene Peergroup auf?

2.5 Primär- und Sekundärgruppen

Gruppen lassen sich auch nach ihrer Wichtigkeit für das Individuum unterscheiden, und zwar in Primärgruppen und Sekundärgruppen. Die Begriffe leiten sich aus dem Lateinischen ab: Primär bedeutet sinngemäß „vorrangig", „am wichtigsten"; sekundär meint „zweitrangig", „weniger wichtig".

Den Primärgruppen wird ein erheblich höherer Stellenwert für die Gruppenmitglieder zugeschrieben. Eine Primärgruppe besteht immer aus Personen des direkten Umfelds. Diese Personen haben den direktesten und höchsten Einfluss auf das Verhalten des Individuums.

Wir müssen gewinnen, alles andere ist primär
Fußballspieler sagen in Interviews ja schon mal sonderbare Sachen. So auch der österreichische Nationalspieler und „Held von Cordoba" Hans Krankl, der in der benachbarten Alpenrepublik in etwa denselben Status genießt wie in Deutschland Franz Beckenbauer. Vor einem richtungsweisenden Match machte er die Aussage: „Wir müssen gewinnen, alles andere ist primär."

Die Mitglieder einer Primärgruppe kennen sich alle unmittelbar und stehen in enger emotionaler Beziehung zueinander. Oft haben sie auch gemeinsame Interessen und Ziele. Die Anzahl der Mitglieder einer solchen Gruppe ist eher klein.

Dafür sind wichtige Merkmale einer Gruppe hier umso stärker ausgeprägt:

- Die Mitglieder der Gruppe haben ein besonders starkes Wir-Gefühl.
- Die Gruppe besitzt soziale Strukturen und eigene Normen.
- Die Gruppe besitzt eine fundamentale Bedeutung für die Entwicklung, sie prägt nachhaltig.

Alle sozialen Gruppen, die nicht die Merkmale einer Primärgruppe besitzen, sind Sekundärgruppen. Die Sekundärgruppen stellen mit den Primärgruppen zusammen alle gesellschaftlichen Gruppenverflechtungen dar.

Normalerweise sind diese Gruppen zweckgemeinschaftlich und zielorientiert. Je nach Zielsetzung der Sekundärgruppe fließen nur bestimmte Fähigkeiten und Leistungen der Mitglieder in die Gruppe ein.

Auch sind zwischenmenschliche Kontakte eher sachlich und fußen auf formalen und nicht auf intern gewachsenen Vereinbarungen.

Sekundärgruppen haben oft deutlich mehr Mitglieder als Primärgruppen, wodurch sie unübersichtlicher werden und einen geringeren Stellenwert bekommen.

Wichtiges Wissen

Zu 2 Gesellschaftliche Gruppen

Eine soziale Gruppe besteht, je nach Definition, aus mindestens zwei oder mindestens drei Personen. Die wichtigsten Merkmale einer Gruppe sind gemeinsame Werte und Normen sowie positive emotionale Bindungen, die sich im sogenannten Wir-Gefühl widerspiegeln.

Zu 2.1 Bedeutung gesellschaftlicher Gruppen

Das Bilden von sozialen Gruppen ist kultur- und gesellschaftsübergreifend, da Menschen in der Gruppe ihre sozialen Bedürfnisse befriedigen und die Gruppe einen wichtigen Teil der Identität einer Person ausmacht.

Zu 2.2 Entstehung von Gruppen

Soziale Gruppen liegen in verschiedenen Größen, Ausprägungen und Zusammenhängen vor. In manche sozialen Gruppen wird man hineingeboren, andere kann man sich selbst aussuchen.

Zu 2.3 Formelle Gruppen

Formelle soziale Gruppen besitzen feste Organisationsstrukturen, häufig in Form von Satzungen. Die Ziele einer formellen Gruppe sind zumeist zweckorientiert. Wichtige formelle Gruppen sind der Betrieb und die Schule.

In sozialen Gruppen gibt es immer eine Gruppendynamik. Dieser auch Teamfindung genannte Prozess läuft stets in vier Phasen ab (Forming, Storming, Norming und Performing).

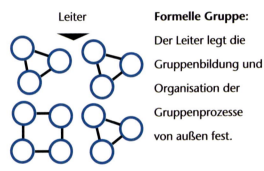

Formelle Gruppe: Der Leiter legt die Gruppenbildung und Organisation der Gruppenprozesse von außen fest.

Zu 2.4 Informelle Gruppen

Informelle Gruppen sind spontane Beziehungen mit persönlichem Charakter. Die Gruppenbildung geht auf die Bedürfnisse der einzelnen Mitglieder zurück. Die wichtigsten informellen Gruppen sind die Peergroup als Hauptbezugsgruppe der eigenen Generation und die Familie.

Letztere hat sich in den letzten Jahrzehnten in Mustern und Strukturen stark gewandelt. So ist es heute gesellschaftlich kein Problem mehr, in einer Patchwork- oder Regenbogenfamilie zu leben. In jeder Gruppe gibt es bestimmte Rollen, die die Beziehungen der Gruppenmitglieder untereinander widerspiegeln.

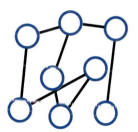

Informelle Gruppe: Die Mitglieder gestalten selbst Aufgaben, Ziele und Rollen der Mitglieder.

Beide Grafiken: Wilhelm H. Bär: Handlungsfeld 6, Ausbildung in der Gruppe: Lernmaterialien zur Vorbereitung auf die Ausbilder-Eignungs-Prüfung, Berlin: IFA-Verlag, 1999, S. 6

Zu 2.5 Primär- und Sekundärgruppen

Gruppen lassen sich auch in Primär- und Sekundärgruppen unterteilen. Die Primärgruppe hat einen deutlich höheren Stellenwert als die Sekundärgruppen.

3 Soziale Rollen

Danielas Dilemma M15

Daniela ist 16 Jahre alt und besucht die Berufsfachschule. Ihre Lieblingsfächer sind Englisch und Deutsch. Sie lebt zusammen mit ihrer Mutter, die im Schichtbetrieb als Krankenschwester arbeitet, und ihrem kleinen Bruder Nils, der in die örtliche Kindertagesstätte geht. Danielas Eltern sind geschieden, der Vater ist bereits wieder verheiratet und lebt in einer Patchworkfamilie in Wien.

Daniela ist sehr fürsorglich und noch immer mit ihrer Jugendliebe Lennart zusammen; er ist 18 und absolviert momentan im zweiten Lehrjahr eine Ausbildung zum Groß- und Außenhandelskaufmann. Weil das Geld oft knapp ist, arbeitet Daniela neben der Schule beim Logistikzentrum Busch & Bartels GmbH zwei- bis dreimal die Woche als Aushilfe.

In ihrer Freizeit spielt Daniela als Ausgleich zum täglichen Stress E-Gitarre in einer Deutschrock-Band.

Heute ist offensichtlich nicht Danielas Tag, denn alle und jeder wollen etwas von ihr:

- BWL ist nicht gerade Danielas Lieblingsfach und entsprechend sind ihre Noten. Nun soll sie ein Referat über ökologische und ökonomische Zielkonflikte eines Handelsbetriebs schreiben. Ihr BWL-Lehrer erwartet, dass Daniela morgen die komplette Gliederung vorlegt, denn das Referat muss bereits Montag fertig sein.

- Lennart hat in der Mittagspause eine SMS geschrieben. Schon in den letzten Wochen lief es im Betrieb nicht rund. Nun ist er mit seinem Ausbilder aneinandergeraten und es droht eine Abmahnung. Er erwartet, dass Daniela am Abend für ihn Zeit hat, um mit ihm über seine Probleme und seine Zukunft zu reden.

- Danielas Mutter muss am Abend auch noch kurzfristig arbeiten. Ihre beste Kollegin hatte nämlich einen Sportunfall und für Danielas Mutter ist es natürlich Ehrensache, die Schicht zu übernehmen. Jetzt erwartet sie von Daniela, dass sie Nils am Nachmittag von der Kita abholt und sich danach um ihn kümmert.

- Im Trubel wäre beinahe untergegangen, dass Daniela mit der Band am Samstag im örtlichen Club auftreten soll. Frontmann Ingo hat den Proberaum für heute um 19 Uhr gemietet und erwartet, dass Daniela da ist, um die neuen Songs durchzugehen.

- Als wäre das nicht schon genug, hat sich Steffen Bartels, der Juniorchef der Busch & Bartels GmbH, gemeldet. Er erwartet, dass Daniela nachher bei der Jahresabschlussinventur als Zählerin einspringt, da Personalmangel herrscht und es für sie auch finanzielle Zulagen gibt.

Jetzt fühlt sich Daniela wie erschlagen. Sie ist hin- und hergerissen. Als Erstes setzt sie sich an den Computer und postet im sozialen Netzwerk ihrer besten Freundin Özlem ihr Dilemma.

Arbeitsvorschläge

33 Versetzen Sie sich in die Lage von Özlem. Was würden Sie Daniela raten und warum?

3.1 Position und Rolle in der Gesellschaft

In unserer Gesellschaft ist die einzelne Person, hier auch „Akteur" genannt, in die unterschiedlichsten Lebenszusammenhänge eingebunden. In jedem dieser Lebenszusammenhänge nimmt man eine andere Position ein. So könnten beispielsweise Daniela und ihr BWL-Lehrer im selben Tennisverein spielen, sie als beste Juniorin und er als Hobbyspieler. In zwei unterschiedlichen Situationen nehmen dieselben Personen also unterschiedliche Positionen ein.

In jeder Position hat das Individuum bestimmte gesellschaftliche Aufgaben und Funktionen inne. Durch das Ausfüllen dieser Aufgaben spielt man eine soziale Rolle. Da jedes Mitglied der Gesellschaft je nach Situation mehr als nur eine Rolle bewältigen muss, stellt sich unsere Gesellschaft als ein Geflecht von verschiedenen Positionen und ineinandergreifenden Rollen dar. Die Gesellschaft als Ganzes bildet also ein in sich verwobenes Rollensystem.

Eine Rolle ist unabhängig vom Rollenträger zu verstehen, die Rolle ist also nicht in erster Linie personengebunden. Wäre beispielsweise Daniela in eine andere Klasse eingruppiert worden, hätte sie wahrscheinlich auch einen anderen BWL-Lehrer. Dennoch bliebe sie in der Schülerrolle und ihr Gegenüber, unabhängig davon, wer es nun ist, in der Lehrerrolle.

Diese klare Abgrenzung der Rollen bedingt, dass jeder Rolle auch bestimmte Rechte und Pflichten zugeordnet sind. Diese leiten sich ab von den gesellschaftlichen Erwartungen, die an die jeweilige Rolle geknüpft sind.

Völlig von der Rolle!
Zahlreiche Sprichwörter leiten sich aus dem Sport ab. Im Radsport folgt in der Steherdisziplin der Athlet einem Motorrad, um im Windschatten höhere Geschwindigkeiten zu erzielen. Damit der Radfahrer nicht stürzt, ist hinten am Motorrad eine Rolle angebracht. Verlassen den Athleten die Kräfte, wird er langsamer und kann den Windschatten nicht mehr nutzen.
Er ist damit also auch (weit weg) von der Rolle.

Aufgaben

34 Beschreiben Sie, welche Rollen Daniela in ihren verschiedenen Lebenszusammenhängen spielt.

35 Welche Rollen spielen Sie selbst in verschiedenen Lebenszusammenhängen?

36 In welchen dieser Rollen gibt es Berührungspunkte mit Klassenkameraden?

3.2 Erwartungen

Jeder Mensch hat Erwartungen und an jeden Menschen werden Erwartungen gestellt. Diese sind einerseits von der Person an sich abhängig, andererseits und in erster Linie aber an die Rolle gebunden, die eine Person als Akteur im jeweiligen gesellschaftlichen Zusammenhang besetzt.

Die Erwartungen, die mit einer bestimmten Rolle verbunden sind, leiten sich im Wesentlichen von den Normen und Werten der jeweiligen Gesellschaft ab. Die Summe der Erwartungen, die an eine Rolle geknüpft werden, legt sozusagen den Handlungsspielraum der Person in ihrer Rolle fest.

Wer wird denn gleich aus der Rolle fallen
„Aus der Rolle fallen" ist eine Metapher, also ein bildhafter Vergleich. Die Wurzeln dieser Metapher liegen im Theaterschauspiel. Ein Akteur, der die Erwartungen durch plötzliches, unvorhersehbares Verhalten nicht erfüllt, fällt aus der Rolle. Auch in sozialen Zusammenhängen ist es natürlich möglich, aus der Rolle zu fallen. Ein Auszubildender, der in der Mittagspause Alkohol trinkt und später seinen Ausbilder beleidigt, fällt klar aus der Rolle und muss deshalb mit empfindlichen Konsequenzen rechnen.

Wird dieser Handlungsspielraum nicht eingehalten oder unterschritten, sind die Erwartungsträger vom Rolleninhaber enttäuscht und es drohen ihm Sanktionen. Das Verhalten einer Person in einer Rolle ist also letztendlich Ausdruck der Summe aller Erwartungen, die verschiedene Gruppen und Personen an eben diese Rolle stellen.

Dabei ist Erwartung nicht gleich Erwartung. Verhält sich eine Person in ihrer Rolle nicht gesellschaftskonform, hängt es von der gesellschaftlichen Erwartungshaltung ab, ob und, wenn ja, wie dies sanktioniert wird. Nach der Theorie des Gesellschaftswissenschaftlers Ralf Dahrendorf wird dabei in Kann-Erwartungen, Soll-Erwartungen und Muss-Erwartungen unterschieden.

3.2.1 Kann-Erwartungen

Kann-Erwartungen haben von allen Erwartungsformen den geringsten Stellenwert und den breitesten Spielraum. Unter „Kann-Erwartungen" versteht man, dass der Akteur in seiner Rolle Dinge tut, die zwar normalerweise nicht zwingend notwendig sind, gesellschaftlich aber doch gern gesehen werden und zu einem positiven Bild der Person beitragen. Er übererfüllt quasi die gesellschaftlich vorgeschriebene Norm mehr oder weniger freiwillig.

Das hat zur Folge, dass die Nichterfüllung von Kann-Erwartungen in den seltensten Fällen mit negativen Sanktionen versehen wird. Im Gegenteil erwirbt der Akteur mit der Erfüllung von Kann-Erwartungen einen Bonus, wird also positiv sanktioniert.

3.2.2 Soll-Erwartungen

Vorbild?
Role Model!
Viele Anglizismen (englische Begriffe in der deutschen Sprache) klingen lediglich „cool" und ergeben keinen besonderen Sinn. Anders ist das beim Wort „Vorbild". Hier verwendet das Englische den Begriff „Role Model", also sinngemäß „Rollenvorlage". Das trifft in vielen Bereichen den Kern der Sache wesentlich genauer, da man sich an Menschen in einer bestimmten Rolle orientiert. Diese Rolle versucht man dann selbst so auszufüllen und zu interpretieren wie das „Role Model".

Davon kann bei Soll-Erwartungen keine Rede mehr sein. Diese sind zwar nicht unbedingt rechtlich festgelegt, aber dennoch sozial verbindlich. Sie gehören, anders als Kann-Erwartungen, zum Spektrum der Pflichten des Akteurs, sind „gefühlt" also unbedingt zu erfüllen. Geschieht dies nicht, drohen dem Rollenträger empfindliche Strafen – zwar nicht juristisch, aber von der sozialen Gruppe. Diese Form der negativen Sanktion kann vom Einzelnen als mindestens ebenso hart angesehen werden wie eine Strafe im Sinne des Gesetzes.

Der Spielraum für die Einhaltung von Soll-Erwartungen ist zwar nur sehr gering, dennoch führt deren dauerhafte und nachhaltige Erfüllung zu positiven Reaktionen der Gesellschaft.

3.2.3 Muss-Erwartungen

Muss-Erwartungen sind im eigentlichen Sinne keine Erwartungen mehr, sondern Vorgaben mit verbindlichem Normcharakter im Sinne der Gesellschaft.

Sie sind rechtlich verbindlich und in der Mehrzahl aller Fälle auch gesetzlich festgelegt. Werden Muss-Erwartungen nicht eingehalten, zieht dies schwerwiegende Sanktionen nach sich, und das nicht allein im Bereich der sozialen Gruppe. Bei Nichterfüllung drohen sogar, je nach Vergehen, gesetzliche Strafen. Anders als bei Kann- und Soll-Erwartungen gibt es bei Erfüllung der Muss-Erwartungen niemals positive Sanktionen, da ihre Einhaltung als selbstverständlich vorausgesetzt wird.

Aufgaben

37 Ordnen Sie die Erwartungen, die die einzelnen Personen im Ausgangsbeispiel M15 an Daniela haben, nach Kann-, Soll- und Muss-Erwartungen.

38 Welchen Rat würden Sie Daniela unter Einbeziehung der neu gewonnenen Aspekte nun geben?

3.3 Soziale Rolle und Identität

In seiner jeweiligen Rolle hat ein Akteur Kontakt zu anderen Personen in seinem Umfeld, die ebenfalls eine Rolle besetzen. Kennen und befolgen alle Akteure die mit ihrer Rolle verbundenen Erwartungen, erleichtert das den Umgang miteinander sehr, denn das Verhalten der Rollenspieler wird für alle relativ vorhersehbar und gut einzuschätzen.

Entspricht das Rollenverhalten jedoch der eigentlichen Identität einer Person? Und wenn nein, was macht überhaupt die Identität einer Person aus?

Verhält sich ein Akteur in seiner Rolle genauso, wie man es erwartet, gilt er als typisch. Typisch Mann, typisch Frau, typisch Autofahrer, typisch Fahrradfahrer. Wer typisch handelt und als typisch wahrgenommen wird, ist jedoch nicht individuell. Dieses Attribut wird prinzipiell jedem Menschen zugeschrieben und jeder nimmt es für sich in Anspruch.

Individualität erlangt eine Person allerdings in erster Linie über angeborene Eigenschaften oder Merkmale sowie einen bestimmten optischen Stil, wobei dieser bereits abhängig sein kann von der Bezugsgruppe und der Rolle, die eine Person in ihr besetzt.

Es stellt sich zwangsläufig, zumeist schon im Jugendalter, die Frage nach der eigenen Identität, nach dem **Ich**, die Frage, was **mich selbst**, meine Persönlichkeit im Kern ausmacht.

Dies sind die Herkunft, der Name und das Geschlecht eines Menschen. Diese Punkte werden quasi mit der Geburt erworben, sind in den allermeisten Fällen lebenslang stabil und führen somit zum Innersten eines Menschen.

Im Laufe des Lebens bildet sich die eigene Persönlichkeit, die Ich-Identität, durch die Verschmelzung von personeller Identität und sozialer Identität, also Identität in übernommenen Rollen, heraus.

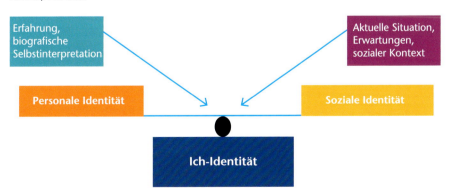

Hänselei oder schon Mobbing?

Kleine Sticheleien und Reibereien gibt es immer: auf dem Schulhof, in der Sportmannschaft, in der Peergroup. Aber womit wird gehänselt und gestichelt? Und was ist noch halbwegs lustig und was geht in den Mobbingbereich?
Viele Menschen sind am empfindlichsten bei Verballhornungen ihres Namens und ihrer Herkunft, weil eben das die Grundlagen der eigenen Identität sind. Unsinnige Spitznamen und Sprüche über Familie oder Heimat verletzen Stolz und Ehrgefühl nicht nur bei Menschen mit Migrationshintergrund. Sie greifen bei jeder Person die Ich-Identität an. Deshalb sollte man in diesen Bereichen, wie auch bei Glauben und Religion, darauf achten, was man sagt, um einen Menschen nicht unnötig zu verletzen.
Mobbing hat jedoch noch einmal eine andere Dimension. Hierbei geht es um das dauerhafte, bösartige Fertigmachen eines Menschen.

Durch diese Ich-Identität ist eine Person in der Lage, Rollen im Rahmen der gesellschaftlichen Normen individuell zu gestalten. Gleichzeitig ist die Person in der Lage, eine gewisse kritische Distanz zur Rolle aufzubauen und somit möglichem Frust etwas vorzubeugen.

Aufgaben

39 Leiten Sie aus der Ausgangssituation M15 Merkmale von Danielas Identität ab.

40 Erstellen Sie eine Mindmap mit den typischen Merkmalen und Verhaltensweisen eines Vaters, einer Mutter, eines Kindes, eines Schülers, eines Lehrers, eines Azubis und eines Ausbilders.

3.4 Rollenkonflikte

Rollenkonflikte sind nicht die Ausnahme, sondern eher der Normalfall. Sie können entweder durch unterschiedliche Erwartungen entstehen, die Gruppen oder Einzelpersonen an den Akteur in einer bestimmten Rolle stellen. Oder sie ergeben sich dadurch, dass sich verschiedene Rollen untereinander nicht gut vereinbaren lassen.

Beide Konflikte tragen zum Beispiel zahlreiche Frauen aus, die versuchen, ihre Rollen in Beruf und Familie möglichst gut auszufüllen und dabei den unterschiedlichen, hohen Erwartungen der Akteure in beiden Bereichen gerecht zu werden.

3.4.1 Intra-Rollenkonflikte

Konflikte, die bei einer Rolle infolge der unterschiedlichen Erwartungshaltung der Umwelt auftreten, nennt man „Intra-Rollenkonflikte".

Beispiel

So ist es bei einem Landtagsabgeordneten gut möglich, dass in seiner Rolle als Politiker ein Intra-Rollenkonflikt hinsichtlich der Erwartungen seines Wahlkreises und der eigenen Partei entsteht. Angenommen, im Wahlkreis unseres Politikers befindet sich ein Flughafen. Die Partei ist dafür, dass dieser ausgebaut wird, die große Mehrheit der Wähler im Wahlkreis ist allerdings gegen einen Ausbau.

Folgt der Abgeordnete der Linie seiner Partei, verliert er möglicherweise die Zustimmung seiner Wähler und damit sein Mandat in der nächsten Amtszeit. Geht er mit den Interessen seiner Wählerschaft und stellt sich gegen die Parteiinteressen, wird er in der Partei vielleicht isoliert und zukünftig wohl keine Führungsrolle mehr besetzen können.

Ingeborg Pändl: Individuum – Gruppe – Gesellschaft, abgerufen unter http://gesellschaft.psycho-wissen.net/rollenkonflikte/intra-rollenkonflikt/index.html [09.09.2016]

Ähnlich gelagerte Intra-Rollenkonflikte kommen sehr häufig vor. Mögliche Konflikte, die sich aus den Erwartungen an einen Akteur in der Schülerrolle ergeben, stellt die obige Abbildung dar.

3.4.2 Inter-Rollenkonflikte

Inter-Rollenkonflikte weisen eine andere Problematik auf. Hier besteht der Konflikt nicht in unterschiedlichen Erwartungen innerhalb einer Rolle, sondern darin, dass bestimmte Rollen, die von einem Akteur ausgefüllt werden, miteinander konkurrieren.

Beispiel
Um beim Landtagsabgeordneten zu bleiben, könnte ein solcher Konflikt folgendermaßen aussehen:

Der Abgeordnete ist gleichzeitig im Vorstand eines Tennisvereins. Dieser Verein möchte mit kommunalen Zuschüssen ein neues Clubhaus errichten, die Kommune ist aber verschuldet und hat dringendere Projekte. In seiner Eigenschaft als Abgeordneter muss der Politiker natürlich der Vernunft folgen und die kommunalen Gelder dort einsetzen, wo sie am sinnvollsten sind. Als Vereinsvorstand dagegen muss er die Interessen des Clubs wahrnehmen und versuchen, die Mittel von der Kommune zu bekommen, obwohl diese es sich eigentlich nicht leisten kann.

Konflikt
Der Begriff „Konflikt" ist kein ursprünglich deutsches Wort. Er entstammt – wie so vieles – der lateinischen Sprache. „Confligere" bedeutet „sich zum Kampf treffen". Ein Konflikt wird bei der lateinischen Interpretation also per Kampf ausgetragen oder beigelegt. Dabei kann es sich natürlich auch um einen Kampf mit Worten handeln.

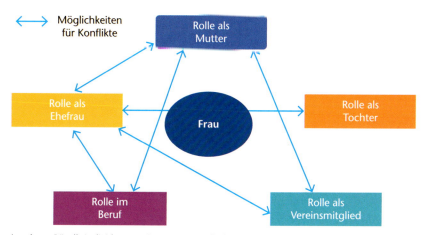

Ingeborg Pändl: Individuum – Gruppe – Gesellschaft, abgerufen unter http://gesellschaft.psycho-wissen.net/rollenkonflikte/inter-rollenkonflikt/index.html [09.09.2016]

In bestimmten Situationen schließen sich Handlungsmuster in den verschiedenen Rollen sogar aus. Konflikte einer Frau, die durch das Ausfüllen verschiedener Rollen im Alltag entstehen können, sind im Schaubild exemplarisch dargestellt.

Aufgaben

41 Analysieren Sie noch einmal die Situation **M15**. Arbeiten Sie Intra- und Inter-Rollenkonflikte in Danielas Dilemma heraus und erklären Sie, wie sich diese Konflikte auswirken.

3.5 Strategien zur Konfliktbewältigung

Obwohl landläufig gesagt wird, dass Konflikte Reibung bedeuten und Reibung Energie erzeugt, werden Konflikte meistens von allen Beteiligten als negativ, kraftraubend und belastend empfunden. Dennoch treten sie jeden Tag auf: entweder, weil sie sich in bestimmten Situationen nicht vermeiden lassen, wie in Abschnitt 3.4 beschrieben, oder aber, weil im Vorfeld bestimmte Handlungsweisen von einer oder beiden Parteien an den Tag gelegt wurden, die eine Grenze überschritten haben und den Konflikt somit herbeiführten. Was aber kann getan werden, um ein harmonisches, konstruktives Miteinander innerhalb der verschiedenen Rollen des Alltags zu gewährleisten?

3.5.1 Konfliktvermeidung

Auf den ersten Blick könnte man meinen, dass der Königsweg zur Konfliktbewältigung lautet: Konfliktvermeidung. Das klingt zunächst einfach und plausibel, ist jedoch in der Realität kaum möglich und darüber hinaus wenig fruchtbar.

Der Klügere gibt nach?
Jeder hat es von seinen Eltern schon einmal gehört: Der Klügere gibt nach!
Aber warum eigentlich? Es drängt sich der Verdacht auf, dass die Eltern einfach nur wollen, dass endlich Frieden herrscht und sie ihre Ruhe haben. Denn bei verhärteten Fronten einfach so nachzugeben, löst keinesfalls das Problem. Im Gegenteil, würde der Klügere tatsächlich immer nachgeben, beherrschten die Dümmeren schon bald die Welt.

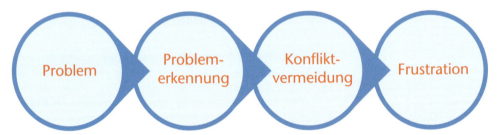

Denn das Vermeiden eines Konflikts bedeutet nicht zwangsläufig, dass der Konflikt nicht oder nicht mehr existiert. Es kann auch bedeuten, dass sich ein Akteur in seiner Rolle so sehr zurücknimmt, dass der Konflikt erst gar nicht ausbricht oder beigelegt scheint. Das führt nicht weiter, sondern auf Dauer zu Frustration. Positive Effekte können aus Konflikten lediglich gewonnen werden, wenn diese innerhalb der Problemstellung zu beiderseitiger Zufriedenheit ausgetragen werden. Es ist daher immer besser, einen Konflikt auszutragen als ihn unter allen Umständen zu vermeiden.

Konfliktvermeidung ist also nicht unbedingt eine sinnvolle Strategie zur Bewältigung.

3.5.2 Konfliktlösung

Ein ernsthaftes Bewältigen von Konflikten geschieht stets über das Erkennen des Konfliktgrundes und die anschließende Lösung des Konfliktes. Dabei gibt es bei den beschriebenen Rollenkonflikten nicht die klassische Täter-Opfer-Beziehung, da die Entstehung auf Erwartungen basiert. Dementsprechend würde auch das Anwenden von Gewalt keinen Sinn ergeben.

Es gibt zahlreiche Möglichkeiten und Formen, mit Konflikten umzugehen, aber nur wenige führen zu einer dauerhaften, tragfähigen und für alle Beteiligten positiven Lösung.

Die zentrale Frage lautet dabei immer: Orientiere ich mich an meinen eigenen Bedürfnissen und Wünschen – oder an den Bedürfnissen und Erwartungen der anderen?

Je nachdem, wie stark man die eine oder die andere Seite in den Vordergrund stellt, ergeben sich verschiedene Ansätze zur Bewältigung der Konflikte:

Nachgeben und Durchsetzen

Bei dieser weitverbreiteten Lösungsstrategie gibt es wie in einem sportlichen Wettkampf einen Gewinner und einen Verlierer. Der Konflikt wird zwar gewaltfrei, aber dennoch mit einem ähnlichen Resultat beendet. Allein diese Tatsache zeigt, dass hier kein optimaler Ansatz verfolgt wird, da eine Seite deutlich schlechter gestellt wird.

Schließen eines Kompromisses

Effektiver ist die Strategie des Kompromisses. Hier wird nicht nur eine Seite in den Fokus gerückt, sondern Toleranz, einer der wichtigsten gesellschaftlichen Werte, für die andere Seite aufgebracht. Beim Schließen eines Kompromisses wird ein Spielraum geschaffen, in dem sich beide Parteien einigen, indem sie Abstriche an ihren eigenen Wünschen machen und sich etwas auf die andere Seite zubewegen – auf

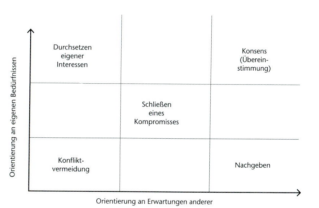

den ersten Blick also eine gelungene Lösung, dennoch nicht ideal, da die Ursache des Konflikts weiter bestehen bleibt.

Kooperation und Konsens

Anders ist dies bei der Methode der Kooperation. Hier wird, basierend auf gesellschaftlichen Werten, ein gemeinsamer Nenner gefunden. Es geht nicht mehr darum, wer recht hat, sondern um das Lösen des Problems. Die Konfliktpartner treten sich also nicht im Sinne zweier Kontrahenten gegenüber, sondern erarbeiten gemeinsam Lösungsalternativen.

Gewalt ist keine Lösung!
Das ist richtig und falsch zugleich. Denn genau genommen ist Gewalt die einfachste Lösung, denn der Schwächere beugt sich und kuscht. Aber erstens wird der Kern des Problems dadurch nicht beseitigt und zweitens leben wir mittlerweile in einer auf Frieden und Ausgleich fußenden Gesellschaft, in der Schwächere unterstützt und nicht unterdrückt werden. Daher sind wir über das Stadium der Gewaltanwendung glücklicherweise längst hinaus und der Satz müsste richtig lauten:
Im Sinne unserer Gesellschaft ist Gewalt keine Lösung!

Aufgaben

42 *Überlegen Sie, welche Kompromisse Daniela in ihrem Dilemma mit den einzelnen Parteien schließen könnte.*

43 *Überlegen Sie weiterhin, welcher Konsens mit den Parteien bei Danielas Dilemma möglich wäre.*

Wichtiges Wissen

Zu 3.1 Position und Rolle in der Gesellschaft

Alle Menschen besetzen in verschiedenen Lebenszusammenhängen bestimmte Rollen. Im Ganzen entsteht so ein Rollenpaket.

Jede Rolle ist mit Rechten und Pflichten verknüpft. Sie ist prinzipiell vom Träger unabhängig, kann also durch verschiedene Personen ausgefüllt werden.

Zu 3.2 Erwartungen

An das Verhalten eines jeden Akteurs innerhalb einer Rolle sind Erwartungen geknüpft. Diese ergeben sich aus den gesellschaftlichen Normen und Werten.

Nicht alle Erwartungen sind dabei gleich hoch zu bewerten. Man unterscheidet zwischen Kann-, Soll- und Muss-Erwartungen. Werden letztere nicht erfüllt, drohen dem Akteur zum Teil schwerwiegende Sanktionen.

Zu 3.3 Soziale Rolle und Identität

Die Identität eines Menschen kann in die personale und die soziale Identität unterschieden werden. Die personale Identität ist geprägt durch angeborene Dinge wie das Geschlecht, die Herkunft und den Namen. Die soziale Identität bildet sich durch die Übernahme von Rollen in der Gesellschaft heraus. Beide Identitäten fließen zusammen in die Ich-Identität.

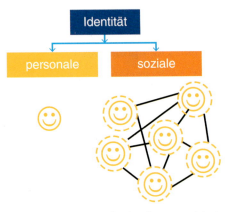

Zu 3.4 Rollenkonflikte

Oft ergeben sich aus der Tatsache, dass im Alltag verschiedene Rollen ausgefüllt werden (müssen), Rollenkonflikte.
Hier unterscheidet man erstens Intra-Rollenkonflikte, also Konflikte, die in einer Rolle durch unterschiedliche Erwartungen von Personen entstehen, und zweites Inter-Rollenkonflikte, also Konflikte, die dadurch entstehen, dass zwei oder mehrere Rollen sich widersprechen.

Zu 3.5 Strategien zur Konfliktbewältigung

Konfliktvermeidung um jeden Preis ist keine sinnvolle Strategie zur Bewältigung von Konflikten, da der Konflikt im Kern nicht gelöst wird und bei mindestens einer Partei Frustration herrscht.

Besser ist es, einen Kompromiss zu schließen, da hier beide Parteien etwas von ihrem Standpunkt abrücken und es keinen klaren Gewinner oder Verlierer gibt.

Der beste Weg ist ein Konsens. Diese Form der Übereinstimmung hinterlässt beide Parteien sozusagen als Sieger und hebt die Gruppe auf ein neues, höheres Niveau.

Anforderungssituation 2

Berufsorientierung und Arbeitsplatzsicherung im Wirtschaftssystem – Bedeutung von Arbeit und Beruf für den Einzelnen

Kompetenzen

In diesem Kapitel lernen Sie, die Bedeutung von Ausbildung, Arbeit und Beruf für den Einzelnen und die Gesellschaft, in der wir leben, selbstständig zu erfassen.

Auf der Basis maßgeblicher Gesetze und Verordnungen erfahren Sie die wichtigsten Aspekte der Rechte von Auszubildenden und Arbeitnehmern in der Bundesrepublik und können deren Stellenwert in einem sich wandelnden Arbeitsmarkt einschätzen.

1 Berufsausbildung

M1

M2

Arbeitsvorschläge

1 Fassen Sie die Kernaussagen der beiden Karikaturen M1 und M2 zusammen.
2 Welche der beiden Karikaturen gibt Ihrer Meinung nach den derzeitigen Stand auf dem Ausbildungsmarkt besser wieder?

1.1 Das duale Ausbildungssystem

Dual
Der Begriff „dual" entstammt dem Lateinischen und bedeutet „zweiseitig". Oft kann man von Vorsilben oder Zahlwörtern aus dem Lateinischen oder Griechischen auf einen Gegenstand schließen, so z. B. Quattro = vier (Vierradantrieb), Penta = fünf (Pentagon/Fünfeck) usw.

Nahezu jeder junge Mensch, der sich nach seinem Schulabschluss für einen Lehrberuf entscheidet, durchläuft das sogenannte duale Ausbildungssystem.

Die beiden gleichberechtigten Partner dieses Systems sind der Ausbildungsbetrieb, der die Fachkenntnisse in der Praxis vermittelt, sowie die Berufsschule als Lernort der Theorie und des Allgemeinwissens.

Idealerweise greifen beide Bereiche der dualen Ausbildung wie Zahnräder ineinander und ergeben eine fundierte Ausbildung.

Berufliche Bildung (Duales System)

- Betriebliche Ausbildung
- Schulische Ausbildung

Rechtliche Grundlage
– Berufsbildungsgesetz
– Ausbildungsordung
– Berufsausbildungsvertrag

Rechtliche Grundlage
– Lehrpläne
– Schulpflicht
– Schulgesetze der Länder

Große Unterschiede
Das duale System, wie es in Deutschland praktiziert wird, ist keineswegs exemplarisch für die Ausbildung in anderen Ländern. So kennt man in den USA beispielsweise fast nur „Training on the job".

Berufsschulpflicht besteht für alle Jugendlichen unter 18 Jahren, die ihre Vollzeitschulpflicht erfüllt und einen Ausbildungsvertrag unterzeichnet haben.

Am Ende eines jeden Schuljahres bekommt der Auszubildende ein Zeugnis, das seinen momentanen Leistungsstand widerspiegelt. Minderleistungen in mehreren Fächern führen nicht zur Wiederholung der Klasse. Am Ende der gesamten Ausbildung steht das Abschlusszeugnis.

Unabhängig davon ist nach Ablauf der Ausbildungszeit die Abschlussprüfung vor der Industrie- und Handelskammer (IHK) oder der Handwerkskammer (HK) abzulegen.

Grundsätzlich bieten sich Möglichkeiten zur Ausbildung in technischen, sozialen und kaufmännischen Berufsfeldern. Jede Ausbildung in diesen Bereichen erfordert bestimmte berufliche Kompetenzen und Fähigkeiten. Jedoch sind unabhängig vom gewählten Beruf bestimmte Schlüsselqualifikationen notwendig, um im Berufsleben dauerhaft Fuß zu fassen.

Aufgaben

3 Welchen Beruf möchten Sie später ergreifen? Tauschen Sie sich mit Ihrem Tischnachbarn über Ihren Berufswunsch aus.

4 Informieren Sie sich über Voraussetzungen und Inhalte Ihres Wunschberufs.

1.2 Die Geschichte des dualen Systems von 1830 bis heute

Das Prinzip der dualen Ausbildung ist keine Erfindung der letzten 50 Jahre, sondern Resultat einer Entwicklung, die zurückreicht bis in die Meisterausbildung der Zünfte im frühen 19. Jahrhundert, und besitzt somit eine lange Tradition. Bereits im Jahr 1830 gab es in zahlreichen deutschen Ländern Schulen zur beruflichen Fortbildung, deren Inhalte sich an den Ausbildungsberufen der Schüler orientierten.

Das duale Prinzip als solches mit den heute noch typischen Lernorten Schule und Betrieb wurde dann in der Gewerbeverordnungsnovelle von 1897 erstmals schriftlich festgelegt und ab etwa 1920 für die Lehrlinge in der ständig wachsenden Industrie übernommen. Zuvor waren nahezu alle Berufsbilder eher handwerklich geprägt. Abschlussprüfungen vor den Kammern waren in Industrieberufen ab 1930 verpflichtend. 1938 wurden die auch heute noch weitgehend gültigen Strukturen mit den Bezeichnungen Berufsschule, Fachschule usw. eingeführt und auch nach dem Zweiten Weltkrieg beibehalten.

Zünftig?
Da man gemeinsam bekanntlich stärker ist, schlossen sich im Mittelalter die Handwerker bestimmter Berufszweige zusammen, um ihre Interessen gegenüber dem Adel und den mächtigen Kaufleuten besser zu wahren und durchsetzen zu können. Diese Zusammenschlüsse bezeichnete man als Zunft, Gilde oder auch Gaffel. Jede Zunft hatte dabei ihr eigenes Wappen als Erkennungssymbol. Den Niedergang der Zünfte läutete die Französische Revolution (1789–1799) ein.

1.3 Gesetzliche Grundlagen

Das Ausbildungsverhältnis wird von einem Geflecht aus Gesetzen und Verordnungen geregelt, die mehr oder weniger intensiv auf den Ausbildungsprozess Einfluss nehmen. Dabei bringt es das föderale System in Deutschland mit sich, dass einige dieser Gesetze oder Verordnungen quasi in Konkurrenz zueinander stehen. Die wichtigsten dieser Gesetze und Verordnungen werden im Folgenden kurz dargestellt.

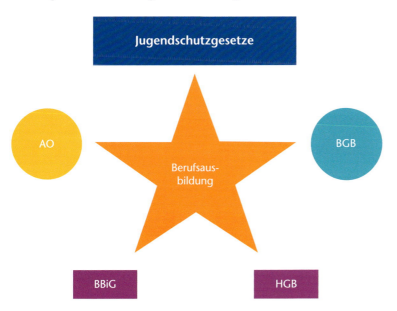

Föderalismus
Aus dem Lateinischen von foedus = Bund bezeichnet ein Aufbauprinzip eines Staates, bei dem bestimmte Glieder in beschränktem Rahmen Eigenständigkeit genießen. So können Bundesländer in Deutschland eigene Gesetze erlassen oder Steuern erheben.

1.3.1 Das Berufsbildungsgesetz (BBiG)

Basis der gesamten beruflichen Bildung im dualen Ausbildungssystem ist das Berufsbildungsgesetz (BBiG). Das BBiG wurde am 14. August 1969 verabschiedet, trat am 1. September 1969 in Kraft und wurde zuletzt im Jahr 2005 grundlegend überarbeitet.

Als Bundesgesetz gilt das BBiG für die gesamte Bundesrepublik, es fällt unter den Bereich Arbeitsrecht.

Berufsausbildung nach BBiG

Zur Ausbildung gehören die eigentliche Berufsausbildung, die berufliche Fortbildung sowie die berufliche Umschulung.

In der Regel erfolgt die Ausbildung im Anschluss an die Vollzeitschulpflicht (siehe AS 2, 1.1).

Geltungsbereich

Das BBiG gilt für die Berufsbildung, soweit sie nicht in berufsbildenden Schulen durchgeführt wird, die den Schulgesetzen der Länder unterstehen. Es gilt nicht für Berufsbildung in einem öffentlich-rechtlichen Dienstverhältnis (z. B. Beamte, Soldaten usw. wegen besonderer Rechtsbeziehung) und für die Berufsbildung auf Handelsschiffen (hier gilt das Flaggenrechtsgesetz).

Das BBiG besteht aus sieben Teilen mit insgesamt 105 Paragrafen.

M3

> **§ 1 Ziele und Begriffe der Berufsbildung**
> (1) Berufsbildung im Sinne dieses Gesetzes sind die Berufsausbildungsvorbereitung, die Berufsausbildung, die berufliche Fortbildung und die berufliche Umschulung.
> (2) Die Berufsausbildungsvorbereitung dient dem Ziel, durch die Vermittlung von Grundlagen für den Erwerb beruflicher Handlungsfähigkeit an eine Berufsausbildung in einem anerkannten Ausbildungsberuf heranzuführen.
> (3) Die Berufsausbildung hat die für die Ausübung einer qualifizierten beruflichen Tätigkeit in einer sich wandelnden Arbeitswelt notwendigen beruflichen Fertigkeiten, Kenntnisse und Fähigkeiten (berufliche Handlungsfähigkeit) in einem geordneten Ausbildungsgang zu vermitteln. Sie hat ferner den Erwerb der erforderlichen Berufserfahrungen zu ermöglichen.
> (4) Die berufliche Fortbildung soll es ermöglichen, die berufliche Handlungsfähigkeit zu erhalten und anzupassen oder zu erweitern und beruflich aufzusteigen.
> (5) Die berufliche Umschulung soll zu einer anderen beruflichen Tätigkeit befähigen.

1.3.2 Ausbildungsordnung und Rahmenlehrplan

Ausbildungsordnung

Die Standards der verschiedenen Ausbildungsberufe sind bundesweit durch die Ausbildungsordnungen festgelegt. Sie werden vom Bundesbildungsminister erlassen und regeln die sachliche und zeitliche Gliederung der Ausbildung. Die Mindestanforderungen an eine Ausbildungsordnung werden dabei vom BBiG in §§ 4 ff. geregelt.

Als Grundlage für eine geordnete und einheitliche Berufsausbildung können die zuständigen Bundesministerien dabei auch ohne Zustimmung des Bundesrates Ausbildungsberufe staatlich anerkennen, Anerkennungen aufheben oder Ausbildungsordnungen erlassen.

Eine Ausbildungsordnung muss mindestens folgende Punkte enthalten:
- Bezeichnung des Ausbildungsberufs
- Ausbildungsdauer (sollte nicht mehr als drei und nicht weniger als zwei Jahre betragen)
- Fertigkeiten und Kenntnisse, die Gegenstand der Ausbildung sind
- Anleitung zur sachlichen und zeitlichen Gliederung der Fertigkeiten und Kenntnisse
- Prüfungsanforderungen

Rahmenlehrplan

Der Rahmenlehrplan ist mit der Ausbildungsordnung abgestimmt und bei zugeordneten Berufen in eine berufsfeldbreite Grundbildung und darauf aufbauende Fachbildung gegliedert. Er enthält keine Festlegungen für den Unterricht; selbstständiges Denken und Handeln können zum Erreichen des Zieles beitragen.

Laut Rahmenlehrplan stellt die Berufsschule einen eigenständigen Lernort dar und hat die Aufgabe, den Schülerinnen und Schülern berufliche und allgemeine Lerninhalte der Berufsausbildung zu vermitteln. Insbesondere der berufsbezogene Unterricht orientiert sich an erlassenen Berufsordnungsmitteln.

1.3.3 Der Berufsausbildungsvertrag

M4

Lehrgeld
Viele Redewendungen, die wir heute gebrauchen, haben ihren Ursprung im Mittelalter. So auch der Begriff „Lehrgeld zahlen".
Vor einigen 100 Jahren war es nämlich durchaus üblich, den Lehrmeister dafür zu bezahlen, dass er sein Wissen weitergibt.
Deshalb zahlt eine Sportmannschaft, die in einer höheren Spielklasse anfangs hohe Niederlagen einstecken muss, auch heute noch „Lehrgeld".

Ein Lehrvertrag aus dem Jahre 1864

Eduard Groos in Grünberg einerseits und Phillipp Walther in Biedenkopf andererseits haben folgende Übereinkunft getroffen:

1. Groos nimmt den Sohn des Phillipp Walther mit Namen Georg auf vier Jahre, und zwar vom 15ten Oktober 1864 bis dahin 1868, als Lehrling in sein Geschäft auf.

2. Groos macht sich verbindlich, seinen Lehrling in Allem dem, was in seinem Geschäft vorkommt, gewissenhaft zu unterrichten, ein wachsames Auge auf sein sittliches Betragen zu haben und ihm Kost und Logis in seinem Haus frei zu geben.

3. Groos gibt seinem Lehrling alle 14 Tage des Sonntags von 12 bis 5 Uhr frei; dabei ist es gestattet, daß er auch an dem Sonntage, wo er seinen Ausgangstag nicht hat, einmal den Gottesdienst besuchen kann.

4. Groos verzichtet auf ein Lehrgeld, hat aber dagegen die Lehrzeit auf vier Jahre ausgedehnt.

5. Walther hat während der Lehrzeit seines Sohnes denselben in anständiger Kleidung zu erhalten und für dessen Wäsche zu sorgen.

6. Walther hat für die Treue seines Sohnes einzustehen und allen Schaden, den derselbe durch bösen Willen, Unachtsamkeit und Nachlässigkeit seinem Lehrherrn verursachen sollte, ohne Einrede zu ersetzen.

7. Der junge Walther darf während der Dauer seiner Lehrzeit kein eigenes Geld führen, sondern die Ausgaben, welche nicht von seinem Vater direkt bestritten werden, gehen durch die Hände des Lehrherrn und der Lehrling hat solche zu verzeichnen.

8. Hat der junge Walther seine Kleidungsstücke und sonstige Effekten auf seinem Zimmer zu verschließen, aber so, daß sein Lehrherr davon Kenntnis hat und dieser solche von Zeit zu Zeit nachsehen kann, so oft diesem gewahrt ist, um ihn gehörig zu überwachen.

9. Darf der Lehrling während seiner Lehrzeit kein Wirtshaus oder Tanzbelustigung besuchen, er müßte dann ausdrücklich die Erlaubnis hierzu von seinem Vater oder Lehrherrn erhalten haben und dann besonders darf er auch nicht rauchen im Geschäft oder außer demselben, es bleibt ganz untersagt.

10. Wenn der junge Walther das Geschäft der Groos verläßt, so darf dieser in kein Geschäft in Grünberg eintreten, ohne daß Groos seine Erlaubnis dazu gibt.

11. Zur Sicherstellung, daß beide Teile diese Übereinkunft treulich halten und erfüllen wollen, ist dieser Contract doppelt ausgefertigt. Jedem ein Exemplar eingehändigt und unterschrieben worden.

Grünberg und Biedenkopf, den 27. November 1864

BGB
Das Bürgerliche Gesetzbuch ist eines der wichtigsten Gesetzeswerke in der Bundesrepublik. Es regelt die grundlegenden Rechtsbeziehungen zwischen Privatpersonen und trat in seiner Urfassung bereits am 1. Januar 1900 in Kraft.

Ein Berufsausbildungsvertrag stellt rein juristisch betrachtet ein zweiseitiges Rechtsgeschäft dar. Das bedeutet, dass zwei übereinstimmende Willenserklärungen vorliegen müssen, damit der Vertrag rechtsgültig ist. Diese Form der Verträge wird gemeinhin im BGB geregelt. Die Willenserklärungen sind hier die Unterschriften des Ausbilders sowie des Auszubildenden unter den Ausbildungsvertrag. Hat der Auszubildende das 18. Lebensjahr noch nicht vollendet, ist also noch minderjährig, bedarf es zusätzlich der Unterschrift des gesetzlichen Vertreters (§ 1629 BGB). Für den Ausbildungsvertrag gilt jedoch nicht das BGB, sondern das BBiG, da es die genauere und grundlegendere Zuständigkeit in diesem Bereich besitzt.

Obwohl in Deutschland für zahlreiche Rechtsgeschäfte Vertragsfreiheit gilt, muss ein Berufsausbildungsvertrag in Schriftform abgeschlossen und niedergelegt werden. Mündliche Verträge oder lose Absprachen sind nicht ausreichend und daher unzulässig.

Gesetzlicher Vertreter
Die gesetzlichen Vertreter einer minderjährigen Person sind in den allermeisten Fällen die Eltern, es können allerdings auch die Großeltern oder ein bestellter Vormund sein.

Ist der Ausbildungsvertrag unterschrieben, bekommt jede der beiden beteiligten Parteien eine Ausfertigung. Der Betrieb beantragt im Anschluss unverzüglich die Eintragung in das Register der zuständigen Kammer (Handwerkskammer/HK oder Industrie- und Handelskammer/IHK).

Dieser obliegen nach dem BBiG verschiedene zentrale Aufgaben bei der Ausbildung.

So muss ein Betrieb, um überhaupt ausbilden zu dürfen, bestimmte Eignungen nachweisen (§§ 27–32 BBiG). Die IHK ist berechtigt, z. B. bei groben oder wiederholten Verstößen, diese Eignung wieder zu entziehen.

Je nach Berufsbild bestehen für die Zwischenprüfungen der IHK unterschiedliche Regularien. So gibt es Ausbildungsberufe, bei denen die Zwischenprüfung zu einem bestimmten Prozentsatz in die Abschlussnote einfließt, bei anderen wird lediglich eine fachpraktische Zwischenprüfung durchgeführt.

Mit dem Vertrag aus dem Jahre 1864 hat ein moderner Berufsausbildungsvertrag nicht mehr viel gemeinsam. So sind die Verträge heute weitgehend standardisiert und müssen bestimmte Angaben zwingend enthalten.

Wichtige Paragrafen des BBiG
§ 8 Entscheidung über Verlängerung oder Verkürzung der Ausbildungszeit
§§ 27–32 Feststellung und Überwachung der Eignung eines Ausbildungsbetriebs
§ 39 Abnahme der Abschlussprüfungen durch eigene Ausschüsse
§ 47 Erlass der Prüfungsordnung
§ 48 Durchführung von Zwischenprüfungen
§ 76 Überwachung der Durchführung der Ausbildung und Förderung durch Beratung der Auszubildenden

Wie viele Ausbildungsberufe gibt es eigentlich in Deutschland?

Jeder Ausbildungsberuf wird nach den im Gesetz vorgesehenen Verfahren „staatlich geordnet". Die Ausbildungsordnungen werden entsprechend den wirtschaftlichen, technologischen und gesellschaftlichen Veränderungen überarbeitet und angepasst. Veraltete Berufe werden aufgehoben und neue entwickelt.

Dadurch ändert sich die Zahl der Ausbildungsberufe fast jedes Jahr. In den über 30 Jahren seit Einführung des BBiG ist die Anzahl der Berufe stark gesunken: Mit 329 anerkannten Ausbildungsberufen im Jahr 2013 (Stand 1. August) gibt es heute nur noch gut halb so viel Berufe wie 1971 mit 606 anerkannten Ausbildungsberufen.

Bundesinstitut für Berufsbildung (BIBB): Anzahl der Ausbildungsberufe, 16.11.2012 abgerufen unter www.bibb.de/datenreport/de/2014/19504.php [17.06.2016]

M5

[Formular: IHK Köln – Berufsausbildungsvertrag (§§ 10, 11 Berufsausbildungsgesetz – BBiG)]

Diese Angaben im Ausbildungsvertrag sind:

Bezeichnung des Ausbildungsberufes

Wenn erforderlich, unter dem Zusatz des Ausbildungsschwerpunkts.

Beginn und Dauer der Ausbildung

Zumeist beträgt die Dauer die Ausbildung 36 bis 42 Monate, kann jedoch unter bestimmten Voraussetzungen abweichen. So wird bei Abiturienten oft schon im Voraus eine verkürzte Ausbildungszeit vereinbart.

Außerbetriebliche Ausbildungsmaßnahmen

Außerbetriebliche Ausbildungsmaßnahmen sind festgelegte Veranstaltungen, die außerhalb des Ausbildungsbetriebs besucht werden müssen, wie z. B. überbetriebliche Ausbildungen.

Tägliche Arbeitszeit

In der Regel beträgt die Arbeitszeit im Betrieb täglich acht Stunden. An Berufsschultagen gilt der Stundenplan als Arbeitszeit. Bei Schulstundenausfall und einer bestimmten Unterschreitung der täglichen Schulstunden muss der Betrieb noch zur Arbeitsaufnahme aufgesucht werden.

Dauer des Urlaubs

Dieser variiert je nach Berufsbild und Alter des Auszubildenden. Vorgeschrieben sind allerdings mindestens 24 Werktage Urlaub pro Jahr.

Dauer der Probezeit

Die Probezeit beträgt minimal einen und maximal vier Monate. Beide Vertragsparteien können in dieser Zeit ohne Angaben von Gründen oder Einhaltung einer Frist kündigen. So sind beide Seiten im Falle eines „Fehlgriffs" abgesichert.

Kündigungsbestimmungen

Nach der Probezeit besteht für den Auszubildenden eine Kündigungsfrist von vier Wochen mit Angabe von Gründen (ordentliche Kündigung). Die Kündigung erfordert die Schriftform. Der Ausbildende kann nach der Probezeit nur wegen eines wichtigen Grundes kündigen (fristlose Kündigung).

Zahlung und Höhe der Ausbildungsvergütung

Die Höhe der Ausbildungsvergütung variiert je nach Berufsbild, Ausbildungsbetrieb und tarifvertraglichen Bestimmungen. Die Höhe der Ausbildungsvergütung wird in Brutto beziffert, erhöht sich mit jedem Lehrjahr und wird zumeist zum Monatsende gezahlt.

Gerecht?
Dass die Ausbildungsvergütung selbst im selben Berufsbild mehr oder weniger stark differiert und vom einzelnen Betrieb abhängt, sorgt unter den Auszubildenden immer wieder für Diskussionen.
Doch selbst wenn es eine gesetzlich vorgeschriebene, flächendeckende Mindestausbildungsvergütung gäbe, könnten einzelne Betriebe ihre Azubis dennoch höher entlohnen.

1.3.4 Pflichten des Ausbildenden

Jeder hat ihn schon einmal gehört, den Satz „Lehrjahre sind keine Herrenjahre". Gemeint ist, dass man in der Ausbildung nicht bestimmen kann, wo es langgeht, sondern sich Anweisungen fügen muss. Doch hat man als Auszubildender durchaus bestimmte Rechte, die sich für den Ausbilder als Pflichten darstellen.

Ausbildungspflicht

Der Ausbildende ist verpflichtet, dem Auszubildenden die Fertigkeiten und Kenntnisse planmäßig zu vermitteln, die zum Erreichen des Ausbildungszieles erforderlich sind.

Freistellung für den Berufsschulunterricht

Der Ausbildende muss den Auszubildenden zum Besuch der Berufsschule anhalten und ihn dafür freistellen.

Ausbildungsnachweis – Technik hilft

Für Ausbildungsnachweise gibt es prinzipiell keine Formvorschriften. Möglich sind Hefte oder auch lose Blattsammlungen. Benutzerfreundlich ist die Arbeit am PC, weil bei fehlerhafter Eingabe oder Verschmutzung immer nur das jeweilige Blatt ersetzt werden muss. Und der Inhalt ist ja – hoffentlich – gespeichert.

Freistellung für außerbetriebliche Ausbildung

Der Ausbildende ist verpflichtet, den Auszubildenden für die vereinbarten Ausbildungsmaßnahmen außerhalb der Ausbildungsstätte freizustellen.

Freistellung für Prüfungen

Der Ausbildende hat den Auszubildenden rechtzeitig zu den angesetzten Zwischen-, Abschluss- und Wiederholungsprüfungen anzumelden und für die Teilnahme freizustellen.

Benennung weisungsberechtigter Personen

Der Ausbildende ist verpflichtet, dem Auszubildenden die weisungsberechtigten Personen bekannt zu machen.

M6

www.CartoonStock.com

Aufsichtspflicht

Der Ausbildende ist verpflichtet, minderjährige Auszubildende während der betrieblichen Ausbildung zu beaufsichtigen.

Berichtsheftkontrolle

Der Ausbildende hat dem Auszubildenden vor Ausbildungsbeginn und später die Berichtshefte (bzw. Ausbildungsnachweise) für die Berufsausbildung kostenfrei auszuhändigen und die ordnungsgemäße Führung durch regelmäßige Abzeichnung zu überwachen.

Bereitstellung der Ausbildungsmittel

Der Ausbildende hat dem Auszubildenden kostenlos die Ausbildungsmittel zur Verfügung zu stellen, die zur Berufsausbildung und zum Ablegen von Zwischen- und Abschlussprüfungen, auch soweit solche nach Beendigung des Berufsausbildungsverhältnisses stattfinden, erforderlich sind.

Urlaubsgewährung

Der Ausbildende ist verpflichtet, dem Auszubildenden einen möglichst zusammenhängenden Urlaub nach Maßgabe der gesetzlichen bzw. tariflichen Bestimmungen zu gewähren.

Vergütungspflicht

Der Ausbildende hat dem Auszubildenden eine angemessene Vergütung zu zahlen.

Zweckgebundene Übertragung von Arbeiten

Der Ausbildende muss dem Auszubildenden ausschließlich Verrichtungen übertragen, die dem Ausbildungszweck dienen und seinen körperlichen Kräften angemessen sind.

Zeugnispflicht

Der Ausbildende hat dem Auszubildenden bei Beendigung des Ausbildungsverhältnisses ein Zeugnis auszustellen.

Fürsorgepflicht

Der Arbeitgeber ist verpflichtet, den Arbeitsplatz so zu gestalten, dass den Beschäftigten keinerlei Gefahr für Leib, Leben und Gesundheit droht.

Ausgenutzt

Die Zeiten, in denen ein Ausbilder den Lehrling zu sich nach Hause schickte, um der Frau beim Ausklopfen der Teppiche zur Hand zu gehen oder den Rasen zu mähen, sind vorbei. Tätigkeiten, die nichts mit dem Ausbildungszweck zu tun haben, müssen vom Azubi heutzutage nicht ausgeführt werden.

1.3.5 Pflichten des Auszubildenden

Auf der anderen Seite hat ein Auszubildender natürlich auch Pflichten. Diese stellen sich wie folgt dar:

Lernpflicht

Der Auszubildende hat sich zu bemühen, die Fertigkeiten und Kenntnisse zu erwerben, die zum Erreichen des Ausbildungszieles erforderlich sind.

Berufsschulpflicht

Der Auszubildende muss am Berufsschulunterricht teilnehmen und sich auch dort um Leistung bemühen.

Weisungsgebundenheit

Der Auszubildende ist verpflichtet, den Weisungen weisungsberechtigter Personen Folge zu leisten.

Teilnahme an außerbetrieblicher Ausbildung

Der Auszubildende ist verpflichtet, an den im Berufsausbildungsvertrag vereinbarten Ausbildungsmaßnahmen auch außerhalb der Ausbildungsstätte teilzunehmen.

Teilnahme an Prüfungen

Der Auszubildende hat die Pflicht, an den durch die Ausbildungsordnung vorgeschriebenen Zwischen- und Abschlussprüfungen teilzunehmen.

Ordnungspflicht

Der Auszubildende muss die für die Ausbildungsstätte geltenden Ordnungsvorschriften beachten.

Pflicht zur Berichtsheftführung

Der Auszubildende ist verpflichtet, die vorgeschriebenen Berichtshefte (bzw. Ausbildungsnachweise) ordnungsgemäß zu führen und regelmäßig zur Unterschrift beim Ausbildenden vorzulegen.

Sorgfaltspflicht

Der Auszubildende hat die ihm anvertrauten Ausbildungsmittel und sonstigen Einrichtungen der Ausbildungsstätte pfleglich zu behandeln.

Zudem muss der Auszubildende die Arbeiten, die ihm im Rahmen einer zweckgebundenen Berufsausbildung aufgetragen werden, sorgfältig verrichten.

Erholungspflicht

Der Auszubildende ist verpflichtet, während des Urlaubs jede dem Urlaubszweck widersprechende Erwerbstätigkeit zu unterlassen.

Benachrichtigungspflicht

Der Auszubildende ist verpflichtet, bei Fernbleiben von der betrieblichen Ausbildung, vom Berufsschulunterricht oder von sonstigen Ausbildungsveranstaltungen dem Ausbildenden

---

Breiter Horizont
Eine überbetriebliche Ausbildung ist immer dann vorgeschrieben, wenn einzelne, prüfungsrelevante Ausbildungsinhalte vom eigenen Ausbildungsbetrieb nicht geleistet werden können.

Dumm gelaufen
Verstöße gegen die Pflichten können für Auszubildende unangenehme Folgen haben.
So gibt es bei der IHK Prüfungsausschüsse, die bei fehlendem oder schlampigem Berichtsheft die Zulassung zur Prüfung verweigern. Der Auszubildende muss so im Extremfall sogar ein halbes Jahr dranhängen.

Pssst!
Zu Betriebsgeheimnissen gehören beispielsweise Umsatzzahlen von Filialen, Informationen über Kunden sowie Krankheiten von Patienten usw.

unter Angabe von Gründen unverzüglich Nachricht zu geben und ihm bei Krankheit oder Unfall spätestens am dritten Tag eine ärztliche Bescheinigung zuzuleiten.

Verschwiegenheitpflicht

Der Auszubildende hat die Pflicht, bezüglich Betriebs- und Geschäftsgeheimnissen Stillschweigen zu wahren. Dies spielt insbesondere bei Ärzten, Banken oder auch in bestimmten Bereichen des Handels eine große Rolle.

Aufgaben

5 Geben Sie die Inhalte des § 1 BBiG (M3) in eigenen Worten wieder, ohne Amtsdeutsch zu verwenden.

6 Recherchieren Sie im Internet wichtige Paragrafen das BGB, die Einfluss auf die berufliche Ausbildung haben.

7 Würden Sie den Vertrag aus dem Jahre 1864 (M4) unterschreiben?

8 Welche der elf genannten Punkte in M4 halten Sie auch in der heutigen Zeit noch für sinnvoll? Diskutieren Sie in kleinen Gruppen.

9 Füllen Sie eine Kopie des Ausbildungsvertrags M5 aus. Besprechen Sie dabei jeden relevanten Punkt.

10 Informieren Sie sich über die Urlaubsbestimmungen und die Ausbildungsvergütung Ihres Wunschberufs.

11 Überlegen Sie, welche wichtigen Gründe es für den Ausbilder geben könnte, einem Auszubildenden nach der Probezeit zu kündigen.

12 Diskutieren Sie die Pflichten des Ausbildenden und des Auszubildenden. Wie würden Sie als Ausbilder auf die Situation im Cartoon M6 reagieren?

13 Finden Sie Beispiele aus der Praxis, in denen ein Verstoß des Ausbilders gegen eine seiner Pflichten vorliegt.

14 Finden Sie Beispiele für Verstöße des Auszubildenden gegen die einzelnen Pflichten.

15 Wechseln Sie die Perspektive: Welche Sanktionen würden Sie verhängen, wenn der Auszubildende gegen eine Pflicht verstößt?

1.4 Berufsbilder im Wandel

Dass Berufsbilder sich verändern, ist schon seit Jahr und Tag der Fall. Die Bestrebungen, Arbeitsprozesse angenehmer, produktiver und einträglicher zu gestalten, führen zu permanenten Veränderungen (zumeist auch zu Verbesserungen).

So führte die Erfindung der Dampfmaschine nicht nur zu einem schnellen Wandel von der Agrar- zur Industriegesellschaft, sondern auch zu tief greifenden sozialen Veränderungen. Es war nämlich nun möglich, Wohnort und Arbeitsplatz räumlich voneinander zu trennen.

Die zunehmende Nutzung technischer Hilfsmittel sowie die großflächige Mechanisierung der Arbeitsprozesse, in erster Linie durch die Erfindung des Fließbandes, führten zu sprunghaften und nachhaltigen Produktivitätssteigerungen. Als einer der führenden Köpfe sei hier der Autokonstrukteur Henry Ford genannt, der mit der Massenproduktion seines legendären „Modell T" darüber hinaus auch noch die allgemeinen Mobilitätstendenzen förderte und beschleunigte.

Vollautomatisierung diverser Produktionszweige läutete endgültig das Ende der Industriegesellschaft ein und führte zu Arbeitsplatzverknappung im produzierenden Sektor. Resultat dieser Entwicklungen ist seit einigen Jahrzehnten der Wandel hin zu einer modernen Dienstleistungsgesellschaft. Die Schwerpunkte vieler Berufsfelder verschieben sich deswegen vermehrt in Richtung Planung und Controlling. Der rasante technologische Fortschritt des IT-Sektors und die damit verbundene globale Vernetzung von Unternehmen führten seit dem letzten Jahrzehnt zu einer weltweiten 24-Stunden-Gesellschaft.

Mit diesem Wandel in der modernen Arbeitswelt verändern sich natürlich auch die Anforderungen in zahlreichen Ausbildungsberufen. Was demgegenüber die letzten beiden Jahrzehnte hinweg jedoch eher konstant blieb, ist die Liste der beliebtesten Lehrberufe. Bei jungen Männern dominieren hier technische Berufe, junge Frauen bevorzugen kaufmännische Zweige oder Kreativberufsfelder wie Friseurin.

Gesellschaft unter Dampf!

Die revolutionäre Idee, durch die Kraft des Wasserdampfes eine Maschine anzutreiben, kam dem englischen Erfinder Thomas Newcomen 1712.

Der Schotte James Watt (1736–1819) verbesserte die Maschine später nachhaltig.
Nach ihm ist auch die Einheit Watt für elektrische Leistung benannt.

Typisch Mann, typisch Frau?

So sehr sich alte Rollenmuster in unserer Gesellschaft wandeln, bei der Berufswahl sind die geschlechtsspezifische Vorlieben konstant geblieben. Es gibt sie auch heute noch: die typischen Männer- oder Frauenberufe.

M7

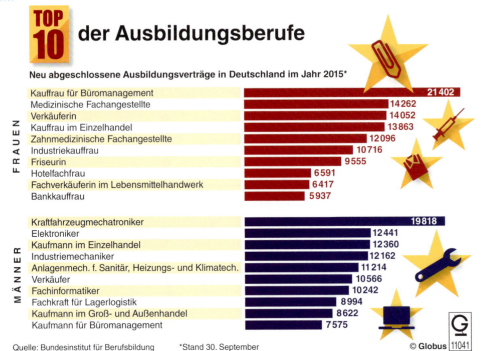

Statusgesellschaft?

In unserer Gesellschaft spielt der Status eines Menschen, also die soziale Stellung, die er innehat, eine große Rolle. Bereits im Kindesalter ist es vielen wichtig, „in" zu sein, als Jugendlicher spielen Marken bei Kleidung und Handys eine dominante Rolle. **Das** Statussymbol schlechthin ist und bleibt allerdings das Auto.

M8

Die Erwartungen junger Menschen an ihren zukünftigen Beruf sind geprägt von dem Wunsch, sich am Arbeitsplatz wohlzufühlen.

Soziale Aspekte werden deutlich höher bewertet als die Stellung in der Prestigehierarchie unserer Gesellschaft oder eine üppige Entlohnung.

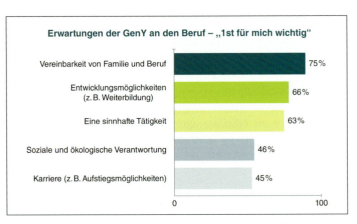

Diese Einstellung betrifft insbesondere junge Frauen, für die zudem die Sicherheit eine große Rolle spielt.

Aufgaben

16 Welchen Ausbildungsberuf möchten Sie ergreifen? Nennen Sie mindestens drei Gründe für Ihre Wahl.

17 Welche Erwartungen haben Sie an Ihren zukünftigen Beruf? Nennen Sie mindestens fünf Aspekte.

18 Vergleichen Sie die Resultate in Ihrer Klasse mit den Statistiken M7 und M8. Woran könnte es liegen, dass Unterschiede auftreten?

1.5 Schlüsselqualifikationen

Der Begriff der Schlüsselqualifikation geht auf Professor Dieter Mertens zurück, der ihn erstmals Anfang der 1970er-Jahre in einem Vortrag benutzte. Er sah in Schlüsselqualifikationen diejenigen Qualifikationen, die berufs- und fachübergreifend als „Schlüssel" zur Erschließung von Wissen in einer sich schnell wandelnden Arbeitswelt angesehen werden können und für das Konzept des lebenslangen Lernens (vgl. AS 1, 1.5.1, 1.6) eine zentrale Rolle spielen.

Gablers Wirtschaftslexikon definiert Schlüsselqualifikationen als „Kenntnisse, Fähigkeiten und Fertigkeiten, welche die Eignung für viele alternative Positionen und Funktionen gegenwärtig sowie für die Bewältigung von sich laufend verändernden Anforderungen während des zukünftigen Berufslebens erbringen".

Dabei wird zwischen harten (Fach- und Methodenkompetenz) und weichen (Sozial-, Sprach- und Kulturkompetenz) Qualifikationen sowie persönlichen Arbeitstugenden und Führungsqualitäten unterschieden.

Einmal erworben bleiben Schlüsselqualifikationen im Gegensatz zu fachspezifischem Wissen im Normalfall ein Leben lang erhalten.

Dieter Mertens wurde 1931 in Krefeld geboren. Nach seinem Studium der Volkswirtschaft und darauf anschließenden Promotion in Berlin wurde er erster Leiter des Instituts für Arbeitsmarkt- und Berufsforschung in Nürnberg, dessen Gesicht er maßgeblich prägte. Zudem war er zwischen 1984 und 1986 Mitglied im Sachverständigenrat zur Begutachtung der gesamtwirtschaftlichen Entwicklung. Mertens starb im Jahr 1989.

Minimalkonfiguration
Die beiden Top-Erwartungen der Betriebe an einen Azubi scheinen nicht übertrieben und waren vor einiger Zeit noch Selbstverständlichkeiten.

Zuverlässigkeit, Kommunikations- und Teamfähigkeit sowie Leistungsmotivation werden sowohl von Ausbildern, wie (potenziellen) Azubis als wesentliche Kompetenzen erachtet. Unterschätzt werden von den Azubis Interesse, Initiative und Dienstleistungsorientierung, überschätzt wird dagegen das Auftreten.

Aufgaben

19 Charakterisieren Sie Ihren Sitznachbarn: Welche Schlüsselqualifikationen M9 besitzt er?

20 Welche Kompetenzen sollte Ihr zukünftiger Ausbilder besitzen? Nennen Sie mindestens fünf Punkte.

21 Fragen Sie Ihren Vater oder Großvater: Wie war Ausbildung damals?

1.5.1 Das lebenslange Lernen

Wilhelm Busch

„Also lautet ein Beschluß: daß der Mensch was <u>lernen</u> muß. <u>Lernen</u> kann man Gott sei Dank, aber auch sein <u>Leben lang</u>" (Wilhelm Busch).

Wilhelm Busch
Einer der berühmtesten humoristischen deutschen Schriftsteller und Zeichner war Wilhelm Busch (1832–1908).
Aus seiner Feder stammen Klassiker wie:
Max und Moritz,
Die fromme Helene und
der Unglücksrabe Hans Huckebein.

Laozi
je nach Region und Schreibweise auch Laotse oder Lao-Tse (alter Meister), ist einer der berühmtesten Philosophen des antiken Chinas und wird oft in einem Atemzug mit Konfuzius genannt. Laozi, dessen Geburts- und Todesdatum nicht genau belegt sind, gilt als Begründer des **Daoismus**. Dieser religionsartige ethische Denkansatz besagt im Kern, dass es das höchste Glück sei im Einklang mit der Natur, Himmel und Erde zu leben.

Was bereits der Lehrer Lämpel wusste, gilt heute mehr denn je. Der Begriff des lebenslangen Lernens prägt die moderne Arbeitswelt in jeder Hinsicht. Noch vor wenigen 100 Jahren waren die gesellschaftlichen Strukturen der Welt festgelegt: Vater Müller, Sohn Müller, Vater König, Sohn Prinz. Das war sehr übersichtlich, bot aber auch wenig Chancen zur Selbstverwirklichung und keinen Spielraum für sozialen Aufstieg.

Das wäre heute undenkbar. Die persönlichen Fähigkeiten entscheiden immer mehr über die berufliche und soziale Stellung eines Menschen in der Gesellschaft. Allerdings ist auch die Sicherheit, ein Leben lang den erlernten Beruf ausüben zu können, nicht mehr gegeben. Die Einsicht, sich den Veränderungen des Berufslebens in einer globalen Weltwirtschaft anpassen zu müssen, ist eine Grundvoraussetzung für dauerhaften beruflichen Erfolg. Sie bildet das Fundament des Konzeptes des lebenslangen Lernens.

Lernen ist wie rudern gegen den Strom. Sobald man aufhört, treibt man zurück.

Alte chinesische Weisheit nach Laozi

Bereits im 19. Jahrhundert erkannte Henry Ford den Wert des lebenslangen Lernens, ohne diesen Begriff allerdings bewusst zu verwenden:

M10

Jeder, der aufhört zu lernen, ist alt, mag er zwanzig oder achtzig Jahre zählen.

Jeder, der weiterlernt, ist jung, mag er zwanzig oder achtzig Jahre zählen.

Überlieferter Ausspruch von Henry Ford

1.5.2 Fort- und Weiterbildung

Das Konzept des lebenslangen Lernens hat auch Auswirkungen auf das Fort- und Weiterbildungsverhalten der Arbeitnehmer. In den letzten Jahren ist die Anzahl der Arbeitnehmer, die an Fortbildungen teilgenommen haben, signifikant gestiegen.

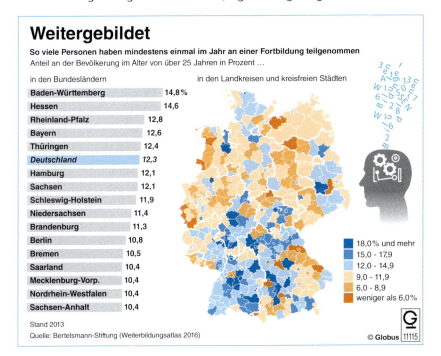

Weitergebildet
So viele Personen haben mindestens einmal im Jahr an einer Fortbildung teilgenommen
Anteil an der Bevölkerung im Alter von über 25 Jahren in Prozent …

in den Bundesländern:
- Baden-Württemberg 14,8 %
- Hessen 14,6
- Rheinland-Pfalz 12,8
- Bayern 12,6
- Thüringen 12,4
- Deutschland 12,3
- Hamburg 12,1
- Sachsen 12,1
- Schleswig-Holstein 11,9
- Niedersachsen 11,4
- Brandenburg 11,3
- Berlin 10,8
- Bremen 10,5
- Saarland 10,4
- Mecklenburg-Vorp. 10,4
- Nordrhein-Westfalen 10,4
- Sachsen-Anhalt 10,4

Stand 2013
Quelle: Bertelsmann-Stiftung (Weiterbildungsatlas 2016)

Zur Person
Der bereits erwähnte Henry Ford (1863–1947) gehört zu den prägendsten industriellen Denkern aller Zeiten.
Durch weitgehende Mechanisierung und Arbeitsteilung am Fließband, ergänzt durch das soziale Prinzip „hohe Löhne, kurze Arbeitszeit", revolutionierte er nicht nur die Produktion, sondern nahm auch starken Einfluss auf die moderne Mobilitätsgesellschaft.

Unterschieden werden dabei zwei Arten von Fort- und Weiterbildungen: erstens Kurse, an deren Ende eine Prüfung, z. B. vor der IHK, abgelegt wird, zweitens Veranstaltungen, die der Erweiterung und Vertiefung des Wissens in bestimmten Bereichen dienen und an deren Ende lediglich eine Bescheinigung ausgestellt wird.

Neben der Häufigkeit von Fortbildungen spielt aber auch deren Erfolg bzw. der beim Fortgebildeten gefühlte Erfolg eine zentrale Rolle.

Deshalb setzen viele Unternehmen im Weiterbildungsbereich mittlerweile auf ein Portfolio aus verschiedenen Kanälen. Hierzu gehört nach wie vor der Besuch externer (Fach)Seminare aber auch die Möglichkeit der Online-Weiterbildung.

Weiterbildungen für Mitarbeiter
Welche Maßnahmen nutzen Unternehmen in Deutschland zur Fortbildung ihrer Beschäftigten?
(Antworten in Prozent)

Offline-Angebote / Online-Angebote
- Externe Seminare 43 %
- Seminare im Haus mit externen Referenten 40
- Webbasierte Lernprogramme 36
- PC-Lernprogramme 24
- Seminare im Haus mit eigenen Mitarbeitern 20
- Interaktive Videos 12
- Interaktive E-Books 1

Befragung von 504 Unternehmen ab 10 Mitarbeitern
Quelle: Bitkom   Stand Mai 2016

Statistiken lesen und bewerten
Die Auswertung von Statistiken gehört zum Standard vieler Büroberufe – spätestens ab der Position des Abteilungsleiters.
Es ist daher nötig, einige wichtige Begriffe auf diesem Gebiet zu kennen:

Signifikant bedeutet „deutlich sichtbar/spürbar".

Validität meint die Gültigkeit.

Reliabilität bedeutet „Zuverlässigkeit" und ist eine Voraussetzung für die Validität.

Aufgaben

22 Nehmen Sie kritisch Stellung zum Konzept des lebenslangen Lernens.

23 Was könnte Henry Ford mit seinem Zitat in M10 gemeint haben?

24 Viele Schüler sehen einem lebenslangen Lernen nicht unbedingt optimistisch entgegen. Hätten Sie lieber in der festgelegten Gesellschaft von früher gelebt? Diskutieren Sie in der Klasse.

25 In welchen Bereichen möchten Sie sich gerne weiterbilden? Begründen Sie Ihre Wahl vor dem Hintergrund der sich wandelnden Berufe.

Wichtiges Wissen

Zu 1.1 Das duale Ausbildungssystem

Die Berufsausbildung in der Bundesrepublik findet in einem dualen Ausbildungssystem mit den Lernorten Schule und Betrieb statt.

Zu 1.2 Die Geschichte des dualen Systems von 1830 bis heute

Am Ende der Ausbildung steht eine Kammerprüfung (IHK/HK).

Zu 1.3 Gesetzliche Grundlagen

Die gesetzlichen Grundlagen der Berufsausbildung sind das Berufsbildungsgesetz (BBiG), die Ausbildungsordnung (AO) sowie die Rahmenlehrpläne der Schulen.

Einen Berufsausbildungsvertrag müssen die beiden Parteien Ausbilder und Auszubildender unterschreiben.

Die Probezeit nach Beginn der Ausbildung beträgt minimal einen Monat und maximal vier Monate.

Der Ausbilder und der Auszubildende haben verschiedene Rechte und Pflichten.

Zu 1.4 Berufsbilder im Wandel

Bedingt durch technischen Fortschritt und gesellschaftliche Veränderungen wandeln sich die Anforderungen in zahlreichen Ausbildungsberufen.

Zu 1.5 Schlüsselqualifikationen

Als „Schlüsselqualifikationen" bezeichnet man berufsfeldübergreifende Fähigkeiten, die, einmal erworben, ein Leben lang erhalten bleiben. Schlüsselqualifikationen sind zentrale Elemente, um den beruflichen und gesellschaftlichen Wandel mitzugestalten.

Zu 1.5.1 Das lebenslange Lernen

Die Konsequenz aus dem schnellen Wandel einer globalisierenden Welt ist die Notwendigkeit des lebenslangen Lernens.

Zu 1.5.2 Fort- und Weiterbildung

Diese Notwendigkeit drückt sich unter anderem in einer deutlich gestiegenen Anzahl von Fort- und Weiterbildungen aus, die die eigene berufliche Qualifikation erweitern, vertiefen oder neue Wissensfelder erschließen.

2 Der Arbeitsvertrag

M11

Arbeitsvorschläge

26 Diskutieren Sie in der Klasse die Befürchtungen der Arbeitgeber und des Arbeitnehmers in M11.

27 Wie sieht Ihrer Meinung nach die Realität in einem Betrieb aus – wessen Befürchtung ist eher berechtigt und warum?

2.1 Die Aufnahme eines Arbeitsverhältnisses

Lohnnebenkosten
Als „Lohnnebenkosten" werden Kosten bezeichnet, die dem Arbeitgeber über den reinen Lohn eines Arbeitnehmers hinaus durch dessen Tätigkeit entstehen. So werden vier der fünf Zweige der Sozialversicherung zu gleichen Teilen zwischen Arbeitgeber und Arbeitnehmer geteilt, die Unfallversicherung trägt der Arbeitgeber sogar allein.

Mit der Unterschrift unter einen Arbeitsvertrag beginnt für einen Arbeitnehmer das Arbeitsverhältnis. Oft wollen sich Unternehmen absichern und befristen einen Arbeitsvertrag zunächst. Bewährt sich der Arbeitnehmer, kann er in ein unbefristetes Arbeitsverhältnis übernommen werden.

Insbesondere vor dem Hintergrund des straffen Kündigungsschutzes in der Bundesrepublik (vgl. AS 2, 2.4) und hoher Lohnnebenkosten (Arbeitgeberanteile zur Sozialversicherung usw.) scheuen zahlreiche Arbeitgeber die sofortige unbefristete Übernahme und bevorzugen zunehmend befristete Arbeitsverhältnisse. Dennoch liegt man im EU-Vergleich noch unter dem Durchschnitt.

M12

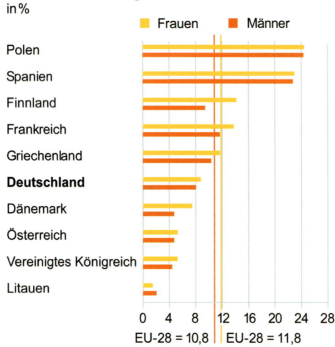

© Statistisches Bundesamt, Wiesbaden 2016

Was denn nun?
Wiederholt befristete Arbeitsverträge doch erlaubt!
Laut einer Entscheidung des Bundesarbeitsgerichts (BAG) aus dem Jahr 2011 müssen Arbeitgeber sich bei befristeten Arbeitsverträgen nicht ans Gesetz halten, wenn es abweichende Regelungen in einem gültigen Tarifvertrag gibt.
Das gilt nach Angaben des Gerichts für Arbeitsverträge, die ohne sachlichen Grund wie beispielsweise eine Elternzeitvertretung befristet werden
BAG Erfurt (7 AZR 184/11).

Generell ist die Befristung eines Arbeitsvertrags ohne einen Sachgrund nur bis maximal zwei Jahre zulässig. Danach muss der Arbeitgeber den Mitarbeiter entweder entfristen oder nicht weiterbeschäftigen. Innerhalb dieser zwei Jahre darf ein befristeter Vertrag höchstens dreimal verlängert werden. Eine vereinbarte Probezeit darf sechs Monate nicht überschreiten.

Aufgaben

28 Interpretieren Sie die Grafik **M12**.

29 Welche Vorteile hat die Befristung eines Arbeitsvertrags für den Arbeitgeber?

30 Diskutieren Sie in Gruppen, welche Auswirkungen die Befristung von Arbeitsverträgen für den Staat, den Arbeitsmarkt und den einzelnen Arbeitnehmer hat.

2.2 Rechte und Pflichten des Arbeitnehmers

Aus einem Arbeitsvertrag erwachsen beiden Seiten, Arbeitgeber und Arbeitnehmer, Rechte und Pflichten. Hierbei sind die Rechte des einen die Pflichten des anderen und umgekehrt.

Rechte des Arbeitnehmers:	Pflichten des Arbeitnehmers: Hauptpflicht
■ Erhalt von Einkommen bei erbrachter Leistung ■ Recht auf Beschäftigung ■ Recht auf freie Meinungsäußerung, wobei auf Belange von Arbeitgeber, Kunden und Vertragspartnern Rücksicht zu nehmen ist ■ Recht auf Koalitionsfreiheit ■ Recht auf Einsicht in die Personalakte ■ Recht auf Urlaub, Elternzeit und auf ungestörte Freizeit ■ Recht auf Pausen, z. B. Mittagspause ■ Recht auf Arbeitszeugnis nach Beendigung des Arbeitsverhältnisses ■ Recht auf Fürsorgepflicht durch Arbeitgeber ■ Recht auf Kündigungsschutz, sobald Arbeitsverhältnis länger als sechs Monate dauert ■ Recht auf Mitbestimmung bei mindestens fünf ständig Beschäftigten durch Betriebsverfassungsgesetz	■ Arbeits-/Dienstpflicht: Erbringen der vereinbarten Arbeit **Nebenpflichten** ■ Treuepflicht: Arbeitnehmer muss sich für die Interessen des Unternehmens einsetzen ■ Gehorsamspflicht bzw. betriebliche Rücksichtspflicht zur Gewährleistung der Ordnung und Sicherheit des Unternehmens ■ Verschwiegenheitspflicht ■ Pflicht zum pfleglichen Umgang mit Materialien und Werkzeugen ■ Pflicht, Schutzmaßnahmen anzuwenden gemäß Anweisungen des Arbeitgebers ■ Pflicht zur Krankmeldung ■ Auskunftspflicht über den Stand der Arbeit ■ Pflicht zu korrekten Angaben, z. B. Spesen, Dienstausfall ■ Wettbewerbsverbot: Der Arbeitnehmer darf nicht als direkter Konkurrent zu seinem Arbeitgeber auftreten.

Arbeitnehmererfindungsrecht?

Was auf den ersten Blick recht skurril klingt, existiert wirklich und kann für den Arbeitnehmer sehr einträglich sein. Denn Erfindungen oder Innovationen, die ein Arbeitnehmer während der Arbeitszeit macht, müssen vergütet werden, wenn sie patent- oder gebrauchsfähig sind. Auf positive Effekte dieser Art setzt man in Japan schon längere Zeit. Dort firmiert dies unter dem Begriff „Kaizen", was so viel wie „ständige Verbesserung" bedeutet.

Höher, schneller, weiter …

Auf den ersten Blick verwundert es, dass die Produktivität je Arbeitsstunde permanent steigt, der Mensch selbst in seiner Anatomie und seinen Fähigkeiten jedoch seit Jahren und Jahrzehnten derselbe ist.
Dieses scheinbare Paradoxon lässt sich jedoch schnell auflösen, wirft man einen Blick auf den (technischen) Fortschritt der westlichen Industriestaaten. Dieser ist in seinem Ende nicht abzusehen und sorgt vermutlich auch weiterhin für anhaltend positive Produktivitätszahlen.

Verstößt eine der Parteien gegen ihre Pflichten, hat dies Sanktionen zur Folge. So können Mitarbeiter abgemahnt und bei groben oder wiederholten Verstößen auch entlassen werden. Der Arbeitnehmer kann seinerseits auf Pflichterfüllung durch den Arbeitgeber klagen und so seine Rechte wahren.

2.3 Beendigung eines Arbeitsverhältnisses

Eine Kündigung ist juristisch betrachtet eine einseitige Willenserklärung. Gekündigt werden kann prinzipiell jeder Vertrag von jeder der Vertragsparteien. Es sind allerdings allgemein und beim Arbeitsrecht insbesondere einige Dinge zu beachten.

Fehlerteufel ...
Juristische Spitzfindigkeiten gibt es zuhauf. So beschäftigen große Konzerne ganze Rechtsabteilungen, die mit der Prüfung von Namensrechten, Patentrechten etc. oder dem Auffinden gesetzlicher Schlupflöcher zu eigenem Vorteil beschäftigt sind. Ärgerlich sind innerhalb juristischer Verfahren deshalb **Formfehler**. Als einen solchen bezeichnet man Fehler, bei denen der Inhalt einer Sache zwar korrekt ist, die Form allerdings nicht. Das ist umso ärgerlicher, da oft lediglich Nachlässigkeiten die Ursache des Fehlers sind und sich ein Verfahren auf Grund eines Formfehlers um eine längere Zeit verzögern kann. Der Teufel steckt eben im Detail.

Formvorschriften

Die Kündigung eines Arbeitsvertrags muss in Schriftform erfolgen, um wirksam zu sein (§ 126 BGB), und handschriftlich vom Arbeitgeber bzw. einer entsprechend bevollmächtigten Person unterschrieben sein. Eine Begründung der Kündigung ist in aller Regel nicht erforderlich; im Einzelfall können aber Besonderheiten gelten (z. B. Kündigung einer Schwangeren oder eines Auszubildenden nach Ablauf der Probezeit).

DARUM LIEBE ICH ES, IN DER EU ZU LEBEN – ICH HAB' MEINE KÜNDIGUNG IN 18 VERSCHIEDENEN SPRACHEN BEKOMMEN!

Zeitpunkt

Die Wirksamkeit der Kündigung beurteilt sich im Allgemeinen ausschließlich nach den Verhältnissen zum jeweiligen Zeitpunkt, auf einen nachträglichen Wegfall des Kündigungsgrundes kommt es nicht an. Um grobem Unrecht vorzubeugen, wird dies im Arbeitsrecht aber modifiziert. So bleibt die Kündigung zwar wirksam, für den Arbeitnehmer entsteht aber ein Wiedereinstellungsanspruch, wenn der Kündigungsgrund während der Kündigungsfrist nachträglich entfällt, z. B. weil ein beabsichtigter Arbeitsplatzabbau vom Arbeitgeber doch nicht umgesetzt wird.

Zum Beendigen eines Arbeitsvertrags kann entweder der Arbeitgeber oder der Arbeitnehmer die Kündigung aussprechen.

2.3.1 Kündigung durch den Arbeitnehmer

Ein Arbeitnehmer kann jederzeit ohne Angabe von Gründen sein Arbeitsverhältnis unter Einhaltung der Kündigungsfrist lösen. Wenn nicht durch Vertrag oder Tarifvertrag etwas anderes geregelt ist, beträgt die Kündigungsfrist für den Arbeitnehmer vier Wochen zum 15. oder zum Monatsletzten, § 622 Abs. 1 BGB.

Während einer vereinbarten Probezeit beträgt sie zwei Wochen, § 622 Abs. 3 BGB. In Tarifverträgen werden oft längere Kündigungsfristen je nach Betriebszugehörigkeit vereinbart, z. B. im öffentlichen Dienst. Dort beträgt die Kündigungsfrist maximal sechs Monate zum Schluss eines Quartals bei mehr als zwölfjähriger Beschäftigungsdauer.

Dem Arbeitgeber steht es in vielen Fällen frei, den kündigenden Arbeitnehmer vor Ablauf der Kündigungsfrist gegen Fortzahlung des Gehalts freizustellen und von der Arbeitsstätte auszuschließen. Häufig wird dies bei einem Wechsel des Arbeitnehmers zu einem Wettbewerber des Arbeitgebers praktiziert.

Der Arbeitgeber ist nach dem Ausscheiden des Arbeitnehmers aus dem Unternehmen verpflichtet, dem Arbeitnehmer folgende Unterlagen auszuhändigen:

- eine Urlaubsbescheinigung,
- ggf. die Bescheinigung, dass sein Gehalt in den letzten drei Jahren vor dem Ausscheiden über der Beitragsbemessungsgrenze der gesetzlichen Krankenversicherung lag,
- auf Verlangen ein Arbeitszeugnis.

Sozialplan
Sozial: aus dem Lateinischen von socius = auf die Gemeinschaft bezogen.
Stehen in einem Unternehmen betriebsbedingt Entlassungen an, kann die Geschäftsführung nicht nach Gutdünken bestimmen, welche Personen freigesetzt werden. In Absprache mit dem Betriebsrat wird ein Sozialplan erstellt. So hat der Schutz eines 55-jährigen Familienvaters mit Reihenhaus Vorrang vor einem 23-jährigen ungebundenen Mann, auch wenn dieser objektiv höhere Leistungen für das Unternehmen bringt.

2.3.2 Kündigung durch den Arbeitgeber

Gestaltet sich die Kündigung durch den Arbeitnehmer zumeist als einfach und unproblematisch, so unterliegt der Arbeitgeber dagegen einigen Restriktionen, will er einem Arbeitnehmer kündigen.

Nur das Beste ...

Nach Beendigung des Arbeitsverhältnisses hat der Arbeitnehmer Anspruch auf die Ausstellung eines Zeugnisses.
Dieses darf allerdings keine negativen Formulierungen enthalten. Deshalb gibt es kleine Codes von Chef zu Chef:

Er zeigte für seine Arbeit Verständnis
= Er war faul

Er bemühte sich
= Er hat versagt

Er zeigte gesundes Selbstbewusstsein
= große Klappe

Er wusste sich gut zu verkaufen
= überheblicher Schwätzer

Er trug zu einem guten Betriebsklima bei oder
Er war sehr gesellig
= Hang zum Alkohol auch im Dienst

Er bewies Einfühlungsvermögen für Kollegen
= suchte sexuelle Kontakte

Der Arbeitgeber hat nicht nur die schriftliche Form (§ 623 BGB) sowie die jeweils geltende Frist (im Grundsatz § 622 BGB) der Kündigungserklärung einzuhalten, sondern muss in sehr vielen Fällen den allgemeinen oder besonderen Kündigungsschutz beachten. Im Übrigen darf eine Kündigung nicht sittenwidrig (§ 138 BGB), keine Maßregelung und nicht diskriminierend sein. Es gibt folgende Formen der Kündigung seitens des Arbeitgebers:

Betriebsbedingte Kündigung

Der Arbeitgeber kann betriebsbedingt kündigen, wenn er aufgrund seiner Unternehmerentscheidung beschlossen hat, Arbeitsplätze abzubauen oder seinen Betrieb ganz oder teilweise stillzulegen. Dies erfordert regelmäßig eine vorherige Sozialauswahl unter den vergleichbaren Arbeitnehmern.

Verhaltensbedingte Kündigung

Eine verhaltensbedingte Kündigung ist gerechtfertigt, wenn sich der Arbeitnehmer – in der Regel nach dem Erhalt einschlägiger Abmahnungen – weiterhin schuldhaft arbeitsvertragswidrig verhält. Diese Form der Kündigung löst eine zwölfwöchige Sperrzeit beim ALG I aus und ist in Arbeitsgerichtsprozessen deshalb oft besonders umstritten.

Personenbedingte Kündigung

Die Gründe liegen in der Person des Arbeitnehmers und sind von ihm nicht steuerbar. Im Gegensatz zur verhaltensbedingten Kündigung ist deshalb eine vorherige Abmahnung nicht erforderlich. Beispiele sind lang andauernde Krankheit, häufige Kurzerkrankungen, Führerscheinentzug bei Kraftfahrern, Verlust der Arbeitserlaubnis bei Ausländern oder aktives Eintreten für eine verfassungsfeindliche Partei eines im öffentlichen Dienst Beschäftigten.

Außerordentliche (fristlose) Kündigung

Eine **außerordentliche Kündigung** beendet das Arbeitsverhältnis ohne Einhaltung einer Kündigungsfrist, § 626 BGB. Sie ist zulässig, wenn der Kündigende einen wichtigen Grund für die Kündigung hat, der die Fortsetzung des Arbeitsverhältnisses bis zum Ablauf der Kündigungsfrist unzumutbar macht, z. B. nach einer Straftat im Betrieb (Diebstahl auch von geringwertigen Dingen, Untreue, Körperverletzung usw.), bei Arbeitsverweigerung, grober Beleidigung, gravierendem Vertrauensbruch, Verletzung der Arbeitsschutzbestimmungen oder Nichtzahlung erheblicher Lohnrückstände.

Die außerordentliche Kündigung kann auch mit einer sozialen Auslauffrist ausgesprochen werden; das ist insbesondere bei betriebsbedingten Kündigungen von ordentlich unkündbaren Arbeitnehmern der Fall, z. B. bei Betriebsschließung. Die außerordentliche Kündigung muss innerhalb von 14 Tagen nach Bekanntwerden des Kündigungsgrundes ausgesprochen werden, andernfalls ist sie unwirksam. Auch bei außerordentlichen Kündigungen ist der Betriebsrat bzw. Personalrat anzuhören.

Verdachtskündigung

Eine Verdachtskündigung ist eine besondere Form der personenbedingten Kündigung. Sie kann außerordentlich oder ordentlich erfolgen und ist dann zulässig, wenn sich starke Verdachtsmomente auf objektive Tatsachen gründen, die geeignet sind, das für die Fortsetzung des Arbeitsverhältnisses erforderliche Vertrauen zu zerstören.

Der Arbeitgeber muss vor ihrem Aussprechen alle zumutbaren Anstrengungen unternommen haben, um den Sachverhalt aufzuklären, insbesondere muss er dem Arbeitnehmer Gelegenheit gegeben haben, Stellung zu nehmen. Stellt sich während des Laufs der Kündigungsfrist die Unschuld des gekündigten Arbeitnehmers heraus, so hat er Anspruch auf Wiedereinstellung.

Was bereits die alten Römer wussten …
In dubio pro reo – im Zweifel für den Angeklagten, heißt es. Deshalb stößt eine Verdachtskündigung auch in der öffentlichen Wahrnehmung auf Missbilligung. Höher siedeln nach Herzensrecht die Menschen die Unschuldsvermutung an. Es gab in der Vergangenheit sogar schon Aktionen gegen die Verdachtskündigung.

2.3.3 Aufhebungsvertrag

Eine Besonderheit bei der Beendigung eines Arbeitsverhältnisses stellt der Aufhebungsvertrag dar. Er beruht auf einer übereinstimmenden Willenserklärung von Arbeitgeber und Arbeitnehmer; das Arbeitsverhältnis endet hier also einvernehmlich (§ 305 BGB). Es muss auch keine Frist zur Beendigung des Arbeitsvertrags eingehalten werden.

Beendigung eines Arbeitsverhältnisses

Kündigung durch AN	Kündigung durch AG	Sonderfälle
mit Fristeinhaltung/ ordentlich jederzeit ohne Angabe von Gründen möglich	*mit Fristeinhaltung/ ordentlich* verhaltensbedingt personenbedingt betriebsbedingt unter Berücksichtigung sozialer Kriterien	Auslaufen des Zeitvertrags
ohne Fristsetzung/ außerordentlich aus „wichtigem" Grund z. B. sexuelle Belästigung Diskriminierung oder Mobbing wiederholt unpünktliche Gehaltszahlung Verlangen einer Straftat	*ohne Fristsetzung/ außerordentlich* aus „wichtigem" Grund z. B. Betrug Arbeitsverweigerung grobe Pflichtverletzung	Tod des Arbeitnehmers Aufhebungsvertrag Betriebsstillegung

Eigene Darstellung nach Daten der WSI/TNS Infratest 2007

Aufgaben

31 Oft versuchen Unternehmen ihre Mitarbeiter zu bewegen, einen Aufhebungsvertrag zu unterzeichnen. Warum eigentlich?

32 Diskutieren Sie in kleinen Gruppen, welchen Grund es haben könnte, dass trotz eines schwierigen Arbeitsmarktes mehr Kündigungen von Arbeitnehmern als von Arbeitgeberseite ausgesprochen werden.

2.4 Gesetze zum Schutz der Arbeitnehmer

Bei einem Beschäftigungsverhältnis herrscht prinzipiell ein Machtungleichgewicht zulasten der Arbeitnehmer. Aus diesem Grund bildete sich im Laufe der letzten Jahrzehnte ein umfangreicher Schutz der Arbeitnehmer heraus, der auf zahlreichen Gesetzen und Bestimmungen fußt.

2.4.1 Allgemeiner Kündigungsschutz

Der große Bruder – oder „hire and fire"
Amerika gilt vielen als Orientierung und Land der unbegrenzten Möglichkeiten. Auf jeden Fall ist es nicht das Land der unbegrenzten Betriebszugehörigkeit, denn der kaum vorhandene Kündigungsschutz sorgt für reichlich Bewegung auf dem Arbeitsmarkt. Dies wird oft mit dem Schlagwort „hire and fire" (schnell einstellen und schnell wieder entlassen) umschrieben.

Abfindung
Als Abfindung bezeichnet man die einmalige Zahlung des Arbeitgebers an den Arbeitnehmer bei dessen Ausscheiden aus dem Unternehmen. Es handelt sich also um eine Art Entschädigung für den Verlust des Arbeitsplatzes. Ein Arbeitnehmer kann allerdings nicht stillschweigend davon ausgehen, dass ihm eine Abfindung zusteht. denn diese ist keineswegs gesetzlich vorgeschrieben, sondern an bestimmte Bedingungen geknüpft. Bei einer fristgerechten Kündigung Seitens des Arbeitgebers wird in der Regel aber eine Abfindung gezahlt – und sei es aus Anstand.

M13

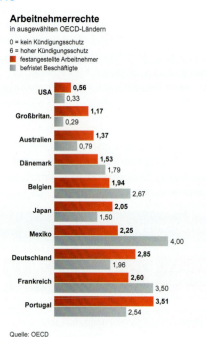

IG Metall

In vielen Fällen können sich Arbeitnehmer auf das 1951 in Kraft getretene Kündigungsschutzgesetz berufen. Dazu müssen sie bei Zugang der Kündigungserklärung mindestens sechs Monate in einem Arbeitsverhältnis mit dem Arbeitgeber stehen und der Betrieb muss die für die Geltung des Gesetzes notwendige Größe erreichen. Seit dem 1. Januar 2004 ist in Betrieben mit in der Regel mehr als zehn Arbeitnehmern eine Kündigung unwirksam, wenn sie nicht sozial gerechtfertigt ist.

Sozial ungerechtfertigt ist die Kündigung, wenn sie nicht durch Gründe, die in der Person oder in dem Verhalten des Arbeitnehmers liegen, oder durch dringende betriebliche Erfordernisse, die einer Weiterbeschäftigung des Arbeitnehmers in diesem Bereich entgegenstehen, bedingt ist.

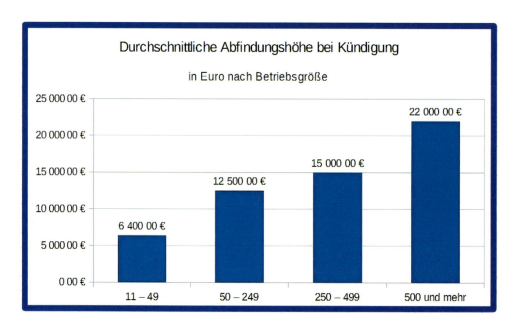

2.4.2 Besonderer Kündigungsschutz

Nach je eigenen Vorschriften genießen spezielle Gruppen von Arbeitnehmern, etwa Schwangere, Arbeitnehmer in Elternzeit oder während des Wehrdienstes, behinderte Menschen, Auszubildende, Betriebsratsmitglieder, tariflich unkündbare langjährige Arbeitnehmer usw., besonderen Kündigungsschutz.

In Betrieben mit Betriebsrat bedarf jede ordentliche Kündigung der vorherigen Anhörung des Betriebsrats.

2.4.3 Jugendarbeitsschutz

Der Jugendarbeitsschutz reicht bis in die erste Hälfte des 19. Jahrhunderts zurück und ist unter anderem auf die verstärkten Industrialisierungsprozesse zurückzuführen. Stundenlange schwere Kinderarbeit im Bergbau oder der Produktion führte bereits früh zu gesundheitlichen Schäden.

> In den Kohlen- und Eisenbergwerken arbeiten Kinder von vier, fünf, sieben Jahren; die meisten sind indes über acht Jahre alt. Sie werden gebraucht, um das losgebrochene Material von der Bruchstelle nach dem Pferdeweg oder dem Hauptschacht zu transportieren und um die Zugtüren, welche die verschiedenen Abteilungen des Bergwerks trennen, bei der Passage von Arbeitern und Material zu öffnen und wieder zu schließen. Zur Beaufsichtigung dieser Türen werden meistens die kleinsten Kinder gebraucht, die auf diese Weise zwölf Stunden täglich im Dunkeln einsam in einem engen, meist feuchten Gange sitzen müssen.

Friedrich Engels: Die Lage der arbeitenden Klasse in England, Leipzig 1845

Junge Männer konnten deshalb später weder ihre Familien versorgen, noch waren sie in der Lage, als Soldaten zu dienen, was insbesondere Preußen traf. Diese Alarmsignale führten zu der Einsicht, Kinder und Jugendliche während ihrer Entwicklung schützen zu müssen.

Kreis	Arbeitszeit	Kreis	Arbeitszeit
Iserlohn	Gewöhnlich 14 Std.	Düsseldorf	6 bis 13 Std.
Dortmund	10 bis 15 Std.	Aachen	8 bis 12 Std.
Hagen	10 bis 12 Std.	Köln	11½ bis 14 Std.
Bochum	bis zu 14½ Std.	Siegen	8 bis 12 Std.

Tägliche Arbeitszeit für Kinder um 1825 (wöchentlich 6–7 Tage, auch Nachtarbeit war möglich)

Jürgen Kuczynski: Die Geschichte der Lage der Arbeiter in Deutschland, 6. Auflage, Berlin: Tribüne 1955, S. 140

So führte Preußen als erster deutscher Staat schon 1839 mit dem Verbot der Arbeit von Kindern unter neun Jahren die Grundlagen des heutigen Jugendarbeitsschutzes ein. Behördliche Überwachung der Einhaltung dieser Bestimmung gab es damals allerdings noch nicht. Ab 1891 trat das erste Arbeitsschutzgesetz des Deutschen Reiches in Kraft, das unter anderem Arbeit für schulpflichtige Kinder verbot. Diese Regelungen zum Wohle der Kinder und Jugendlichen wurden im Laufe der Zeit immer mehr ausgeweitet und verfeinert.

Populärer Rechtsirrtum

Entgegen einem verbreiteten Rechtsirrtum genießen erkrankte Arbeitnehmer in der Bundesrepublik – anders als in der ehemaligen DDR – keinen besonderen Kündigungsschutz.

Es bedarf allerdings drei Voraussetzungen, damit der Arbeitgeber eine Kündigung wegen Krankheit aussprechen darf:

1. Es muss zum Zeitpunkt der Kündigung eine **„negative Gesundheitsprognose"** vorliegen.

2. Es muss feststehen, dass die zu erwartenden Fehlzeiten des Arbeitnehmers zu einer erheblichen **Beeinträchtigung der betrieblichen oder wirtschaftlichen Interessen des Arbeitgebers** führen.

3. Schließlich muss eine **Interessenabwägung** vorgenommen werden und diese muss zugunsten des Arbeitgebers ausfallen.

Globales Problem

Nicht überall auf der Welt genießen Kinder und Jugendliche denselben Schutz wie in Deutschland. Insbesondere in den armen Regionen der Erde müssen Kinder oft schon sehr früh arbeiten, um der Familie ein zusätzliches Einkommen zu ermöglichen.

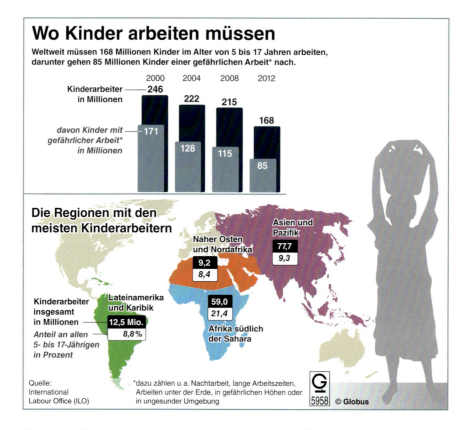

Grundlage für den Schutz von Kindern und Jugendlichen vor zu intensiver Arbeit und Ausbeutung bildet das Jugendarbeitsschutzgesetz (JArbSchG).

§ 2 Kind, Jugendlicher
(1) Kind im Sinne dieses Gesetzes ist, wer noch nicht 15 Jahre alt ist.
(2) Jugendlicher im Sinne dieses Gesetzes ist, wer 15, aber noch nicht 18 Jahre alt ist.
(3) Auf Jugendliche, die der Vollzeitschulpflicht unterliegen, finden die für Kinder geltenden Vorschriften Anwendung.

§ 5 Verbot der Beschäftigung von Kindern
(1) Die Beschäftigung von Kindern (§ 2 Abs. 1) ist verboten.
(2) Das Verbot des Absatzes 1 gilt nicht für die Beschäftigung von Kindern
1. zum Zwecke der Beschäftigungs- und Arbeitstherapie,
2. im Rahmen des Betriebspraktikums während der Vollzeitschulpflicht,
3. in Erfüllung einer richterlichen Weisung.

§ 8 Dauer der Arbeitszeit
(1) Jugendliche dürfen nicht mehr als acht Stunden täglich und nicht mehr als 40 Stunden wöchentlich beschäftigt werden.

2.4.4 Mutterschutz

Das Gesetz zum Mutterschutz regelt das Verhältnis zwischen Arbeitgeber und Arbeitnehmerin während und nach der Schwangerschaft. Seine Wurzeln liegen wie die des Jugendschutzes im 19. Jahrhundert. Noch in der Kaiserzeit wurde 1878 erstmals ein Mutterschutzgesetz erlassen, das während des „Dritten Reiches" erweitert wurde, um den Stellenwert der Mutter zu heben.

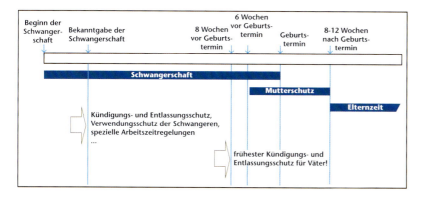

Mutterschutz-Geltungsbereich: Das Mutterschutzgesetz gilt unabhängig vom Berufsfeld für alle Arbeitnehmerinnen. Der Mutterschutz gilt für Voll- und Teilzeitkräfte, für Aushilfen, für haupt- und nebenberuflich Tätige und für Auszubildende.
Schutzfristen: Sechs Wochen vor der Geburt dürfen werdende Mütter gemäß dem Mutterschutzgesetz nicht mehr beschäftigt werden, es sei denn auf eigenen Wunsch. Nach der Geburt beträgt die Schutzfrist acht Wochen. Früh- und Mehrlingsgeburten verlängern die Schutzfrist um vier auf insgesamt zwölf Wochen.
Beschäftigungsverbot mit ärztlichem Attest: Werdende Mütter dürfen keine Arbeiten übernehmen, die nach ärztlichem Attest Leib und Leben der Mutter und des Kindes gefährden.
Arbeitsplatz und Arbeitsablauf: Der Arbeitsplatz und Arbeitsablauf der Schwangeren müssen laut Mutterschutzgesetz so gestaltet sein, dass keine Gefahren für die werdende oder stillende Mutter und das Kind entstehen.
Verbotene Tätigkeiten: Für Schwangere sind bestimmte Arbeiten verboten. Dazu zählen alle Aufgaben, bei denen Mutter und Kind gesundheitsgefährdenden Stoffen ausgesetzt sind. Akkordarbeit oder Fließbandarbeit ist ebenfalls nicht gestattet.
Kündigungsschutz: Schwangere dürfen von Beginn der Schwangerschaft bis vier Monate nach der Geburt laut Mutterschutz nicht gekündigt werden. Der Kündigungsschutz gilt auch in der Probezeit.
Mutterschaftsgeld: Während der Schutzfrist zahlt die gesetzliche Krankenversicherung gemäß Mutterschutz werdenden Müttern auf Antrag Mutterschaftsgeld.

Der kleine Unterschied ...
Es gibt ihn, den kleinen Unterschied zwischen Mann und Frau. Auch auf dem Arbeitsmarkt. Und hier in erster Linie zu Lasten der Frau, die nach wie vor weniger Gehalt für dieselbe Tätigkeit bekommt und im Alter innerhalb unseres Sozialsystems schlechter abgesichert ist.
Einer der Gründe ist hierbei von der Natur vorgegeben: Nur die Frau kann ein Kind zur Welt bringen und nach der Geburt braucht das Baby in erster Linie seine Mutter. Das führt über die Zeit des Mutterschutzes hinaus dazu, dass Frauen durch Babypausen eher den Anschluss im Beruf und dessen sich schnell wandelnden Anforderungen verpassen.

Vgl. familie.de, hrsg. von Vision Net AG: Mutterschutz: Das Mutterschutzgesetz im Überblick, abgerufen unter www.familie.de/schwangerschaft/mutterschutz-mutterschutzgesetz-513029.html [09.09.2016]

Aufgaben

33 Der strenge Kündigungsschutz der Bundesrepublik war schon des Öfteren in der politischen Diskussion, da er angeblich den Arbeitsmarkt bremse. Diskutieren Sie diese These unter Bezug auf **M13**.

34 Besonderen Kündigungsschutz genießen prinzipiell nur sehr schützenswerte oder schwache Personengruppen. Was hat das mit dem Betriebsrat zu tun?

35 Finden Sie die wichtigsten Regelungen bezüglich Urlaub, Pausen und Akkordarbeit im Jugendarbeitsschutzgesetz und diskutieren Sie diese.

36 „Die Jugend liebt heutzutage den Luxus. Sie hat schlechte Manieren, verachtet die Autorität, hat keinen Respekt vor den älteren Leuten und schwatzt, wo sie arbeiten sollte."

Nehmen Sie Stellung zu diesem Zitat. Wer hat es wohl zu welcher Zeit gesagt?

37 Informieren Sie sich über den Mutterschutz in einem Nachbarland.

38 Informieren Sie sich über den Kündigungsschutz Schwerbehinderter.

2.5 Arbeitsgerichtsbarkeit

Und täglich grüßt das Murmeltier ...
Wie lange ein Prozess dauert, hängt von mehreren Faktoren ab. So beispielsweise davon, ob es sich um einen Straf- oder Zivilprozess handelt, wie sich Beweisaufnahme und Beweislage gestalten und wo der Prozess stattfindet. Durch das Einlegen von Rechtsmitteln ziehen sich Prozesse so oft über Monate oder Jahre hin.

Die Arbeitsgerichte als **Fachgerichte für Arbeitssachen** sind zuständig in bürgerlich-rechtlichen Streitigkeiten zwischen Arbeitnehmer und Arbeitgeber sowie für die Streitigkeiten zwischen den Tarifvertragsparteien. Dies betrifft insbesondere die Bereiche des Tarifvertragsrechts, des Kündigungsrechts und des Mitbestimmungsrechts.

Die Arbeitsgerichtsbarkeit folgt einem dreistufigen Aufbau, es gibt also drei Entscheidungsinstanzen. Zuständig ist das Arbeitsgericht am Wohnort des Beklagten oder am Ort des Betriebssitzes. In erster Instanz besteht kein Anwaltszwang. Die Parteien können sich in allen Instanzen auch durch die Gewerkschaft oder aber Arbeitgeberverbände vertreten lassen.

Das Verfahren vor dem Arbeitsgericht unterliegt einem besonderen Beschleunigungsgrundsatz, das heißt, das Arbeitsgericht muss versuchen, die Sachen möglichst schnell zu verhandeln. Hierfür hat es die Möglichkeit, den Parteien kurze Fristen zu setzen und in einer dem Hauptverfahren vorgeschalteten Güteverhandlung den Streit schnell zu klären.

Seit dem 3. Dezember 2011 kann es laut eines Urteils des Europäischen Gerichtshofs für Menschenrechte im Einzelfall sogar Entschädigungen bei überlanger Verfahrensdauer geben.

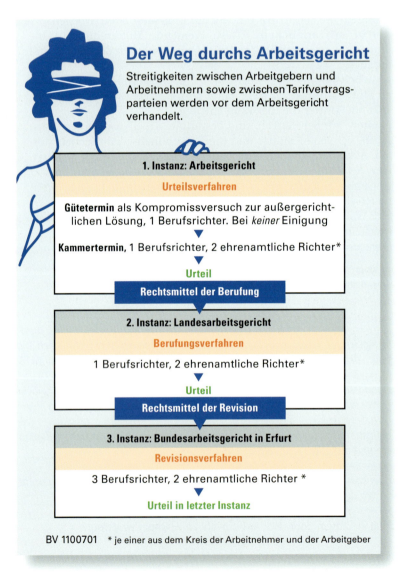

Der Weg durchs Arbeitsgericht

Streitigkeiten zwischen Arbeitgebern und Arbeitnehmern sowie zwischen Tarifvertragsparteien werden vor dem Arbeitsgericht verhandelt.

1. Instanz: Arbeitsgericht
Urteilsverfahren
Gütetermin als Kompromissversuch zur außergerichtlichen Lösung, 1 Berufsrichter. Bei *keiner* Einigung
▼
Kammertermin, 1 Berufsrichter, 2 ehrenamtliche Richter*
▼
Urteil
Rechtsmittel der Berufung

2. Instanz: Landesarbeitsgericht
Berufungsverfahren
1 Berufsrichter, 2 ehrenamtliche Richter*
▼
Urteil
Rechtsmittel der Revision

3. Instanz: Bundesarbeitsgericht in Erfurt
Revisionsverfahren
3 Berufsrichter, 2 ehrenamtliche Richter *
▼
Urteil in letzter Instanz

BV 1100701   * je einer aus dem Kreis der Arbeitnehmer und der Arbeitgeber

Die Entscheidungen in erster Instanz werden von einer Kammer getroffen, der neben einem Berufsrichter bzw. einer Berufsrichterin auch ein ehrenamtlichen Richter bzw. eine ehrenamtliche Richterin von Arbeitgeber- und Arbeitnehmerseite angehören. Die Parteien haben die Wahl, ob sie sich selbst vertreten oder aber durch eine/-n Rechtsanwalt/-anwältin, eine/-n Vertreter/-in des Arbeitgeberverbandes oder der Gewerkschaft vertreten lassen.

Es wird dabei zwischen Urteilsverfahren und Beschlussverfahren unterschieden. Das Urteilsverfahren greift bei Streitigkeiten zwischen Arbeitgebern und Arbeitnehmern ein. Hier müssen die Parteien alle Beweismittel und Tatsachen selbst vorbringen. Im Beschlussverfahren, das Streitigkeiten zwischen Betriebsrat und Arbeitgeber regelt, wird das Gericht selbst tätig.

Nachdem das Urteil der ersten Instanz gesprochen wurde, hat jede Partei die Möglichkeit, gegen das Urteil Rechtsmittel einzulegen, falls sie nicht zufrieden ist. Berufungen vor der zweiten Instanz, dem Landesarbeitsgericht, müssen vom Arbeitsgericht entweder zugelassen werden oder einen Streitwert von 600 € übersteigen. Auch das Landesarbeitsgericht ist analog den Arbeitsgerichten aus Kammern mit je drei Richtern/Richterinnen besetzt.

M14

Kündigung des Hausmeisters wegen privater Nutzung der Schulwerkstatt

Das Landesarbeitsgericht Schleswig-Holstein hatte über die Wirksamkeit der Kündigung eines Schulhausmeisters zu entscheiden. Anlass für die Kündigung war der Vorwurf, er habe den Werkstattraum der Schule über einen längeren Zeitraum und in einem beträchtlichen Umfang für private Zwecke genutzt, wodurch ein Schaden in Höhe von mindestens 234,00 € durch Stromkosten entstanden seien.

Trotz fehlender Zustimmung des Personalrats sprach die Arbeitgeberin wegen der vermeintlichen Privatnutzung der Werkstatt eine fristlose Kündigung aus. Gegen diese Kündigung setzte sich der Kläger mit einer Kündigungsschutzklage zur Wehr. Im Kündigungsschutzprozess war zwischen den Parteien unstreitig, dass der Kläger den Werkstattraum der Schule mit privaten Geräten ausgestattet hatte, er bestritt allerdings, die Schulwerkstatt für private Zwecke genutzt zu haben.

Wie hat das Gericht entschieden?

Sowohl das Arbeitsgericht Elmshorn als auch das LAG Schleswig-Holstein sahen die Kündigung als ungerechtfertigt an und gaben der Kündigungsschutzklage statt. Der Sachverhalt rechtfertige weder eine außerordentliche fristlose Kündigung noch eine ordentliche verhaltensbedingte Kündigung.

Warum hat das Gericht so entschieden? Wie ist der Fall einzuordnen?

Das LAG Schleswig-Holstein begründete die Unwirksamkeit der Kündigung insbesondere mit einem Verstoß gegen den Grundsatz der Verhältnismäßigkeit.
Die Kündigung sei selbst dann unwirksam, wenn die vom Kläger bestrittene Privatnutzung der Werkstatt als erwiesen anzusehen wäre. Denn der dem Kläger gemachte Vorwurf sei bereits grundsätzlich nicht geeignet, eine Kündigung zu rechtfertigen. Grund dafür sei, dass die Arbeitgeberin während der langjährigen Tätigkeit des Klägers nie klare Regeln darüber aufgestellt habe, welche privaten Tätigkeiten sie in der Schulwerkstatt duldet oder erlaubt bzw. welche Tätigkeiten erwünscht oder unerwünscht sind. Der Kläger habe deshalb gar nicht wissen können, wie er sich im Hinblick auf die Nutzung der Werkstatt zu verhalten habe.

Das Urteil im Volltext: LAG Schleswig-Holstein, Urteil vom 24.11.2010 – 3 Sa 204/10

Aufgaben

39 Diskutieren Sie den Fall M14 in der Klasse. Wie hätten Sie entschieden?

40 Recherchieren Sie im Internet weitere wichtige Urteile zu Kündigung und Arbeitsrecht.

Wer macht was?

Gerichtsshows mit vorgefertigten Fällen und Texten, US-amerikanische Anwaltsserien in denen Geschworene mit ernsten Mienen darüber entscheiden, ob ein Angeklagter zum Tode verurteilt wird oder nicht – alles nur Kino? Auch wenn sich die Rechtssysteme der USA und Deutschlands unterscheiden, so gibt es doch vier Personen(gruppen) die nahezu immer an einem Prozess beteiligt sind:

Der Richter, der am Ende eines Prozesses das Urteil verkündet

Der Staatsanwalt, der die Interessen des Staates vertritt

Der Rechtsanwalt, der die Interessen seines Mandanten (Auftraggeber) wahrnimmt

Die Zeugen, die den Sachverhalt aus ihrer Sicht schildern.

2.6 Der Tarifvertrag

Ein Tarifvertrag ist ein schriftlicher Vertrag zwischen einem Arbeitgeberverband oder Arbeitgebern und einer Gewerkschaft zur Regelung von Rechten und Pflichten zwischen den Vertragsparteien. Dazu gehören u.a. auch Regelungen hinsichtlich des Inhalts, des Abschlusses und der Beendigung von Arbeitsverhältnissen sowie betriebliche und betriebsverfassungsrechtliche Fragen.

Gesetzliche Regelungen finden sich im Tarifvertragsgesetz (TVG).

Das Recht, einen Tarifvertrag abschließen zu können, bezeichnet man dabei als „Tariffähigkeit". Auf Arbeitgeberseite ist die Tariffähigkeit nicht auf Arbeitgeberverbände beschränkt; Tarifverträge können auch von einzelnen Arbeitgebern als sogenannte Firmen- oder Haustarifverträge abgeschlossen werden. Auf der Arbeitnehmerseite ist gem. § 2 Abs. 1 TVG das Recht zum Abschluss eines Tarifvertrags dagegen ausschließlich den Gewerkschaften vorbehalten.

M15

Der Begriff **Tarifautonomie** ist abgeleitet aus dem Altgriechischen von auto = selbst und nomos = Gesetz/Übereinkunft und bedeutet, dass allein die beiden **Sozialpartner**, also Arbeitgeberverbände und Gewerkschaften, einen Tarifvertrag aushandeln und abschließen dürfen. Eine Einmischung politischer Gremien ist unzulässig. Dieses Prinzip ist sowohl durch das Tarifvertragsgesetz als auch das Grundgesetz (Art. 9 Abs. 3 Koalitionsfreiheit) abgesichert.

Aufgaben

41 Interpretieren Sie die Karikatur M15.

42 Diskutieren Sie, welche Auswirkungen es hätte, wenn die Tarifautonomie aufgehoben würde und der Staat sich einmischen dürfte.

Geliebt – verhasst
Aussagen über Gewerkschaften

„Der durchschnittliche amerikanische Geschäftsführer glaubt immer noch, dass die Gewerkschaft der natürliche Todfeind sein muss. Das ist überholtes Denken. Ich möchte, dass die Arbeiterschaft das innere Räderwerk des Konzerns versteht."
*Lee Iacocca (*1924), amerik. Topmanager, 1979–1992 Vorstandsvorsitzender Chrysler Corp., Tagesspiegel Online, abgerufen unter http://zitate.tagesspiegel.de/autoren/lee-iacocca [30.09.2016]*

„Die heutigen Gewerkschaften sind selbstsüchtig wie die Räuberbarone in früheren Jahrhunderten."
Arnold Joseph Toynbee (1889–1975), engl. Historiker und Kulturphilosoph

„Die Gewerkschaften sind das Stärkste, was die Schwachen haben."
*Michael Sommer (*1952), Deutscher Gewerkschaftsbund*

Bundesvorstand: Die Zukunft der Solidarität
Der DGB – ein starker Bund seit 1949.
Rede DGB-Vorsitzender Michael Sommer
Festakt 60 Jahre DGB Berlin, 05. Oktober 2009, S.10 abgerufen unter www.dgb.de/uber-uns/bewegte-zeiten/festakt-5-oktober-2009 [29.09.2016]

2.6.1 Rund um den Tarifvertrag

Ein Tarifvertrag gilt prinzipiell nur für die Mitglieder der Tarifvertragsparteien, also für Mitglieder von Arbeitgeberverbänden, für individuell vertragschließende Arbeitgeber und für gewerkschaftlich organisierte Arbeitnehmer. Man spricht hierbei auch von **Tarifgebundenheit**.

In der betrieblichen Praxis behandeln Arbeitgeber ihre Beschäftigten allerdings meist gleich und wenden die Regelungen des Tarifvertrags auf alle Arbeitnehmer an, ob sie gewerkschaftlich organisiert sind oder nicht.

Ein ausgehandelter Tarifvertrag kann aber auch für allgemein verbindlich erklärt werden (§ 5 TVG). Ist dies der Fall, gilt der Tarifvertrag auch dann, wenn Arbeitgeber oder Arbeitnehmer nicht tarifgebunden sind.

Sämtliche Arbeitgeber und Arbeitnehmer, die unter den Geltungsbereich des Tarifvertrags fallen, sind dann an dessen Regelungen gebunden.

Das Bundesministerium für Arbeit und Soziales kann einen Tarifvertrag auf Antrag einer Tarifvertragspartei für allgemein verbindlich erklären, wenn die Allgemeinverbindlicherklärung im öffentlichen Interesse liegt.

Der Tarifvertrag gilt geografisch in dem Gebiet, für das er abgeschlossen worden ist, für die Branche, das Unternehmen und persönlich für alle Beschäftigten im Tarifgebiet.

Tarifverträge sind bindend und unterliegen dem **Prinzip der Unabdingbarkeit** sowie dem **Günstigkeitsprinzip**. Das bedeutet, dass allein Abweichungen nach oben zulässig sind, also ein höherer Lohn, als im Tarifvertrag vereinbart, bezahlt wird. Unzulässig ist es dagegen, den festgelegten Tariflohn zu unterschreiten. Viele Betriebe sind allerdings nicht an die Verbandstarifverträge gebunden. Sie umgehen die Tarifgebundenheit, indem sie sich keinem Arbeitgeberverband anschließen.

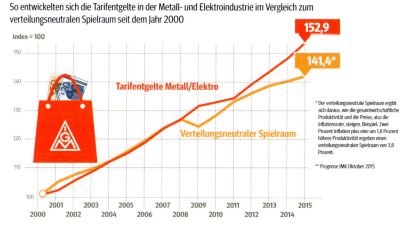

Kleines Tarif-ABC

Arbeitszeitflexibilisierung
Anpassung von Dauer, Lage und Verteilung der Arbeitszeit an die betrieblichen Erfordernisse (Auftragsschwankungen, saisonale Schwankungen, Produktionsumstellung, wechselnder Krankenstand etc., nicht immer zum Vorteil der Arbeitnehmer).

Effektivlohn
Der tatsächlich erzielte Arbeitsverdienst, der sich aus der tariflichen Grundvergütung, sonstigen tariflichen Leistungen sowie übertariflichen Einkommensbestandteilen zusammensetzt.

Mindestbetrag
Bestandteil einer Tarifforderung bzw. eines Tarifabschlusses, der besagt, dass eine (lineare) Tariferhöhung mindestens einen bestimmten Euro-Betrag erreichen muss. Ein Mindestbetrag begünstigt daher die unteren Vergütungsgruppen.

Westrick-Formel
Vom ehemaligen Staatssekretär im Bundeswirtschaftsministerium, Ludger Westrick, in einer Schlichtung in der Metallindustrie im Jahr 1963 benutzte Formel. Sie dient auch heute noch zur Vergleichbarmachung und Umrechnung von Tarifabschlüssen mit unterschiedlichen Laufzeiten auf eine Laufzeit von 12 Monaten. Beispiel: Abschlussrate von 5,0% für 15 Monate:
(5,0% : 15) · 12 = 4,0%
Diese Formel kann allerdings nicht zur Umrechnung von Abschlüssen auf die kalenderjährliche Tarifsteigerung benutzt werden.

2.6.2 Arten von Tarifverträgen

Tarifvertrag ist nicht gleich Tarifvertrag. In der Praxis existieren drei Arten von Tarifverträgen, die sich in Inhalt und Laufzeit teilweise deutlich unterscheiden.

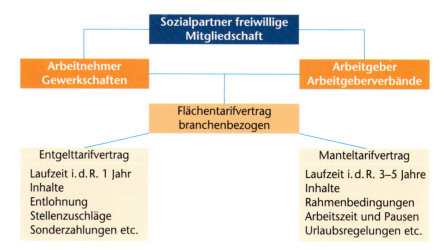

- Ein **Manteltarifvertrag** (oder Rahmentarifvertrag) regelt Grundlegendes wie Urlaub, Arbeitszeiten, vom BGB abweichende Kündigungsfristen oder auch die Festlegung von Pausenzeiten. Die Laufzeit eines Manteltarifvertrags beträgt zwischen drei und fünf Jahren.
- Ein **Lohn- und Gehaltsrahmentarifvertrag** regelt die schematische Festlegung/Eingruppierung in Lohngruppen nach Tätigkeitsmerkmalen. Die Laufzeit wird zumeist auf mehrere Jahre festgelegt.
- Ein **Lohn- und Gehaltstarifvertrag** regelt die Höhe der Vergütungen für die Arbeitsleistung der Arbeitnehmer. Für Sonderzahlungen (Weihnachtsgeld, Urlaubsgeld, Boni usw.) werden oft noch separate Tarifverträge abgeschlossen. Die Laufzeit eines Lohn- und Gehaltstarifvertrags ist mit einem Jahr am kürzesten.

Mindestlohn
Ein flächendeckender Mindestlohn war schon seit Jahren ein Zankapfel in der Politik.
Die Parteien des linken demokratischen Spektrums befürworteten eine solche Lösung, das rechte demokratische Spektrum lehnte den Mindestlohn bislang ab. Nach der Bundestagswahl 2013 einigten sich die CDU und die SPD in ihren Koalitionsverhandlungen auf einen flächendeckenden Mindestlohn von 8,50 € pro Stunde. Dieser gilt seit dem 1. Januar 2015.

2.6.3 Wie entsteht ein Tarifvertrag?

In aller Regel endet ein Tarifvertrag durch den Ablauf der zeitlichen Befristung. Andere mögliche Gründe für die Beendigung eines Tarifvertrags sind Kündigung eines der Vertragspartner oder eine Aufhebung in beiderseitigem Einvernehmen.

M16

Nach dem Ende eines alten Tarifvertrags kann über einen neuen Vertrag im Rahmen der Tarifautonomie zwischen den Gewerkschaften und den Arbeitgeberverbänden verhandelt werden.

Die Schwierigkeit bei diesen Verhandlungen ist, einen Kompromiss zwischen den unterschiedlichen Standpunkten und Interessen der beiden Tarifparteien zu finden. Oft liegen am Anfang der Verhandlungen beide Seiten sehr weit voneinander entfernt, da jede Seite zunächst versucht, ein für sie optimales Ergebnis zu erzielen.

Das führt in nicht wenigen Fällen zum Scheitern der Verhandlungen, da die Fronten, nicht zuletzt durch Polemik der Verhandlungsführer, verhärtet sind.

Wurden die Verhandlungen für gescheitert erklärt, besteht die Möglichkeit der Schlichtung. Hierzu wird ein neutraler Schlichter benannt, der vermitteln und bei einer Einigung helfen soll. Das hat den Vorteil, dass es nicht zu einem langwierigen und kostspieligen Arbeitskampf kommt. Auch können beide Seiten ihr Gesicht vor der Öffentlichkeit wahren, falls das Ergebnis subjektiv gesehen zu weit von den ursprünglichen Forderungen entfernt liegt.

Als Schlichter fungieren zumeist angesehene Personen aus Politik und Gesellschaft, die die nötige Kompetenz besitzen und den Respekt beider Seiten genießen.

Parität
bedeutet „Gleichgewicht". Die Wahrung der Parität beim Arbeitskampf meint also, dass ein Gleichgewicht der Kampfmittel zwischen Arbeitgebern und Arbeitnehmern herrscht.

2.6.4 Arbeitskampf

Kann auch beim Schlichtungsverfahren keine Einigung erzielt werden, beginnt der Arbeitskampf. Dieser läuft nach festen Regeln ab und soll die Macht der Parteien verdeutlichen.

Durch die Hintertür ...
Wegen des hohen Lohnniveaus versuchen einige Unternehmen immer wieder Tricksereien, um ihre Personalkosten legal zu senken ohne Entlassungen vornehmen zu müssen. Eine Masche ist es, der Tarifbindung zu entgehen, indem man den maßgeblichen Arbeitgeberverband verlässt, um in einen OT-Verband (steht für ohne Tarifbindung) zu wechseln. Dabei spricht man von Tarifflucht. Eine weitere Möglichkeit für Unternehmen besteht darin, Arbeitnehmer, für deren Arbeitsverhältnis mehrere Tarifverträge mit unterschiedlichem Inhalt gelten der geringeren Tarifgruppe zuzuordnen. Dies nennt man Tarifkonkurrenz.

Spielregeln im Arbeitskampf

Alter Tarifvertrag → Tarifverhandlungen (oft von Warnstreiks begleitet)
- Bei Ablehnung: Erklärung des Scheiterns
- Bei Einigung: Inkrafttreten des Vertrags
- Meist Einleitung einer Schlichtung
- Spruch des neutralen Schlichters
  - Bei Annahme: Inkrafttreten des Vertrags
  - Bei Ablehnung: Erklärung des Scheiterns

Neuer Tarifvertrag:
- Urabstimmung über Streik
- Streik
- Gegenmaßnahmen der Arbeitgeber (u. a. Aussperrung)
- Neuverhandlungen
- Streik-Ende
- Urabstimmung über Annahme
- Bei Zustimmung: Inkrafttreten des Vertrags

BV 1204101

In einem ersten Schritt wird in der Gewerkschaft eine **Urabstimmung** durchgeführt. Um den Arbeitskampf zu beginnen, müssen mindestens 75 % der Mitglieder für einen Streik votieren. Ein Streik soll den Forderungen der Arbeitnehmer Nachdruck verleihen und (wirtschaftlichen) Druck auf die Arbeitgeber ausüben.

Langer Atem

Nicht jeder Streik wird nach drei Wochen des Arbeitskampfes beigelegt. Teilweise brauchten in der Vergangenheit die Tarifparteien aber auch die vom Streik betroffenen Personengruppen einen langen Atem. Hier die längsten legalen Streiks in der Geschichte der Bundesrepublik:

sechs Wochen streikte die Stahlindustrie 1978/79

sieben Wochen dauerte der Streik der Metallindustrie 1984

13 Wochen lang legten die Ärzte an den Unikliniken 2006 die Arbeit nieder

16 Wochen trat die Metallindustrie 1956/57 in den Ausstand

17 Wochen lang zog sich der Streik der Drucker 1994 hin.

Übrigens: Der längste Streik der Welt wurde 2013 beigelegt – nach zehn Jahren! Seit 2003 hatten Mitarbeiter des Congress Hotels in Chicago die Arbeit niedergelegt, und für bessere Arbeitskonditionen gestreikt, wurden aber zum größten Teil von externen Arbeitern ersetzt. Die Gewerkschaft musste zehn Jahre später klein beigeben und die Arbeiter beendeten erfolglos ihren Streik. Sie mussten zu den gleichen Bedingungen arbeiten wie schon zehn Jahre zuvor.

Es gibt dabei verschiedene Formen des Streiks.

Warnstreik

Eine kurze Arbeitsniederlegung, meist stundenweise, die die Entschlossenheit der Arbeitnehmer zu einem richtigen Streik signalisieren soll.

Schwerpunktstreik

Bei dieser Form des Streiks werden lediglich einzelne, wichtige Betriebe bestreikt. Dennoch hat der Streik durchschlagende Wirkung, da nachgelagerte Produktionsstufen durch die Bestreikung der strategisch bedeutenden Betriebe behindert werden und so eine empfindliche Störung des gesamten Ablaufs erreicht wird.

Flächenstreik

Alle organisierten Mitarbeiter eines Tarifbezirks streiken.

Sympathiestreik

Um ihre Solidarität mit streikenden Arbeitnehmern anderer Tarifbezirke zu bekunden, wird die Arbeit niedergelegt. Diese Form des Streiks war bis 2007 nicht gesetzlich abgesichert.

Die Auswirkungen eines Streiks zeigen sich aufseiten der Arbeitnehmer im Geldbeutel. Da der Arbeitgeber während des Streiks kein Geld zahlt, ist man auf die Unterstützung der Gewerkschaft angewiesen. Die Höhe richtet sich dabei nach Beitrag und Dauer der Gewerkschaftszugehörigkeit und betrifft nur Gewerkschaftsmitglieder. Wer nicht organisiert ist und nicht arbeiten kann, bekommt keinen Cent.

Der Streik ist das effektivste Mittel der Arbeitnehmer, weil sie die Arbeitgeber an einer sehr empfindlichen Stelle treffen. Allerdings können sich die Arbeitgeber wehren. Ihnen steht im Arbeitskampf das Mittel der Aussperrung zur Verfügung, mit dem sie versuchen können, quasi Waffengleichheit wiederherzustellen.

Es existieren drei Arten der Aussperrung:

Abwehraussperrung

Die gängigste Form der Aussperrung, bei der die Arbeitgeber die Arbeitnehmer als Reaktion auf einen Streik aussperren. Es dürfen immer nur so viele Arbeitnehmer ausgesperrt werden wie streiken.

Angriffsaussperrung

Umstrittene Form der Aussperrung, bei der die Arbeitgeber die Arbeitnehmer aussperren, um einem drohenden Streik zuvorzukommen. Hat es bis heute in Deutschland noch nie gegeben.

Die Geschichte vom Hasen und vom Igel (moderne Version)

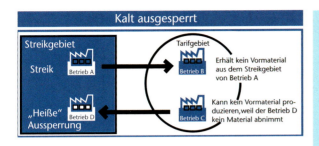

Kalte Aussperrung

Hier werden Betriebe geschlossen, die aufgrund eines Streiks bei Zulieferern nicht mehr produzieren können. Obwohl nicht direkt am Streik beteiligt, verlieren die Arbeitnehmer „kalt" ihre Arbeit.

Achtung, wild!
Es sind durchaus nicht alle Streiks legal. Voraussetzung dafür, dass ein Streik gesetzeskonform ist, ist dass er von der Gewerkschaft beschlossen wurde. Ist dies nicht der Fall, spricht man von einem „wilden Streik". Dieser ist illegal und würde eine Entlassung der streikenden Mitarbeiter rechtfertigen.
Ebenfalls nicht erlaubt ist der sogenannte Generalstreik, bei dem alle Arbeitnehmer die Arbeit niederlegen. Er wurde durch das Bundesarbeitsgericht im Jahre 1955 verboten.

Die kalte Aussperrung gilt als etwas niederträchtig, weil sie Uneinigkeit und Zwietracht unter den Arbeitnehmern selbst sät.

Die kalt Ausgesperrten werden versuchen, ihren Kollegen, mit denen sie prinzipiell in einem Boot sitzen, Druck zu machen, um ihre Beschäftigung wieder aufnehmen zu können. Sie unterstützen also durch die Hintertür die Interessen der Arbeitgeber.

Die Auswirkung der Aussperrung ist ein Ruhen des Arbeitsverhältnisses für die Dauer der Aussperrung. Ist diese vorbei, werden die Arbeitnehmer normal weiterbeschäftigt.

Der Arbeitskampf endet, wenn bei den autonomen Tarifverhandlungen eine Einigung erzielt wurde. Dann erfolgt eine **zweite Urabstimmung** in der Gewerkschaft, bei der 25 % der Mitglieder der Lösung zustimmen müssen.

Es wird ein neuer Tarifvertrag geschlossen, der die beiden Sozialpartner zur Wahrung des Friedens für die Dauer des Vertrags verpflichtet. Diese **Friedenspflicht** bedeutet, dass nicht gestreikt werden darf, solange der Vertrag Gültigkeit besitzt.

Aufgaben

43 Die Zahl der Beschäftigten in tarifgebundenen Betrieben sinkt beständig. Was könnten die Ursachen sein?

44 Warum bezahlen zahlreiche Unternehmer ihren Mitarbeitern übertarifliche Zulagen?

45 Überlegen Sie, warum ein Manteltarifvertrag eine deutlich höhere Laufzeit hat als ein Lohn- und Gehaltstarifvertrag.

46 Die Laufzeit eines Lohn- und Gehaltstarifvertrags ist mit einem Jahr recht kurz. Warum profitieren in erster Linie die Arbeitnehmer davon?

47 Diskutieren Sie die Vor- und Nachteile der Einführung eines flächendeckenden, branchenubergreifenden Mindestlohns.

48 Interpretieren Sie die Karikatur M16 und ihre Symbolik.

49 Teilen Sie die Klasse in zwei Gruppen: Arbeitgeber und Arbeitnehmer. Jede Seite überlegt sich ihre Forderungen und es geht in die Verhandlungen. Scheitern diese, wird aus der Klasse ein Schlichter bestimmt.

50 Welche Auswirkungen hat ein Streik in Kernbereichen der Produktion für unsere moderne Gesellschaft?

51 Empfinden Sie Streik und Aussperrung als gleichwertige Kampfmittel zur Wahrung der Parität? Diskutieren Sie in kleinen Gruppen und präsentieren Sie der Klasse Ihre Meinung.

52 Sollten wilde Streiks legalisiert werden? Begründen Sie Ihre Meinung.

Wichtiges Wissen

Zu 2.1 Aufnahme eines Arbeitsverhältnisses

Die Aufnahme des Arbeitsverhältnisses beginnt mit der Unterschrift unter den Arbeitsvertrag. Oft werden zunächst befristete Verträge geschlossen.

Zu 2.2 Rechte und Pflichten des Arbeitnehmers

Aus dem Abschluss eines Arbeitsvertrags erwachsen beiden Parteien Rechte und Pflichten, deren Nichteinhaltung sanktioniert wird – im Extremfall mit der Kündigung des Arbeitnehmers.

Zu 2.3 Beendigung eines Arbeitsverhältnisses

Ein Arbeitnehmer kann jederzeit ohne Angabe von Gründen kündigen, ein Arbeitgeber muss einen Grund für die Kündigung nennen. In Deutschland gibt es im Gegensatz zu anderen Ländern einen strengen Kündigungsschutz, der die Arbeitnehmer absichert.

Zu 2.4 Gesetze zum Schutz der Arbeitnehmer

Für einige Arbeitnehmergruppen gilt ein besonderer Kündigungsschutz.

Zu 2.5 Arbeitsgerichtsbarkeit

Kann man sich über eine Kündigung nicht gütlich einigen, landet der Fall vor dem Arbeitsgericht. Dies ist in drei Instanzen gegliedert.

Zu 2.6 Der Tarifvertrag

Tarifverträge werden von den Sozialpartnern in autonomen Tarifverhandlungen geschlossen. Die Arbeitnehmer werden durch die Gewerkschaften, die Arbeitgeber von den Arbeitgeberverbänden repräsentiert. Die Politik darf sich nicht einmischen.

Zu 2.6.1 Rund um den Tarifvertrag

Ein Tarifvertrag gilt im Prinzip nur für Mitglieder der Tarifvertragsparteien, wird allerdings in der Regel auf alle Arbeitnehmer einer Branche angewendet. Es sind nur Abweichungen erlaubt, die für den Arbeitnehmer von Vorteil sind. Nachteilige Abweichungen sind unzulässig.

Zu 2.6.2 Arten von Tarifverträgen

Es gibt verschiedene Tarifverträge, die unterschiedliche Inhalte und Laufzeiten haben.

Zu 2.6.3 Wie entsteht ein Tarifvertrag?

Tarifverträge entstehen durch Verhandlungen, in denen ein Kompromiss zwischen den Interessengegensätzen gefunden werden muss.

Zu 2.6.4 Der Arbeitskampf

Kommt es bei den Verhandlungen zu keiner Einigung, wird ein neutraler Schlichter angerufen, der bei der Lösungsfindung hilft. Scheitert auch die Schlichtung, kommt es zum Arbeitskampf. Hier steht den Arbeitgebern der Streik, den Arbeitgebern die Aussperrung als Kampfmittel zur Verfügung.

3 Der Arbeitsmarkt in Deutschland

M17

Arbeitsvorschläge

53 Interpretieren Sie die Karikatur M17.

Der Arbeitsmarkt ist ein Teil des sogenannten magischen Vierecks. Dieser Begriff bezeichnet ein Konstrukt der Volkswirtschaft, nach dem die vier wirtschaftspolitischen Ziele Preisniveaustabilität, außenwirtschaftliches Gleichgewicht, ein stetiges und angemessenes Wirtschaftswachstum sowie ein hoher Beschäftigungsgrad in Einklang gebracht werden sollen. Diese Ziele sind auch im Stabilitätsgesetz (StabG) von 1967 formuliert.

Die für die Beurteilung des Arbeitsmarktes relevante Größe ist dabei der Beschäftigungsgrad bzw. die **Arbeitslosenquote**. Diese wird mit folgender Formel ermittelt:

Das magische Viereck

Stabilität des Preisniveaus

Hoher Beschäftigungsgrad — Außenwirtschaftliches Gleichgewicht

Stetiges und angemessenes Wirtschaftswachstum

$$\text{Arbeitslosenquote} = \frac{\text{Zahl der registrierten Arbeitslosen} \times 100}{\text{Zahl der Erwerbstätigen}}$$

Eine niedrige Arbeitslosenquote bedeutet einen hohen Beschäftigungsgrad und damit einen wünschenswerten Zustand. Weil aber die Volkswirtschaft der Bundesrepublik von vielen unterschiedlichsten Faktoren abhängig ist und beeinflusst wird, kann der Arbeitsmarkt nicht losgelöst betrachtet werden und unterliegt Schwankungen.

Viereck oder Sechseck?
Grundsätzlich spricht man in der Volkswirtschaft vom magischen Viereck.
Um dieses in Einklang zu bringen, müsste man nämlich zaubern können, da die Ziele teilweise in Konkurrenz zueinander stehen und damit Zielkonflikte herrschen.
Umso mehr ist dies der Fall, seit das Viereck (inoffiziell) um zwei Bereiche erweitert wurde. Der Schutz der Umwelt und eine gerechte Verteilung von Einkommen und Vermögen machen aus dem Viereck ein Sechseck.

Später rein, früher raus?

Alter	Anteil Erwerbstätige
60–65	42%
55–60	74%
50–55	83%
45–50	87%
40–45	88%
35–40	85%
30–35	83%
25–30	78%
20–25	66%
15–20	28%

www.baua.de
Bundesanstalt für Arbeitsschutz und Arbeitsmedizin, abgerufen unter www.baua.de [09.09.2016]

Das Berufseintrittsalter ist in den vergangenen Jahrzehnten beständig gesunken, die Gründe sind vielschichtig. Dafür sinkt die prozentuale Anzahl der Erwerbstätigen bereits ab dem 55. Lebensjahr deutlich.

M18

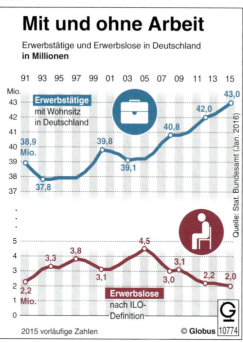

Aufgaben

53 Überlegen Sie, welche Faktoren den Arbeitsmarkt der Bundesrepublik beeinflussen.

54 Welche Gründe könnten für den starken Anstieg der Arbeitslosigkeit zwischen 1991 und 1997 (vgl. M18) vorliegen?

55 Welche Gründe könnten für den stetigen Rückgang nach 2005 verantwortlich sein?

56 Interpretieren Sie die Arbeitslosenquote der einzelnen Bundesländer in M18. Was fällt Ihnen auf?

57 Woran könnte es liegen, dass vor Bundestagswahlen die Arbeitslosigkeit tendenziell immer sinkt?

3.1 Deutschlands Arbeitsmarkt im Wandel

Die Faktoren, die Einfluss auf den Arbeitsmarkt in Deutschland nehmen, kann man in zwei Gruppen unterteilen:

Faktoren, bei denen in absehbarer Zeit Änderungen vorgenommen werden können, und solche, wo das nicht der Fall ist oder die sogar unumkehrbar sind.

3.1.1 Demografischer Wandel

Zur zweiten Kategorie gehören der demografische Wandel sowie die zunehmende IT-basierte technische Spezialisierung.

3 Der Arbeitsmarkt in Deutschland

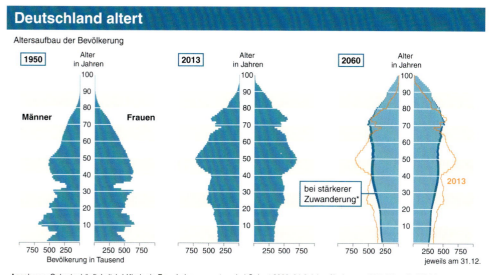

Deutschland altert
Altersaufbau der Bevölkerung

Annahmen: Geburtenhäufigkeit 1,4 Kinder je Frau; Lebenserwartung bei Geburt 2060: 84,8 Jahre für Jungen, 88,8 Jahre für Mädchen; langfristige Nettozuwanderung: 100 000 Personen, *200 000 Personen   Quelle: Statistisches Bundesamt   dpa·22558

Die Alterspyramide in der Bundesrepublik verdient ihren Namen prinzipiell schon heute nicht mehr. Die Prognosen für die Zukunft versprechen keine Besserung, im Gegenteil. Der Anteil Erwerbstätiger an der Gesamtbevölkerung und damit die Zahl derer, die laut Generationenvertrag Bildung und Rente finanzieren, nimmt immer weiter ab. Das hat auch Auswirkungen auf den Arbeitsmarkt. Sowohl die Anzahl als auch die Altersstruktur der Erwerbstätigen wird sich nachhaltig verändern.

3.1.2 Technologischer Wandel

Die zunehmende Technologisierung der Arbeitswelt könnte die Ausschluss- und Auswahlprozesse auf dem Arbeitsmarkt beschleunigen. Einerseits werden technologiebedingte Entlassungen zulasten Geringqualifizierter erfolgen und technologiebedingte Einstellungen zugunsten Höherqualifizierter.

Das erfordert Weiterbildung. Ältere Menschen sind jedoch in diesem Bereich unterrepräsentiert (siehe AS 2, 1.6.2). Um auch künftig das Innovationspotenzial sinnvoll nutzen zu können, müssen die älteren Arbeitnehmer hier verstärkt eingebunden werden.

3.2 Bildung und Arbeitslosigkeit

Dem Wandel auf dem Arbeitsmarkt müssen sich nicht nur ältere Arbeitnehmer anpassen, auch junge Menschen müssen ihm Rechnung tragen.

Früher war es durchaus möglich, als minderqualifizierter Arbeiter ohne oder mit nur schwachem Schulabschluss durch Tätigkeiten mit geringem Anforderungsprofil seine Familie mehr schlecht als recht zu versorgen. Diese Jobs macht heute eine Maschine – schneller und präziser. Dementsprechend schwieriger ist es für gering qualifizierte junge Menschen geworden, einen Arbeitsplatz zu finden. Fachkräfte sind gefragt, insbesondere im sogenannten MINT-Bereich.

MINT
Was frisch klingt, ist in der Realität ganz schön hart. MINT bezeichnet nämlich Fächer aus den Bereichen Mathematik, Informatik, Naturwissenschaft und Technik.

Kinder statt Inder?
Obwohl in diesem Zusammenhang so nie wörtlich gesagt, fällt dieser Satz immer wieder dann, wenn es um die Thematik des Fachkräftemangels geht. Gemeint ist, dass gut ausgebildete Facharbeiter und Spezialisten aus dem Ausland nach Deutschland kommen, um den Fachkräftemangel auszugleichen. Jürgen Rüttgers, der spätere NRW-Ministerpräsident (CDU) hatte im Wahlkampf 2000 übrigens gesagt: „Statt Inder an die Computer müssen unsere Kinder an die Computer."

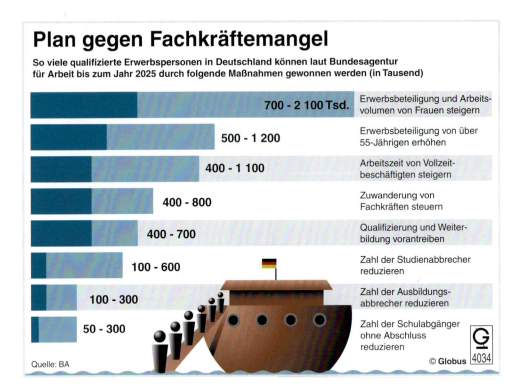

Als Fachkraft wird man nicht geboren. Ein – möglichst hochwertiger – qualifizierter Schulabschluss sowie eine fundierte Ausbildung bilden die Grundlage für spätere berufliche Kompetenz. Das haben auch Politik und Unternehmen erkannt und wollen dementsprechend reagieren.

Grundsätzlich lohnt sich für die angehenden Arbeitskräfte ein Blick in die statistischen Erhebungen.

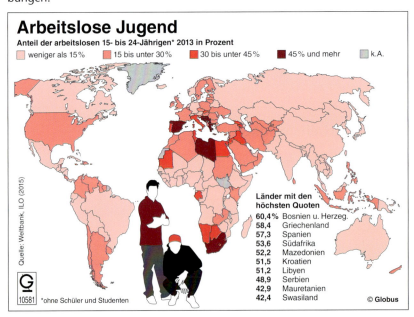

Unabhängig von konjunkturellen Schwankungen, arbeitsmarktpolitischen Entscheidungen und gesellschaftlichen Entwicklungen kann ein Zusammenhang zwischen Bildung und der Gefahr von Arbeitslosigkeit hergestellt werden.

Je höher/qualifizierter der Abschluss, umso geringer ist die Gefahr, arbeitslos zu werden. Dieser Zusammenhang besteht auch im Bereich der Weiterbildung (siehe auch AS 2, 1.6.2). Wer seine Qualifikation steigert, minimiert das Risiko, am Arbeitsmarkt zurückzufallen.

3.3 Zeit- und Leiharbeit

> Die Zeitarbeit ist als Flexibilisierungsfaktor für ein schnelles Reagieren auf die ständig wechselnden Anforderungen nicht nur des deutschen, sondern auch internationaler Märkte aus dem deutschen Wirtschaftsgefüge nicht mehr wegzudenken.

RA Werner Stolz (iGZ-Bundesgeschäftsführer); abgerufen unter http://ig-zeitarbeit.de/presse/artikel/wirtschaftsbranche-zeitarbeit-ins-rechte-licht-geruckt [28.09.2016]

Zeitarbeit ist ein Dreiecksverhältnis zwischen dem Verleiher, dem Entleiher und der Arbeitskraft. Der Verleiher schließt mit der Arbeitskraft einen Vertrag und verleiht diese an den Entleiher, für den der Arbeiter dann tätig wird. Es entsteht aber keine vertragliche Bindung zwischen dem Entleiher und der Arbeitskraft.

Damit alle Seiten etwas davon haben, ist jedoch die Bezahlung des Leiharbeiters pro Stunde teilweise deutlich geringer als die eines „echten" Arbeitnehmers, da der Leiharbeiter nicht dem Tarifrecht unterliegt. Die Grundlage für Leiharbeit in Deutschland ist das Arbeitnehmerüberlassungsgesetz (AÜG).

Obwohl es natürlich immer noch besser ist, in Leiharbeit beschäftigt als arbeitslos zu sein, ist der Zustand eines Leiharbeiters nicht allein aufgrund der geringeren Bezahlung kaum befriedigend.

> Das durchschnittliche sozialversicherungspflichtige Monatsentgelt von Helfern in der Zeitarbeit liegt rund 45% unter dem von Helfern in anderen Branchen. Auch bei qualifizierten Tätigkeiten wie z. B. Organisations-, Verwaltungs- und Büroberufen liegt die monatliche Entgeltlücke bei rund 35%.

Institut für Arbeitsmarkt- und Berufsforschung der Bundesagentur für Arbeit: Studie zur Zeitarbeit in NRW im Auftrag des Ministeriums für Arbeit, Gesundheit und Soziales des Landes NRW, Endbericht, Dortmund, November 2008, S. 73

Die unterschiedlichen Stundenlöhne und Monatsentgelte kommen zustande, weil gesetzliche Regelungen zur Gleichstellung von Leiharbeitern und Festangestellten bislang noch nicht verwirklicht wurden.

Deutschland nur im Mittelfeld
Leiharbeit ist kein deutsches Phänomen, sondern weltweit verbreitet.
Es sind allerdings nicht die USA, die in diesem Bereich führend sind, sondern Großbritannien. In Skandinavien und Osteuropa hingegen spielt Zeitarbeit eine untergeordnete Rolle.

Ausnahmen bestätigen die Regel ...
Nicht nur Leiharbeiter befinden sich am unteren Ende der Lohnskala. Es gibt auch Personengruppen, die vom Mindestlohn ausgenommen sind:
Unter 18-Jährige ohne Berufsabschluss
Es soll damit vermieden werden, dass sich junge Leute einen Job suchen, anstatt eine (in aller Regel) schlechter bezahlte Ausbildung zu beginnen.
Langzeitarbeitslose
Wer nach wenigstens zwölfmonatiger Arbeitslosigkeit einen neuen Job bekommt, hat in den ersten sechs Monaten keinen Anspruch auf den Mindestlohn. Es soll dabei für Arbeitgeber der Anreiz erhöht werden, Langzeitarbeitslose einzustellen.
Ehrenamtliche und Praktikanten
In der Ausbildung gilt der Mindestlohn ebenfalls nicht. Auch wer freiwillig ein Praktikum macht, das nicht länger als drei Monate dauert, hat keinen Anspruch auf den Mindestlohn.

Echte Chance oder nur Strohhalm?

Das oft als Chance bezeichnete Leiharbeitsverhältnis ist in Wirklichkeit nur für ein Drittel der Arbeitskräfte tatsächlich das Sprungbrett in ein normales Arbeitsverhältnis. Die Mehrzahl schafft den Übergang indes nicht.
Im Gegenteil verbleibt ein Viertel weiterhin in Zeitarbeit und 6 % rutschen sogar in ein geringfügiges Beschäftigungsverhältnis.

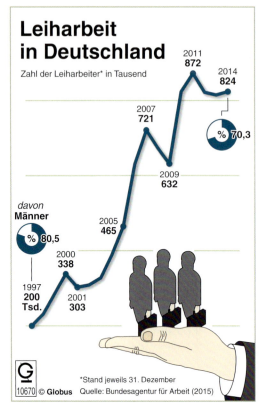

Nachfolgend einige Gesetze im Bereich der Leiharbeit:

- Seit dem 1. Januar 2015 beträgt der Mindestlohn für Leiharbeiter in den neuen Bundesländern 8,20 € pro Stunde, in den alten Bundesländern 8,80 € pro Stunde.

- Es existiert seit 2003 keine Höchstüberlassungsdauer mehr.

- Seit Ende 2012 müssen in einigen Branchen an Leiharbeiter Zuschläge gezahlt werde.

Aufgaben

 58 Ist es sinnvoll die Problematik des Fachkräftemangels durch Zuwanderung oder eine „Blue Card" zu lösen? Finden Sie Argumente in kleinen Gruppen und beziehen Sie Stellung.

 59 Diskutieren Sie die Frage „Zeitarbeit – Zukunftsmodell oder Auslaufmodell?" in einer Pro-Kontra-Debatte.

Wichtiges Wissen

Zu 3 Der Arbeitsmarkt in Deutschland

Der Arbeitsmarkt gehört zum magischen Viereck, einem Konstrukt der Volkswirtschaft und ist für unseren Wohlstand ein wichtiger Faktor.

Zu 3.1 Deutschlands Arbeitsmarkt im Wandel

Der Arbeitsmarkt befindet sich in demografischer und technologischer Hinsicht im Wandel.

Zu 3.2 Bildung und Arbeitslosigkeit

Es besteht ein Zusammenhang zwischen Bildung und Arbeitslosigkeit. Je höher der Bildungsgrad und die Qualifikation, umso geringer ist das Risiko, arbeitslos zu werden.

Es herrscht dennoch im sogenannten MINT-Bereich ein Fachkräftemangel.

Zu 3.3 Zeit- und Leiharbeit

Immer häufiger stellen Unternehmen Leiharbeiter ein, die bei gleicher Leistung weniger Lohn bekommen.

Leiharbeit ist zudem nicht immer eine echte Chance. Zahlreiche Beschäftigte schaffen den Sprung in den ersten Arbeitsmarkt nicht.

Anforderungssituation 3

Sicherung und Weiterentwicklung der Demokratie durch Partizipation – Mitwirkung und Mitbestimmung im Betrieb als demokratisches Handeln

Reichstag (Berlin)   *Bundesverfassungsgericht (Karlsruhe)*

Kompetenzen

Sie lernen die Teilhabe auf betrieblicher Ebene kennen. Darüber hinaus befassen Sie sich mit den Möglichkeiten der Teilhabe am Staat. Sie erarbeiten die Struktur der demokratischen Organe der Bundesrepublik und erkennen deren Einfluss im Staat.

1 Mitbestimmung

Arbeitsvorschläge

 1 Interpretieren Sie den Cartoon. Gehen Sie dabei sowohl auf die Aussage in der Sprechblase als auch auf die verschiedenen Symboliken ein.

 2 Untersuchen Sie, welche Parallele man zwischen dem Mauerbau in Berlin und der Aussage unterhalb des Cartoons ziehen kann.

 3 Erklären Sie, ob die Stellung des Betriebsrats in der Karikatur der Realität entspricht.

1.1 Interessengegensätze von Arbeitgebern und Arbeitnehmern

Arbeitnehmer und Arbeitgeber verfolgen grundsätzlich unterschiedliche Interessen. Dabei wird im Betrieb auch heute noch ein Machtgefälle zulasten der schwächer positionierten, aber zahlenmäßig stärkeren Arbeitnehmer angenommen.

Im Zuge der Industrialisierung kam es im 19. Jahrhundert zur Landflucht und der Abkehr vom primären Sektor (der Landwirtschaft). Viele Landarbeiter suchten nun Beschäftigung in den neuen Fabriken. Die Arbeitgeber nutzten ihre sehr starke Position zur Ausbeutung der Arbeitnehmer. Sie suchten Gewinnmaximierung um jeden Preis. Die Arbeiter konnten kein gleichgewichtiges Machtinstrument entgegensetzen, zumal es keine soziale Absicherung gab. Diese Zustände wurden oft kritisiert, insbesondere vom Philosophen und Soziologen Karl Marx, der in jener Zeit unter anderem die kommunistische Ideologie entwickelte.

Es geht ein Gespenst um in Europa …

> Die Gesellschaft beruht nicht auf dem Gesetze. Es ist dies eine juristische Einbildung. Das Gesetz muß vielmehr auf der Gesellschaft beruhen, es muß Ausdruck ihrer gemeinschaftlichen, aus der jedesmaligen materiellen Produktionsweise hervorgehenden Interessen und Bedürfnisse gegen die Willkür des einzelnen Individuums sein.
> *Karl Marx*

Karl Marx, geb. 05.05.1818 in Trier, gest. 14.03.1883 in London, begründete zusammen mit seinem Freund Friedrich Engels wesentliche Züge des Kommunismus sowie des Sozialismus. Sein Ziel war die Schaffung einer „klassenlosen Gesellschaft". Der Kommunismus, wie ihn der ehemalige Ostblock praktizierte, war eher weniger im Sinne von Karl Marx, der politische und gesellschaftliche Unterdrückung ablehnte und dessen Maxime lautete.

Die im Zitat von Karl Marx angedeuteten Gesetze sind heute längst Realität. Im Zuge der Demokratisierungsprozesse in der Gesellschaft und der Wandlung hin zu einem modernen Sozialstaat wuchs die Einsicht, die Arbeitnehmer stärker an Entscheidungsprozessen zu beteiligen.

M1

M2

„Jeder nach seinen Fähigkeiten, jedem nach seinen Bedürfnissen."

Aufgaben

4 Nehmen Sie Bezug auf **M1**. Was, glauben Sie, fehlt ohne Mitbestimmung?

5 Ist die von Karl Marx vor 150 Jahren getätigte Aussage in **M2** in unserer modernen Gesellschaft verwirklicht? Diskutieren Sie in einer Pro-Kontra-Debatte.

Lebendige Geschichte

Das Jahr 1848 spielt für die Geschichte Deutschlands eine besondere Rolle. Nach Unruhen kommt es zur bürgerlichen Revolution und dem ersten gesamtdeutschen Parlament, der Frankfurter Nationalversammlung in der Paulskirche am 18. Mai. Im Jahr 1848 liegen die Wurzeln vieler noch heute bestehender gesellschaftlicher Entwicklungen und Symbole, wie der Flagge in den Farben Schwarz-Rot-Gold.

1.2 Betriebsverfassungsgesetz

Unter „Betriebsverfassung" versteht man die Grundlagen der betrieblichen Zusammenarbeit von Arbeitgebern und Arbeitnehmern. Die Interessen der Arbeitnehmer werden dabei durch ein von ihnen gewähltes Gremium vertreten.

Das erste Betriebsverfassungsgesetz (BetrVG) der Bundesrepublik trat 1952 in Kraft und fußt auf dem Betriebsrätegesetz der Weimarer Republik von 1920. Die ersten Tendenzen zu einer Mitbestimmung der Arbeitnehmerschaft liegen noch weiter zurück, im Jahre 1848. Eine der treibenden Kräfte zur Einsetzung von Arbeiterausschüssen war der Fabrikant Carl Degenkolb, der als einer der geistigen Väter der Mitbestimmung angesehen werden kann.

M3

Bureau-Ordnung
zur Beachtung des Personals

Gottesfurcht, Sauberkeit und Pünktlichkeit sind die Voraussetzungen für ein gutes Geschäft.

Morgens wird im Hauptbüro das Gebet gesprochen. Das gesamte Personal muß dazu anwesend sein.

Die Kleidung muß einfach sein. Das Personal wird sich nicht in hellen Farben bewegen und Strümpfe nur tragen, wenn sie in Ordnung sind. Mäntel und Überschuhe dürfen im Büro nicht getragen werden, ausgenommen Hüte, aber nur bei kaltem Wetter.

Dem Personal steht der Ofen zur Verfügung. Es wird empfohlen, daß jedes Mitglied des Personals täglich bei Kälte 4 Pfund Kohle mitbringt.

Kein Mitglied des Personals darf den Raum ohne Erlaubnis verlassen. Man darf austreten und das Personal darf dafür den Garten unterhalb der zweiten Tür benutzen. Er muß aber in gutem Stand gehalten werden.

Während der Bürostunden darf nicht gesprochen werden.

Die Sucht nach Tabak, Wein oder Alkohol ist eine menschliche Schwäche und dem gesamten Personal verboten.

Das Personal bringt seine eigenen Schreibfedern mit. Ein neuer Anspitzer steht auf Antrag zur Benützung zur Verfügung. Es wird ein Senior bestimmt, der für die Sauberkeit des Hauptbüros und des Privatbüros verantwortlich ist. Alle Jungens und Junioren melden sich bei ihm 40 Minuten vor dem Gebet und bleiben nach Arbeitsschluß zur Verfügung.

Unsere Firma hat die Arbeitsstunden verkürzt. Das Personal braucht jetzt nur noch an den Wochentagen zwischen 7 Uhr vormittags und 7 Uhr nachmittags anwesend zu sein. Der Sonntag dient dem Kirchendienst. Sollte es jedoch erforderlich sein, wird auch am Sonntag gearbeitet.

Nachdem nun die Arbeitsstunden so drastisch vermindert wurden, ist die Einnahme von Nahrung zwischen 11.30 Uhr und Mittag erlaubt. Die Arbeit darf dafür nicht eingestellt werden.

Die Eigentümer betonen hiermit noch einmal die Großzügigkeit der neuen Arbeitsgesetze. Sie erwarten aber eine wesentliche Steigerung der Arbeitsleistung zum Ausgleich für diese fast utopischen Bedingungen.

Heinz Seidel, Wolfgang Schneider: Der Betrieb und seine Verfassung, Wiesbaden: Universum-Verl.-Anst. 1976

Aufgaben

6 Diskutieren Sie, ob die in M3 beschriebene Arbeitsweise auch heute noch in einem Büro praktikabel wäre.

7 Suchen Sie zu den jeweiligen Punkten der „Bureauordnung" aus dem Jahr 1853 durch Recherche heute geltende gesetzliche Bestimmungen und vergleichen Sie.

a. Im Bankenbereich

b. Im Krankenhausbereich

c. In der chemischen Industrie

1.3 Betriebsrat

Durch den Erlass des Betriebsverfassungsgesetzes hat sich der Alltag in deutschen Unternehmen nachhaltig zum Vorteil der Arbeitnehmer verändert. Die Rechte der Arbeitgeber wurden beschnitten, die der Arbeitnehmer gestärkt und damit das bestehende Machtgefälle spürbar vermindert.

Wahl des Betriebsrats

Wichtigstes Organ der Arbeitnehmer im Sinne der Mitbestimmung ist der Betriebsrat.

Dieser wird alle vier Jahre zwischen dem 1. März und dem 31. Mai gewählt.

Aktives Wahlrecht (Wahlberechtigung) besitzen alle am Wahltag volljährigen Arbeitnehmer, auch wenn sie sich noch in der Ausbildung befinden (§ 7 BetrVG).

Passives Wahlrecht (Wählbarkeit) besitzen alle wahlberechtigten Personen, die dem Betrieb schon mindestens sechs Monate angehören (§ 8 BetrVG).

Die Anzahl der Betriebsratsmitglieder richtet sich nach der Größe des Betriebs. Ist ein Unternehmen in Filialen aufgebaut oder umfasst mehrere Niederlassungen an verschiedenen Orten, kann jede Filiale ihren eigenen Betriebsrat wählen, der dann Mitglieder in den Gesamtbetriebsrat entsendet.

Betriebsratsmitglieder genießen neben besonderem Kündigungsschutz (siehe AS 2, 2.4.2) ein weiteres Privileg: Sie müssen ohne Einkommenseinbußen für ihre Tätigkeit als Betriebsrat von der regulären Arbeit freigestellt werden.

Aufgaben des Betriebsrats

Die Hauptaufgabe des Betriebsrats ist die Vertretung der Arbeitnehmerinteressen gegenüber dem Arbeitgeber. Dies sollte im Interesse aller Parteien möglichst konstruktiv und konfliktfrei geschehen.

Im Rahmen der Interessenvertretung nimmt der Betriebsrat unter anderem folgende wichtige Aufgaben wahr:

- Er überwacht, dass zugunsten der Arbeitnehmer bestehende Gesetze, Verordnungen und Bestimmungen tatsächlich eingehalten werden.
- Er nimmt Beschwerden und Anregungen der Arbeitnehmer entgegen und versucht, in Verhandlungen mit dem Arbeitgeber diesbezüglich einen Konsens zu finden.
- Er beantragt Maßnahmen, die den Arbeitnehmern des Betriebs dienen.

Was bereits die alten Römer wussten …
Veto bedeutet Einspruch (wörtlich: ich verbiete). Seine Ursprünge hat das Vetorecht im alten Rom. Das Volk begehrte gegen den Senat auf, der alle Entscheidungen treffen konnte. Die adligen Senatsmitglieder waren jedoch nicht bereit, ihre Macht mit dem einfachen Volk zu teilen. So überlegte man sich folgende Lösung als Zugeständnis: Ein gewählter Volkstribun (Abgeordneter) durfte bei den Sitzungen im Türrahmen stehen und zuhören. Bei Entscheidungen, die zulasten des einfachen Volkes getroffen wurden, konnte er – aus dem Türrahmen heraus – seinen Einspruch in das Gremium rufen.

Zudem hat der Betriebsrat Mitwirkungs- und Mitbestimmungsrechte.

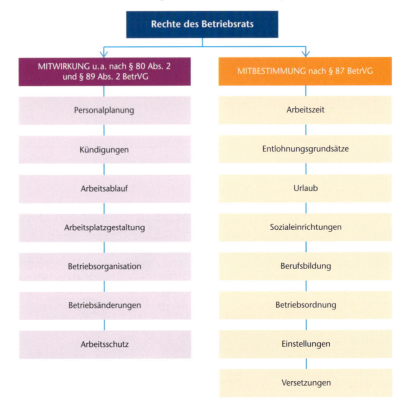

In allen sozialen Angelegenheiten (§§ 87–91 BetrVG) besteht ein Mitbestimmungsrecht, das heißt ein Recht auf Mitentscheidung. Entscheidungen, die personelle Einzelmaßnahmen betreffen (Versetzung usw.), kann der Betriebsrat dagegen lediglich widersprechen (Veto); das Recht auf Mitbestimmung ist also eingeschränkt (§§ 92–105 BetrVG).

Geht es im weiteren Sinne um Planungen der betrieblichen Abläufe, die strategische Ausrichtung des Betriebs am Markt und das Controlling, besteht für den Betriebsrat nur ein Mitwirkungsrecht. Er wird zwar vom Arbeitgeber informiert, kann beratend tätig werden und Vorschläge unterbreiten, aber nicht aktiv in den Prozess eingreifen (§§106–113 BetrVG).

Mindestgröße zur Gründung eines Betriebsrates sind fünf wahlberechtigte Mitarbeiter

Aufgaben

8 Fragen Sie in Ihrem Bekanntenkreis, ob es jemanden gibt, der Betriebsratsmitglied ist, und lassen Sie sich berichten, wie seine tägliche Arbeit aussieht. Diskutieren Sie die Aussagen danach in der Klasse.

9 Finden Sie in wirtschaftlicher und sozialpolitischer Hinsicht Pro- und Kontraargumente für die Mitbestimmung.

   a. bei einer Großbank

   b. im Kindergarten mit zehn wahlberechtigten bzw. an einem großen Pflegeträger oder Uniklinik

   c. beim Handwerker mit zehn wahlberechtigten bzw. in der chemischen Industrie

1.4 Jugend- und Auszubildendenvertretung

Auch für jugendliche Arbeitnehmer existiert auf Betriebsebene ein Mitwirkungsrecht. Das hierfür zuständige Organ ist die Jugend- und Auszubildendenvertretung (JAV), die alle zwei Jahre zwischen dem 1. Oktober und dem 30. November gewählt wird. Voraussetzung für die Einrichtung einer JAV ist, dass mindestens fünf Wahlberechtigte im Betrieb arbeiten.

Wahlberechtigt sind alle Arbeitnehmer, die am Wahltag noch nicht volljährig sind, sowie alle Auszubildenden, die am Wahltag das 25. Lebensjahr noch nicht vollendet haben (§ 60 BetrVG).

Wählbar sind alle Arbeitnehmer, die das 25. Lebensjahr noch nicht vollendet haben (§ 61 BetrVG).

Je nach Größe des Betriebs werden 1 bis 13 Jugend- und Auszubildendenvertreter gewählt (§ 62 BetrVG).

Weniger Einfluss
Der starke gewerkschaftliche Einfluss und der Gedanke der Mitbestimmung sind nicht in allen Ländern so ausgeprägt wie in Deutschland. Unter anderem erkennt man das daran, dass Unternehmen mit einer ausländischen Rechtsform (z. B. Ltd. oder Inc.) im Ausland nicht den deutschen Gesetzen zur Mitbestimmung unterliegen und sie auch nicht anwenden.

1.5 Bedeutung von Betriebsvereinbarungen

Betriebsvereinbarungen sind schriftliche betriebsinterne Regelungen, die zwischen dem einzelnen Arbeitgeber und dem Betriebsrat abgeschlossen werden. Sie haben nur im jeweiligen Betrieb Gültigkeit und dürfen nicht geltenden Tarifverträgen oder Gesetzen entgegenstehen.

Gemäß § 77 TVG sind Betriebsvereinbarungen

- Vereinbarungen zwischen Betriebsrat und Arbeitgeber, auch soweit sie auf einem Spruch der Einigungsstelle beruhen;

- von Betriebsrat und Arbeitgeber gemeinsam zu beschließen und schriftlich niederzulegen. Sie sind von beiden Seiten zu unterzeichnen. Der Arbeitgeber hat die Betriebsvereinbarungen an geeigneter Stelle im Betrieb auszulegen;

- keinesfalls Gegenstand von Arbeitsentgelten und sonstigen Arbeitsbedingungen, die durch Tarifvertrag geregelt sind oder üblicherweise geregelt werden;

- unmittelbar und zwingend gültig. Werden Arbeitnehmern durch die Betriebsvereinbarung Rechte eingeräumt, so ist ein Verzicht auf sie nur mit Zustimmung des Betriebsrats zulässig. Die Verwirkung dieser Rechte ist ausgeschlossen.

- Betriebsvereinbarungen können, soweit nichts anderes vereinbart ist, mit einer Frist von drei Monaten gekündigt werden.

Betriebsvereinbarung Überstunden/Schichtverlängerung

Zwischen Firma

und

Betriebsrat der Firma

§ 1

Mehrarbeit ist die über die tägliche (wöchentliche) Arbeitszeit hinausgehende Arbeitszeit, soweit sie vom Vorgesetzten, Arbeitgeber angeordnet und genehmigt wurde. Mehrarbeit kann aus betrieblichen Gründen angeordnet werden.
Fehlstunden sind zuvor bei der Berechnung auszugleichen.

Mehrarbeit ist nach Möglichkeit zu vermeiden.

§ 2

Arbeitszeiten über zehn Stunden sind grundsätzlich nicht zulässig. Beruhend auf § 14 ArbZG können jedoch für besondere Notfallsituationen abweichende Regelungen getroffen werden.

§ 3

Der Arbeitgeber wird versuchen, den Mitarbeitern die Verlängerung der Arbeitszeit möglichst frühzeitig mitzuteilen.

Aufgaben

10 Angenommen, Sie würden in die Jugend- und Auszubildendenvertretung gewählt: Für welche Rechte der Azubis machen Sie sich stark?

Gehen Sie dabei von folgenden Unternehmen aus:

   a. einer kleinen Bäckerei bzw. einer Großbank

   b. einem Kindergarten bzw. einem großen Pflegeträger oder Uniklinik

   c. einem Handwerker bzw. in der chemischen Industrie. Alle Unternehmen haben mindestens sechs Angestellte.

11 Erarbeiten Sie Themen, die Gegenstand von Betriebsvereinbarungen sein können.

Gehen Sie dabei von folgenden Unternehmen aus:

   a. einer kleinen Bäckerei bzw. einer Großbank

   b. einem Kindergarten bzw. einem großen Pflegeträger oder Uniklinik

   c. einem Handwerker bzw. in der chemischen Industrie. Alle Unternehmen haben mindestens 6 Angestellte.

Wichtiges Wissen

Zu 1.1 Interessengegensätze zwischen Arbeitgebern und Arbeitnehmern

Es herrschte früher ein Machtgefälle zulasten der Arbeitnehmer. Die Arbeitgeber konnten die Arbeitsbedingungen und die Höhe der Löhne vorgeben, da ein Überangebot an Arbeitskräften bestand.

Zu 1.2 Betriebsverfassungsgesetz

Die moderne betriebliche Mitbestimmung wird in Deutschland durch das Betriebsverfassungsgesetz geregelt.

Zu 1.3 Betriebsrat

Der Betriebsrat ist das Organ der Arbeitnehmer. Er hat Mitbestimmungsrechte auf Betriebsebene in verschiedenen wichtigen Fragen. Die Mitglieder des Betriebsrats werden vor Benachteiligung im Betrieb geschützt.

Zu 1.4 Jugend- und Auszubildendenvertretung

Das Organ der minderjährigen Arbeitnehmer und der Auszubildenden ist die Jugend- und Auszubildendenvertretung.

Zu 1.5 Bedeutung von Betriebsvereinbarungen

Betriebsvereinbarungen regeln bestimmte Bereiche in einem Unternehmen zwischen Betriebsrat und Arbeitgeber. Sie gelten nur im jeweiligen Betrieb und dürfen Gesetzen und Tarifbestimmungen nicht widersprechen.

2 Aufbau und Ordnung des Staates, Widerstandsrecht

Konrad Adenauer unterzeichnet am 23. Mai 1949 das Grundgesetz.

Artikel 20 Grundgesetz
(1) Die Bundesrepublik Deutschland ist ein demokratischer und sozialer Bundesstaat.
(2) Alle Staatsgewalt geht vom Volke aus. Sie wird vom Volke in Wahlen und Abstimmungen und durch besondere Organe der Gesetzgebung, der vollziehenden Gewalt und der Rechtsprechung ausgeübt.
(3) Die Gesetzgebung ist an die verfassungsmäßige Ordnung, die vollziehende Gewalt und die Rechtsprechung sind an Gesetz und Recht gebunden.
(4) Gegen jeden, der es unternimmt, diese Ordnung zu beseitigen, haben alle Deutschen das Recht zum Widerstand, wenn andere Abhilfe nicht möglich ist.

Arbeitsvorschläge

12 In Art. 20 Abs. 1 trifft das Grundgesetz Aussagen zur Bundesrepublik Deutschland. Arbeiten Sie die drei wesentlichen Punkte heraus. Anschließend diskutieren Sie in der Klasse die Begrifflichkeiten.

13 Legen Sie dar, was in Art. 20 Abs. 2 GG damit gemeint ist, dass die Staatsgewalt vom Volke ausgeht.

14 Diskutieren Sie in der Klasse, was die Aussage bedeutet, dass die Staatsorgane an Recht und Gesetz gebunden sind, Art. 20 Abs. 3 GG.

15 Versuchen Sie zu begründen und Beispiele dafür zu finden, was unter Art. 20 Abs. 4 GG zu verstehen ist.

2.1 Merkmale der Demokratie

Der Grundgedanke der Demokratie entstand in Griechenland. Die erste kurze Definition stammt vom athenischen Staatsmann Perikles, der im Jahre 431 v. Chr. in einer öffentlichen Rede sinngemäß sagte: „Wir haben eine Verfassung, die nicht den Gesetzen unserer Nachbarn nachgebildet ist; wir sind für andere ein Vorbild, statt dass wir andere nachahmen. Mit Namen heißt sie Volksherrschaft (Demokratie), weil sie nicht die Sache weniger, sondern die der Mehrheit unseres Volkes ist."

Die Geschichte der modernen Demokratie beginnt in Europa mit der Französischen Revolution ab 1789 und ist geprägt durch den Kampf des Bürgertums gegen die absolutistischen Herrscher mit dem Ziel, sich ökonomisch wie politisch zu befreien.

Absolutismus bedeutet, dass die Herrschaftsgewalt uneingeschränkt von einem Alleinherrscher ausgeht.

ökonomisch = wirtschaftlich

2.1.1 Merkmale der deutschen Demokratie

In der Bundesrepublik Deutschland gibt es Demokratie seit 1949. Bereits im Jahr 1952 hat das Bundesverfassungsgericht die wesentlichen Prinzipien, an die sich eine deutsche Demokratie zu halten hat, festgelegt. Dies sind u. a.:

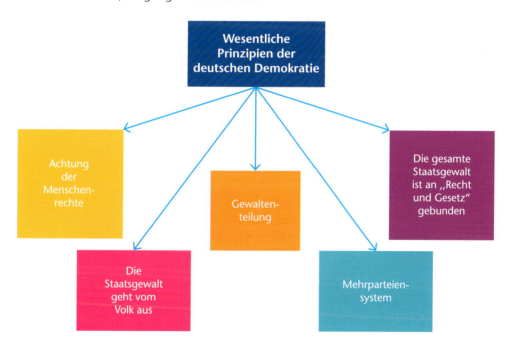

- Der zentrale Begriff der Menschenrechte ist die Menschenwürde. Konsequenterweise beginnt das Grundgesetz in Artikel 1 mit der Menschenwürde.

- Die Staatsgewalt muss vom Volk ausgehen, so wird die Selbstbestimmung des Volkes gesichert.

- Um die Konzentration der Macht und den daraus resultierenden Missbrauch politischer Macht zu verhindern, wird diese Macht auf verschiedene Staatsorgane verteilt. Das Parlament ist für die Gesetzgebung (Legislative) zuständig, die Regierung für die Ausführung (Exekutive) und die Richterschaft für die Einhaltung der Gesetze (Judikative).

- Das Mehrparteiensystem garantiert, dass die Bürger eine echte Auswahl zwischen verschiedenen politischen Strömungen und deren Kandidaten haben.

- Des Weiteren muss jedes Handeln der Verwaltung, also jede Verhaftung, jede Enteignung und jedes Urteil eines Gerichts, mit dem Gesetz in Einklang stehen. Sollten hier Fehler passieren, wäre das Verwaltungshandeln rückgängig zu machen und mögliche Schäden wären zu ersetzen.

Staatsgewalt wird in den modernen Demokratien nach innen durch die Grund- und Menschenrechte und nach außen durch internationale Verträge und das Völkerrecht begrenzt.
Schubert, Klaus/Martina Klein: Das Politiklexikon. 5., aktual. Aufl. Bonn: Dietz 2011

2.1.2 Föderale Struktur in Deutschland

M4

Quelle: Statistische Ämter des Bundes und der Länder rundungs. Diff.

Die Bundesrepublik Deutschland ist ein Bundesstaat und besteht aus 16 Bundesländern, die zum Bund zusammengeschlossen sind. Die einzelnen Bundesländer sind sehr unterschiedlich. Es gibt flächenmäßig sehr große Länder wie Bayern und Niedersachsen und kleine Stadtstaaten wie Hamburg und Bremen.

In Deutschland ist die Staatsgewalt auf Bund und Länder aufgeteilt. Die Länder gelten als Staaten mit eigener gesetzgebender, ausführender und richterlicher Gewalt.

Konflikte zwischen Bund und den Ländern können im Notfall durch das Bundesverfassungsgericht geregelt werden.

Aufgaben

16 Beschreiben Sie die wesentlichen Prinzipien der deutschen Demokratie.

17 Erklären Sie, warum es sinnvoll ist, dass die Staatsgewalt vom Volk ausgeht.

18 Arbeiten Sie heraus, warum die politische Macht aufgeteilt wird.

19 Arbeiten Sie mit Ihrem Nachbarn die Gründe heraus, warum das gesamte staatliche Handeln an Recht und Gesetz gebunden ist.

20 Wie in M4 beschrieben, gibt es sehr kleine und sehr große Bundesländer. Wäre es aus Ihrer Sicht vernünftig, kleine Bundesländer aufzulösen und zu wirtschaftlich stärkeren Bundesländern zusammenzuschließen? Begründen Sie Ihre Meinung und diskutieren Sie in der Klasse.

2.2 Die Aufgaben der Parteien in der Demokratie

Nach Art. 21 GG sollen die Parteien bei der politischen Willensbildung des Volkes mitwirken. Die Parteien müssen demokratischen Grundsätzen entsprechen, so muss z. B. die innerparteiliche Willensbildung von der Basis zur Parteiführung gehen, also von unten nach oben. Die Parteispitze darf nicht einfach bestimmen, sondern muss um die Zustimmung der Mitglieder werben. Die Parteien sollen Einfluss auf die öffentliche Meinung nehmen und die Teilnahme von Bürgern am öffentlichen Leben unterstützen (Mitwirkung an der politischen Willensbildung).

Parteien, die die freiheitlich demokratische Grundordnung beeinträchtigen oder beseitigen wollen, gelten als verfassungswidrig und können verboten werden. Die Entscheidung trifft das Bundesverfassungsgericht. So wurde 1956 die KPD nach fünfjähriger Verhandlung vom Bundesverfassungsgericht verboten. Die Folgen einer Zwangsauflösung sind u. a. der Entzug der politischen Mandate und das Verbot von Gründungen zur Nachfolge.

Vier Aufgaben der Parteien
– Parteien wirken bei der politischen Willensbildung mit,
– dienen als Mittler zwischen Staat und Volk,
– beeinflussen die Regierungsbildung,
– bringen politische Vorstellungen ein.

KPD = Kommunistische Partei Deutschland

2.2.1 Das Parteienspektrum

Die demokratischen Parteien, die in der Bundesrepublik aktiv sind, können von ihrer politischen Ausrichtung in „links" bis „rechts" (nach ihrer Sitzordnung im Parlament) eingeteilt werden. Die Parteien des rechten demokratischen Bereichs gelten als konservativ, also als Bewahrer der bestehenden gesellschaftlichen Werte, und verfechten schwerpunktmäßig die Prinzipien der Marktwirtschaft. Ein Merksatz ihres Denkens lautet: „Leistung muss sich lohnen."

Konservativ = am Hergebrachten festhaltend

Den Gegensatz bilden die Parteien der „linken" Seite. Ihre Wurzeln liegen traditionell im Bereich der Arbeiterschaft. Die verwendeten Farben sind rot bzw. rötlich, so z. B. bei der SPD und der Partei Die Linke, oder auch grün.
Diese Parteien sind häufig progressiv und wollen gesellschaftlichen Wandel erreichen und setzen sich für den sozialen Ausgleich ein. Ein Merksatz ist: „Niemand soll durch das soziale Netz fallen."

Progressiv = fortschrittlich

Im Bundestag sind zurzeit fünf Parteien vertreten. Dies sind Die Linke, Bündnis 90/Grüne, SPD, CDU und die CSU.

M5

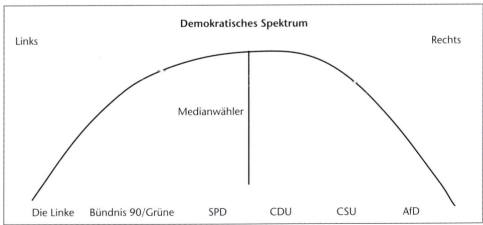

Je stärker eine Partei am linken oder rechten demokratischen Rand ihre Wählerschaft besitzt, desto geringer wird ihr Wählerpotenzial, da die meisten Wähler in Deutschland zur Mitte gezählt werden. Die beiden großen Volksparteien CDU und SPD orientieren sich aus diesem Grund am sogenannten Medianwähler, dem Wähler der demokratischen Mitte. Daher sind die politischen Aussagen und Ziele von CDU und SPD recht ähnlich. Große Unterschiede sind kaum auszumachen.

AfD = Alternative für Deutschland

2.2.2 Die Parteien der Bundesrepublik

In der Bundesrepublik sind viele Parteien unterschiedlichster Ausrichtung tätig. Zur Bundestagswahl 2013 traten 34 Parteien an. Acht Parteien sind einer breiteren Öffentlichkeit bekannt, weil sie in Parlamenten vertreten sind:
- Bündnis 90/Die Grünen (Bündnis 90/Grüne)
- Christlich Demokratische Union (CDU)
- Christlich Soziale Union (CSU, bayerische Schwesterpartei der CDU)
- Die Linke
- Freie Demokratische Partei (FDP)
- Piratenpartei
- Sozialdemokratische Partei Deutschlands (SPD)
- Alternative für Deutschland (AfD)

2.2.3 Parteiprogramme

Parteien legen ihre politischen Ziele in Parteiprogrammen fest. Die Programme werden nach Diskussion durch die Mitglieder auf Parteitagen beschlossen. Es lassen sich Grundsatz-, Orientierungs-, Wahl- und Regierungsprogramm unterscheiden.

Wahl- und Regierungsprogramm

Von besonderer Bedeutung ist das Wahl- bzw. Regierungsprogramm. In ihm werden die politischen Ziele bis zur nächsten Wahl festgelegt. Die Geltungsdauer des Regierungsprogramms ist die Legislaturperiode, also der Zeitraum von Wahl zu Wahl. Das sind in der Regel vier oder fünf Jahre (Bundestagswahl vier, Landtagswahl fünf Jahre).

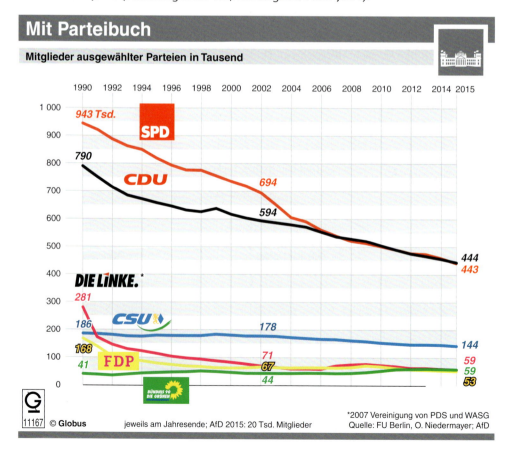

Aufgaben

21 Legen Sie dar, warum Parteiprogramme durch die Mitglieder bestimmt werden.

22 Arbeiten Sie mit Ihrem Nachbarn die Unterschiede zwischen dem Godesberger und dem Hamburger Wahlprogrammen der SPD heraus. Gehen Sie dazu ins Internet und suchen Sie unter www.spd.de/partei/grundsatzprogramm.

23 Erklären Sie die Aufgaben der Parteien in Deutschland.

24 Untersuchen Sie, welches Parteienspektrum in Deutschland besteht. Nehmen Sie M5 zur Hilfe.

25 Alle Parteien haben ein langfristig geltendes Grundsatzprogramm. Hat dies in unserer schnelllebigen Zeit überhaupt noch Sinn oder wären kurzfristig geltende Aussagen besser?

Wichtiges Wissen

Zu 2.1 Merkmale der Demokratie

Der Grundgedanke der Demokratie entstand um 431 v. Chr. in Griechenland. Die Geschichte der modernen Demokratie beginnt mit der Französischen Revolution ab 1789 und sollte ökonomische und politische Freiheiten für das Bürgertum durchsetzen.

Zu 2.1.1 Merkmale der deutschen Demokratie

- Die Achtung der Menschenrechte ist oberstes Gebot.
- Die Staatsgewalt muss vom Volk ausgehen.
- Gewaltenteilung besteht, die politische Macht wird aufgeteilt auf das Parlament als die Gesetzgebung (Legislative), die Regierung als ausführendes Organ (Exekutive) und die Rechtsprechung, die die Einhaltung der Gesetze überwacht (Judikative). Medien werden vielfach als weiteres Kontrollorgan angesehen.
- Ein Mehrparteiensystem gewährt eine echte Auswahl an Parteien und politischen Strömungen.
- Staatliches Handeln ist gebunden an „Recht und Gesetz". Daher muss staatliches Handeln dem Gesetz entsprechen.

Zu 2.1.2 Föderale Struktur in Deutschland

Die Bundesrepublik besteht aus 16 Bundesländern. Die einzelnen Bundesländer sind z. B. in Fläche und Einwohnerzahl sehr unterschiedlich. Die Staatsgewalt ist zwischen Bund und Ländern aufgeteilt.

Zu 2.2 Die Aufgaben der Parteien in der Demokratie

Parteien haben in Deutschland vor allem vier Aufgaben:
- Sie wirken bei der politischen Willensbildung mit.
- Sie dienen als Mittler zwischen Staat und dem Volk.
- Sie beeinflussen die Regierungsbildung.
- Sie bringen darüber hinaus politische Vorstellungen ein.

Das Parteienspektrum reicht von linken (progressiven) bis hin zu rechten (konservativen) Parteien. Die großen Parteien (CDU und SPD) treffen ähnliche Aussagen, da sie die Mitte der Gesellschaft erreichen wollen, um so für eine Mehrzahl der Bürger attraktiv zu sein. Im aktuellen Bundestag sind fünf Parteien (CDU, CSU, SPD, Bündnis90/Die Grünen und Die Linke) vertreten. Jede Partei hat ein Parteiprogramm. Dieses Programm muss demokratischen Spielregeln genügen. Die Parteibasis muss entscheiden, die Parteispitze darf nicht einfach Vorgaben machen, die Mitglieder müssen vielmehr den Vorschlägen zustimmen.

2.3 Wahlen in der Bundesrepublik

In einer Demokratie sind Wahlen die wichtigste Form der politischen Beteiligung für die Bevölkerung. Durch Wahlen wird die politische Führung bestimmt und somit eine Entscheidung über den politischen Kurs getroffen. Es gibt zwei unterschiedliche Wahlarten: die Mehrheits- und die Verhältniswahl.

2.3.1 Mehrheitswahl

Abgeordnete sind Teil des Parlaments und haben besondere Rechte wie die Abgabe von Erklärungen oder die Beteiligung an Wahlen und Abstimmungen.

Wahlkreis ist der kleinste Teil des Wahlgebietes, der für die Sitzverteilung relevant ist.

Koalition ist das zeitliche Bündnis verschiedener Parteien.

Regierung ist die Bezeichnung für das höchste in einem Staat zuständige politische Organ. In der Demokratie steht die Regierung als Exekutive neben der gesetzgebenden und der rechtsprechenden Gewalt. Die Regierung ist für die Ausführung und den Vollzug der Gesetze und politischen Maßnahmen zuständig.

Opposition ist die Bezeichnung für die im Parlament vertretenen Parteien, die sich gegen die Regierung und deren Mehrheit im Parlament stellen.

Nach dem Mehrheitswahlrecht wählen die Bürger in dem Wahlkreis, in dem sie wohnen, eine Person, die für eine Partei kandidiert. Es zieht jeweils der Kandidat ins Parlament ein, der die Mehrheit der Stimmen im Wahlkreis erhalten hat. Die Stimmen für die übrigen Kandidaten sind verloren. Dieses Wahlsystem führt häufig dazu, dass im Parlament zwei, maximal drei Parteien vertreten sind. Auf der anderen Seite bilden sich klare Mehrheiten heraus, die das Land regierbar machen. Die Mehrheitswahl wird z. B. in Großbritannien oder den USA verwendet. Bei der Mehrheitswahl konzentrieren sich die Wähler auf die Wahl einer bestimmten Person im Wahlkreis. **Vorteile** der Mehrheitswahl sind:

- Die Abgeordneten sind von ihrer Partei weniger abhängig, da sie in ihren Wahlkreisen direkt gewählt werden. Dies führt dazu, dass die Abgeordneten in Mehrheitswahlsystemen öfter als in Verhältniswahlsystemen gegen ihre eigene Fraktion stimmen. Dies wird sowohl als Vorteil (Abgeordnete fühlen sich ihrer Region stärker verpflichtet als der eigenen Partei) als auch als Nachteil (Mehrheitsbildungen werden undurchsichtiger) angesehen.

- Die Auszählung und die Sitzverteilung sind einfach und leicht verständlich.

- Koalitionen sind zum Erreichen einer Mehrheit in der Regel nicht erforderlich. Es kommt meist zu einer einfachen und für die Wähler voraussehbaren Regierungsbildung und einer stabilen, starken **Regierung**.

Diesen Vorteilen stehen allerdings einige **Nachteile** gegenüber:

- Da nicht alle Wahlkreise die gleiche Größe haben, wiegt eine Stimme in einem kleinen Wahlkreis rechnerisch mehr als eine Stimme in einem großen Wahlkreis, da jeder Wahlkreis einen Abgeordneten wählt.

- Es kann zu Wahlergebnissen kommen, bei denen der Wahlverlierer effektiv mehr Stimmen auf sich vereinigen konnte als der Gewinner. Dies ist möglich, wenn der Wahlsieger in bevölkerungsreichen Wahlbezirken knapp gewinnt. In diesem Fall kann die Summierung der abgegebenen Stimmen dazu führen, dass der unterlegene Kandidat die Mehrzahl der Stimmen auf sich vereinigt, aber die Mehrzahl der Wahlbezirke und somit die entscheidenden Stimmen an den Gewinner gehen. So geschehen beim ersten Wahlsieg von George W. Bush 1998 gegen Al Gore im Präsidentenwahlkampf in den USA, wo Al Gore insgesamt mehr Stimmen erhalten hat, aber George W. Bush die Mehrzahl der Bundesstaaten gewinnen konnte.

- Es kann passieren, dass im Parlament nur eine Partei vertreten ist und es keine Opposition mehr gibt, weil eine Partei alle Wahlkreise gewinnt und somit kein Vertreter der Opposition ins Parlament einzieht. Dies geschah bis in die 1970er-Jahre regelmäßig in Mexiko.

- Es ist zudem möglich, das Ergebnis durch geschickte Wahlkreisgeometrie zu beeinflussen. Beispielsweise kann ein Teil der Bevölkerung seines Einflusses beraubt werden, wenn der Wahlkreis/-bezirk so geschnitten ist, dass eine andere politische Interessengruppe mehr Stimmen aufbieten kann.

2.3.2 Verhältniswahl

Das zweite Wahlverfahren ist die Verhältniswahl. Bei diesem Verfahren werden die Sitze im Parlament nach dem Anteil der Wählerstimmen verteilt. Bekommt eine Partei 54 % der Stimmen, so stehen ihr auch 54 % der Sitze im Parlament zu. In vielen Demokratien verwendet man das Verhältniswahlrecht, weil die Zusammensetzung des Parlaments so den politischen Willen der Bevölkerung widerspiegelt. Dies führt häufig zu einem Parlament mit vielen mittleren und kleineren Parteien. Dies kann eine Regierungsbildung erheblich erschweren, weil viele Parteien mit ihren unterschiedlichen Interessen zusammengebracht werden müssen. Beim Verhältniswahlrecht gibt man seine Stimme einer Partei. **Vorteile** der Verhältniswahl sind:

- Der Wählerwille wird gut zum Ausdruck gebracht, da jede Partei anteilig so viele Sitze im Parlament erhält, wie sie Stimmen erhalten hat.
- Auch kleine und mittlere und vor allem neue Parteien erhalten politisches Mitwirkungsrecht.
- Es ist nicht möglich, durch die Festsetzung der Wahlkreise das Ergebnis der Wahl zu beeinflussen.
- Jede einzelne Stimme zählt, es geht keine Stimme verloren.

Nachteile der Verhältniswahl sind:

- Es besteht die Gefahr der Zersplitterung des Parlaments, wenn sehr viele Parteien dort vertreten sind (Beispiel: Italien), wodurch die Regierungsbildung meist erschwert ist (Bildung von Mehrparteien-Koalitionen nötig) und die Regierungen tendenziell instabiler sind.
- Der Wähler kann nicht entscheiden, wer (bzw. welche Koalition) regiert.
- Bei einer Verhältniswahl hat der Wähler keinen direkten Einfluss auf die Kandidaten, die in das Parlament einziehen, da die Listen in der Regel von den Parteien aufgestellt werden. Eine Personenwahl ist daher nicht möglich; gewählt werden kann stets nur die Liste einer Partei als Ganzes. Manche Systeme schwächen mit offenen oder lose gebundenen Listen diesen Nachteil ab.

2.3.3 Personalisierte Verhältniswahl

Das Wahlrecht für die Bundestagswahl oder die Landtagswahl in NRW versucht, die Vorteile von Mehrheits- und Verhältniswahl zu kombinieren. Durch die Kombination der beiden Wahlsysteme sprechen wir auch von einem personalisierten Verhältniswahlrecht. Die eine Hälfte der Abgeordneten wird in Einzelwahlkreisen nach Mehrheit, die andere Hälfte unabhängig davon nach Liste im Verhältniswahlrecht gewählt. Deswegen gibt es bei der Bundestagswahl und den Landtagswahlen eine Erststimme und eine Zweitstimme. Dazu ist der Stimmzettel in zwei Spalten eingeteilt.

Fakten zur Bundestagswahl

22. September 2013 - **der Wahltag**

1 Bundeswahlleiter organisiert die Bundestagswahl in Deutschland.

Zwei Stimmen hat jeder Wahlberechtigte.

20,1 Prozent der Wahlberechtigten sind **70 Jahre** und älter.

61,8 Millionen Menschen sind insgesamt bei der Bundestagswahl 2013 wahlberechtigt.

21 Euro Erfrischungsgeld erhalten Wahlhelfer für ihren Einsatz am Wahltag.

 Mehr als **600 000 ehrenamtliche Wahlhelfer** sind am Wahltag im Einsatz.

3 Millionen junge Menschen dürfen erstmals wählen gehen.

Rund **80 000 Wahllokale** sind am 22. September von 8 bis 18 Uhr geöffnet.

 70 Cent* erhalten Parteien für jede erzielte gültige Stimme.

*im Rahmen der staatl. Subventionen; für die ersten 4 Mio. Stimmen: 85 Cent
Quelle: Bundeswahlleiter

© Globus 5756

2.3.4 Rechtliche Grundlagen

Das deutsche Wahlrecht ist im Bundeswahlgesetz geregelt. Das Wahlgesetz legt fest, wer überhaupt wahlberechtigt ist (aktives Wahlrecht). Die Bestimmungen über die Wählbarkeit regeln hingegen, unter welchen Voraussetzungen man gewählt werden kann (passives Wahlrecht).

M6

In Art. 38 Abs. 1 GG werden die Grundsätze einer demokratischen Wahl in Deutschland festgelegt. Hiernach werden „die Abgeordneten des Deutschen Bundestages in allgemeiner, unmittelbarer, freier, gleicher und geheimer Wahl gewählt".

Wahlgrundsätze

Es gibt fünf allgemeine Wahlgrundsätze:

- Allgemein – Jeder deutsche Staatsbürger hat mit Vollendung des 18. Lebensjahres das Recht zu wählen.
- Unmittelbar – Die Abgeordneten werden ohne die Zwischenschaltung von Wahlmännern gewählt.
- Frei – Der Wähler darf wählen, wen er will.
- Gleich – Jede Stimme zählt gleich viel.
- Geheim – Niemand weiß, wer wie gestimmt hat.

M7

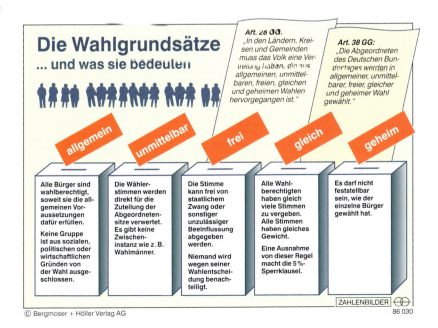

2.3.5 Bundestagswahlen

Voraussetzungen zur Wahl: Der Wähler muss mindestens 18 Jahre alt und im Besitz der deutschen Staatsangehörigkeit sein.

Erst- und Zweitstimmen

Jeder Wähler hat zwei Stimmen: Der Bundestag setzt sich zu 50 % aus den Erststimmen und zu 50 % aus den Zweitstimmen zusammen.

Erststimme:

- Diese Stimme wählt den **Abgeordneten** des Wahlkreises. Dieser zieht direkt in den Bundestag ein (Direktmandat).
- Für die Erststimme gilt das Mehrheitswahlrecht.

Zweitstimme:

- Die Zweitstimme wählt die **Partei**. Die Parteien stellen eine Landesliste für jedes Bundesland mit Kandidaten auf. Nach den Wahlen wird errechnet, wie viel Prozent der Zweitstimmen erreicht wurden und wie viele Kandidaten von der Landesliste in den Bundestag einziehen können.
- Es gilt die Verhältniswahl.

Besonderheiten

- Damit eine Partei in den Bundestag einziehen kann, muss sie über 5 % der abgegebenen Zweitstimmen erreichen. Diese Hürde wurde eingeführt, um eine Zersplitterung der Parteienlandschaft zu verhindern. Oder eine Partei erzielt drei Direktmandate. In diesem Fall stellt die Partei so viele Abgeordnete, wie ihr nach den erzielten Zweitstimmen zustehen. Die Fünfprozenthürde fällt in diesem besonderen Fall weg.

  > *Beispiel*
  > *Bei den Bundestagswahlen 1994 bekam die PDS (heute: Die Linke) 4,4 % der Zweitstimmen und wäre so nicht im Bundestag vertreten gewesen. Da sie aber vier Direktmandate gewinnen konnte, zog sie dennoch in den Bundestag ein.*

- Beim in Deutschland verwendeten Wahlsystem entstehen Überhangmandate. Das bedeutet, dass eine Partei mehr Abgeordnete durch die Erststimme direkt in den Bundestag entsendet, als ihr nach der prozentualen Verteilung durch die Zweitstimmen zustehen.

  > *Beispiel*
  > *Die CSU hat in Bayern mittels Erststimme alle Wahlkreise also alle Direktmandate gewonnen, allerdings nur 48 % aller Zweitstimmen erlangt. Die so erzielten Überhangmandate werden ausgeglichen, indem die anderen Parteien Ausgleichssitze erhalten.*

Sitzverteilung

In Deutschland werden verschiedene Verfahren benutzt, um die Sitzverteilung zu berechnen. So wird z. B. seit der Bundestagswahl 2009 das „Höchstzahlenverfahren Sainte-Laguë/Schepers" verwendet.

2 Aufbau und Ordnung des Staates, Widerstandsrecht   113

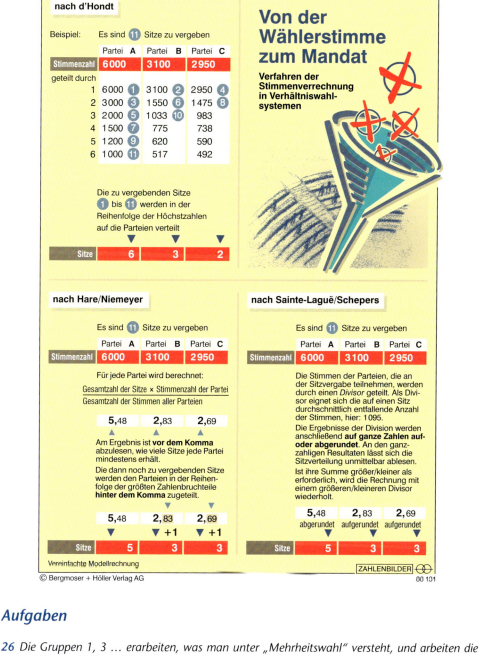

Aufgaben

26 Die Gruppen 1, 3 … erarbeiten, was man unter „Mehrheitswahl" versteht, und arbeiten die Stärken und Schwächen des Mehrheitswahlsystems heraus.

Die Gruppen 2, 4 … erarbeiten, was man unter „Verhältniswahl" versteht, und arbeiten die Stärken und Schwächen des Verhältniswahlsystems heraus.

27 Erklären Sie, warum in Deutschland das personalisierte Verhältniswahlrecht angewandt wird.

28 Legen Sie dar, welche Voraussetzungen die Wähler erfüllen müssen, um an der Bundestagswahl teilnehmen zu können.

29 Arbeiten Sie heraus, welche Gründe bestehen, dass Parteien erst in den Bundestag einziehen können, wenn sie 5 % der abgegebenen Zweitstimmen erreichen (Fünfprozenthürde).

30 Legen Sie dar, welche Ausnahme von der Fünfprozenthürde besteht.

31 Untersuchen Sie, warum Überhangmandate vergeben werden und wie diese, im Verhältnis zu den übrigen Parteien, ausgeglichen werden.

32 Erklären Sie die Unterschiede zwischen aktivem und passivem Wahlrecht, M6.

33 Erarbeiten Sie die wesentlichen Wahlgrundsätze mithilfe von M7 und erklären Sie sie Ihrem Nachbarn.

Wichtiges Wissen

Zu 2.3 Wahlen in der Bundesrepublik

In einer Demokratie sind Wahlen die wichtigste Form der politischen Beteiligung für die Bevölkerung. Es gibt zwei unterschiedliche Wahlarten.

Zu 2.3.1 Mehrheitswahl

Nach dem Mehrheitswahlrecht wählen die Bürger in dem betreffenden Wahlkreis, in dem sie wohnen, eine Person. Es zieht der Kandidat ins Parlament ein, der die Mehrheit der Stimmen im Wahlkreis erhalten hat.

Positiv:
- Es bilden sich häufig klare Mehrheiten heraus.

Negativ:
- Stimmen für die unterlegenen Kandidaten sind verloren.
- Nur wenige Parteien sind im Parlament vertreten.

Zu 2.3.2 Verhältniswahl

Bei diesem Wahlverfahren werden die Sitze im Parlament nach dem Anteil der Wählerstimmen verteilt. Man gibt seine Stimme einer Partei.

Positiv:
- Der Wählerwille wird gut zum Ausdruck gebracht.
- Jede Stimme zählt, es geht keine Stimme verloren.

Negativ:
- Es besteht die Gefahr der Zersplitterung des Parlaments, wenn sehr viele Parteien vertreten sind.
- Die Wähler haben keinen Einfluss, welcher Kandidat ins Parlament einzieht, da die Listen in der Regel von den Parteien aufgestellt werden.

Zu 2.3.3 Personalisierte Verhältniswahl

Das Wahlrecht in Deutschland versucht, die Vorteile von Mehrheits- und Verhältniswahl zu kombinieren. Die Hälfte der Abgeordneten wird im Wege der Mehrheitswahl gewählt, die andere Hälfte nach einer Liste über die Verhältniswahl.

Zu 2.3.4 Rechtliche Grundlagen

Aktives Wahlrecht beschreibt, wer wahlberechtigt ist, passives Wahlrecht, wer gewählt werden kann. Darüber hinaus gibt es fünf allgemeine Wahlgrundsätze: Wahlen müssen allgemein, unmittelbar, frei, gleich und geheim sein.

Zu 2.3.5 Bundestagswahl

Jeder Wähler hat zwei Stimmen: Erst- und Zweitstimme. Die erste Stimme wählt den Abgeordneten, die zweite Stimme die Partei. Damit eine Partei in den Bundestag einziehen kann, muss sie über 5 % der abgegebenen Zweitstimmen erreichen. Voraussetzungen, um wählen zu dürfen, sind ein Mindestalter von 18 Jahren und die deutsche Staatsbürgerschaft.

2.4 Die Organe der deutschen Demokratie

Demokratische Staaten haben eine Verfassung (in Deutschland das Grundgesetz). Um zu verhindern, dass zu viel Macht in einer Hand gebündelt wird, legt die Verfassung fest, wer das Recht hat, Gesetze zu erlassen (die **Legislative**; in Deutschland ist dies z. B. der Bundestag). In der Bundesrepublik besteht die Besonderheit, dass die Gesetzgebungsbefugnis zwischen Bund und Ländern aufgeteilt wird.

Weiterhin klärt die Verfassung, wer die erlassenen Gesetze durchsetzt (die **Exekutive**; in Deutschland ist das die Bundesregierung) und wer Gesetze bzw. deren Ausführung kontrolliert (in Deutschland kontrolliert z. B. das Bundesverfassungsgericht Gesetze und deren Anwendung; **Judikative**).

2.4.1 Grundlegender Staatsaufbau

M8

Hat ein Parlament (z. B. der Bundestag oder der Landtag von NRW) ein Gesetz beschlossen, ist die Regierung mit ihren jeweiligen Behörden für die Durchführung zuständig. Gerichte wachen darüber, dass die erlassenen Gesetze der Verfassung entsprechen und dass die Anwendung der zuvor erlassenen Gesetze rechtmäßig erfolgt.

Zu beachten ist, dass Gesetzgebung, Ausführung und Rechtsprechung unabhängig voneinander sind.

Die Gewaltenteilung auf Bundesebene (der Gesetzgeber, also Bundestag und Bundesrat, die Bundesregierung als ausführendes Organ und das Bundesverfassungsgericht als Kontrolle) werden als **horizontale Gewaltenteilung** bezeichnet.

Hinzu kommen 16 Bundesländer sowie Städte und Gemeinden, die kommunale Selbstverwaltung ausüben. Dies ist die **vertikale Gewaltenteilung**.

Aufgaben

34 Erarbeiten Sie, was unter „Gewaltenteilung" M8 zu verstehen ist und warum Gewaltenteilung überhaupt notwendig ist.

35 Diskutieren Sie, ob es sinnvoll ist, dass Gerichte das Handeln des Bundestages und der Bundesregierung kontrollieren.

36 Beschreiben Sie mit eigenen Worten die Gewaltenteilung in der Bundesrepublik.

2.4.2 Der Bundestag

Das wichtigste Organ der Gesetzgebung in Deutschland ist der Bundestag. Sein Sitz ist in Berlin im alten Reichstagsgebäude. Erst 1999 zog der Bundestag von Bonn nach Berlin um.

Wenn der gesamte Bundestag zusammenkommt (Plenum), wird grundsätzlich öffentlich getagt. Ein Ausschuss tagt hingegen unter Ausschluss der Öffentlichkeit. In jeder Wahlperiode werden durch Beschluss des Bundestages zahlreiche ständige Ausschüsse eingesetzt, in denen die Fraktionen ihrer Stärke entsprechend vertreten sind. Ihre Aufgabe ist es, Gesetzesvorlagen inhaltlich zu beraten und Beschlüsse des Plenums vorzubereiten.

Eine **Fraktion** ist in der Regel der Zusammenschluss von Abgeordneten einer Partei.

Fraktionszwang verpflichtet die Abgeordneten einer Fraktion, z. B. CDU oder SPD, entsprechend dem bestehenden Fraktionsbeschluss abzustimmen.

Ein **Mandat** hat der gewählte Abgeordnete.

Ein **Ausschuss** des Deutschen Bundestages ist eine Arbeitsgruppe des Parlaments. Diese Mitglieder beraten und bereiten z. B. Gesetzesvorlagen vor.

Untersuchungsausschuss
Nach Artikel 44 des Grundgesetzes kann und muss der Deutsche Bundestag auf Antrag eines Viertels seiner Mitglieder einen Untersuchungsausschuss einsetzen. Dieser prüft hauptsächlich mögliche Missstände in Regierung und Verwaltung und mögliches Fehlverhalten von Politikern.

© Bergmoser + Höller Verlag AG

Der Bundestag ist neben der Gesetzgebung auch für die Kontrolle der Regierung zuständig. Dem Bundestag stehen dazu verschiedene Mittel zur Verfügung:
- Anfrage an die Regierung
- Verabschiedung des Bundeshaushalts
- Einsetzung von Untersuchungsausschüssen
- Berufung des Wehrbeauftragten

Die Aufgaben des Bundestages sind z. B.:
- Wahl des Bundeskanzlers
- Teilnahme an der Wahl des Bundespräsidenten
- Wahl der Hälfte der Richter des Bundesverfassungsgerichts
- Zustimmung bei Auslandseinsätzen der Bundeswehr

Damit das Parlament Gesetze erlassen kann, ist eine Mehrheit nötig. Hat eine Partei oder haben mehrere Parteien, die sich zusammenschließen, über die Hälfte der Parlamentssitze, bilden diese Parteien die Regierung. Diese kann mit ihrer Mehrheit Gesetze durchsetzen. Solange die Regierung eine Mehrheit der Stimmen auf sich vereinigt, ist ihre Handlungsfähigkeit gegeben.

Verfügt die Regierung nur über eine knappe Mehrheit der Stimmen im Parlament, können Abweichler die Regierungsmehrheit kippen.

Der in den Bundestag gewählte Abgeordnete gilt als Vertreter des ganzen Volkes. Er ist an Aufträge und Weisungen seiner Partei nicht gebunden. Er ist nur seinem Gewissen verantwortlich.

Um die Regierungsfähigkeit nicht zu gefährden, versucht die Regierung allerdings die eigenen Reihen zu schließen. Vor Abstimmungen wird eine Entscheidung festgelegt, wie die Abgeordneten abzustimmen haben. Es wird die sogenannte Fraktionsdisziplin ausgeübt. Um sicher zu sein, dass die Regierungsmehrheit steht, werden Probeabstimmungen abgehalten. Bei ethisch umstrittenen Problemen wird das Abstimmungsverhalten in der Regel freigestellt.

Der **Wehrbeauftragte** wird als Hilfsorgan des Bundestages bei der Ausübung der parlamentarischen Kontrolle über die Streitkräfte berufen. Vor allem hat er den Auftrag, mögliche Grundrechtsverletzungen bei den Soldaten oder Verletzungen der Grundsätze der inneren Führung nachzugehen und dem Parlament über den inneren Zustand der Bundeswehr zu berichten.

Bundeshaushalt
Der Bundestag bestimmt bei der Verteilung der Staatsausgaben mit. Dies geschieht bei der Haushaltsdebatte. Hier werden die einzelnen Etats der Ressorts sowie die politische Linie der Regierung diskutiert.

Aufgaben

37 Finden Sie Gründe, warum der Bundestag öffentlich tagt, ein Ausschuss hingegen unter Ausschluss der Öffentlichkeit.

38 Arbeiten Sie heraus, welche Möglichkeiten der Bundestag hat, um die Regierung zu kontrollieren.

39 Beschreiben Sie, warum eine knappe Mehrheit im Parlament das Regieren erschwert.

40 Erklären Sie, warum bei ethisch umstrittenen Problemen das Abstimmungsverhalten freigestellt wird.

Kennen Sie aus dem Bereich der Naturwissenschaften, Medizin oder auch Erziehung ethische Probleme?

2.4.3 Der Bundesrat

Die Aufgaben des Bundesrates werden in Art. 50 GG beschrieben. „Durch den Bundesrat wirken die Länder bei der Gesetzgebung und Verwaltung des Bundes und in Angelegenheiten der Europäischen Union mit." Die Zusammensetzung des Bundesrates und das Stimmgewicht der einzelnen Bundesländer werden in Art. 51 GG geregelt. Hiernach besteht der Bundesrat aus den Mitgliedern der Landesregierungen. Jedes Bundesland hat mindestens drei Stimmen. Einwohnerstarke Länder wie Nordrhein-Westfalen haben sechs Stimmen.

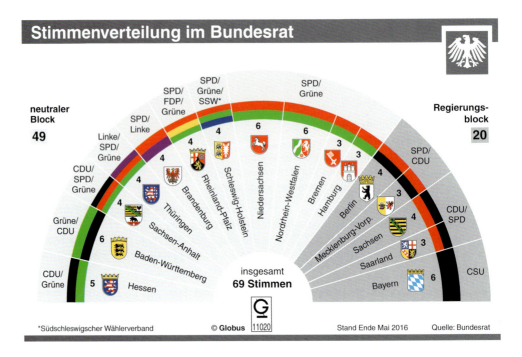

Nach Art. 70 GG besitzen grundsätzlich die Bundesländer die Gesetzgebungsbefugnis. Der Bund hat nur dann die Befugnis, Gesetze zu erlassen, wenn das Grundgesetz ihm diese zugewiesen hat.

Der Bund ist z. B. ausschließlich zuständig für die Verteidigung, die Staatsangehörigkeit oder auch den Luftverkehr.

Daneben gibt es auch Gesetzgebungsbefugnis, die sowohl dem Bund als auch den Ländern zusteht, sogenannte konkurrierende Gesetzgebung.

Dazu zählen das bürgerliche Recht, das Strafrecht, aber auch die Angelegenheiten von Flüchtlingen und Vertriebenen.

Wenn sowohl der Bund wie auch die Länder für den Erlass von Gesetzen zuständig sind, kommt es zwangsläufig zu Interessenkollisionen. Der Bund will seine Interessen durchsetzen, die Länder wollen dasselbe. Um hier nicht in einer Blockade zu enden, müssen Widersprüche des Bundesrates in der Regel mit der Mehrheit der Stimmen des Bundestages zurückgewiesen werden.

Ist dies nicht möglich, gibt es den Vermittlungsausschuss, der versucht, bestehende Gegensätze zwischen Bund und Ländern zu überwinden.

Aufgaben

 41 Lesen Sie sich Art. 73 GG durch und arbeiten Sie fünf Punkte heraus, bei denen der Bund die ausschließliche Gesetzgebungskompetenz besitzt.

 42 Lesen Sie sich Art. 74 GG durch und arbeiten Sie mit Ihrem Partner heraus, bei welchen wichtigen Punkten eine konkurrierende Gesetzgebungsbefugnis besteht.

 43 Nach Art. 74 Abs. 2 GG sind einige Gesetze durch den Bundesrat zustimmungsbedürftig. Lesen Sie sich die genannten Punkte durch. Versuchen Sie zu beschreiben, warum hier die Länder zustimmen müssen.

2.4.4 Der Bundespräsident

Das deutsche Staatsoberhaupt ist der Bundespräsident. Der Bundespräsident wird von der Bundesversammlung gewählt.

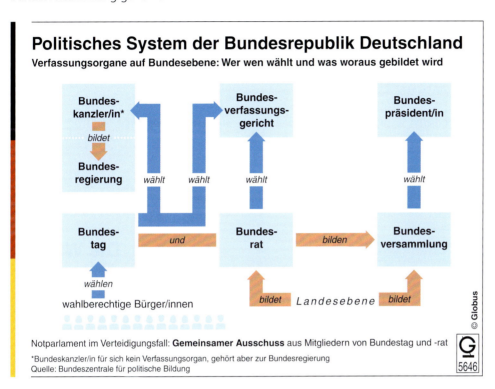

Bundespräsident (2012–2017) Joachim Gauck geb. 1940, stand aus Altersgründen nicht für eine zweite Amtszeit zur Verfügung.

Die **Bundespräsidenten**
Theodor Heuss, FDP, 1949–1954, 1954–1959
Heinrich Lübke, CDU, 1959–1964, 1964–1969
Gustav Heinemann, SPD, 1969–1974
Walter Scheel, FDP, 1974–1979
Carl Carstens, CDU, 1979–1984
Richard von Weizsäcker, CDU, 1984–1989, 1989–1994
Roman Herzog, CDU, 1994–1999
Johannes Rau, SPD, 1999–2004
Horst Köhler, CDU, 2004–2009, 2009–2010
Christian Wulff, CDU, 2010–2012
Joachim Gauck, parteilos, 2012–2017

Nach Art. 54 Abs. 3 GG besteht die Bundesversammlung aus den Mitgliedern des Bundestages und einer gleichen Anzahl von Mitgliedern, die von den Volksvertretungen der Länder nach den Grundsätzen der Verhältniswahl gewählt werden.

Als „Wahlmänner" bezeichnet man die Vertreter der Bundesländer in der Bundesversammlung. Die Wahlmänner sind häufig bekannte Persönlichkeiten aus dem Sport oder dem öffentlichen Leben.

Der Bundespräsident gilt als „lebendiges Symbol" des Staates. Über den Parteien stehend, wirkt er in Reden, Ansprachen, Gesprächen, durch Schirmherrschaften und andere Initiativen integrierend, moderierend und motivierend.

Aufgaben des Bundespräsidenten

Seine Aufgaben sind z. B.

- Ernennungen, Entlassungen und Berufungen; so ernennt und entlässt er beispielsweise die Bundesrichter und Bundesminister;
- Ausfertigungen von Gesetzen;
- Begnadigungen in Einzelfällen;
- Alters- und Ehejubiläen, z. B. zum 100. Lebensjahr gratuliert der Bundespräsident.
- Er schließt die Verträge mit anderen Staaten.

Die **Bundesversammlung** 2017 besteht aus 1 260 Wahlmännern und -frauen. Diese vertreten folgende Parteien (Stand 20.09.2016):

CDU/CSU	542–543
SPD	386–388
Grüne	145–146
Die Linke	94
AfD	35
FDP	33
Piraten	12
Freie Wähler	10
SSW	1

Der Bundespräsident soll Neutralität wahren. Aus diesem Grund beeinflusst er in der Regel keine politischen Prozesse. Sollten dem Bundespräsidenten allerdings verfassungsrechtliche Bedenken bezüglich einer Gesetzesvorlage kommen, kann er die Zustimmung zu einem Gesetz verweigern. Folge ist, dass das Gesetz nicht in Kraft tritt.

Aufgaben

44 Arbeiten Sie heraus, wie der Bundespräsident gewählt wird.

45 Legen Sie dar, welche Aufgaben der Bundespräsident hat.

46 Diskutieren Sie, warum der Bundespräsident Neutralität zu wahren hat.

2.4.5 Der Bundeskanzler

Die höchste Position der Exekutive ist das Amt des Bundeskanzlers, dieser steht der Regierung vor.

Dr. Angela Merkel

Bundeskanzler der Bundesrepublik
– Konrad Adenauer, CDU, 1949–1963
– Ludwig Erhard, CDU 1963–1966
– Kurt Georg Kiesinger, CDU, 1966–1969
– Willy Brandt, SPD, 1969–1974
– Helmut Schmidt, SPD, 1974–1982
– Helmut Kohl, CDU, 1982–1998
– Gerhard Schröder, SPD, 1998–2005
– Angela Merkel, CDU, seit 2005

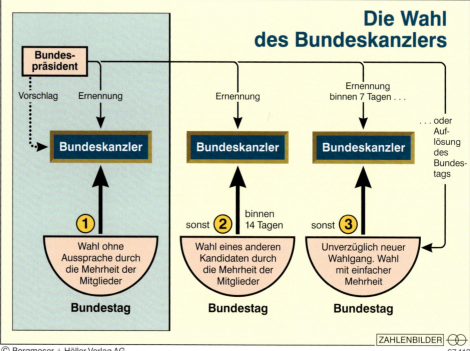

In der Regel steht der Bundeskanzler einer Koalitionsregierung vor. Das bedeutet, dass unterschiedliche Parteien sich auf ein gemeinsames Programm/Vorgehen verständigt haben (Koalitionsvereinbarung) und auf diese Weise die Mehrheit im Bundestag stellen, um gemeinsam die Regierung zu bilden. In diesen Koalitionsvereinbarungen wird in strittigen Punkten nach Verständigung gesucht oder auch festgelegt, welche Partei welchen Posten in der Regierung stellt, wie die Anzahl der Bundesminister und die Ressourcen verteilt werden.

Nachdem der Bundeskanzler gewählt wurde, werden vom Bundespräsidenten die Bundesminister auf Vorschlag des Bundeskanzlers ernannt (Art. 64 GG). Grundsätzlich bestimmt der Bundeskanzler die Richtlinien der Politik. Die Bundesminister leiten ihren Geschäftsbereich im Rahmen der aufgestellten Richtlinien selbstständig.

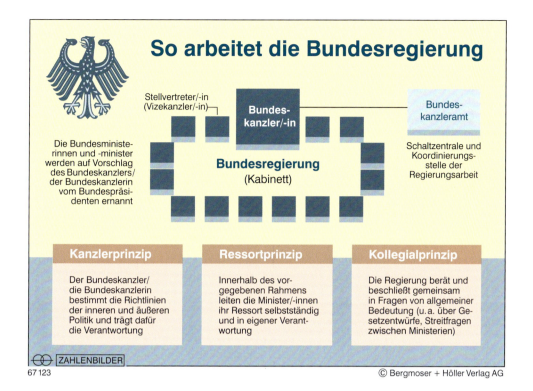

Regierungswechsel

Sind die Gemeinsamkeiten einer Koalitionsregierung aufgebraucht, weil z. B. die politischen Ideen abweichen oder man seinen Wählern ein eigenes scharfes Profil anbieten muss, kann eine Koalitionsregierung auseinanderbrechen.

Auch bei einem vorzeitigen Regierungswechsel hat der Bundeskanzler eine starke Stellung. So sollen politisch instabile Phasen, wie in Deutschland zwischen 1928 und 1933, verhindert werden, als fünf Reichstagswahlen innerhalb von fünf Jahren notwendig wurden.

Der Bundeskanzler kann nur gestürzt werden, wenn ein konstruktives Misstrauensvotum nach Art. 67 GG stattfindet. Dazu muss der Bundestag mit der Mehrheit seiner Mitglieder einen Nachfolger wählen.

Andernfalls muss der Bundeskanzler selbst tätig werden. Dazu stehen ihm zwei Wege offen:

- Er tritt zurück, damit wird die Möglichkeit gegeben, einen Nachfolger zu wählen.
- Er stellt die Vertrauensfrage. Wird dem Bundeskanzler nicht das Vertrauen ausgesprochen (das geschieht, wenn er nicht die Mehrheit der Stimmen im Bundestag erlangt), so kann der Bundespräsident den Bundestag auflösen, sodass es zu Neuwahlen kommt.

Aufgaben

47 Erarbeiten Sie mit Ihrem Nachbarn, warum dem Bundeskanzler eine so starke Stellung eingeräumt wird.

48 Versuchen Sie zu begründen, warum die Vertrauensfrage eine „Disziplinierungsmaßnahme" für die Abgeordneten der Koalition darstellt.

49 Arbeiten Sie heraus, weshalb in einer Koalitionsregierung ein gemeinsames Programm der verschiedenen Parteien wichtig ist.

Ordentliche Gerichtsbarkeit auf Landesebene

Oberlandesgericht
↑
Landgericht
↑
Amtsgericht

2.4.6 Polizei, Gerichtswesen, Verwaltung

Auf der rechtlichen Seite wird zwischen der Verwaltung auf Bundes- und Landesebene unterschieden. So gibt es beispielsweise das Bundeskriminalamt, für das der Bund zuständig ist. Daneben steht die „normale" Polizei, die dem jeweiligen Bundesland wie NRW untersteht. Da die Länder über eigene Gesetzgebungskompetenz verfügen, haben sie eine eigene öffentliche Verwaltungsstruktur. Hierzu zählen neben der Polizei z. B. das Finanzamt, die Stadtverwaltung oder auch das Gerichtswesen. Diesen Behörden ist die Ausführung der erlassenen Gesetze anvertraut.

2.4.7 Das Bundesverfassungsgericht

Die staatliche Gewalt ist an Recht und Gesetz gebunden. Jedes staatliche Handeln muss sich an diesen Grundsätzen messen lassen.

Verstoßen Entscheidungen z. B. der Polizei gegen gesetzliche Gebote, so können Bürger, Verbände oder Parteien gerichtlich gegen die Entscheidung vorgehen.

Das Bundesverfassungsgericht (BVerfG) überprüft, ob in Deutschland das Grundgesetz eingehalten wird.

Da Richter unabhängig von Verwaltung und Regierung sind, können sie den Betroffenen helfen. Bevor das Bundesverfassungsgericht angerufen werden kann, muss der Betroffene den Rechtsweg erfolglos ausgeschöpft haben.

Im Grundsatz wird zwischen drei verschiedenen Verfahren unterschieden. Muss das BVerfG über ein Gesetz entscheiden, bezeichnet man dies als „Normenkontrollverfahren".

Sind Bund und Länder im Streit, liegt eine Bund-Länder-Streitigkeit vor. Glaubt ein Bürger sich in seinen Grundrechten verletzt, liegt eine Verfassungsbeschwerde vor. 96,5 % aller Verfahren vor dem BVerfG sind Verfassungsbeschwerden.

Es gibt insgesamt zwei Senate, die mit jeweils acht Richtern besetzt sind. Die Amtszeit eines Verfassungsrichters beträgt zwölf Jahre, danach muss er das Gericht verlassen. Eine Verlängerung der Amtszeit ist nicht möglich.

Jedes Jahr kommen über 6 000 Verfassungsbeschwerden auf die Richter zu. Um die Bearbeitung zu beschleunigen, steht jedem Verfassungsrichter ein Mitarbeiterstab zur Seite.

Eine Verfassungsbeschwerde ist erfolgreich, wenn die Mehrzahl der Richter eine Verletzung der Verfassung für gegeben hält. Es müssen also fünf Richter zustimmen, dass eine Verletzung der Verfassung vorliegt. Ansonsten ist die Klage erfolglos. 2,3 % der Verfassungsbeschwerden sind erfolgreich für die Kläger.

Verfassungsbeschwerden
Von 1951 bis 2014 waren 214 462 Verfahren am Verfassungsgericht anhängig. 2,3 % der Verfassungsbeschwerden waren erfolgreich.

Aufgaben

50 Zeigen Sie auf, wie der grundsätzliche Verwaltungsaufbau aussieht und warum die Bundesländer eine eigene Verwaltungsstruktur betreiben.

51 Diskutieren Sie in der Klasse, ob es nicht besser ist, wenn der Bund alles Verwaltungshandeln übernimmt und die Verwaltungsstruktur der Länder aufgelöst wird.

52 Arbeiten Sie heraus, warum die Verwaltung an „Recht und Gesetz" gebunden ist.

53 6 000 Verfassungsklagen werden von 16 Richtern pro Jahr bearbeitet. Legen Sie dar, warum diese schiere Masse an Verfassungsbeschwerden schwierig in kurzer Zeit zu bearbeiten ist und wie nach Ihrer Meinung eine Lösung aussehen könnte.

54 Das Bundesverfassungsgericht entscheidet häufig über Gesetze, aber auch über Handlungen der Verwaltung. Diskutieren Sie in der Klasse die Vor- und Nachteile dieser sehr starken Position des Verfassungsgerichts.

Wichtiges Wissen

Zu 2.4   Die Organe der deutschen Demokratie

Zu 2.4.1 Grundlagen

Alle demokratischen Staaten haben eine Verfassung. Diese legt fest, welche Organe wie viel Macht haben. Es wird unterschieden zwischen gesetzgebender Gewalt, vollziehender Gewalt und Rechtsprechung. Zur gesetzgebenden Gewalt zählen u. a. der Bundestag, der Bundesrat und die 16 Landtage. Zur vollziehenden Gewalt zählen u. a. der Bundespräsident, der Bundeskanzler und die Bundesminister. Bei der Rechtsprechung ist das Bundesverfassungsgericht zu nennen. Die Gewaltenteilung auf Bundesebene wird als „horizontale Gewaltenteilung" bezeichnet.

Zu 2.4.2 Der Bundestag

Das bedeutendste Organ der Gesetzgebung in Deutschland ist der Bundestag. Sein Sitz ist im alten Reichstagsgebäude in Berlin. Der Bundestag ist neben der Gesetzgebung für die Kontrolle der Regierung zuständig.

Die Aufgaben des Bundestages sind z. B.
- Wahl des Bundeskanzlers,
- Teilnahme an der Wahl des Bundespräsidenten.

Gesetze erlässt die Partei oder Koalition, die im Parlament die Mehrheit hat. Besteht eine knappe Mehrheit, können Abweichler die Regierung kippen. Laut Grundgesetz ist der in den Bundestag gewählte Abgeordnete nur seinem Gewissen verantwortlich und nicht an Parteiweisungen gebunden. Um allerdings die Regierungsmehrheit sicherzustellen, versucht die Regierung, die Reihen zu schließen und abweichendes Abstimmungsverhalten zu verhindern (Fraktionsdisziplin).

Zu 2.4.3 Der Bundesrat

Über den Bundesrat können die Länder bei der Gesetzgebung und Verwaltung des Bundes und in Angelegenheiten der Europäischen Union mitwirken. Der Bundesrat besteht aus den Mitgliedern der Landesregierungen. Jedes Land hat nach seiner Einwohnerzahl eine gewisse Stimmenzahl im Bundesrat.

Laut Grundgesetz haben die Bundesländer die Gesetzgebungsbefugnis. Ausnahmen, dem Bund sind die Gesetzgebungsbefugnisse zugewiesen, gelten z. B. für die Verteidigung oder den Luftverkehr.

Um Gegensätze zwischen Bund und Ländern auszuräumen, gibt es den Vermittlungsausschuss. Verbleiben grundsätzliche Streitigkeiten zwischen Bund und Ländern, kann das Bundesverfassungsgericht angerufen werden.

Zu 2.4.4 Der Bundespräsident

Der Bundespräsident ist das Staatsoberhaupt der Bundesrepublik. Er wird auf der Bundesversammlung gewählt.

Die Bundesversammlung besteht aus den Mitgliedern des Bundestages und einer gleichen Anzahl von Mitgliedern, die von den Volksvertretungen der Länder gestellt werden.

Der Bundespräsident ist zur Neutralität verpflichtet, steht somit über den Parteien. Er wirkt in Reden und Ansprachen. Seine Aufgaben sind u. a.

- Ernennungen, Entlassungen und Berufungen; so ernennt und entlässt er beispielsweise die Bundesrichter und die Bundesminister,
- Ausfertigung von Gesetzen.

Zu 2.4.5 Der Bundeskanzler

Die Position des Kanzlers ist die höchste der Exekutive, er steht der Regierung vor. Der Bundeskanzler bestimmt die Richtlinien der Politik.

Zu 2.4.6 Polizei, Gerichtswesen und Verwaltung

Die Bundesländer verfügen über eigene Gesetzgebungskompetenz und besitzen aus diesem Grund eine eigene Verwaltungsstruktur. Hierzu zählen z. B. das Finanzamt und das Gerichtswesen.

Zu 2.4.7 Das Bundesverfassungsgericht

Das Bundesverfassungsgericht wacht über die Einhaltung des Grundgesetzes. Verstoßen Entscheidungen z. B. der Polizei gegen die Verfassung, so können Bürger, Verbände oder Parteien Verfassungsbeschwerde dagegen einlegen. Es gibt zwei Senate, die mit jeweils acht Richtern besetzt sind. Die Amtszeit eines Verfassungsrichters beträgt zwölf Jahre. Jedes Jahr werden über 6 000 Verfassungsbeschwerden beim Verfassungsgericht eingereicht.

Anforderungssituation 4

Soziale Gerechtigkeit und Ungleichheit – Wert der Arbeit

Kompetenzen

In diesem Kapitel lernen Sie mehr über soziale Gerechtigkeit und darüber, welche Ungleichheit im Land besteht. Darüber hinaus werden Sie mehr darüber erfahren, welchen Wert Arbeit heute noch hat.

1 Welchen Wert hat unsere Arbeit?

M1

Arbeitslosigkeit: Die Folgen für die Gesundheit

Unbestritten ist: Arbeitslosigkeit und Krankheit stehen in Zusammenhang. Psychische Erkrankungen treten bei Arbeitslosen deutlich häufiger auf als bei Erwerbstätigen. Auch prekäre Beschäftigung beeinträchtigt die Gesundheit. Dennoch fehlt es bisher an umfassender Gesundheitsvorsorge für Menschen ohne Arbeit. [...]

Ein Drittel der erwerbsfähigen Hartz-IV-Beziehenden leidet an gesundheitlichen Einschränkungen. Dabei spielen psychische Beeinträchtigungen eine besondere Rolle. Nach Daten der Betriebskrankenkassen (BKK) sind die Arbeitsunfähigkeitstage bei Arbeitslosen wegen psychischer Störungen etwa viermal so hoch wie bei Erwerbstätigen (die Daten liegen nur für EmpfängerInnen von Arbeitslosengeld I, nicht von Hartz IV vor).

Mehr als ein Drittel der erwerbsfähigen Hartz-IV-Empfangenden – das sind etwa 1,5 Millionen Menschen – haben im Laufe eines Jahres eine diagnostizierte psychische Störung. Das ist das Ergebnis des Forschungsberichts des Instituts für Arbeitsmarkt- und Berufsforschung „Menschen mit psychischen Störungen im SGB II" 12/2013. Internationale Studien zeigen, dass dieses Phänomen nicht auf das deutsche Sozialversicherungssystem zurückzuführen ist, sondern dass der Gesundheitszustand Arbeitsloser im Vergleich zu Erwerbstätigen in allen untersuchten Sozialsystemen signifikant schlechter ist. Auch die erhöhte Mortalitätsrate Arbeitsloser ist nachgewiesen – Arbeitslose sterben früher als Erwerbstätige.

[...] Auffällig ist, dass bei Männern die seelischen Beeinträchtigungen in prekären Beschäftigungsverhältnissen im Vergleich zur kurzzeitigen Arbeitslosigkeit sogar überwiegen.

Krankheit ist nicht nur Folge, sondern auch Ursache von Arbeitslosigkeit. Menschen mit gesundheitlichen Einschränkungen verlieren eher ihre Arbeit als gesunde Menschen und gleichzeitig erschweren sie wesentlich den Wiedereinstieg in das Erwerbsleben. [...]

Für die Betroffenen bedeutet der Verlust des Arbeitsplatzes in der Regel weit mehr als einen Knick in der Erwerbsbiografie. Wer arbeitslos wird, erlebt dies meist als eine schwere Belastung. Zwar verarbeiten Menschen Arbeitslosigkeit unterschiedlich. Dabei spielen das soziale Umfeld, die eigene Einstellung zur Bedeutung von Arbeit wie auch das finanzielle und kulturelle Kapital eine entscheidende Rolle. Mit zunehmender Dauer von Arbeitslosigkeit steigen aber meist auch bei solchen Menschen die psychische Belastung und das Risiko einer ernsthaften seelischen Störung, die die Arbeitslosigkeit anfangs als Befreiung von belastender Arbeit gesehen haben. [...]

Mit dem Wiedereinstieg in das Erwerbsleben ist häufig eine signifikante Verbesserung des Gesundheitszustandes vormals Arbeitsloser verbunden. Dies ist allerdings nur dann der Fall, wenn die neue Arbeit weitgehend den Wünschen der Betreffenden entspricht. Trifft dies nicht zu, verschlechtert sich das Wohlbefinden sogar häufig. Langzeitstudien zeigen auch, dass sich bei dem Wechsel von einer unsicheren in eine sichere Beschäftigung der Gesundheitszustand signifikant verbessert. Nicht nur die Arbeit an sich, sondern auch die Art der Arbeit ist bedeutsam für den Gesundheitszustand. [...]

Auch bei Arbeitgebern besteht schon im eigenen Interesse Handlungsbedarf. Studien belegen, dass prekäre Beschäftigung nahezu genauso häufig wie Arbeitslosigkeit zu psychischen Beeinträchtigungen führt. Die Fehlzeiten der Beschäftigten sind bei psychischen Krankheiten fast dreimal so hoch wie bei anderen Erkrankungen. [...]

DGB: Arbeitslosigkeit: Die Folgen für die Gesundheit, 09.01.2014, abgerufen unter www.dgb.de/themen/++co++8656a222-619f-11e3-94e7-00188b4dc422 [13.10.2016]

Arbeitsvorschläge

1 Erklären Sie unter Zuhilfenahme von **M1**, warum Arbeit häufig im Zentrum unseres Lebens steht.

2 Finden Sie Gründe in **M1**, weshalb ein Jobverlust unsere Gesundheit in Gefahr bringen kann.

3 Diskutieren Sie in der Klasse, ob Arbeitgeber in der Lage sind, sich um die Gesundheit ihrer Beschäftigten zu kümmern. Führen Sie die Diskussion anhand branchentypischer Unternehmen.

Gehen Sie dabei von folgenden Unternehmen aus:

a. einer kleinen Bäckerei bzw. einer Großbank

b. einem Kindergarten bzw. einem großen Pflegeträger oder Uniklinik

c. einem Handwerker bzw. einem Unternehmen in der chemischen Industrie.

1.1 Aspekte der Entlohnung

Entscheidend ist die Frage, wie die Mitarbeitervergütungen gerecht gestaltet werden können und gleichzeitig die Wirtschaftlichkeit des Unternehmens gesichert wird. Objektive Kriterien für eine absolute Lohngerechtigkeit gibt es nicht. Die Mitarbeitervergütung wird nach dem Grundsatz der Entgeltgerechtigkeit mit dem Prinzip der Wirtschaftlichkeit kombiniert. In Betracht gezogen werden können dazu neben den Lohn- und Gehaltsaufwendungen auch betriebliche Sozialleistungen sowie Erfolgs- und Kapitalbeteiligungen. Entscheidend ist letzten Endes, dass die Mitarbeiter das Gefühl bekommen, dass die Vergütung für ihre Tätigkeit im angemessenen Verhältnis zur Vergütung der Arbeitskollegen und vergleichbarer Tätigkeiten in anderen Unternehmen steht. Dies kann als „relative Lohngerechtigkeit" bezeichnet werden.

Wirtschaftlichkeit des Unternehmens
Die Wirtschaftlichkeit misst den Ertrag, den ein Projekt oder ein Unternehmen im Verhältnis zum Aufwand abwirft.

Die Lohngerechtigkeit ist der Schwerpunkt jeder Tarifpolitik ebenso wie der innerbetrieblichen Lohngestaltung. Bei der Lohngerechtigkeit stellt sich z. B. die Frage, ob es Verteilungsspielraum für Lohnerhöhungen gibt und wie die bestehende Geldentwertung (Inflation) ausgeglichen werden kann.

Inflation bedeutet Geldentwertung. Im Euroraum wird von einer Geldentwertung von etwa 2 % pro Jahr ausgegangen. Das bedeutet, dass Waren, die ich am 01.01.2016 für 100 € erwerben kann, mich am 01.01.2017 bereits 102 € kosten.

Bruttolohn ist die gesamte Vergütung ohne Abzug von Steuern und Sozialabgaben. Zieht man vom Bruttolohn Steuern und Sozialabgaben ab, bleibt der Nettolohn übrig.
Beispiel: Sie erhalten einen Bruttolohn von 2 800 € nach Abzug der Steuern und der Sozialversicherungen (z. B. Krankenkasse oder Pflegeversicherung) bleiben noch 1 750 € netto übrig.

Reallohn ist der Lohn, der um die Teuerung (Inflation) berichtigt wurde.
Beispiel: Der Nettolohn liegt für mehrere Jahre bei 1 750 €. In diesem Zeitraum liegt die Teuerung pro Jahr bei 2 %. Folge ist, dass man sich jedes Jahr 2 % weniger leisten kann als im Jahr zuvor. In diesem Beispiel sinkt der Reallohn jährlich um 2 % also um 35 €. Lohnerhöhungen führen für die Arbeitnehmer erst zu einer Steigerung der Kaufkraft, wenn die Lohnerhöhung die Inflationsrate übersteigt.
Beispiel: Der Nettolohn liegt bei 1 750 €. Die Lohnerhöhung liegt bei 4 % die Inflation bei 3 %. Bleibt eine reale Lohnsteigerung von 1 % also von 17,50 €.

1.2 Entlohnungsformen

Es gibt die unterschiedlichsten Entlohnungsformen, über die versucht wird, eine gerechte Entlohnung der Arbeitnehmer (AN) zu erreichen. Ziel ist es, dass die AN ihr eigenes Einkommen als gerecht empfinden: sowohl im Verhältnis zum Arbeitskollegen als auch im Verhältnis zu minderwertigeren oder höherwertigen Tätigkeiten.

M2

Zeitlohn

Die Entlohnung erfolgt nach Zeit. Es besteht keine direkte Beziehung zwischen Lohn und Leistung.

Beispiel
Die Arbeitszeit beträgt 40 Stunden pro Woche, dafür erhält der Arbeitnehmer einen Lohn von brutto 2 800 € pro Monat.

Leistungslohn

Beim Leistungslohn richtet sich der Lohn nach den erbrachten Leistungen.

Beispiel
Man bekommt pro Vertragsschluss 50 € Provision, erwartet werden monatlich 50 Vertragsabschlüsse. Somit wird von einem Bruttolohn von 2 500 € pro Monat ausgegangen.

Beteiligungslohn (Gewinnbeteiligung)

Die Arbeitnehmer werden am Erfolg des Unternehmens beteiligt.

Beispiel
VW hat im Jahr 2012 einen Rekordgewinn von fast 22 Mrd. € erzielt. Die normalen Mitarbeiter erhielten einen Bonus von 7 200 € pro Person. Der VW-Chef Winterkorn erhielt einen Bonus von 14,5 Millionen €.

Soziallohn

Unter „Soziallohn" versteht man die Zulagen für Verheiratete, Kinder oder im Alter.

1.3 Schwächen im System der Entlohnung

Schwächen bei der Entlohnung kann man beobachten, wenn man die Entlohnung von normalen Angestellten und Managern vergleicht, die Entlohnung von Frauen und Männern betrachtet sowie bei Minijobs und im Niedriglohnsektor.

1.3.1 Managergehälter

Vielfach werden die ungleichen Löhne zwischen normalen Angestellten und Managern kritisiert. In den 1950er- bis 1980er-Jahren verdiente ein Spitzenmanager etwa das Fünfzigfache eines normalen Arbeiters.

In den 1990er-Jahren begannen die Managergehälter zu explodieren. Wie man am Beispiel VW sehen kann, ist es heutzutage durchaus üblich, dass Manager das 2000-Fache und mehr von normalen Arbeitnehmern verdienen. In den USA sind die Unterschiede noch größer, dort wurden auch schon Managergehälter von 4 Mrd. US-Dollar pro Jahr gezahlt, was dem Verdienst von 80 000 Mitarbeitern entspricht, wenn man einem normalen Mitarbeiter einen Lohn von 50 000 US-Dollar im Jahr zuspricht.

Erschwerend kommt hinzu, dass die Löhne der Angestellten seit etwa 1990 sinken, während die Löhne des Spitzenpersonals seit dieser Zeit kräftig steigen. Grund für sinkende Löhne ist, dass Unternehmen verstärkt dort produzieren, wo ihnen die besten Bedingungen, also auch die niedrigsten Lohnkosten, geboten werden bzw. die Unternehmen drohen mit Abwanderung, wenn die Löhne zu kräftig steigen sollten. Daher stehen die Löhne von normalen Mitarbeitern verstärkt unter Druck. Hinzu kommt die enorme Verschuldung von Städten und Bundesländern, die ebenfalls sparen müssen.

M3

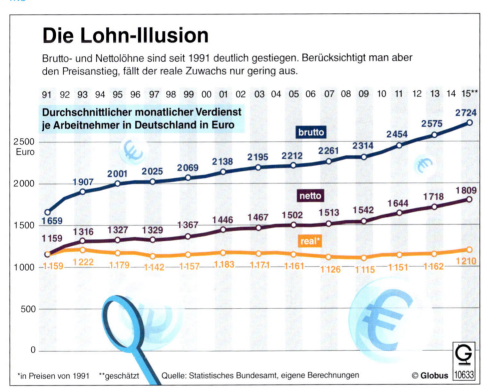

Weiterhin wird kritisiert, dass Topmanager auch noch Boni in Millionenhöhe erhalten, wenn das Unternehmen Verluste erleidet und Mitarbeiter entlassen werden. Gerade während der Bankenkrise ab 2008 zahlten Banken ungehemmt Boni an ihre Spitzenkräfte. So zahlte die Schweizer Großbank UBS kürzlich trotz 2,5 Milliarden Franken Verlust an die Topmanager 2,5 Milliarden Franken Boni aus.

Auch der „Goldene Handschlag" ist in der Diskussion. Wenn ein Topmanager schwere Fehler begeht und entlassen wird, verlässt er das Unternehmen in der Regel mit einer Abfindung in Millionenhöhe.

So musste Leo Apotheker den Computerhersteller Hewlett-Packard nach nur elf Monaten an der Spitze wieder verlassen. Er erhielt dafür eine Abfindung von 9,5 Millionen €. Der für den VW-Skandal bei Dieselmotoren verantwortliche Vorstandsvorsitzende und frühere Entwicklungsvorstand Martin Winterkorn erhält eine Pension von mindestens 1 Mio. € pro Jahr von VW. Gleichzeitig kostet VW der Skandal allein in den USA mindestens 15 Mrd. €. Weltweit wird mit Kosten von über 20 Mrd. € gerechnet.

1.3.2 Unterschiede bei der Entlohnung von Frauen und Männern

Frauen erhalten für die gleiche Arbeit immer noch weniger Geld als Männer.

M4

Auch sind die Spitzenpositionen in der deutschen Wirtschaft fest in Männerhand. So sind in vielen der größten 200 deutschen Wirtschaftsunternehmen, zumindest in den Spitzenpositionen wie dem Vorstand, Frauen kaum zu finden.

1.3.3 Minijob oder 450-Euro-Job

M5

In den letzten Jahren hat sich ein Minilohnsektor in Deutschland entwickelt. Etwa 7,2 Millionen Menschen arbeiten in diesem Sektor. Kennzeichen dieses Bereichs sind Löhne von maximal 450 € pro Monat. Mit Ausnahme der Rentenversicherung sind diese Beschäftigungsverhältnisse sozialversicherungsfrei. Selbst von der Rentenversicherung können sich die 450-Euro-Jobber befreien lassen. Das bedeutet allerdings, dass man keinen Krankenversicherungs-, Rentenversicherungs- bzw. Arbeitslosenversicherungsschutz erwirbt. 61,8 % aller Minijobber sind Frauen, die das Familieneinkommen auf diese Weise aufbessern. Wer in die Rentenversicherung einzahlt, hat allerdings auch Probleme. Da der Lohn minimal ist, werden nur geringe Rentenanwartschaften aufgebaut. Wer also viele Jahre im Minilohnsektor arbeitet, weil z. B. Kinder betreut werden müssen, kann im Alter nur mit einer minimalen Rente rechnen. Zumeist sind Frauen die Betroffenen, weil diese in der Regel die Kinderbetreuung übernehmen.

1.3.4 Niedriglohnsektor

Neben dem Minilohnsektor gibt es in Deutschland einen relativ bedeutenden Niedriglohnsektor. Etwa 22 % aller Beschäftigten mussten im Jahr 2010 mit einem Niedriglohn auskommen. Das bedeutet in Westdeutschland einen Stundenlohn unter 11 € und in Ostdeutschland einen Stundenlohn unter 8,30 €. Zwischen sechs und acht Millionen Menschen arbeiten in diesem Sektor. Auch hier gilt: Wer viele Jahre im Niedriglohnbereich arbeitet, wird nur eine geringe Rente im Alter erwarten können. Als besonders problematisch gilt der Einzelhandel. Fast eine Millionen Beschäftigte arbeiten für weniger als 8,50 € pro Stunde. Bei 40 Arbeitsstunden pro Woche erhalten die Betroffenen einen Brutto-Monatslohn von etwa 1 400 €. Da die Betroffenen damit häufig unter dem Existenzminimum liegen, besonders wenn Kinder zu versorgen sind, ist der Staat gezwungen, die Löhne mit Steuermitteln aufzustocken.

1.3.5 Welche Gegenmaßnahmen ergreift die Politik?

Damit die Löhne nicht weiter nach unten abrutschen, wurde zum 01.01.2015 ein Mindestlohn von brutto 8,50 € je Zeitstunde eingeführt. Ausnahmen vom Mindestlohn bestehen z. B. für Praktikanten, Auszubildende, Jugendliche ohne abgeschlossene Berufsausbildung, Langzeitarbeitslose und Ehrenämter. Welche Auswirkungen der Mindestlohn auf den Niedriglohnsektor hat, werden die nächsten Jahre zeigen.

Die Politik hat die hohen Managergehälter ebenfalls als Problem erkannt. So zerstören überbordende Gehälter das System eines gerechten und angemessenen Lohns für alle Arbeitnehmer. Dies schafft Neid und schürt soziale Missgunst. Viel problematischer ist aber, dass Manager hohe Risiken in der Unternehmensführung eingehen, um z. B. ihre Boni zu sichern. Auf EU- wie nationaler Ebene wird versucht, die Boni zumindest für Banker zu beschränken. So will die EU ab 2014 die Boni für Bankmanager begrenzen. Die Boni sollen dann nicht mehr höher als das Gehalt sein.

Die Schweizer haben 2013 für eine Regulierung von Managergehältern gestimmt. Der Schweizer Gesetzgeber ist jetzt aufgerufen, Exzesse bei Bonuszahlungen und Abfindungen gesetzlich zu unterbinden. Das Vorgehen der Schweizer Bürger wird bereits als Vorbild für die EU gesehen.

Um mehr Frauen den Weg in die Führungsetagen der Unternehmen zu ebnen, wird ab 2016 eine Frauenquote von 30 % für die Aufsichtsräte von Großunternehmen vorgeschrieben.

Aufgaben

4   Legen Sie die Aspekte der Entlohnung dar.

5   Arbeiten Sie in Partnerarbeit die Formen der Entlohnung anhand von M2 heraus.

6   Erarbeiten Sie in Gruppenarbeit die Schwächen im System der Entlohnung. Gehen Sie dazu auf M3–M5 ein.

Rentenanwartschaft ist der erarbeitete Rentenanspruch, der nach Eintritt der Rente ausgezahlt wird. Beispiel: Die Deutsche Rentenversicherung teilt mir mit, dass ich eine Rentenanwartschaft in Höhe von 500 € pro Monat durch meine bisherige Arbeit erworben habe. Wenn ich jetzt auswandere und Tauchlehrer auf den Seychellen werde und nicht mehr ins deutsche Rentensystem einzahle, habe ich die Sicherheit, dass meine spätere Rente mindestens 500 € pro Monat beträgt.

Aufstocker
Dies ist der umgangssprachliche Begriff für Menschen, die von der Bundesagentur für Arbeit ergänzende finanzielle Leistungen zum Arbeitslohn erhalten.

Exzess bedeutet „das Maß stark überschreitend, maßlos".

Die **Quotenregelung** ist eine Verteilungsregel, bei der Güter, Ämter, Rechte, Funktionen u. Ä. nach einem bestimmten Verteilungsschlüssel vergeben werden. Abgerufen unter *www.fremdwort.de/suchen/bedeutung/Quotenregelung* [09.09.2016]

7 Beschreiben Sie den Mini- und den Niedriglohnsektor. Arbeiten Sie mit Ihrem Nachbarn die Unterschiede und Gemeinsamkeiten heraus und diskutieren Sie die Problematik in der Klasse.

 8 Diskutieren Sie in der Klasse die Lösungsansätze der Politik, um den Schwächen bei der Entlohnung zu begegnen.

Wie sehen die Besonderheiten

 a bei einem kleinen Bäcker oder einer Großbank

 b im Kindergarten bzw. an einem großen Pflegeträger oder Uniklinik

 c beim Handwerker bzw. in der chemischen Industrie aus.

 9 Diskutieren Sie in der Klasse den Einsatz einer Frauenquote, um mehr Frauen ins Management zu bekommen. Welche Vorteile sind mit einem solchen Vorgehen verbunden? Welche Nachteile kommen eventuell auf die Unternehmen zu?

Wichtiges Wissen

1. Welchen Wert hat unsere Arbeit?

Zu 1.1 Aspekte der Entlohnung

Objektive Kriterien für absolute Lohngerechtigkeit gibt es nicht. Man kann das Prinzip der relativen Entgeltgerechtigkeit mit dem Prinzip der Wirtschaftlichkeit verbinden. Dazu werden Lohn- und Gehaltsaufwendungen und betriebliche Sozialleistungen sowie Erfolgs- und Kapitalbeteiligungen betrachtet.

Zu 1.2 Entlohnungsformen

Zu den Entlohnungsformen zählt man Zeit-, Leistungs-, Beteiligungs- und Soziallohn.

Zu 1.3 Schwächen im System der Entlohnung

Bei den Schwächen der Entlohnung sind Managergehälter, die Entlohnung von Frauen und ein steigender „Minilohnsektor" und Niedriglohnsektor zu nennen.

■ **Managergehälter**

Die Managergehälter sind seit den 1990er-Jahren extrem stark gestiegen. Dagegen sind die Gehälter der normalen Arbeitnehmer im gleichen Zeitraum gesunken. Ein Problem sind überhöhte Boni und der „Goldene Handschlag". Dieser liegt vor, wenn Topmanager wegen schwerer Verfehlungen das Unternehmen verlassen müssen und Abfindungen in Millionenhöhe fällig werden, obwohl die betroffenen Unternehmen Verluste in Milliardenhöhe machen.

■ **Bezahlung von Frauen und Männern**

Frauen verdienen für die gleiche Arbeit nach wie vor weniger als Männer. In den Spitzenpositionen der Wirtschaft sind Frauen kaum zu finden.

■ **Minijobs und Niedriglohnsektor**

Kennzeichen des Minijobs sind Löhne von maximal 450 € pro Monat. Mit Ausnahme der Rentenversicherung sind diese Beschäftigungsverhältnisse sozialversicherungsfrei. Ein Niedriglohn ist gegeben bei einem Stundenlohn von unter 11 €.

■ **Gegenmaßnahmen der Politik**

Die Politik hat die beschriebenen Punkte als verbesserungsbedürftig erkannt. Ein Mindestlohn von 8,50 € wurde zum 01.01.2015 eingeführt. Bei den Managergehältern wird versucht, zumindest im Bankenbereich eine Deckelung zu erreichen. Verdienstgrenzen sind ebenfalls im Gespräch. Um mehr Frauen in Spitzenpositionen zu bekommen, wird ab 2016 für Aufsichtsräte von Großunternehmen eine Frauenquote von 30 % vorgeschrieben.

2 Von Armut zur sozialen Gerechtigkeit

M6

Bericht der Bundesregierung: Mehr Arbeit, mehr Armut

Die deutsche Wirtschaft brummt, die Zahl der Arbeitslosen schrumpft – doch jeder siebte Bürger ist von Armut bedroht. Nun belegt ein umstrittener Bericht der Bundesregierung die ungleiche Vermögensverteilung im Land.

Berlin – Es ist ein paradoxer Trend. Trotz insgesamt guter Entwicklung von Wirtschaft und Arbeitsmarkt ist die Kluft zwischen Vermögenden und Mittellosen in Deutschland weiter gewachsen. Das geht aus dem neuen Armuts- und Reichtumsbericht hervor, der koalitionsintern heftig umstritten war. Am Mittwoch billigte ihn das Bundeskabinett nach monatelanger Diskussion.

Von Armut bedroht sind unverändert zwischen 14 und 16 Prozent der Bundesbürger. Laut Bericht verfügen die reichsten zehn Prozent der Haushalte über 53 Prozent des gesamten Nettovermögens. Die gesamte untere Hälfte der Haushalte besitzt dagegen nur gut ein Prozent – im Jahr 2003 waren es noch rund drei Prozent gewesen. [...] Der Vize-Vorsitzende der SPD-Bundestagsfraktion, Hubertus Heil, kritisierte: „Auf Druck der FDP frisiert die Merkel-Regierung den Armuts- und Reichtumsbericht. Damit verkennt sie die sozialen Realitäten in Deutschland und verletzt das Gerechtigkeitsempfinden der Menschen."

Grüne fordern unabhängige Fachleute
Grünen-Chef Cem Özdemir sprach sich dafür aus, den Bericht künftig von unabhängigen Experten erstellen zu lassen. „Wissenschaftler sollen – so wie beim Sachverständigenrat – ein Gutachten vorlegen über Armuts- und Reichtumsverteilung in dieser Gesellschaft", sagte er im ZDF-Morgenmagazin. „Dann haben wir diesen unwürdigen Streit nicht." [...]

Johannes Korge/dpa/AFP: Bericht der Bundesregierung: Mehr Arbeit, mehr Armut., 06.03.2013, Spiegel Online, abgerufen unter www.spiegel.de/politik/deutschland/bundesregierung-legt-umstrittenen-armutsbericht-vor-a-887221.html [12.09.2016]

Arbeitsvorschläge

10 Lesen Sie den aktuellen Armutsbericht M6. Diskutieren Sie in der Klasse den Bericht, insbesondere, dass zwischen 14 und 16% der Bürger von Armut betroffen sind. Welche Menschen tragen nach Ihrer Meinung das größte Risiko, arm zu werden?

11 Erklären Sie, wie es zum Streit über die Zahlen in M6 und den zu veröffentlichenden Inhalt zwischen den Parteien kommen konnte.

12 Was halten Sie davon, die zukünftigen Armutsberichte von einer unabhängigen Expertenkommission verfassen zu lassen?

2.1 Was bedeutet soziale Ungleichheit?

Wo immer Menschen zusammenlebten und arbeiteten, waren einige Menschen bessergestellt als andere. In unserer modernen Gesellschaft lässt sich dies immer noch erkennen. Es finden sich luxuriösester Reichtum und entmutigende Armut an den beiden Enden der Gesellschaft. So ist der Normalbürger integriert, der Obdachlose steht am Rand der Gesellschaft; wir erleben beruflichen Aufstieg genauso wie Abstieg. Frauen kämpfen z. B. immer noch um Chancengleichheit auf dem Arbeitsmarkt. Immer, wenn wir auf Menschen treffen, die besser- oder schlechtergestellt sind als andere, sprechen wir von sozialer Ungleichheit.

2.1.1 Ungleichheit der Bildungschancen

Die Bildungschancen sind in Deutschland stark von der sozialen Herkunft (Elternhaus) abhängig. Benachteiligt sind Kinder mit Migrationshintergrund und Kinder, die aus bildungsfernen Schichten der Gesellschaft stammen. Kinder aus höheren Schichten haben überdurchschnittliche Chancen, einen hohen Bildungsabschluss zu erreichen. Als Gründe für die Ungleichheit der Bildungschancen lassen sich u. a. unterschiedliche Lebens-, Wohn- oder auch Arbeitsbedingungen nennen; Kindern aus bessergestellten Familien etwa werden mehr Anregungen vermittelt. Darüber hinaus sind Unterschiede bei der Erziehung gegeben, diese können sich auf Leistungsmotivation oder sprachliche Fertigkeiten auswirken.

Schülern, die trotzdem den Weg ans Gymnasium wählen, wird häufig der bestehende Leistungsdruck kombiniert mit den nicht aufgearbeiteten Defiziten zum Verhängnis. Sodass sie sich am Ende der Klasse 6 oder 7 an der Real- oder Hauptschule wiederfinden.

Es herrscht weitgehend Einigkeit, dass die Chancengleichheit im Bildungsbereich verbessert werden kann, wenn Maßnahmen zur Leistungsförderung durchgeführt werden. In Betracht kommen z. B. Hilfsangebote im sprachlichen Bereich, um bestehende Defizite auszugleichen.

Je früher diese Maßnahmen ergriffen werden, umso erfolgreicher beeinflussen sie die spätere schulische Laufbahn. Aus diesem Grund sollen unterstützende Angebote bereits im Kindergarten ansetzen. Wenn Kinder allerdings nicht den Kindergarten besuchen, können Hilfsangebote erst in der Grundschule greifen. So werden wertvolle Jahre zur Unterstützung verpasst. Dies ist auch deshalb problematisch, weil die Aufarbeitung von Defiziten mitunter Jahre dauert und nach der 4. Klasse die Schüler bereits auf weiterführende Schulen aufgeteilt werden. Bei bestehenden Defiziten wird dann vom zuständigen Lehrer selten eine Gymnasialempfehlung ausgesprochen werden.

2.1.2 Einkommens- und Vermögensverteilung in Deutschland

Die Einkommensverteilung wie die Vermögensverteilung sind in Deutschland sehr unterschiedlich. In den letzten zehn Jahren hat gerade das Vermögen des obersten Zehntels zugenommen. Das liegt unter anderem daran, dass die Arbeitseinkommen der Spitzenverdiener in den letzten Jahren stark gestiegen sind, während die normalen Verdiener mit sinkenden Löhnen zurechtkommen mussten.

Seit 1998 hat das Vermögen der reichsten 10% der Bevölkerung am Gesamtvermögen der deutschen Gesellschaft zugenommen. So hielten 1998 die reichsten 10% etwa 45% des Gesamtvermögens. 2008 waren es bereits 53%.

Alle anderen gesellschaftlichen Schichten geben an die reichsten ab.

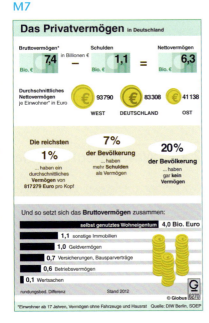

M7

So sank der Anteil der unteren Hälfte der Bevölkerung am Privatvermögen von 4 % im Jahr 1998 auf 1 % im Jahr 2008.

2.2 Armut, wann liegt sie vor?

Der Armutsbegriff ist umstritten. Allgemein wird angenommen, dass Menschen als arm gelten, wenn sie weniger als 60 % des mittleren Einkommens haben. Besonders bedroht sind Arbeitslose und Alleinerziehende. Unter den Familien mit vier und mehr Kindern gilt bereits jede dritte als arm. Arbeitslose sind nach einem Jahr auf Hartz IV angewiesen und daher stark von Armut bedroht. Rentner sind zurzeit kaum von Armut betroffen, ihnen geht es überdurchschnittlich gut. Das wird sich aber zukünftig ändern, da das Rentenniveau sinkt.

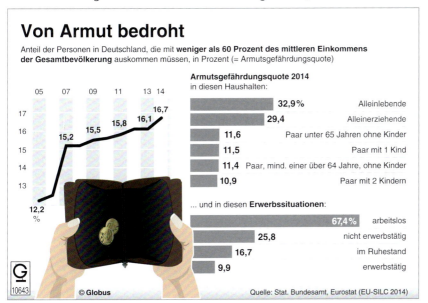

In Deutschland leben etwa 14 bis 16 % der Menschen an der Armutsgrenze. Das sind zwischen 11,5 und 13 Millionen Bundesbürger. Bedenklich ist, dass die Armut trotz einer sehr gut laufenden Wirtschaft nicht zurückgegangen ist, sondern eher zunimmt.

2.3 Sozialpolitik als Verteilungspolitik

Ziele

Die Sozialpolitik will erreichen, dass die Unterschiede zwischen den Menschen bei Einkommen und Vermögen verringert werden. Hierzu werden kleine Einkommen steuerlich geschont und große Einkommen und Vermögen stärker belastet.

Auf diesem Weg soll die annähernde Gleichheit der Lebensbedingungen angestrebt werden. Ein weiteres Ziel ist der Schutz der Menschen vor den Lebensrisiken wie Alter, Krankheit und Arbeitslosigkeit.

Instrumente

Der Staat hat verschiedene Instrumente, die er zur Steuerung einsetzen kann. Er versucht seine Ziele über Abgaben wie Steuern, Gebühren und Beiträge zu erreichen oder durch direkte Zahlungen an Betroffene.

So werden Familien mit Kindern unterstützt über verschiedene Transferzahlungen wie Kindergeld oder auch Sozialhilfe. Die Einführung des Mindestlohns zum 01.01.2015 wird wahrscheinlich kaum Einfluss auf die Zahl der Armen in Deutschland haben.

Steuern ermöglichen dem Staat fortlaufende Einnahmen. Sie werden von allen Betroffenen ohne Gegenleistung erhoben. Bsp.: Wer Diesel oder Benzin tankt, der zahlt Mineralölsteuer.

Gebühren sind zu entrichten, wenn öffentliche Leistungen in Anspruch genommen werden, wie z. B. Abwassergebühren.

Beiträge sind Geldleistungen die für eine erhaltene staatliche Leistung, die zur Finanzierung gemeinschaftlicher Aufgaben genutzt wird, zu entrichten sind. Der Unterschied zu den Gebühren liegt darin, dass Beiträge auch dann erhoben werden, wenn Zahler die angebotene Leistung nicht in Anspruch nehmen. Bsp.: Grundstücksinhaber müssen Anliegerbeiträge abführen.

Aufgaben

13 Erklären Sie, was unter „sozialer Ungleichheit" zu verstehen ist.

14 Diskutieren Sie in der Klasse, ob Bildungschancen wirklich von der sozialen Herkunft abhängig sind.

15 Beschreiben Sie die Einkommens- und Vermögensverteilung in Deutschland wie sie in M7 dargestellt ist.

16 Erarbeiten Sie mit Ihrem Sitznachbarn, warum der Armutsbegriff umstritten sein könnte und warum Arbeitslose und Alleinerziehende besonders armutsgefährdet sind.

Wichtiges Wissen

2. Von Armut zur sozialen Gerechtigkeit

Zu 2.1 Was bedeutet soziale Ungleichheit?

Sobald Menschen in einer Gesellschaft besser- oder schlechtergestellt werden als andere, sprechen wir von sozialer Ungleichheit.

Zu 2.1.1 Ungleichheit der Bildungschancen

Die Bildungschancen hängen immer noch von der sozialen Herkunft ab. Benachteiligt sind Kinder mit Migrationshintergrund und Kinder aus bildungsfernen Schichten.

Zu 2.1.2 Einkommens- und Vermögensverteilung in Deutschland

Die Einkommensverteilung wie die Vermögensverteilung sind in Deutschland sehr unterschiedlich. In den letzten zehn Jahren hat gerade das Vermögen des obersten Zehntels zugenommen.

Zu 2.2 Armut, wann liegt sie vor?

Allgemein wird angenommen, dass Menschen als arm gelten, wenn sie weniger als 60 % des mittleren Einkommens haben. Besonders bedroht sind Arbeitslose und Alleinerziehende. Rund 12,5 Millionen Menschen gelten in der Bundesrepublik Deutschland als arm, dies sind etwa 15,5 % der Bevölkerung.

2.3 Sozialpolitik als Verteilungspolitik

Ziele

Die Sozialpolitik will erreichen, dass die Unterschiede, zwischen den Menschen bei Einkommen und Vermögen verringert werden. Hierzu werden kleine Einkommen z. B. steuerlich unterstützt und große Einkommen und Vermögen stärker belastet.

Instrumente

Der Staat versucht soziale Ziele über Abgaben wie Steuern, Gebühren und Beiträge oder direkte Transferzahlungen zu erreichen.

3 Sozialversicherung

M8

CSU und SPD fordern individuelle Kassenbeiträge

Steht die nächste Wende im Gesundheitswesen an? Angesichts des Rekordüberschusses der gesetzlichen Krankenversicherung fordern Politiker von SPD und CSU die Abschaffung des Gesundheitsfonds. Jede Kasse könnte dann wieder ihre Beiträge selbst festlegen.

Statt des bisherigen Systems aus Einheitsbeitrag und Fonds sollten die Kassen die Beiträge wieder selbst festlegen können, sagte CSU-Landesgruppen-Vize Max Straubinger der „Passauer Neuen Presse". Derzeit beträgt der Einheitsbetrag 15,5 Prozent – zu viel, meinte Staubinger: „Es ist ein Unsinn, den Leuten so einen Haufen Geld abzunehmen."

Karl Lauterbach forderte ebenfalls „die Rückkehr zu individuellen Beitragssätzen der Kassen" und die Auflösung des Gesundheitsfonds. Dessen Milliarden-Rücklagen sollten an die einzelnen Kassen verteilt werden, sagte der gesundheitspolitische Sprecher der SPD-Bundestagsfraktion – mit der Verpflichtung, sie zur Senkung des Beitragssatzes zu nutzen.

Gesundheitsminister Bahr will Reserven nicht antasten

Auch der Plan seiner Partei zur Einführung einer Bürgerversicherung ließe sich aufgrund der Rekordreserven der GKV leichter realisieren. „Die Bedingungen sind so günstig wie nie", sagte Lauterbach.

Indes mahnten Gesundheitsminister Daniel Bahr (FDP) und Kassen-Verbandschefin Doris Pfeiffer am Donnerstag, die Reserven nicht anzutasten. In der Regierungskoalition der CDU und FDP gibt es stattdessen Überlegungen, den Steuerzuschuss für die Krankenversicherung zum Zweck der Haushaltskonsolidierung stärker als bereits geplant zu senken.

Höhere Beitragseinnahmen, bedingt durch die gute Konjunktur, sowie moderate Ausgaben haben den gesetzlichen Krankenkassen im vergangenen Jahr einen Überschuss von knapp 5,1 Milliarden Euro verschafft. Die Rücklagen der GKV vergrößerten sich auf 28,3 Milliarden €.

Karl Lauterbach, SPD-Gesundheitsexperte

Fsh/AFP/dpa: Aus für Gesundheitsfonds: CSU und SPD fordern individuelle Kassenbeiträge, 08.03.2013, Focus online, abgerufen unter www.focus.de/finanzen/versicherungen/krankenversicherung/aus-fuer-gesundheitsfonds-csu-und-spd-fordern-individuelle-kassenbeitraege_aid_935606.html [09.09.2016]

Arbeitsvorschläge

17 Analysieren Sie den Text M8 und geben Sie die wesentlichen Punkte wieder.

18 Überlegen Sie mit dem Sitznachbarn, welchen Einfluss sinkende Krankenkassenbeiträge auf die Arbeitslosigkeit haben können.

    a bei einem kleinen Bäcker bzw. einer Großbank

    b im Kindergarten bzw. an einem großen Pflegeträger oder Uniklinik

    c beim Handwerker bzw. in der chemischen Industrie

3.1 Private und gesetzliche soziale Absicherung

Die Gefahren des Lebens wie z. B. Krankheit, Invalidität oder Tod können die Betroffenen und Angehörigen in Armut und Elend stürzen. Prinzipiell kann man ihnen durch private oder staatliche Vorsorge begegnen.

3.1.1 Überblick: Individualversicherungen

Bei den Individualversicherungen beruht der Versicherungsschutz auf einem individuell abgeschlossenen Versicherungsvertrag.

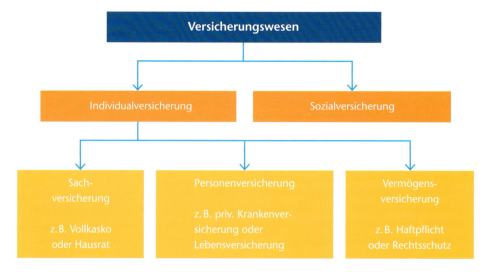

3.1.2 Überblick: Sozialversicherung

Die Sozialversicherung ist eine Zwangsversicherung. Die Solidargemeinschaft bietet wirksamen finanziellen Schutz vor den großen Lebensrisiken und deren Folgen wie Krankheit, Arbeitslosigkeit usw.

Die Sozialversicherung basiert auf fünf Säulen, die dafür sorgen, dass ein Absturz in Armut und Elend verhindert wird.

Aufgaben

19 Legen Sie dar, wie man den Gefahren des Lebens begegnen kann.

20 Wie würden Sie den Unterschied zwischen Individual- und Sozialversicherung beschreiben?

3.2 Entstehung der Sozialversicherung

Im 19. Jahrhundert vollzog sich ein gesellschaftlicher Umbruch. Deutschland entwickelte sich innerhalb weniger Jahrzehnte von einer landwirtschaftlich-handwerklich geprägten Gesellschaft zur Industrienation. Die Leidtragenden waren die Arbeiter. Arbeitsschutz war unbekannt, so waren die Arbeitsbedingungen für Arbeiter menschenverachtend. Dies führte zu starken, teilweise auch gewalttätigen sozialen und politischen Spannungen in Deutschland. Als Folge gründeten die Arbeitnehmer Gewerkschaften und die SPD bildete sich. Um die Lage unter Kontrolle zu behalten, sah sich die Reichsregierung gezwungen zu reagieren. In den Jahren zwischen 1881 und 1889 schuf die Regierung des Deutschen Reiches unter dem damaligen Reichskanzler Otto von Bismarck das erste Sozialversicherungssystem der Welt: 1883 Einführung der Krankenversicherung für Arbeiter; 1884 Unfallversicherung; 1889 Alters- und Invalidenversicherung für Arbeiter.

Die Einrichtung der Sozialversicherung gehört mittlerweile in Deutschland zu den unverzichtbaren Bestandteilen des Sozialstaats. In allen fünf Versicherungszweigen herrscht der Gedanke der Solidarität: Die Gemeinschaft der Versicherten hilft denjenigen, die sich in einer Notsituation befinden (die Gesunden zahlen für die Kranken, die Arbeitenden für die Arbeitslosen, Pflegebedürftigen und Rentner).

Otto von Bismarck (1815–1898)
war erster Reichskanzler des 1871 gegründeten Deutschen Reiches. Er wurde nach einem Zerwürfnis mit Kaiser Wilhelm II. entlassen.

Die **SPD** wurde 1863 gegründet.
Die erste **Gewerkschaft** wurde 1865 gegründet.

Wichtige Daten der Sozialversicherung

1883 Krankenversicherung für Arbeiter
1884 Unfallversicherung
1889 Invaliden- und Altersversicherung
1911 Rentenversicherung
1927 Arbeitslosenversicherung
1952 Mutterschutzgesetz
1995 Pflegeversicherung
2003 Reform der Sozialversicherung (z. B. Hartz IV)
2012 Rente mit 67

Aufgaben

21 Arbeiten Sie mit dem Sitznachbarn heraus, warum die Reichsregierung die Sozialversicherung eingeführt hat.

22 Suchen Sie zwei wichtige Daten der Sozialversicherung heraus und beschreiben Sie, warum diese Daten Ihrer Meinung nach wichtig sind.

3.3 Gesetzliche Krankenversicherung (GKV)

Im Jahr 1883 verabschiedete der Reichstag das erste Gesetz zur Krankenversicherung. 1884 trat das Gesetz in Kraft. Schon zu dieser Zeit wurden die Beiträge auf Arbeitgeber (ein Drittel) und Arbeitnehmer (zwei Drittel) aufgeteilt.

Versicherte und Leistungen der gesetzlichen Krankenversicherung

Die gesetzliche Krankenversicherung versichert Arbeitnehmer und deren Familienangehörige, soweit die gesetzlichen Vorgaben eingehalten sind. So werden Kinder bis zur Vollendung des 18. Lebensjahres mitversichert, Kinder in Schulausbildung oder Studium bis zum 25. Lebensjahr. Keine Altersgrenze existiert bei behinderten Kindern, die außerstande sind, sich selbst zu unterhalten.

Generell gilt: Die GKV übernimmt alle Kosten für die gesamte Behandlung von Krankheiten, einschließlich der notwendigen diagnostischen Maßnahmen, Medikamente, Heil- und Hilfsmittel, Vorsorge, Nachsorge, Krankengeldzahlungen und anderem mehr. Die Krankenversicherung tritt in erster Linie ein, wenn es darum geht, die Gesundheit des Einzelnen und seiner Familie zu erhalten, wiederherzustellen oder zu bessern.

Versicherungspflicht – Versicherungspflichtgrenze

Die Versicherungspflicht ist ein zentraler Grundsatz in der GKV. Grundsätzlich sind Arbeitnehmer, die eine Beschäftigung gegen Arbeitsentgelt ausüben, und Auszubildende versicherungspflichtig. Eine Pflichtversicherung in der gesetzlichen Krankenversicherung besteht unter anderem für Arbeitnehmerinnen und Arbeitnehmer, deren Arbeitsentgelt aus der Beschäftigung mehr als 450 € monatlich beträgt, aber die allgemeine Versicherungspflichtgrenze nicht übersteigt. Diese Grenze wird in der Regel jährlich angepasst und liegt für das Jahr 2017 bei 4 800 € im Monat, also bei 57 600 € im Jahr.

Daraus ergibt sich folgende Konsequenz: Arbeitnehmer, deren regelmäßiges Jahresarbeitsentgelt zwischen 5 400 € und 57 600 € liegt, müssen sich gesetzlich kranken- und pflegeversichern.

Ab 57 601 € Jahresverdienst haben die Arbeitnehmer die Wahl, ob sie sich gesetzlich oder privat versichern.

Ausnahmen bestehen für Selbstständige und Beamte. Selbstständige müssen sich privat versichern, während sich Beamte prinzipiell entscheiden können, wie sie sich versichern wollen.

Träger der Krankenkassen in Deutschland

Die Aufgaben der gesetzlichen Krankenversicherung nehmen die allgemeinen Ortskrankenkassen (AOK), die Betriebskrankenkassen (BKK), die Innungskrankenkassen (IKK) sowie die Ersatzkassen wahr.

Selbstbeteiligung

An einigen Leistungen, die die gesetzliche Krankenversicherung erbringt, haben sich die Versicherten in aller Regel durch Eigenanteile und Zuzahlung zu beteiligen (Selbstbeteiligung). Es werden verschiedene Arten unterschieden, z. B.:

> Versorgung mit Arznei-, Verbands- und Heilmitteln; hier beträgt die Zuzahlung grundsätzlich 10 % der Kosten, mindestens jedoch 5 €, höchstens 10 € und keinesfalls mehr als die Kosten des Mittels.

> Bei stationären Maßnahmen wie Krankenhausbehandlung und Anschlussrehabilitationsmaßnahmen hat ein Versicherter sich je Kalendertag mit 10 € für maximal 28 Kalendertage im Jahr an den Kosten zu beteiligen.

> Bei Heilmitteln beträgt die Zuzahlung 10 % der Kosten sowie 10 € je Verordnung.

Entlastung im Härtefall

Die Selbstbeteiligung ist an eine Belastungsgrenze gekoppelt. Sie beträgt 2% der jährlichen Bruttoeinnahmen zum Lebensunterhalt; für chronisch Kranke, die wegen derselben schwerwiegenden Krankheit in Dauerbehandlung sind, beträgt sie 1% der jährlichen Bruttoeinnahmen zum Lebensunterhalt.

Beispiel
Frau Meyer erhält jährlich 25 000 € Rente. Bis zu 500 € müsste sie jährlich an Zuzahlung leisten. Hat sie zum 30. April 500 € geleistet, kann sich Frau Meyer von weiteren Zuzahlungen für den Rest des Jahres befreien lassen. Dazu muss sie der Krankenkasse die geleisteten Zuzahlungen nachweisen.

Beitragsbemessungsgrenze (BBG)

Die Beiträge für die Krankenversicherung bemessen sich an den Einkünften der Versicherten. Einkünfte, die über der BBG von jährlich 52 200 € monatlich 4 350 € (2017) liegen, bleiben bei der Berechnung der Beiträge unberücksichtigt.

Höhe der Beitragssätze und Gesundheitsfonds

Die Beitragssätze sind seit dem Inkrafttreten des Gesundheitsfonds zum 01.01.2009 bundeseinheitlich. Der Beitragssatz seit 01.01.2015 liegt bei **14,6%**.

Privatleistungen
Anteil der gesetzlich Krankenversicherten, denen in den vergangenen 12 Monaten ärztliche Leistungen als Privatleistungen angeboten wurden

2001: 8,9%   2015: 33,3%

Im Jahr 2015 angebotene individuelle Gesundheitsleistungen (IGeL)

Leistung	%
Ultraschalluntersuchung	24,8
Glaukom-Früherkennung	17,6
Medikamente/Heilmittel	11,4
Blutuntersuchung/Laborleistung	11,2
ergänzende Krebsfrüherkennung bei Frauen	8,2
PSA*-Wert-Bestimmung	4,3
Akupunktur	3,1
Kosmetische Leistung	3,0
Hautkrebs-Früherkennung	2,8
Knochendichtemessung	1,8
Elektrokardiogramm (EKG)	0,7
Nahrungsergänzungsmittel	0,3
Sonstiges	10,6

*Prostataspezifisches Antigen
repräsentative Befragung von 1 705 Personen vom 9.1. bis 18.2.15 des Sozialwissenschaftlichen Umfragezentrums in Duisburg im Auftrag von WIdO
rundungsbedingte Differenz   Quelle: WIdO   © Globus 10802

Betrug und Bereicherung im deutschen Sozialsystem

Für zu viele Menschen und Unternehmen wie Ärzte, Krankenkassen oder Pflegedienste sind die Sozialversicherungen zu einem Selbstbedienungsladen geworden. 2012 hatte der Bundesgerichtshof darauf hingewiesen, dass geltende Korruptionstatbestände des Strafgesetzbuches nicht auf Heilberufe wie z. B. Ärzte, Zahnärzte oder Apotheker anzuwenden sind. Für die Schließung der Regelungslücke benötigte die Politik vier Jahre, erst 2016 wurden die notwendigen Gesetzesänderungen veranlasst. Ein weiteres Problem ist, dass die vorhandenen Strafen keine ausreichende Abschreckung erreichen. Am 18.04.2016 berichtete unter anderem „Die Welt", dass im Bereich der Pflege schwerpunktmäßig russische „Pflegedienst-Banden" die Sozialversicherung jährlich um Milliarden Euro geschädigt haben sollen. Einem internen Bericht des Bundeskriminalamtes (BKA) nach handelt es sich um organisierte Kriminalität, die bundesweit agiert.
Da den Staatsanwaltschaften Spezialisten fehlen, die sich um Abrechnungsbetrügereien kümmern, verlaufen die Ermittlungen häufig im Sande. Wenn Täter dennoch verurteilt werden, handelt es sich häufig um Bewährungsstrafen, die nicht abschrecken. Die AOK wiederum weist darauf hin, dass die Hintermänner schnell neue Pflegedienste aufmachen, die dann über Geschwister und Cousins laufen. Die AOK sieht sich nicht in der Lage gegen diese „Masche" erfolgreich vorzugehen.

Arbeitnehmer (AN) und Arbeitgeber (AG) tragen die Beiträge zu gleichen Teilen. Der Beitrag der Arbeitgeber ist allerdings auf 7,3 % gedeckelt. Wenn die Krankenversicherung nicht mit den eingenommenen Beiträgen auskommt, muss ausschließlich der Arbeitnehmer die Mehrkosten tragen. In diesem Fall erhebt die Krankenkasse einen Zusatzbeitrag, um die entstehenden Kosten decken zu können.

Im Gesundheitsfonds werden die Einnahmen der Krankenkassen und staatliche Zuschüsse angesammelt. Anschließend verteilt der Fonds die Einnahmen wieder an die Krankenkassen.

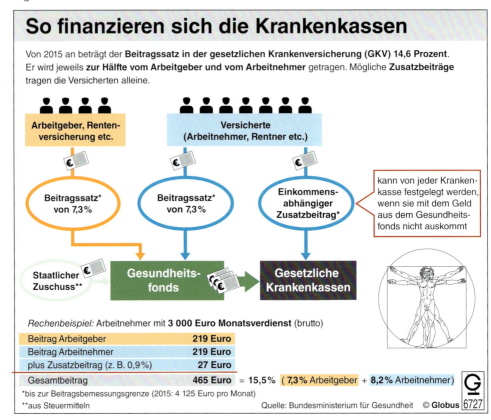

Versichertenstruktur und Ausgaben der gesetzlichen Krankenversicherung

Etwa 86,5 % der Bevölkerung in Deutschland sind bei einer der gesetzlichen Krankenkassen versichert (Stand: 2014):
- Gesamtzahl: 70,3 Mio.; das entspricht 86,5 % der Bevölkerung
- Pflichtmitglieder: 31,1 Mio.
- Kostenfrei mitversicherte Familienangehörige: 17,2 Mio.
- Rentner: 16,7 Mio.
- Freiwillig Versicherte: 5,7 Mio.

Fast die Hälfte der Kosten im Gesundheitswesen verursachen Patienten über 65 Jahre.

Die Gesamtausgaben aller GKV summierten sich im Jahr 2014 auf etwa 193,6 Mrd. €.

Die jährlichen Verwaltungskosten der GKV betrugen:
- 1992: 106 € pro Mitglied
- 2000: 143 € pro Mitglied
- 2003: 161,67 € pro Mitglied
- 2005: 159,69 € pro Mitglied
- 2010: 136 € pro Mitglied
- 2014: 142,46 € pro Mitglied

Aufgaben

23 Legen Sie dar, wen die GKV versichert und welche Leistungen geboten werden.

24 Beschreiben Sie, wonach sich die Versicherungspflicht und die Versicherungspflichtgrenze richten.

25 Erklären Sie, was unter „Beitragsbemessungsgrenze bei der GKV" zu verstehen ist.

26 Überlegen Sie mit dem Sitznachbarn, welche Nachteile der Gesundheitsfonds für den Wettbewerb zwischen den Krankenkassen bedeutet.

27 Selbstbeteiligung ist für viele Patienten ein Ärgernis. Was könnte der Hintergedanke hinter einer Selbstbeteiligung sein? Kennen Ihre Mitschüler Beispiele aus anderen Ländern?

28 Erklären Sie mit eigenen Worten, was mit „Entlastung im Härtefall" gemeint ist.

29 Untersuchen Sie, welche Patientengruppen die wesentlichen Kosten im Gesundheitswesen verursachen und warum.

3.4 Pflegeversicherung (PV)

M8

Der Pflegefall

Die Zahl pflegebedürftiger Menschen wird stark zunehmen. Eine Studie zeigt die Situation in den Städten und Landkreisen im Jahr 2030 – und prognostiziert einen dramatischen Mangel an Betreuungskräften.

Der einen Leid, der anderen Sicherheit. 17 Schüler sitzen in einem Hamburger Klassenraum, auf dem Stundenplan steht eine heimtückische Krankheit: multiple Sklerose. Es ist das dritte Jahr ihrer Ausbildung zum Altenpfleger, acht Monate sind es noch bis zum Abschluss, aber eines wissen die drei Schüler und 14 Schülerinnen bereits: Sie werden einen Arbeitsplatz haben – in acht Monaten und bis zur Rente, wenn sie denn in dem anstrengenden Beruf so lange durchhalten. „Alle Absolventen können sich die Jobs aussuchen", sagt Petra Büse, die in der Geschäftsleitung der Hamburger Caritas für die Berufsschüler zuständig ist. Das Personal sei so knapp, dass manche Institutionen schon Spezialisten einschalteten, um überhaupt noch Pflegefachkräfte zu finden. […]

Die Bertelsmann Stiftung legt nun Daten vor, die einen Blick ins Jahr 2030 erlauben sollen. Es gehe darum, „die Diskussion um den tatsächlichen oder drohenden Pflegenotstand auf eine möglichst sachliche Grundlage zu stellen", sagt Stiftungsvorstand Brigitte Mohn. Kommune für Kommune haben Wissenschaftler und Pflegeexperten im Auftrag der Stiftung zu errechnen versucht, wie die Situation 2030 sein wird.

Herausgekommen ist ein Atlas des Mangels, das Bild einer Bundesrepublik als Pflegefall, in der die Not mal groß, mal größer sein wird. Das Statistische Bundesamt geht davon aus, dass 2030 die Zahl der Pflegebedürftigen um fast die Hälfte gestiegen sein wird, auf knapp dreieinhalb Millionen. Die Studie der Bertelsmann-Stiftung kommt auf dieser Grundlage zu dem Schluss, dass dann rund eine halbe Million Vollzeitkräfte im Pflegesektor fehlen werden. […]

Matthias Bartsch; Fidelius Schmid; Antje Windmann: Der Pflegefall, 19.11.2012 Spiegel Online, abgerufen unter www.spiegel.de/spiegel/print/d-89672215.html [09.09.2016] (Auszug)

Aufgaben

30 Geben Sie die wesentlichen Inhalte des Textes M8 wieder.

31 Recherchieren Sie im Internet:
   a Wie wird sich die Zahl der Pflegebedürftigen für die Jahre 2030 und 2050 zu heute verändern?
   b Ergründen Sie in diesem Zusammenhang mit Ihrem Sitznachbarn, ob die Kosten für Pflege steigen oder sinken werden,
   c wer mögliche Kostensteigerungen tragen muss.
   d Diskutieren Sie in der Klasse, wie die augenblickliche Situation, z. B. in Pflegeheimen ist, welche Maßnahmen die Regierung zur Verbesserung ergreifen könnte.

Entstehung und Träger der Pflegeversicherung

Die Pflegeversicherung ist der jüngste eigenständige Zweig der Sozialversicherung. Er wurde mit Wirkung zum 01.01.1995 als Pflichtversicherung eingeführt und bildet die fünfte Säule der Sozialversicherung. Zur Absicherung des Risikos der Pflegebedürftigkeit hat die Pflegeversicherung die Aufgabe, Pflegebedürftigen Hilfen zu leisten, die wegen der Schwere der Pflegebedürftigkeit auf solidarische Unterstützung angewiesen sind.

Personen gelten als pflegebedürftig, wenn sie „wegen einer körperlichen, geistigen oder seelischen Krankheit oder Behinderung für die gewöhnlichen und regelmäßig wiederkehrenden Verrichtungen im Ablauf des täglichen Lebens auf Dauer, voraussichtlich für mindestens sechs Monate, in erheblichem oder höherem Maße der Hilfe bedürfen" (§ 14 Abs. 1 SGB XI).

Die Hilfen werden im Einzelfall je nach dem Grad der Pflegebedürftigkeit gewährt durch Zahlung eines Pflegegeldes bei ehrenamtlicher Pflege oder durch Übernahme der Pflegekosten bei professioneller ambulanter oder stationärer Pflege. Auch die Kosten für Pflegehilfsmittel und wohnumfeldverbessernde Maßnahmen können übernommen werden.

Die Träger der Pflegeversicherung sind die Pflegekassen, die bei den gesetzlichen Krankenkassen errichtet wurden.

Versicherte

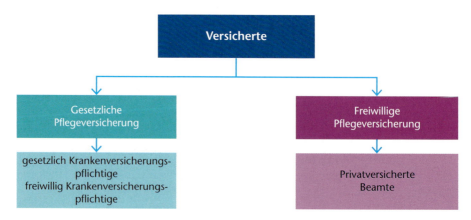

Beitragssätze und Versicherungspflichtgrenze

Seit dem 1. Januar 2015 liegt der Beitrag bei 2,35 % des Bruttoeinkommens. Kinderlose Mitglieder der sozialen Pflegeversicherung, die das 23. Lebensjahr vollendet haben, müssen zu dem „normalen" Beitragssatz einen Beitragszuschlag von 0,25 % entrichten.

Arbeitnehmer, deren regelmäßiges Jahresarbeitsentgelt zwischen 5 400 € und 57 600 € liegt, müssen sich gesetzlich kranken- und pflegeversichern.

Ab 54 901 € Jahresverdienst haben die Arbeitnehmer die Wahl, ob sie sich gesetzlich oder privat versichern.

Beitragsbemessungsgrundlage (BBG)

Die Beiträge für die Pflegeversicherung bemessen sich an den Einkünften der Versicherten. Einkünfte, die über der BBG von jährlich 52 200 €, monatlich 4 350 € (2017) liegen, bleiben bei der Berechnung der Beiträge unberücksichtigt.

Leistungen

Die Leistungen richten sich nach dem Grad der Bedürftigkeit.

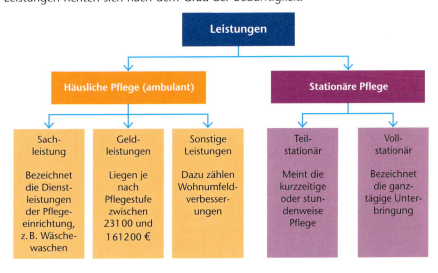

Pflegegutachten

Die Pflegekasse lässt vom Medizinischen Dienst der Krankenversicherung (MDK) ein Gutachten anfertigen, um die Pflegebedürftigkeit und den Pflegeaufwand für den Betroffenen im Einzelnen festzustellen. Das geschieht bei einem – zuvor angemeldeten – Hausbesuch eines Arztes, der auf die Erstellung von Gutachten spezialisiert ist.

Pflegegrade

Zum 01.01.2017 wurden die bis zu diesem Zeitpunkt bestehenden drei Pflegestufen durch fünf Pflegegrade ersetzt. Im Fokus der Gutachter steht nicht mehr der körperliche Hilfsbedarf, sondern die Beeinträchtigung der Selbstständigkeit. Je nach Umfang der Beeinträchtigung werden die Pflegebedürftigen in unterschiedliche Pflegegrade eingestuft.

Die Gutachter des MDK begutachten u. a. nach folgenden sechs Gesichtspunkten: Mobilität, Kognitive und kommunikative Fähigkeiten, Verhalten und psychische Probleme, Möglichkeit zur Selbstversorgung, Selbstständiger Umgang mit Krankheiten und Therapien, Gestaltung des Alltags und bestehender sozialer Kontakte.

M9

Die neuen Pflegeleistungen

Von 2017 an gibt es ein neues System für die Einstufung von Pflegebedürftigen:

alt			neu		
PFLEGE-STUFEN		Pflegegeld*	**PFLEGEGRADE**		Pflegegeld*
3	mit PEA	728 €	5	schwerste** …	901 €
	ohne PEA	728 €	4	schwerste …	728 €
2	mit PEA	545 €	3	schwere …	545 €
	ohne PEA	458 €			
1	mit PEA	316 €	2	erhebliche …	316 €
	ohne PEA	244 €			
0	mit PEA	123 €	1	geringe …	ggf. Zuschüsse

Beeinträchtigung der Selbstständigkeit

PEA = Personen mit erheblich eingeschränkter Alltagskompetenz (vor allem Demenzkranke)
*für häusliche Pflege, ohne Sachleistungen und Leistungen für vollstationäre Pflege
**mit besonderen pflegerischen Anforderungen

dpa•24878   Quelle: Medizinischer Dienst des Spitzenverbandes der Krankenkassen (MDS)

Familienpflegezeit

Um die Vereinbarkeit von Pflege und Beruf weiter zu stärken, wurde das Familienpflegezeitgesetz eingeführt. Danach besteht seit dem 1. Januar 2015 die Möglichkeit, zur Pflege eines nahen Angehörigen die Wochenarbeitszeit für einen Zeitraum von maximal 24 Monaten auf bis zu 15 Stunden zu reduzieren. In dieser sogenannten Familienpflegezeit besteht Kündigungsschutz und der Rechtsanspruch auf ein zinsloses Darlehen, um den Lebensunterhalt besser bestreiten zu können. Bei einer akut auftretenden Pflegesituation hat der Arbeitnehmer einen Freistellungsanspruch von bis zu zehn Arbeitstagen. In diesem Zeitraum erhält er ein sogenanntes Pflegeunterstützungsgeld.

Aufgaben

32 Beschreiben Sie, welche Aufgaben die Pflegeversicherung hat.

33 Ermitteln Sie, ab wann eine Person als pflegebedürftig gilt.

34 Legen Sie dar, welche Leistungen von der PV bezahlt werden.

35 *Erarbeiten Sie mit dem Sitznachbarn unter Beachtung von M9, wonach sich die Einteilung der Pflegestufen richtet, und erklären Sie die Pflegestufen mit den wesentlichen Merkmalen.*

36 *Arbeiten Sie heraus, was Sie unternehmen können, wenn plötzlich ein naher Familienangehöriger gepflegt werden muss.*

3.5 Rentenversicherung (RV)

Bei Einführung der Rentenversicherung im Jahre 1891 betrug der Beitragssatz 1,7%. Wenn man die in den einzelnen Lohnklassen zu zahlenden Beitragsmarken in Lohnprozent umrechnet, so ergibt sich für 1924 im Schnitt 3,5%, für 1928 im Schnitt 5,5%. Der Beitragssatz lag 1949 bei 10%, 1970 bei 17%, stieg bis auf 20,3% (1997–1999) an und lag 2007 bei 19,9%. 2013 fiel der Beitragssatz auf 18,9%. Durch die gut laufende Wirtschaft hätte 2014 der Satz auf 18,3% fallen müssen. Die neue Bundesregierung möchte aber Mütter, langjährig Versicherte und Erwerbsgeminderte besserstellen. Diese Besserstellung verursacht erhebliche Mehrkosten in der Rentenversicherung. Um die Finanzierung zumindest teilweise sicherzustellen soll der Beitragssatz bei 18,9% verbleiben.

Träger der Rentenversicherung ist die Deutsche Rentenversicherung.

Aufgabe der gesetzlichen Rentenversicherung ist die finanzielle Sicherung der Arbeitnehmer und ihrer Familien bei Erwerbsunfähigkeit, Alter und Tod. Die Finanzierung erfolgt im Wege des **Umlageverfahrens**, d.h., die jetzigen Arbeitnehmer zahlen die Renten der jetzigen Anspruchsberechtigten, also der aktuellen Rentner. Gehen die jetzigen AN in Rente erhalten diese ihre Leistungen durch die dann arbeitenden AN (**Generationenvertrag**).

Rentenbeitragshöhe

Seit 2015 liegt die Beitragshöhe bei 18,7%, die Beiträge werden jeweils zur Hälfte von Arbeitgeber und Arbeitnehmer getragen.

Versicherungskonto als Grundlage der Rentenberechnung

Grundlage der Leistungsberechnung sind die im persönlichen Versicherungsverlauf des Versicherten enthaltenen rentenrechtlichen Zeiten. Die Rentenhöhe ist vor allem an die im Laufe des Lebens einbezahlten Beiträge gebunden.

Rentenleistung

Die verschiedenen Renten sind
- Altersrente,
- Erwerbsminderungsrente,
- Erziehungsrente und
- Hinterbliebenenrente.

Dafür sind
- persönliche Voraussetzungen (z.B. Erwerbsminderung, Lebensalter) und
- versicherungsrechtliche Voraussetzungen (z.B. spezifische Wartezeiten) zu erfüllen.

Altersrente

Wer Altersrente zum 65. Lebensjahr beantragt, erhält nach geltendem Recht eine Rente ohne Zu- oder Abschläge. Jeder spätere Rentenbeginn erhöht die Rente (um 0,5% pro Monat bis zwei Jahre), jeder frühere Rentenbeginn mindert sie.

Die Regelaltersgrenze wird bis 2029 stufenweise auf 67 Jahre angehoben. Damit wird das 67. Lebensjahr im Jahr 2029 für den Jahrgang 1964 als Regelaltersgrenze wirksam.

M10

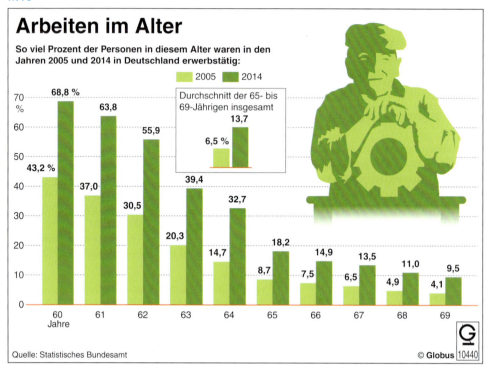

Beitragsbemessungsgrundlage (BBG)

Die BBG für 2017 liegt in den alten Bundesländern bei 6 350 € pro Monat.

Bundeszuschuss

Neben den Einzahlungen der Arbeitnehmer und der Arbeitgeber wird das System in erheblichem Umfang durch Bundeszuschüsse, also aus Steuermitteln, getragen.

Die im Jahr 2013 vom Bund zur allgemeinen gesetzlichen Rentenversicherung aufgebrachten Mittel betrugen 61,4 Mrd. €. Der Bundeszuschuss soll bis 2016 auf fast 66 Mrd. € pro Jahr steigen.

Aufgaben

 37 *Beschreiben Sie, welche Aufgabe die RV hat.*

 38 *Zeigen Sie auf, wovon die Rentenhöhe abhängt. Bekommen alle Rentner die maximale Höhe der Rente? Beachten Sie* M10.

 39 *Untersuchen Sie mit Ihrem Nachbarn, wie hoch der Beitragssatz für die RV und die BBG sind.*

 40 *Diskutieren Sie in der Klasse, warum der Bund über 66 Mrd. € in die Rentenkasse stecken musste?*

3.6 Arbeitslosenversicherung (AV)

Träger der Arbeitslosenversicherung ist die Bundesagentur für Arbeit mit Sitz in Nürnberg. Sie befasst sich mit Problemen des Arbeitsmarktes sowie der Beschäftigung des Einzelnen und der allgemeinen Beschäftigungslage in der Wirtschaft. Ihre Zweigstellen sind die Agenturen für Arbeit.

Versicherte und Beiträge

Die Arbeitslosenversicherung kennt ausschließlich Pflichtversicherte. Nicht von der Arbeitslosenversicherung erfasst werden in der Regel Selbstständige, Beamte, Studierende, Schüler und Beschäftigte in einem geringfügigen Beschäftigungsverhältnis.

Der Beitragssatz zur AV liegt bei 3% des Bruttoeinkommens.

Finanzielle Leistungen an Arbeitssuchende

Die finanzielle Sicherung in Zeiten der Arbeitslosigkeit ist eine unabdingbare Voraussetzung, um den unverschuldet arbeitslos gewordenen AN und seine Familie nicht in wirtschaftliche Not geraten zu lassen. Arbeitslosengeld I ist eine Entgelt- oder Lohnersatzleistung, die über die Arbeitslosenversicherung abgedeckt wird.

Arbeitslosengeld II (Hartz IV) ist eine Grundsicherung für erwerbsfähige, hilfsbedürftige Arbeitssuchende. Träger des Arbeitslosengeldes II ist der Bund.

Sicherung von Arbeitsplätzen

Die Maßnahmen zur Arbeitsplatzsicherung sollen dazu dienen, bestehende Arbeitsverhältnisse auch in ungünstigen Wirtschaftslagen und während vorübergehender Arbeitsausfälle zu erhalten. Daneben können solche Unternehmen Zuschüsse erhalten, die für Arbeitslose und ältere AN zusätzlich Arbeitsplätze schaffen.

Kurzarbeitergeld	Saison-Kurzarbeitergeld (früher Winterausfallgeld)	Maßnahmen zur Arbeitsbeschaffung
Zahlung an AN bis zu 18 Monate, die infolge von unvermeidbaren Arbeitsausfällen keinen oder nur einen gekürzten Lohn erhalten	Überbrückungsgeld, um Entlassungen in den Bereichen Baugewerbe, Gerüstbauer, Dachdecker und Garten- und Landschaftsbauer aus Witterungsgründen vom 01.12. bis 31.03. zu vermeiden	Zuschüsse zur Einrichtung von Arbeitsplätzen für Arbeitslose und ältere AN bis maximal 90% des Tariflohns

Arten der Arbeitslosenunterstützung

Arbeitslosengeld I (ALG I)	Arbeitslosengeld II (ALG II = Hartz IV)
Anspruch auf Arbeitslosengeld I hat, wer ■ arbeitslos ist, ■ bereit und fähig ist, eine Beschäftigung auszuüben (gilt nicht für Arbeitnehmer ab dem 58. Lebensjahr), ■ innerhalb der letzten zwei Jahre mindestens 360 Kalendertage beitragspflichtig beschäftigt war, ■ sich bei der Arbeitsagentur arbeitslos gemeldet hat und ■ einen Antrag auf Arbeitslosengeld I gestellt hat.	Anspruch auf Arbeitslosengeld II hat, wer ■ arbeitslos ist, ■ bereit und fähig ist, eine Beschäftigung auszuüben (mind. 3 Std. täglich), ■ bedürftig ist und ■ einen Antrag gestellt hat.
Grundsätzlich wird das Arbeitslosengeld I für höchstens 12 Monate gezahlt (Ausnahme für ältere Arbeitnehmer); nach Ablauf dieser Frist kann bei weiter bestehender Arbeitslosigkeit Arbeitslosengeld II beantragt werden.	ALG II wird bei Vorliegen der Anspruchsvoraussetzungen gezahlt und für ca. 6 Monate gewährt. Die Hilfsbedürftigkeit wird laufend geprüft.
Das Arbeitslosengeld I beträgt bei Leistungsempfängern ohne Kinder 60%, andernfalls 67% des letzten Nettoarbeitsverdienstes.	Das ALG II richtet sich nach dem Bedarf des Leistungsempfängers. Eigenes Vermögen und Einkommen der im Haushalt lebenden Angehörigen werden in die Berechnung einbezogen, Alterssicherungsvermögen bleibt in der Regel unberücksichtigt.

M11

Das Arbeitslosengeld
Angaben für Alleinstehende mit eigenem Haushalt pro Monat

Arbeitslosengeld I
Leistung für Personen, die in den vergangenen 2 Jahren vor der Arbeitslosigkeit mindestens **12 Monate versicherungspflichtig beschäftigt waren** (Regelanwartschaftszeit) und sich arbeitslos gemeldet haben

Dauer des Bezugs*
- Für bis 49-Jährige: 6 bis 12 Monate
- Für 50- bis 54-Jährige: 6 bis 15 Monate
- Für 55- bis 57-Jährige: 6 bis 18 Monate
- Für ab 58-Jährige: 6 bis 24 Monate

Höhe des Arbeitslosengeldes
- 60% des errechneten letzten Nettogehalts**
- Eigenes Nebeneinkommen wird mit berücksichtigt***, eigenes Vermögen nicht

Zusätzliche Leistungen
- Keine; bei Bedarf kann zusätzlich ein Antrag auf Arbeitslosengeld II gestellt werden

*je nach Dauer der Einzahlung in die Arbeitslosenversicherung in den vergangenen 5 Jahren
**berücksichtigt werden Gehälter der letzten 12 Monate
***jeweils abzgl. eines bzw. mehrerer Freibeträge; beim ALG I ist eine Tätigkeit unter 15 Stunden wöchentlich erlaubt

Arbeitslosengeld II („Hartz IV")
Grundsicherung für erwerbsfähige Personen im Alter **von mindestens 15 Jahren** bis zur gesetzlich festgelegten Altersgrenze (zwischen 65 u. 67 Jahren), die ihren **Lebensunterhalt nicht aus eigener Kraft und eigenen Mitteln** decken können

Höhe des Regelsatzes
- 404 Euro
- Eigenes Einkommen und Vermögen werden bei der Höhe der Leistung mit berücksichtigt***

Zusätzliche Leistungen
- Übernahme der Kosten für Unterkunft und Heizung soweit angemessen
- Eventuell Einmalleistungen als Darlehen oder Geld-/Sachleistung für Wohnungs-, Bekleidungserstausstattung und/oder Kosten für medizinische/therapeutische Geräte

Quelle: BA   Stand 2016   © Globus 10906

Aufgaben

41 Erklären Sie, wer Träger der Arbeitslosenversicherung ist.

42 Arbeiten Sie heraus, warum es die Arbeitslosenversicherung gibt.

43 Beschreiben Sie unter Beachtung von **M11** den Unterschied zwischen ALG I und ALG II.

44 Legen Sie dar, warum es Maßnahmen zur Arbeitsplatzsicherung gibt.

3.7 Unfallversicherung (UV)

Versicherungsträger

Träger der gesetzlichen Unfallversicherung sind
- Berufsgenossenschaften (z. B. Bau-Berufsgenossenschaft),
- Unfallkassen,
- landwirtschaftliche Berufsgenossenschaften.

Gewerbetreibende, Selbstständige, Freiberufler werden mit der Anmeldung automatisch Pflichtmitglied in der zuständigen Berufsgenossenschaft.

Versicherungspflicht

Versicherungspflicht besteht für alle
- Arbeitnehmer (Angestellte, Arbeiter, Auszubildende), unabhängig von der Art und Dauer der Beschäftigung und der Höhe des Einkommens, während der beruflichen Tätigkeit und auf dem Weg zur und von der Arbeit,
- Unternehmer, deren Unternehmen eine bestimmte Größe nicht überschreitet, während der beruflichen Tätigkeit und auf dem Weg zur und von der Arbeit,

- Kinder während des Kindergartenbesuchs,
- Schüler und Studenten während des Besuchs der Schule/Hochschule und auf dem Hin- und Rückweg,
- Lebensretter während der Hilfeleistung.

Beitragsaufbringung

Die Beitragshöhe ist unterschiedlich. Sie richtet sich nach dem Arbeitsverdienst der Arbeitnehmer des Unternehmens und dem Grad der Unfallgefahr (besonders unfallgefährdete Betriebe werden mit höheren Beiträgen belegt). Beitragszuschläge bzw. -nachlässe werden erhoben bei über- bzw. unterdurchschnittlicher Unfallhäufigkeit. Die Beiträge trägt der Arbeitgeber allein. Sie werden von ihm direkt an die zuständige Berufsgenossenschaft abgeführt.

Aufgabenbereiche der gesetzlichen Unfallversicherung

- Verhütung von Arbeitsunfällen (Prävention) und Erste Hilfe

  Beispiel
  Erlass und Überwachung von Unfallverhütungsvorschriften

- Entschädigung durch Geldleistung

  Beispiel
  Zahlung von Verletztengeld, bei Tod durch Arbeitsunfall Zahlung von Witwen- und Waisengeld

- Leistungen zur Rehabilitation

  Beispiel
  Berufsfindung nach Arbeitsunfall

Maßnahmen im Bereich der Unfallverhütung

Die Unfallverhütung ist ein Schwerpunkt der Unfallversicherung. Zu diesem Zweck werden von den Berufsgenossenschaften (Unfallversicherungsträger) Unfallverhütungsvorschriften erlassen. Die Berufsgenossenschaften überwachen die Einhaltung der Vorschriften. Bei Verstößen können Bußgelder bis zu 10 000 € verhängt werden.

Aufgaben

45 Untersuchen Sie, wer Träger der gesetzlichen Unfallversicherung ist.

46 Wo darf bei einem Arbeitnehmer ein Unfall geschehen, damit die Unfallversicherung eingreift?

47 Arbeiten Sie heraus, wonach sich die Beitragsaufbringung richtet.

48 Erläutern Sie, welche Leistungen die gesetzlichen Unfallversicherer erbringen.

49 Ermitteln Sie, wie versucht wird, Berufsunfälle zu verhindern.

3.8 Sonstige staatliche Maßnahmen zur sozialen Sicherheit

Die Ausgaben für Sozialhilfe beliefen sich 2013 auf 35,5 Mrd. €

Sozialhilfe

Es gibt verschiedene weitere staatliche Maßnahmen, die der sozialen Absicherung dienen. Die bekannteste ist die Sozialhilfe, bei der z. B. nicht erwerbsfähige Personen Hilfe zum Lebensunterhalt erhalten. Träger der Sozialhilfe sind in der Regel die kreisfreien Städte und Landkreise, die auch die anfallenden Kosten übernehmen müssen.

Grundsicherung erhielten im Juni 2015 genau 1 017 627 Menschen in Deutschland.

Grundsicherung

Neben der Grundsicherung für Arbeitslose (Arbeitslosengeld II = Hartz IV) gibt es eine aus Steuermitteln finanzierte Grundsicherung für alle, die endgültig aus dem Erwerbsleben ausgeschieden sind (Rentner und dauerhaft Erwerbsgeminderte). Ein Anspruch auf Grundsicherung ist gegeben, wenn das Gesamteinkommen gewisse Grenzen nicht überschreitet.

M12

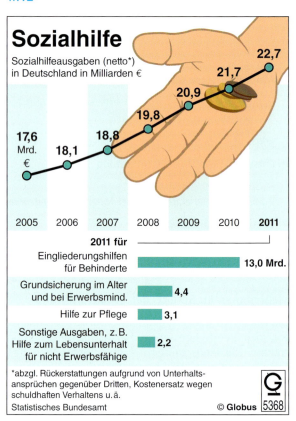

Kindergeld

Das Kindergeld soll eine Grundversorgung des Kindes sicherstellen. Es ist keine Sozialleistung, sondern wird aus Steuergeldern bestritten.

Wohngeld

Steigende Mieten sind in Deutschland ein großes Problem. Damit Wohnungen bezahlbar bleiben, kann Wohngeld beantragt werden, wenn bestimmte Einkommensgrenzen eingehalten werden.

Ausbildungsförderung (BAföG)

BAföG kommt immer dann zum Einsatz, wenn der Betroffene sich den Schul- oder Universitätsbesuch oder eine andere Ausbildung nicht leisten kann und somit auf finanzielle Unterstützung angewiesen ist.

Aufgaben

 50 Diskutieren Sie in der Klasse, welchen Sinn die Maßnahmen zur sozialen Sicherheit haben.

 51 Beschreiben Sie die Maßnahmen, die der Staat ergreift, um die soziale Sicherheit zu gewährleisten.

 52 Die Wirtschaft boomt und dennoch steigen die Ausgaben für Sozialhilfe an (M12). Versuchen Sie zu bewerten, was hier nicht zusammenpasst.

3.9 Private Vorsorgemöglichkeiten

Der Staat garantiert die Grundversorgung. Wer mehr Vermögen aufbauen will, kann privat vorsorgen. Der Staat unterstützt drei Arten des Vermögensaufbaus, die im Weiteren besprochen werden.

Bausparvertrag

Bei einem Bausparvertrag wird monatlich eine bestimmte Summe vom Betroffenen angespart, hinzu kommt ein Bonus des Arbeitgebers. Am Ende des Jahres gewährt der Staat noch Steuervorteile. Auf diese Weise werden im Laufe der Jahre z. B. 40 % der Bausparsumme angespart. Die restliche Summe bekommt der Bausparer als Bausparkredit.

Früher war ein Bausparvertrag ein üblicher Bestandteil der Baufinanzierung. Sein Vorteil war neben günstigen Zinsen die nachrangige Absicherung. Mit den seit einigen Jahren ohnehin sehr günstigen Zinsen für Baukredite ist seine Bedeutung erheblich gesunken. Ein bleibender Vorteil ist, dass Bauwillige Eigenkapital für den späteren Bau oder Kauf aufbauen.

Private Rente

Die gesetzliche Altersversorgung baut auf dem Umlagesystem auf, welches über den Generationenvertrag abgesichert wird. Die jetzigen Arbeitnehmer finanzieren also die aktuellen Rentner. Dieses System stößt bei steigenden Rentnerzahlen und abnehmenden Geburten allerdings an seine Grenze.

Als Alternative gibt es die private und betriebliche Altersversorgung. Die private Altersversorgung basiert auf dem Prinzip der Kapitaldeckung. Die Versicherten sparen monatlich eine bestimmte Summe an und erhalten im Alter, z. B. ab dem 65. Lebensjahr, die angesparten Kapitalerträge. Zu der ersparten Summe kommen noch die Zinsen, abgezogen wird der Verwaltungsaufwand. Die dann zur Verfügung stehende Summe wird als Rente monatlich ausgezahlt.

Der Staat unterstützt den Aufbau einer privaten Rente mit Steuervorteilen. Der Aufbau privater Altersversorgung leidet allerdings seit mehreren Jahren unter den niedrigen Zinsen, sodass auf diesem Weg kaum noch Altersvermögen aufgebaut werden kann.

Betriebliche Altersversorgung

Bei der betrieblichen Altersversorgung leistet der Arbeitgeber für seine Arbeitnehmer Versorgungsleistungen. Diese Vorsorgeleistungen werden ausgezahlt im Fall von Rente, Invalidität oder Tod. Die betriebliche Altersversorgung ist möglich für Arbeiter, Angestellte, Geschäftsführer oder Vorstände; sie ist ausgeschlossen für Beamte, Selbstständige und Freiberufler.

Aufgaben

 53 Arbeiten Sie heraus, welche privaten Vorsorgemöglichkeiten der Staat unterstützt.

 54 Stellen Sie fest, welchen Schwierigkeiten der Aufbau einer privaten Rente begegnet.

 55 Diskutieren Sie in der Klasse, warum eine private Altersversorgung sinnvoll sein könnte.

3.10 Risiken und Schwächen im System der sozialen Sicherung

Zum größten Risiko der sozialen Sicherung ist der demografische Wandel geworden. Dieser wirkt sich auf unterschiedliche Weise auf die soziale Sicherung aus.

3.10.1 Demografischer Wandel

Es kommt zum demografischen Wandel, da Geburtenrückgang und Alterung der Gesellschaft zusammentreffen. Die Folgen für die Sozialversicherung sind dramatisch. Die Kosten für die Renten-, Kranken- und Pflegeversicherung steigen dramatisch an, da immer mehr alte Menschen von einer immer kleineren Gruppe junger Menschen finanziert werden müssen. Hinzu kommt, dass alte Menschen auch häufiger krank und pflegebedürftig sind als junge Menschen und somit die Kosten weiter steigen. Dieser Wandel hat alle Industrieländer erfasst, ebenso China. Da die Arbeitgeber in Deutschland etwa die Hälfte der Kosten der Sozialversicherung tragen, wird die Wettbewerbsfähigkeit der Industrie verschlechtert, da der Faktor Arbeit sich verteuert und somit die Produktionskosten steigen.

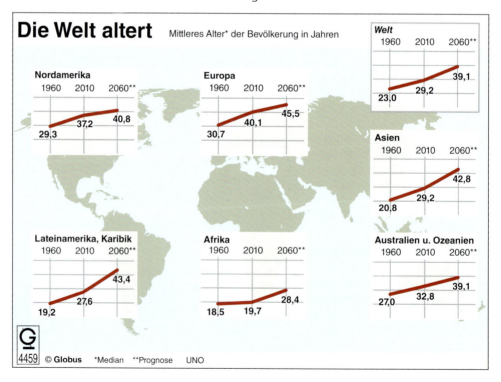

3.10.2 Grundlegende Reformstrategien

Damit die Kosten der Sozialversicherung nicht ins Uferlose steigen, haben verschiedene deutsche Regierungen Reformen eingeleitet, die eine Kostenexplosion bisher verhindert haben. So wurde z. B. das Renteneintrittsalter von 65 auf 67 Jahre erhöht. Das Rentenniveau wird bis 2030 von derzeit 51 % auf 43 % des durchschnittlichen Nettolohns vor Steuern sinken.

Es ist allerdings absehbar, dass auch diese Reformen noch nicht ausreichen. Da von Jahr zu Jahr die durchschnittliche Lebensdauer steigt, muss wahrscheinlich das Renteneintrittsalter weiter erhöht werden. 2014 wurde die Rente mit 63 eingeführt, für Beitragszahler, die 45 Jahre in die Rentenkasse eingezahlt haben. Die Rente mit 63 beschleunigt z. B. den Facharbeitermangel in der deutschen Industrie, worauf das IW Köln am 10.12.2015 hinwies.

Im Bereich der Krankenversicherung sollen die Selbstbeteiligung und die Möglichkeit der Krankenkassen, individuelle Zusatzbeiträge zu erheben, die Kostenexplosion stoppen.

Ein weiterer wichtiger Punkt ist eine regelmäßige Zuwanderung ins Land. Solange junge, gut ausgebildete Menschen zuwandern, wird z. B. der Bevölkerungsverlust gemildert oder verhindert und es stehen genug Fachkräfte zur Verfügung. Ab etwa einer Nettozuwanderung von 300 000 Menschen im Jahr kann das Bevölkerungsniveau gehalten werden. Ob die Zuwanderung von über 1 Millionen Menschen 2015 das soziale System und den Arbeitsmarkt stabilisieren kann bleibt abzuwarten. Bundesarbeitsministerin Andrea Nahles geht davon aus, dass noch nicht einmal jeder Zehnte Zuwanderer direkt am Arbeitsmarkt zu vermitteln ist und diese erst für den deutschen Arbeitsmarkt fit gemacht werden müssen. Das Wirtschaftsministerium und Ökonomen plädieren für eine schnelle Aus- und Weiterbildung der Flüchtlinge, nur so könne eine der aktuell größten Herausforderung in der Gesellschaft gelöst werden.

Um das Sozialsystem zu stabilisieren, finanziert der Bund über Steuergelder mittlerweile erhebliche Teile der Sozialausgaben. Dadurch stehen allerdings nur noch begrenzte Finanzmittel für beispielsweise Zukunftsinvestitionen in der Forschung zur Verfügung.

Unterscheidung Flüchtling, Migrant und Asylbewerber

Flüchtlinge sind nicht nur politisch Verfolgte. Hierzu zählen auch Menschen, denen z. B. wegen Rasse oder Religion in ihrer Heimat Gefahren drohen. Im Unterschied zu Asylberechtigten muss die Gefahr dabei nicht vom Staat ausgehen. Wird ein Mensch in Deutschland als Flüchtling aufgenommen, bekommt er sofort eine Arbeitserlaubnis.

Beantragen Menschen in Deutschland Asyl, wird ihr Antrag von Mitarbeitern beim Bundesamt für Migration und Flüchtlinge (BAMF) bearbeitet. Dort wird entschieden, ob der Bewerber asylberechtigt ist oder ob er einen Flüchtlingsstatus erlangt. Bis eine Entscheidung des BAMF vorliegt vergehen zwischen sechs Monate und zwei Jahre.

Das Asylrecht ist im Grundgesetz geregelt. Politisch Verfolgten steht Asyl zu. Notsituationen wie z. B. Armut gelten nicht als Grund.

Meist ist von Migranten die Rede, wenn Menschen ihre Heimat verlassen, um in einem anderen Land bessere Lebensbedingungen zu erreichen.

Wichtiges Wissen

	Krankenversicherung seit 1883	Pflegeversicherung seit 1995	Rentenversicherung seit 1889	Arbeitslosenversicherung seit 1927	Unfallversicherung seit 1884
Träger	Gesetzliche KV ■ Ortskrankenkassen ■ Betriebskrankenkassen ■ Innungskrankenkassen ■ Ersatzkassen	Die Pflegekassen, die bei den gesetzlichen Krankenkassen errichtet wurden	Deutsche Rentenversicherung	Bundesagentur für Arbeit	■ Berufsgenossenschaften ■ Unfallkassen
Rechtsquellen	4. Buch SGB 5. Buch SGB	4. Buch SGB 11. Buch SGB	4. Buch SGB 6. Buch SGB	3. Buch SGB 4. Buch SGB 7. Buch SGB	4. Buch SGB 7. Buch SGB
Gesetzliche Versicherungspflicht	Im Jahr 2017 bis 4 800 € monatlich oder 57 600 € jährlich	Im Jahr 2017 bis 4 800 € monatlich oder 57 600 € jährlich	Für alle AN; Versicherungsfreiheit besteht für z. B. Selbstständige und Beamte	Für alle AN; Versicherungsfreiheit besteht für z. B. Selbstständige und Beamte	Besteht für alle AN (Angestellte, Arbeiter, Auszubildende)
Beitragsbemessungsgrenze	Die Höhe der Beiträge wird maximal von einem Gehalt von monatlich 4 350 € bzw. jährlich 52 200 € für 2017 berechnet.	Die Höhe der Beiträge wird maximal von einem Gehalt von monatlich 4 350 € bzw. jährlich 52 200 € für 2016/2017 berechnet.	Die BBG für 2016/2017 liegt in den alten Bundesländern bei monatlich 6 350 € bzw. jährlich 76 200 €.	Die BBG für 2016/2017 liegt in den alten Bundesländern bei 6 200 € pro Monat.	
Leistungen und Aufgaben	Zu den Leistungen der GKV gehören z. B.: ■ Kosten für ärztliche Behandlung ■ Teilweise Fahrtkosten ■ Arzneimittel ■ Vor- und Nachsorge ■ Haushaltshilfen ■ Zahnärztliche Behandlung ■ Teilweise Zahnersatz	Die Leistungen richten sich nach dem Grad der Pflegebedürftigkeit. Es können Dienst-, Sach- und Geldleistungen erbracht werden.	Die verschiedenen Renten sind ■ Altersrente, ■ Erwerbsminderungsrente, ■ Erziehungsrente und ■ Hinterbliebenenrente.	Finanzielle Sicherung, aber auch Sicherung von Arbeitsplätzen über z. B. Kurzarbeitergeld oder Maßnahmen zur Arbeitsbeschaffung	U. a. Verhütung von Arbeitsunfällen
Höhe der Beiträge	Der Beitragssatz liegt seit 2015 bei 14,6 %. Die GKV kann einen Zusatzbeitrag bis 1,7 % erheben.	Der Beitragssatz liegt bei 2,3 %; für Kinderlose ab dem 23. Lebensjahr + 0,25 %.	Seit 2015 liegt die Beitragshöhe bei 18,7 %.	Beitragssatz liegt bei 3 %	Beitragshöhe ist individuell unterschiedlich
Finanzierung	AN: 7,3 % AG: 7,3 %, höhere Kosten trägt ausschließlich der AN	AN ohne Kind: 1,575 % AN mit Kind: 1,425 % AG: 1,275 %	AG und AN jeweils 50 % = 9,35 %	AN: 1,5 % AG: 1,5 %	AG trägt die Kosten

Anforderungssituation 5

Chancen und Risiken globaler Vernetzung – Wirtschaftliche Möglichkeiten, rechtliche Aspekte und ethische Grenzen des Internets

Kompetenzen

In diesem Kapitel lernen Sie die vielfältigen Möglichkeiten und Vorteile einer global vernetzten Gesellschaft, aber auch deren Schattenseiten kennen.

Sie entwickeln Strategien für einen sicheren und verantwortungsbewussten Umgang mit Daten und Informationen in sozialen Netzwerken, setzen sich mit rechtlichen Hintergründen auseinander und können auf deren Basis die Konsequenzen bei Verletzungen des Persönlichkeits- oder Urheberrechts sowie im Falle von Datenmissbrauch einschätzen.

Zudem lernen Sie, Ihr eigenes Mediennutzungsverhalten kritisch zu reflektieren.

1 Globalisierung

Zur Person

Helmut Schmidt, geboren am 23.12.1918 und am 10.11.2015 verstorben in Hamburg, war in der Zeit von 1974 bis 1982 deutscher Bundeskanzler.
In seine Amtszeit fielen schwierige Entscheidungen, beispielsweise im sogenannten Deutschen Herbst.
Der bekennende Raucher und Atomkraftbefürworter Schmidt war aufgrund seines ökonomischen Sachverstandes und politischer Weitsicht einer der gefragtesten Interviewpartner in Printmedien und Fernsehen.

M1

„Globalisierung bedeutet nicht, dass alle anderen Menschen nach der westlichen Façon selig werden müssen."

M2

Der ökonomische Aufstieg Chinas, Indiens und anderer Schwellenländer wird sich fortsetzen. Zugleich wird die Zahl der an der Weltwirtschaft beteiligten Menschen in den außereuropäischen Kontinenten weiterhin zunehmen. Die neu hinzutretenden Konkurrenten werden zur Herstellung von Produkten fähig sein, die bisher Domäne der alten Industriestaaten gewesen sind, insbesondere Amerikas, Japans und Westeuropas. Das gilt heute schon für relativ einfache Produkte, übermorgen wird es auch für Hightech-Produkte gelten.

Ohne Ausnahme aber werden die außerhalb Europas sich neu an der Weltwirtschaft beteiligenden Menschen einstweilen mit viel niedrigeren Löhnen, niedrigeren Sozialleistungen und mit einem insgesamt niedrigeren Lebensstandard zufrieden sein. Außerdem werden sie länger arbeiten und fleißiger sein als die Europäer. Weshalb die neuen Konkurrenten ihre Produkte zu relativ niedrigen Preisen anbieten und zum Beispiel deutsche Produkte von den Weltmärkten verdrängen. Dieser Verdrängungsprozess hat gerade erst begonnen. Gestern ging es noch um Kinderspielzeug aus Plastik, inzwischen geht es um Autos und Containerschiffe, um Software für Computer und Mobiltelefone, morgen wird es um Flugzeuge und Maschinen gehen.

Die Globalisierung des wissenschaftlichen und technischen Fortschritts hat längst begonnen, ebenso die Globalisierung der Energie- und Rohstoffmärkte – Öl, Erdgas und Stahl an der Spitze – sowie der Finanzmärkte. Die Globalisierung aller industriellen Produktmärkte steht noch bevor, aber auch sie wird unvermeidlich eintreten.

Helmut Schmidt: Außer Dienst, München: Siedler Verlag, 2008, S. 247

Arbeitsvorschläge

1. Was könnte Altkanzler Helmut Schmidt zur Aussage M1 bewegt haben?

2. Hat Helmut Schmidt mit seiner Aussage M2 *Ihrer Meinung nach recht? Wenn ja, welche Auswirkungen hat die von ihm beschriebene Entwicklung für Deutschland und Europa?*

1 Globalisierung

1.1 Aspekte der Globalisierung

Kaum ein Thema wird in den letzten Jahren so intensiv diskutiert wie die Globalisierung. Dabei gehen die Meinungen von Befürwortern und Gegnern stark auseinander. Erstere verbinden mit Globalisierung nahezu unbegrenzte persönliche und gesellschaftliche Entfaltungsmöglichkeiten, die Annäherung von Religionen und Kulturen sowie weltweiten Aufschwung und Wohlstand durch Wirtschaftswachstum.

Globalisierungsgegner befürchten hingegen, dass die Schere zwischen Arm und Reich immer weiter auseinandergeht, Religionen und Kulturen ihre Eigenständigkeit verlieren und der angestrebte Wohlstand durch die Ausbeutung endlicher Rohstoffe teuer erkauft wird. Zudem werden zunehmende Schnelllebigkeit und ein Diktat des Geldes bemängelt.

Automobil – Gottlieb Daimler und Carl Benz

Zu welcher Seite in dieser vielschichtigen Diskussion man auch immer tendiert, es existieren bestimmte Aspekte der Globalisierung, die weder wegdiskutiert noch rückgängig gemacht werden können. Diese Aspekte resultieren aus länder- und kulturübergreifenden Entwicklungen, deren Ende nicht abzusehen ist.

1.1.1 Mobilität

Unter „Mobilität" versteht man im geografischen Sinne die Fähigkeit, sich zwischen zwei Orten hin und her zu bewegen. Die Distanz, die innerhalb einer bestimmten Zeit zurückgelegt wird, ist dabei in erster Linie davon abhängig, welches technische Hilfsmittel man verwendet. Vor der Erfindung von Flugzeug, Eisenbahn und Automobil war Mobilität umständlich, stark eingeschränkt und mit bestimmten Gefahren, wie überfallen zu werden, verbunden.

Heute sind die genannten Verkehrsmittel aus unserer Gesellschaft nicht mehr wegzudenken.

Die Erfindung des Automobils (aus dem Griechischen von auto = selbst und mobil = bewegen) durch Carl Benz (1844–1929) im Jahr 1886 führte zu einer Umwälzung gesellschaftlicher Strukturen und legte den Grundstein für die heutige moderne Mobilitätsgesellschaft. Obwohl das heutige Unternehmen Daimler-Benz eine Fusion der Unternehmen von Carl Benz und Gottlieb Daimler (1834–1900) ist, waren Daimler und Benz infolge eines Rechtsstreits um Patente zu Lebzeiten verfeindet und sprachen kein Wort miteinander.

In 80 Tagen um die Welt

Als Jules Verne (1828–1905) sein wohl berühmtestes Buch im Jahre 1873 veröffentlichte, hätte er wohl nicht im Traum daran gedacht, dass man rund 100 Jahre später bereits an einem einzigen Tag den Globus umrunden kann.

Im 19. Jahrhundert war die Zeitspanne von 80 Tagen mehr als knapp bemessen. Gäbe es Brücken über die Weltmeere, wäre es heute möglich, bei einer Fahrgeschwindigkeit von 100 km/h und einer Fahrzeit von acht Stunden am Tag den Globus gemütlich in der Hälfte dieser Zeit zu umrunden.

Die Wahl des Verkehrsmittels hängt von der Strecke ab, die man zurücklegen möchte.

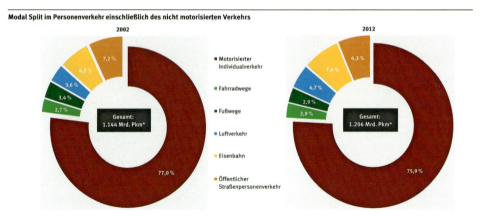

Insbesondere durch den Flugverkehr ist man heute in der Lage, auch große Distanzen in kurzer Zeit zurückzulegen. Dies kann im Falle eines Urlaubs auf einem anderen Kontinent nützlich sein, kommt aber vor allem dem globalen Handel, der Produktion sowie der Wirtschaft allgemein zugute. So ist es problemlos möglich, innerhalb weniger Tage auf mehreren Erdteilen Verhandlungen zu führen, um Geschäfte abzuschließen.

Darüber hinaus wird es einfacher, seinen angestammten Kulturkreis ganz zu verlassen und an einem weit entfernten Ort etwas Neues zu beginnen. Bei dieser Form der Mobilität spricht man von **Wanderung**.

1.1.2 Internationale Arbeitsteilung

Eines der wesentlichsten Merkmale der Globalisierung und wirtschaftlich gesehen ihr Herzstück ist die internationale Arbeitsteilung. Arbeitsteilung bildet grundsätzlich die Basis einer hoch entwickelten Gesellschaft, da im Idealfall jeder seine Stärken und Fähigkeiten optimal einbringen kann. Auch moderner Handel funktioniert nur mit spezialisierter Arbeitsteilung.

Die internationale Arbeitsteilung ist dabei einer rein nationalen Arbeitsteilung überlegen, da hier jeder Staat die Leistung einbringt, die aus rein wirtschaftlicher Sicht betrachtet seine Stärke ist. Ein Gut kann so erstens zumeist deutlich günstiger produziert werden, als dies rein national möglich wäre, und zweitens erzielen alle beteiligten Staaten Gewinne durch Produktion und/oder Konsum. So verzeichneten in der Vergangenheit nahezu alle Entwicklungs- und Schwellenländer (vgl. auch AS 6, 2.1.3), die sich der internationalen Arbeitsteilung öffneten, ein höheres Wirtschaftswachstum als solche, die dies nicht taten. Dieses Wachstum führt mittelfristig zu höherem Wohlstand für die Gesamtbevölkerung. Diese Zusammenhänge wurden übrigens bereits 1817 vom Wirtschaftswissenschaftler und Nationalökonom David Ricardo erkannt und thematisiert.

1 Globalisierung

M3

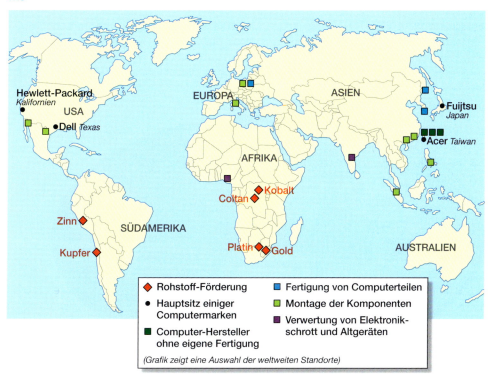

Fair Trade

Das Siegel für fairen Handel

Fair Trade ist eine Strategie zur Armutsbekämpfung. Durch gerechtere Handelsbeziehungen sollen die Situation der benachteiligten Produzentenfamilien in Afrika, Asien und Südamerika verbessert, die Binnenwirtschaft gestärkt und langfristig ungerechte Weltwirtschaftsstrukturen abgebaut werden. Fair-Trade-zertifizierte Bauern-Kooperativen und Plantagen erhalten für ihre Produkte ein stabiles Einkommen.
TransFair, abgerufen unter www.fairtrade-deutschland.de/ueber-fairtrade/ [17.06.2016]

Eine der bekanntesten Unterstützerinnen von Fair Trade ist die Band Coldplay um Frontmann Chris Martin.

Die Funktionsweise der internationalen Arbeitsteilung wird im Schaubild oben dargestellt.

Kritiker sehen in der internationalen Arbeitsteilung eine Ausbeutung der Dritten Welt zugunsten eines erhöhten Profits der Industrienationen. Dies führte bereits zu Initiativen wie „Fair Trade".

1.1.3 Globale Vernetzung

Einen wesentlichen Anteil am Globalisierungsprozess hat die schnelle Entwicklung der globalen Vernetzung. Angeschoben von technischen Innovationen wie der Erfindung des Telefons, des Faxgerätes und insbesondere des Computers, beschleunigt sich der Vernetzungsprozess, vor allem in wirtschaftlicher Hinsicht, durch die Nutzung des World Wide Web immer mehr.

Über Landesgrenzen, Zeitzonen und Kulturen hinweg ist es möglich, rund um die Uhr privat zu kommunizieren, einzukaufen oder Geschäftsabschlüsse zu tätigen.

Dies ist durch den flächendeckenden Einsatz von Smartphones zumindest in den Industrienationen inzwischen mehr Selbstverständlichkeit als Ausnahme und wird nach Meinung zahlreicher Experten in den kommenden Jahren auch in Schwellen- und Entwicklungsländern immer mehr zum Standard werden.

1.2 Die moderne Informationsgesellschaft

Bahnbrechend?
Wichtige Erfindungen im Bereich der Kommunikation:

Telegrafie/Morse: Datum der Erfindung der optischen Telegrafie (Auswertung von Buchstabencodes) nicht exakt bestimmbar. Die elektrische Telegrafie wird seit ca. 1833 genutzt.

Telefon: aus dem Griechischen von tele = fern und phone = Sprache. Philipp Reis erfand das Telefon 1860.

Telefax: Erfindung 1848, kommerzielle Nutzung ab 1974

E-Mail: ab Ende der 1980er-Jahre

SMS: seit dem 3. Dezember 1992

Thomas Alva Edison

werden zwar zahlreiche Erfindungen auf dem Gebiet der Telekommunikation zugeschrieben, seine Erfindungen waren allerdings zumeist Weiterentwicklungen bereits bestehender Techniken.

Unter dem nicht exakt definierten Begriff „Informationsgesellschaft" wird im Allgemeinen verstanden, dass nahezu sämtliche Informationen überall virtuell vorhanden sind und weltweit von fast jedem beliebigen Ort aus zur Verfügung stehen. Die Informationsgesellschaft ist also nicht allein ein Aspekt der voranschreitenden Globalisierung, sondern vielmehr ihr Idealbild.

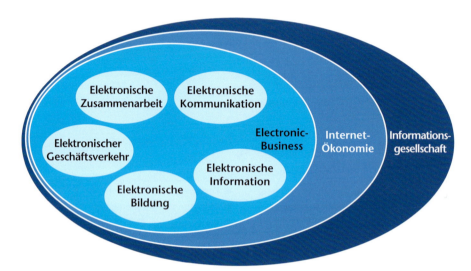

War man früher auf mehrschrittige, zeitraubende und bisweilen umständliche Informationsübermittlung angewiesen, können heute länder- und sprachübergreifend beliebig viele Informationen in Sekundenschnelle ausgetauscht, gespeichert und verwertet werden.

Die Erfindung und Entwicklung der einzelnen neuen Kommunikationsmittel bedeutete stets auch einen messbaren Gewinn an nutzbarer Zeit für die Gesellschaft. Die Übermittlung von Informationen mittels vernetzter Computer stellt den bislang größten Sprung dar, der es erlaubt, Informationen nahezu in Echtzeit zu übertragen. Hierdurch entwickeln und ändern sich Geschäftsbeziehungen, Prozesse und Strukturen. Mit der Computermaus erschließt man sich heute ab dem Grundschulalter die Welt. Ohne seine Umgebung verlassen zu müssen, kann jederzeit und überall Zugriff auf Informationen genommen werden.

Die Übermittlung und Nutzung von Informationen aus den verschiedensten Bereichen von Wissenschaft und Technik führt darüber hinaus zu einem zunehmenden Potenzial an Wissen. Die Informationsgesellschaft ist also auch eine Wissensgesellschaft; beide Begriffe werden daher oft gleichartig (synonym) verwendet.

Unverzichtbare Grundlage und Voraussetzung zum Funktionieren der modernen Informationsgesellschaft sind jedoch technische Geräte, die ein weltumspannendes Netzwerk bilden: das Internet.

Aufgaben

3   Finden Sie weitere Beispiele für Produkte aus Ihrer Lebenswelt, die wie in M3 dargestellt durch internationale Arbeitsteilung hergestellt wurden, und beschreiben Sie den Prozess.

1.3 Das Internet

Das Wort „Internet" leitet sich ab von den englischen Begriffen *inter*connected *net*work (untereinander verbundenes Netzwerk) und ist nichts anderes als ein weltweites Netzwerk, in dem alle Formen von Daten übermittelt werden.

Obwohl als gleichartiger Begriff verwendet, ist das WWW (World Wide Web) nicht das Internet selbst, sondern lediglich der meistgenutzte und populärste Internetdienst.

Mittels der Internetdienste können prinzipiell alle Rechner zwecks Datenaustausch miteinander verbunden werden. Dieser Austausch wird durch Internetprotokolle vollzogen.

Seit einigen Jahren können auch Fernsehen und Radio über das Internet empfangen werden, auch das Telefonieren ist im Netz möglich.

Kalter Krieg
Unter dem „Kalten Krieg" versteht man den Konflikt zwischen den NATO-Staaten unter Führung der USA und dem Warschauer Pakt unter Führung der damaligen UdSSR. Ausgangspunkt war die Iran-Krise 1945, als beendet gilt der Kalte Krieg mit der Reformpolitik des ehemaligen Sowjetpräsidenten Michail Gorbatschow.

1.3.1 Die Anfänge

Die Anfänge des Internets gehen bis in die 50er-Jahre des letzten Jahrhunderts zurück. 1957 entwickelte im Zuge des Kalten Krieges die Firma RAND in Kalifornien für das amerikanische Verteidigungsministerium das Konzept für ein militärisches Netzwerk, das auch nach teilweiser Zerstörung durch einen Atomschlag noch funktionsfähig bleiben sollte.

Schon 1958 wird das Projekt ARPA (Advanced Research Projects Agency) gegründet, das die Entwicklung von Computernetzwerken mit Nachdruck vorantreibt und dabei auch externe Forschungsstellen einbezieht und verknüpft.

Am 2. September 1969 wurde im Labor von Leonard Kleinrock an der Universität von Kalifornien in Los Angeles (UCLA) der erste Computer an einen Interface Message Processor (IMP) angeschlossen.

Die Aufgabe dieses IMP bestand darin, Daten zu senden und zu empfangen, den Empfang zu überprüfen und das Senden zu wiederholen, falls etwas misslungen war. Die Bedeutung und Tragweite dieses Vorgangs wurde zunächst weder von Kleinrock selbst noch von seinen Mitarbeitern erkannt:

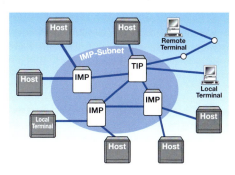

Das erste ARPA-Netzwerk

Zur Person

Leonard Kleinrock, geb. 13. Juni 1934 in New York City, studierte Elektrotechnik. Nach seinem Abschluss promovierte er und wurde Professor in Los Angeles.
Im Jahr 2007 wurde Kleinrock die National Medal of Science für seine Verdienste um Computernetzwerke verliehen.

> „Wir hielten das nicht gerade für einen historischen Moment, hatten noch nicht einmal eine Kamera dabei. Aber es war die Geburtsstunde des Internets."

Detlef Borchers: Das Internet wird 30, 02.09.1999, Spiegel Online, abgerufen unter www.spiegel.de/netzwelt/tech/geburtstag-das-internet-wird-30-a-39340.html [20.05.2016]

1.3.2 Entwicklung bis heute

Ende 1969 wurde mit ARPA das erste Netz mit vier teilnehmenden Universitäten in Betrieb genommen, 1971 umfasste ARPA bereits 30 Teilnehmer. 1973 weitete sich mit dem Anschluss Englands und Norwegens das Netz international aus, 1977 verfügte ARPA über einen Satelliten, ein Funknetz sowie das Ethernet. Von nun an erweiterte sich das Netz jedes Jahr. 1979 kam das Usernet, 1981 das Bitnet und 1982 in Europa das Eunet hinzu.

Wichtige technische Internetbegriffe:

Domain: Teilbereich des Domain Name Systems (DNS).
Dieses folgt einem hierarchischen Aufbau ähnlich dem eines Organigramms.

Host: in ein Rechnernetz eingebundenes Rechnersystem mit zugehörigem Betriebssystem

Server: Programm, das auf die Kontaktaufnahme eines Clients wartet, um eine bestimmte Dienstleistung für ihn zu erbringen

Browser: spezielle Computerprogramme zur Darstellung von Webseiten oder allgemein von Dokumenten und Daten

Provider: Internetdienstanbieter

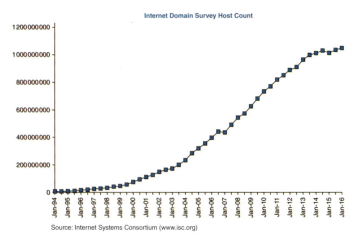

1984 wurde der Domain Name Server (DNS) eingeführt und noch im selben Jahr die Zahl von 1 000 Hosts geknackt. Im Jahr 1991 wurde das Netz weltumspannend und erhielt von Tim Berners-Lee den Namen World Wide Web (WWW). Heute ist das Internet aus dem täglichen Leben nicht mehr wegzudenken und wird als Informationsquelle, Kommunikationsmittel und Zeitvertreib genutzt. 1998 brachte Nokia das erste Handy auf den Markt, mit dem man auch im Internet surfen konnte. Im selben Jahr entwickelten Sergey Brin und Larry Page die Suchmaschine Google.

2004 schließlich war es der Student Mark Zuckerberg, der mit Facebook ein weltumspannendes soziales Netzwerk gründete, das heute bereits mehr als eine Milliarde angemeldete Nutzer hat.

1.3.3 Ausblick

In welche Richtung sich das Internet in der näheren Zukunft bewegt, kann natürlich niemand genau vorhersagen. Es gibt aber durchaus Tendenzen, bestehende Möglichkeiten zu erweitern oder das Netz in neue gesellschaftliche Bereiche zu integrieren. Beispielhaft werden im Folgenden drei Szenarien entworfen.

M4
Szenario 1: Der erste Internetpräsident

Das Netz ist allgegenwärtig: in der Schule, in Kaufhäusern, im Privatleben. Die Organisation „Politische Blogger für eine bessere Zukunft" (PBZ) hat durch gezielte Manipulation der Öffentlichkeit die Kontrolle über das politische Meinungsbild an sich gerissen. Durch eine Verfassungsänderung ist es nun möglich, Präsidenten und Minister per Internetvoting frei zu wählen. Dieser von der PBZ als „basisdemokratischer Prozess" bezeichnete Vorgang führt dazu, dass sich zahlreiche Parteien auflösen und im Jahr 2050 der erste Blogger seinen Amtseid als Staatschef leistet.

M5
Szenario 2: Das Internet im eigenen Körper

Für schnelle und unproblematische Kommunikation ist es möglich, sich einen Transponderchip implantieren zu lassen. Dieser ist drahtlos verbunden mit dem Smartphone und übermittelt Gefühle, Meinungen und Bedürfnisse, die alle Personen in der Umgebung empfangen und direkt darauf reagieren können.

Zudem kann durch den Chip das Netz statt über Maus oder Sprache über Emotionen gesteuert werden und unmittelbare Rückmeldung geben. Das Aufladen eines jeden vernetzten technischen Gerätes erfolgt umweltschonend stromunabhängig mittels Körperenergie ebenfalls über den implantierten Transponderchip.

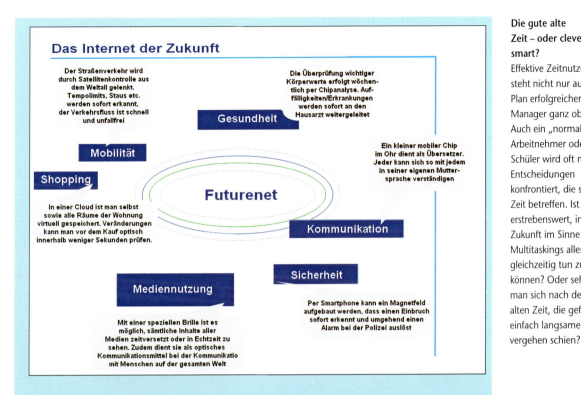

Die gute alte Zeit – oder clever und smart?
Effektive Zeitnutzung steht nicht nur auf dem Plan erfolgreicher Manager ganz oben. Auch ein „normaler" Arbeitnehmer oder Schüler wird oft mit Entscheidungen konfrontiert, die seine Zeit betreffen. Ist es erstrebenswert, in der Zukunft im Sinne eines Multitaskings alles gleichzeitig tun zu können? Oder sehnt man sich nach der guten alten Zeit, die gefühlt einfach langsamer zu vergehen schien?

M6
Szenario 3: Staatliche Kontrolle

Angesichts des permanenten Missbrauchs des Netzes für kriminelle Zwecke und Konsumentenmanipulation ziehen die Staaten der westlichen Welt die Notbremse. Das Internet wird durch das „Internationale Internetschutzgesetz" (IISG) streng reglementiert. Die Teilnahme an Netzwerken und Foren ist an harte Auflagen geknüpft, unter anderem an die Vorlage eines „sauberen" polizeilichen Führungszeugnisses.

Jede Form gefährdenden Materials sowie Werbung und Spiele werden sofort gesperrt und verboten. Bei Zuwiderhandlungen drohen Strafen bis hin zu lebenslanger Haft. Das Netz dient nur noch zur Informationsgewinnung und zu Arbeitszwecken. Accounts werden allein von der neu geschaffenen „Zentralstelle für die Vergabe von Internetzugängen" (ZVI) vergeben.

Aufgaben

4 Diskutieren Sie in kleinen Gruppen die Szenarien M4 bis M6. Welches der genannten Szenarien wird der Realität des Internets in Zukunft am ehesten gerecht? Begründen Sie Ihre Meinung.

5 Entwerfen Sie in den Gruppen Ihr eigenes Szenario „Internet 2050".

1.4 Nutzerverhalten

Quo vadis?
Entwicklung der Internetnutzung
73,3 % der Bevölkerung (2010: 69,4 %) sind mittlerweile online. Damit stieg die Zahl der Internetnutzer ab 14 Jahren in Deutschland binnen eines Jahres von 49,0 Millionen auf 51,7 Millionen.
Medienstudie: TV immer noch wichtigste Informationsquelle, 15.06.2012, abgerufen unter www.heise.de/ newsticker/meldung/ Medienstudie-TV-immer-noch-wichtigste-Informationsquelle-1618286.html [15.09.2016]

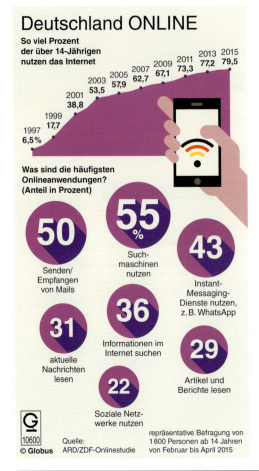

Aus dem täglichen Leben ist das Internet mittlerweile nicht mehr wegzudenken. Die Zahl der Internetuser weltweit betrug im Juni 2013 1,5 Milliarden und täglich kommen neue Nutzer hinzu. Unter Jugendlichen in westlichen Industrienationen liegt die Nutzungsquote bei deutlich über 90 %. Wer keinen Zugang zum Internet hat, ist vom modernen Informations- und Kommunikationsfluss weitgehend abgeschnitten.

Nicht alle Menschen nutzen das Internet jedoch gleich intensiv oder mit den gleichen Absichten. Je nach Alter, Bildungsstand und Beruf ergeben sich individuell verschiedene Nutzungsprofile mit drei unterschiedlichen Schwerpunkten.

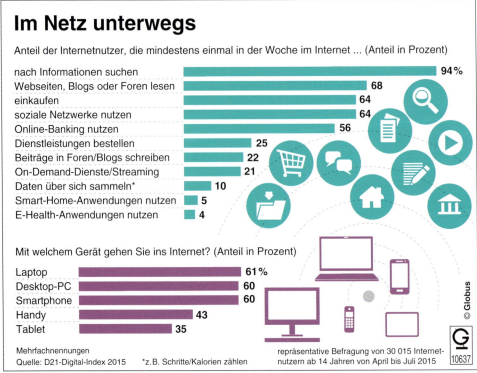

1.4.1 Das Internet als Informationsquelle

Am stärksten wird das Netz derzeit als Quelle zum Sammeln von Informationen genutzt. Darunter fallen sowohl die Recherche für ein Referat als auch der Vergleich von Preisen und Produkten oder das Abrufen tagespolitischer Meldungen. Doch gerade im Bereich der politischen Informationen hat das Internet zwar aufgeholt, kann das Fernsehen als Hauptmedium jedoch noch nicht verdrängen.

Zur politischen Meinungsbildung über Deutschland und das Weltgeschehen informieren sich nicht nur ältere Menschen am liebsten über das Fernsehen; auch 14- bis 29-Jährige nutzen dieses Medium am häufigsten, noch vor dem Internet. Regionale Informationen beziehen junge Menschen dagegen in erster Linie über Zeitungen.

In Konkurrenz zu Fernsehen und Internet spielen Printmedien allerdings auf anderen Gebieten keine große Rolle, haben also lediglich lokalen Charakter. Dies geht aus der Studie „Informationsrepertoires der Deutschen" des Hamburger Hans-Bredow-Instituts hervor. Geht es hingegen um Informationsgewinnung für eigene Interessengebiete, ist das Internet für die jungen Nutzer als Quelle erste Wahl.

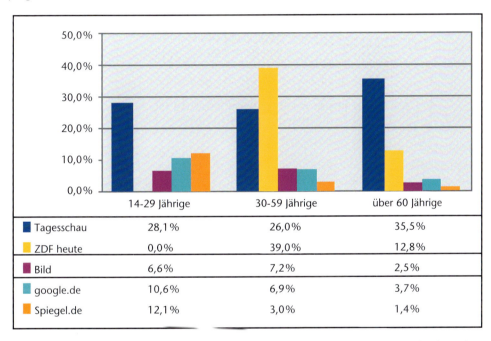

	14-29 Jährige	30-59 Jährige	über 60 Jährige
Tagesschau	28,1%	26,0%	35,5%
ZDF heute	0,0%	39,0%	12,8%
Bild	6,6%	7,2%	2,5%
google.de	10,6%	6,9%	3,7%
Spiegel.de	12,1%	3,0%	1,4%

Lutz Prauser: Die gute alte Tagesschau zeigt´s allen, 20.06.2012, abgerufen unter www.czyslansky.net/die-gute-alte-tagesschau-zeigts-allen [15.09.2016] (Datenquelle: Hans-Bredow-Institut: Studie Informationsrepertoires der deutschen Bevölkerung. Wichtigste Informationsquellen zur Meinungsbildung über politische Themen)

Geht es um politische Informationsgewinnung, vertrauen Menschen jeder Altersgruppe vor allem den öffentlich-rechtlichen Fernsehanstalten. So ist im Schnitt die ARD-Tagesschau die Nummer eins bei den Nachrichtensendungen im Fernsehen, gefolgt von Heute, das im ZDF ausgestrahlt wird.

1.4.2 Das Internet als Ort für Computerspiele

Ein zweiter, insbesondere und nahezu ausschließlich von jungen Menschen genutzter Schwerpunkt des Internets sind Onlinecomputerspiele. Die Idee, Medien zu Orten visueller Spielformen zu gestalten, reicht bis zu den ersten Fernsehspielkonsolen der späten 70er-Jahre des letzten Jahrhunderts zurück. Mit der Entwicklung des populären Commodore 64, des ersten wirklich spieletauglichen Computers, Anfang der 1980er-Jahre, begann eine explosionsartige Entwicklung auf dem Computerspielesektor, die immer noch anhält.

Die „Tagesschau" ist die älteste Nachrichtensendung im deutschen Fernsehen. Sie startete am 26. Dezember 1952. Zunächst gab es lediglich drei Sendungen in der Woche, die ca. 1 000 Zuschauer erreichten. Zum Vergleich: Heute hat die Tagesschau bei bis zu 23 Ausgaben täglich rund zehn Millionen Zuschauer in der Hauptsendung um 20 Uhr.

Die zweite Nachrichteninstitution des deutschen Fernsehens ist **„Heute"** vom ZDF. Sie wurde erstmals am 1. April 1963 gesendet.

Lügenpresse?
Medien tragen seit jeher stark zur politischen Meinungsbildung der Öffentlichkeit bei. Dementsprechend kritisch werden sie oftmals gesehen oder es wird der Versuch von Zensur oder Manipulation unternommen. Im Zuge der PEGIDA-Bewegung (Patriotische Europäer gegen die Islamisierung des Abendlandes) wird dabei häufig von „Lügenpresse" gesprochen. Keine ganz neue Formulierung und erst recht ein Begriff mit Beigeschmack, geht er doch zurück auf die Nazi-Diktatur und deren Propagandaminister Joseph Goebbels. Dieser gebrauchte den Ausdruck gern und häufig zur Diffamierung politischer Gegner. Wenig überraschend wurde das Wort dann auch 2014 zum „Unwort des Jahres" gewählt

Erste Spiele

Als erstes erfolgreiches Computerspiel der Welt gilt „Pong", eine Art Tennis, bei dem zwei Spieler gegeneinander antreten.

Dabei haben die Spiele nicht allein durch verbesserte Grafiken und Animationen eine neue Qualität erhalten, vielmehr ist es der Onlineaspekt, der es den Spielern erlaubt, sich zu jeder Tageszeit mit vernetzten Spielern aus der ganzen Welt zu messen. Was für die einen ein harmloser Freizeitspaß ist und bleibt, führt bei anderen allerdings zu Abhängigkeit und Realitätsverlust.

M7

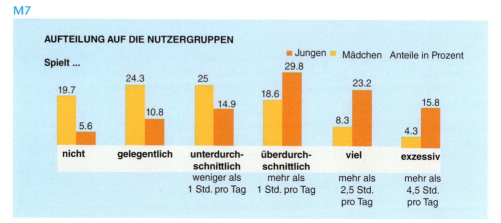

Florian Rehbein, Matthias Kleimann, Thomas Mößle: Computerabhängigkeit im Kindes- und Jugendalter, Forschungsbericht Nr. 108/2009, S. 19, hrsg. vom Kriminologischen Forschungsinstitut Niedersachsen e. V., abgerufen unter www.kfn.de/wp-content/uploads/Forschungsberichte/FB_108.pdf [30.06.2016]

Ab wann jemand online-spielsüchtig ist, kann nur schwer bestimmt werden.

Einig sind sich die meisten Suchtforscher zumindest, dass die reine Zahl der Stunden, die man vor einem Bildschirm verbringt, für die Diagnose einer Abhängigkeit nicht ausreicht. „Entscheidend ist immer die Frage, ob die Internetnutzung dem Betroffenen auch in seinem sozialen Leben und im Beruf schadet, ob er seinen Arbeitsplatz riskiert, Freundschaften vernachlässigt, die Schule schwänzt, Familienmitglieder belügt oder sich in die virtuelle Parallelwelt einschließt, um Problemen im realen Leben und schlechten Gefühlen zu entfliehen", sagt der Psychiater Bert te Wildt vom Universitätsklinikum Bochum und Vorsitzender des Fachverbandes Medienabhängigkeit. „Ansonsten gleicht die Internetabhängigkeit durchaus der Glücksspiel- und der Alkoholabhängigkeit."
Betroffene sind in Gedanken ständig in der Online-Welt und müssen zunehmend mehr Stunden in ihr verbringen, um Befriedigung zu erlangen. Sie scheitern regelmäßig dabei, wenn sie versuchen, ihren Konsum zu reduzieren. Wenn jemand von außen versucht,

ihre Internetaufenthalte zu begrenzen, reagieren sie gereizt. Vom Internet ausgesperrt, werden sie launisch, ruhelos und depressiv. Neueste Studien deuten darauf hin, dass Medienabhängige auch unter körperlichen Folgeschäden leiden, sagt te Wildt:
„Durch Mangelernährung, zu wenig Bewegung und Vitamin-D-Mangel durch fehlendes Sonnenlicht sind die Medienabhängigen meist in einem vergleichsweise schlechten Allgemeinzustand." Sie schlafen zu wenig und haben einen verschobenen Schlaf-Wach-Rhythmus. Die Folge sind Konzentrationsprobleme und Leistungsabfall in Schule und Beruf.

Text: Christian Weber: Gefährlicher als ein Monster, 06.10.2012, sueddeutsche.de, abgerufen unter www.sueddeutsche.de/digital/online-spiele-und-internet-pornografie-gefaehrlicher-als-ein-monster-1.1488323 [15.08.2016]; Grafik: Eigene Darstellung nach Jimdo, abgerufen unter http://u.jimdo.com/www53/o/s0ccf3861df54581e/img/i9dba91c5e5b4dd16/1340300931/std/image.png [10.07.2016]

1.4.3 Das Internet als Kommunikationsplattform

Unser Leben wird bestimmt von Kommunikation. Kommunikation hat es schon immer gegeben und es wird sie auch immer geben. Die Fähigkeit zu differenzierter Kommunikation unterscheidet den Menschen von der Tierwelt, Kommunikation führt zu Fortschritt und Wohlstand und sichert den Fortbestand unserer Gesellschaft.

Auch in der Zeit vor der Entwicklung des Internets haben Menschen miteinander kommuniziert. Die Kommunikation wurde durch das Internet nicht neu erfunden, sie hat sich nur verändert. Und diese Veränderung betrifft verschiedene Ebenen gesellschaftlicher Kommunikation. Unternehmen nutzen das Web als Träger ihrer Corporate Identity (CI), Ämter nutzen es, um Datenmassen schneller und effizienter zu erfassen. Politische Parteien entdecken das Netz als Plattform zur Verbreitung ihrer Ziele im Wahlkampf und Privatpersonen nutzen es als vielfältiges Kommunikationsmittel: als Ersatz für den konventionellen Brief oder das Telefon oder auch, um eigene Meinungen und Einstellungen einer breiten Öffentlichkeit zugänglich zu machen. Diese Form der privaten Kommunikation findet zumeist in Blogs und/oder sozialen Netzwerken statt und macht mit dem Senden und Empfangen von E-Mails bereits mehr als ein Drittel des für unverzichtbar angesehenen Userverhaltens aus.

> **CI – Corporate Identity** bezeichnet die einheitliche Selbstdarstellung (Image) eines Unternehmens nach innen (intern) und außen (extern). Die CI besteht aus den Bereichen Corporate Behaviour (einheitliches Handeln), Corporate Communication (einheitliche Kommunikation) und Corporate Design (einheitliches Erscheinungsbild). Dies wird den Kunden insbesondere auch durch Kommunikation im Internet vermittelt.

M8

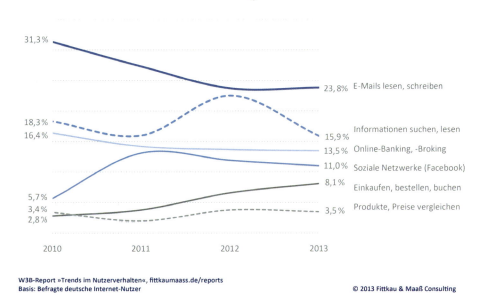

34. WWW-Benutzer-Analyse W3B, hrsg. von Fittkau & Maaß Consulting GmbH

Aufgaben

6 Reflektieren Sie Ihr eigenes Verhalten im Netz und vergleichen Sie es mit den Statistiken M7 und M8. Wie nutzen Sie das Netz: als Informationsquelle, für Spiele oder zur Kommunikation?

7 Diskutieren Sie die Wirkung von Onlinespielen. Stellen Spieler, vor allem diejenigen, die sich an strategischen „Ballerspielen" beteiligen, eine Gefahr für die Gesellschaft dar?

Wichtiges Wissen

Zu 1 Globalisierung

Globalisierung ist ein Prozess, der sich weltweit auf mehreren Ebenen vollzieht und verschiedene Aspekte wie Mobilität, internationale Arbeitsteilung und weltweite Vernetzung beinhaltet.

Zu 1.2 Die moderne Informationsgesellschaft

Die moderne Informationsgesellschaft ist gleichzeitig eine Wissensgesellschaft und basiert in erster Linie auf Kommunikation.

Zu 1.3 Das Internet

Durch das Internet haben Menge und Geschwindigkeit der Kommunikation eine neue Qualität erlangt. Die Wurzeln des Netzes liegen zwar schon im Jahr 1957, doch erst ab Mitte der 90er-Jahre des letzten Jahrhunderts setzte eine starke und schnelle Entwicklung des Internets ein.

Zu 1.4 Nutzerverhalten

Das Internet wird zumeist als Informationsquelle, als Ort für Spiele und als Kommunikationsplattform genutzt. Es besitzt für bestimmte Personenkreise bereits einen Suchtfaktor.

2 Soziale Netzwerke

Als soziale Medien werden alle Medien verstanden, in denen sich Personen oder Gruppen mit digitalen technischen Hilfsmitteln austauschen. Im Gegensatz zu den älteren Massenmedien grenzen sich soziale Medien dadurch ab, dass sie weltumspannend und jederzeit verfügbar sind. Zudem ist eine sofortige Rückmeldung des Empfängers möglich, was als „Interaktion" bezeichnet wird. Theoretisch ist also jeder Mensch, der einen internetfähigen Computer besitzt, Teil sozialer Medien.

Soziale Netzwerke als Teil der sozialen Medien beschreiben eine abgegrenzte Gruppe, eine Community, deren Mitglieder untereinander online vernetzt sind.

M9

Arbeitsvorschläge

8 Interpretieren Sie die Karikatur M9. Beziehen Sie in Ihre Überlegungen auch historische Hintergründe und mögliche zukünftige Entwicklungen mit ein.

2.1 Die Entstehung sozialer Netzwerke

Was ist sozial?
Der Begriff „sozial" entstammt – natürlich – dem Lateinischen und bedeutet „gemeinsam" oder auch „verbunden". Ein Motorrad hat einen Soziussitz, man bildet also eine Fahrgemeinschaft. Mehrere Rechtsanwälte schließen sich zu einer Sozietät zusammen, treten also als gemeinschaftliche Kanzlei auf.

Unsachgemäß ist daher im reinen Wortsinn der Gebrauch des Begriffs „asozial" für obdachlose Menschen. „Asozial" bedeutet ein gegen die Gesellschaft gerichtetes Verhalten. Das ist bei Obdachlosen nicht der Fall. Ein Milliardär hingegen könnte asozial sein – wenn er sein Vermögen durch Betrug oder auf Kosten der Gemeinschaft erworben hätte.

Das Bedürfnis und die Notwendigkeit der Kommunikation und Interaktion bestehen, seit es Menschen gibt. Bereits vor Tausenden von Jahren fanden sich Menschen in kleinen Gruppen zusammen, um das eigene Überleben und damit auch das Überleben der Gattung Mensch zu sichern. Das Leben in einer Gruppe erforderte natürlich Kommunikation mit den anderen Gruppenmitgliedern. Je größer die Gruppe war, umso vielfältiger war die Kommunikation und umso höher die Entwicklungs- und Überlebenschance. Kommunikation wurde so schnell Teil der Gruppe und regelte unter anderem den sozialen Umgang miteinander.

Heute kommunizieren wir – zum Glück – in erster Linie nicht mehr, um unser Überleben zu sichern, sondern, um uns zum Sport zu verabreden, die heißesten Gerüchte auszutauschen oder auch nur, um allgemein Kontakte zu knüpfen und zu pflegen. Wie alle Felder der modernen Gesellschaft unterliegt auch die Kommunikation dem technischen Fortschritt (vgl. AS 5, 1.3.3). Waren es früher Rauchzeichen und Gebärdensprache, dann Telefon und Faxgerät, so wird in der heutigen Generation primär über den Computer kommuniziert. Und auch hier findet in den letzten Jahren eine Entwicklung statt, weg von der einfachen E-Mail hin zur Kommunikation in sozialen Netzwerken.

Soziale Netzwerke stellen mithin lediglich eine kommunikative Weiterentwicklung bei Nutzung bereits bestehender technischer Geräte dar. Sie sind also ein logischer Entwicklungsschritt im Bereich des technischen Fortschritts der Kommunikation.

M10

Online vernetzt
Die zehn beliebtesten sozialen Netzwerke im Mai 2015 in Deutschland
Besuche (Visits)* in Millionen

- twitter 33,2
- ok.ru 30,2
- Google+ 29,1
- tumblr. 18,5
- Instagram 14,7
- reddit 13,3
- LinkedIn 13,0
- XING 11,3
- Vkontakte 10,7
- facebook 703,7 Mio.

*Hochrechnungen; ohne mobile Internetnutzer
Quelle: Meedia, Similarweb
© Globus 10356

Obwohl es soziale Netzwerke gefühlt schon eine Ewigkeit gibt und ihre Wurzeln tatsächlich im letzten Jahrhundert liegen, ist die Zeitspanne ihrer Existenz doch eher überschaubar. Erst 1997 wurde in New York City mit Six Degrees.com das erste soziale Netzwerk gegründet.

2.2 Gemeinsamkeiten sozialer Netzwerke

Privilegien
Ein Privileg ist ein Vorrecht, eine Vergünstigung oder auch eine Ehre. Oft genießen bekannte, einflussreiche oder populäre Menschen Privilegien, wie beispielsweise kostenlose Eintritte oder eine bevorzugte Behandlung.

Alle sozialen Netzwerke haben unabhängig von der Zahl ihrer Nutzer oder ihrem Hauptnutzungszweck einige auffällige Gemeinsamkeiten:

- **Einstellen persönlicher Profile:** Jedes angemeldete Mitglied hat in sozialen Netzwerken die Möglichkeit, sich als Person in bestimmten Formen und Interessenbereichen darzustellen. So können sich Mitglieder in kurzer Zeit ein grobes Bild von der Person machen.
- **Freunde-/Kontaktliste:** Die Mitglieder können bestimmte Listen erstellen und pflegen, in die sie andere Mitglieder der Community aufnehmen. Diese werden dann privilegiert behandelt.
- **Senden und Empfangen von Nachrichten:** Alle Mitglieder eines Netzwerks können jederzeit miteinander in Kontakt treten, indem sie sich Nachrichten schicken. Dabei ist es möglich, die Nachrichten nur einem bestimmten Mitglied, einer begrenzten Gruppe von Mitgliedern oder allen Usern des Netzwerks zugänglich zu machen.

- **Benachrichtigungen über diverse Ereignisse:** Ähnlich wie beim Senden von Nachrichten können die Mitglieder eines Netzwerks Benachrichtigungen über bestimmte Ereignisse verschicken und erhalten.
Bei unsachgemäßer Handhabung oder Nachlässigkeiten der User kann es in diesem Bereich zu unerwünschten Begleiterscheinungen kommen (siehe auch Punkt 3.2 dieser AS).

- **Posting in Blogs/Microblogs:** Ein Blog ist, grob umrissen, eine Art Tagebuch, in dem sich der Schreiber, auch Blogger genannt, anderen mitteilt. Diese Mitteilungen werden als „Posting" oder „Post" bezeichnet. Die Bandbreite an Themen, zu denen gepostet wird, ist nahezu unbegrenzt. Im Gegensatz zum einfachen Blog ist beim Microblog, ähnlich wie bei einer SMS, die Zahl der Zeichen in einem Posting begrenzt.

- **Suchfunktion:** Es besteht die Möglichkeit, Personen, Ereignisse oder Postings in einem Netzwerk direkt zu suchen.

- **Bewertungsschema:** Die Mitglieder der Community können in den meisten sozialen Netzwerken ihre Meinung zu nahezu allem durch Verlinkung mit anderen Websites mit positiven oder negativen Bewertungen ausdrücken, z. B. „like" bei Facebook.

Daumen hoch

Die Daumenhoch-Geste, die Facebook verwendet, hat eine jahrtausendelange Geschichte.
Der Ursprung liegt in den Gladiatorenkämpfen im antiken Rom. Dort bedeutete diese Geste allerdings nichts Gutes: Der hochgestreckte Daumen war die Aufforderung, den Unterlegenen zu töten. Blieb der Daumen in der geballten Faust, forderte man eine Begnadigung. Eine falsche Übersetzung führte im Laufe der Zeit dazu, dass der nach oben gestreckte Daumen zu einem allgemein anerkannten positiven Symbol wurde.

2.3 Verschiedene Formen sozialer Netzwerke

Im breit gefächerten Spektrum der sozialen Medien nehmen die sozialen Netzwerke scheinbar nur einen kleinen Teil ein. Dennoch sind sie der momentan am schnellsten wachsende Bereich onlinemedialer Vernetzung. Nicht zuletzt dank Facebook erleben soziale Communitys einen nie dagewesenen Boom, dessen Ende momentan noch nicht abzusehen ist. Scheinen Portale wie WOW oder Second Life einen zu begrenzten Nutzen für weiteres Wachstum zu haben, so gibt es einen offenbar unbegrenzten Kommunikationsbedarf im Bereich der allgemeinen sozialen Netzwerke.

2.3.1 Allgemeine soziale Netzwerke

Allgemeine soziale Netzwerke können im Zusammenhang der sozialen Medien wie folgt eingeordnet werden:

Spektrum

Die Farben des Regenbogens bilden ein Spektrum, und zwar die gesamte Bandbreite an Farben.
Ein Spektrum bedeutet im normalen Sprachgebrauch daher nichts anderes als die Bandbreite einer Sache.

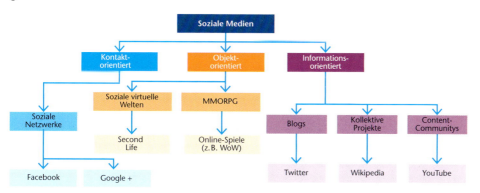

Christian Meyer: *Was ist ein internetbasiertes soziales Netzwerk?*, FH Düsseldorf, erstellt im Rahmen von PhiloTec 2013, S. 9.

In allgemeinen sozialen Netzwerken tauschen sich die Mitglieder über „Gott und die Welt" aus. Der Themenvielfalt sind wenig Grenzen gesetzt. In allgemeinen, offenen sozialen Netzwerken sind die meisten User aktiv. Das bekannteste offene Netzwerk ist Facebook mit mehr als einer Milliarde Nutzern weltweit. Die Gründe für den Beitritt in Communitys und die Nutzung von sozialen Netzwerken sind dabei durchaus unterschiedlich.

M11

Wer nicht nur allgemein kommunizieren will, sondern ein spezielles Thema oder Ziel verfolgt, wird neben der Nutzung allgemeiner sozialer Netzwerke möglicherweise auch Netzwerken beitreten, die sich auf bestimmte Bereiche spezialisiert haben, sogenannte themenbezogene soziale Netzwerke.

2.3.2 Themenbezogene Netzwerke

Diese Form der Netzwerke kann in zwei Arten gegliedert werden. Die erste Form wird auch „Forum" genannt und unterscheidet sich von den allgemeinen, kontaktorientierten Netzwerken dadurch, dass ein bestimmter, nicht kommerzieller Aspekt im Zentrum des Austauschs der Mitglieder steht.

Foren zählen zu den ältesten Formen sozialer Netzwerke. In einem Forum fungiert zumeist ein Moderator als Kontrollinstanz. Werden Regeln oder Standards des Forums von einem Mitglied gebrochen, kann der Moderator Sanktionen verhängen, die bis zum Ausschluss aus der Community reichen. Dies geschieht beispielsweise im Falle von Beleidigungen, Drohungen oder Posts, die den Maßstäben des Forums nicht gerecht werden. Der Moderator entscheidet darüber hinaus auch über die Aufnahme neuer Themen in das Forum.

Im Gegensatz zu allgemeinen sozialen Netzwerken läuft die reglementierte Kommunikation hier strukturiert und eher unspektakulär ab. Die Mitglieder bleiben anonym und sind in der Regel lediglich durch ihren Nickname (Spitzname) zu identifizieren.

Instanz
Eine Instanz ist eine übergeordnete, oft unabhängige, abgeschlossene organisatorische Einheit. Meistens hat eine Instanz die Befugnisse, Sanktionen zu verhängen.

Sanktion
Mit dem Begriff der Sanktion verbindet man im täglichen Sprachgebrauch eine Strafe oder Bestrafung, also etwas Negatives.
Das wird der eigentlichen Bedeutung nicht gerecht, denn eine Sanktion kann durchaus auch etwas Positives sein, Belohnung also. Der Wortstamm ist dabei derselbe wie bei sankt = heilig.

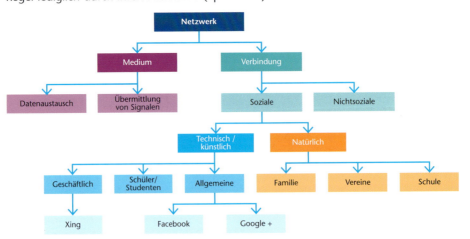

Christian Meyer: Was ist ein internetbasiertes soziales Netzwerk?, FH Düsseldorf, erstellt im Rahmen von PhiloTec 2013, S. 10.

Die zweite Form sind themenbezogene Usergruppen innerhalb von Netzwerken wie Yahoo und MSN. Der User bleibt hier, anders als in Foren, nicht streng anonym, sondern kann freiwillig Informationen über sich preisgeben. Zudem können Mitglieder auch anderen Usergruppen derselben Plattform beitreten oder eigene Groups gründen. Möglich sind auch Postings, die allerdings nur von Mitgliedern der Gruppe eingesehen werden können. Die jeweiligen Gruppen werden von dem Mitglied moderiert, das sie gegründet hat. In sehr großen Gruppen und Foren gibt es oft mehrere Moderatoren.

Das Dilemma von Foren und Groups besteht in erster Linie in der Abhängigkeit von der Qualität der Moderatoren. Ohne einen guten und engagierten Moderator schläft diese Form des sozialen Netzwerks auch aufgrund seiner Themengebundenheit langsam ein. Irgendwann ist eben zu einem bestimmten Thema alles gesagt.

2.3.3 Karrierenetzwerke

Karrierenetzwerke sind wiederum eine Sonderform der themenbezogenen sozialen Netzwerke. Hier dreht sich alles um geschäftliche Kontakte und beruflichen Aufstieg. Der starke Zulauf, den Karrierenetzwerke in den letzten Jahren verzeichnen konnten, ist einer tief greifenden und nachhaltigen Veränderung des Arbeitsmarktes geschuldet.

Aufgrund der sich schnell wandelnden Umfeldbedingungen und konjunktureller Schwankungen gehen Unternehmen vermehrt dazu über, Arbeitsstellen zu befristen. Paradoxerweise herrscht auf dem Arbeitsmarkt jedoch auch ein spürbarer Mangel an Fachkräften (siehe auch AS 2, 4.2). So stellen Karrierenetzwerke für beide Seiten eine Chance zur Verbesserung dar, eine Win-win-Situation.

Paradox
Als „Paradox" bezeichnet man einen Widerspruch in sich, etwa, wenn eine Person Fan des Fußballvereins Borussia Dortmund ist, aber ständig die Heimspiele das FC Schalke 04 in Gelsenkirchen besucht.

Der Basisaccount ist in Karrierenetzwerken zumeist kostenlos. Gebühren werden jedoch für Leistungen und Dienste fällig wie beispielsweise Informationen darüber, wer das eigene Profil angeschaut hat, das Anschreiben von Kontakten, die über die Freundschaftsliste hinausgehen, oder die Vernetzung mit anderen beim Netzwerk angemeldeten Experten. Diese Premiumleistungen sind in erster Linie für Selbstständige und Führungskräfte interessant.

Ist es in den USA schon seit Jahren gang und gäbe, sein berufliches Profil in Karrierenetzwerken zu präsentieren, wurde diese Möglichkeit in Deutschland bislang eher wenig genutzt. In den letzten Jahren jedoch verzeichneten die beiden führende Portale XING und LinkedIn deutliche Zuwachsraten. Auch die Zahl der Unternehmen, die diese Karrierenetzwerke als Möglichkeit zur Suche nach geeigneten Kandidaten betrachten, verdoppelte sich.

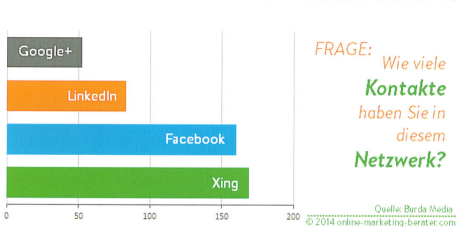

OnlineKarriere – USA einen Schritt voraus?
Karrierenetzwerke befinden sich in Deutschland gerade im Aufbau. Anders dagegen sieht es in den USA aus. Hier nutzen angeblich 92 % der Berufstätigen die einschlägigen Internetportale, um ihre berufliche Karriere voranzutreiben.

Die Leistungen der beiden Netzwerke XING und LinkedIn ähneln sich. Der Hauptunterschied liegt darin, dass das US-Unternehmen LinkedIn eher international ausgerichtet ist, während das Deutsche XING-Netzwerk in erster Linie national operiert.

Aufgaben

9 Führen Sie eine anonyme oder offene Befragung in der Klasse durch. Thema: In welchen sozialen Netzwerken sind Sie aktiv und warum? Vergleichen Sie Ihre Ergebnisse mit den Statistiken M10 und M11 und diskutieren Sie das Ergebnis.

10 Das Wachstum von Karrierenetzwerken zeigt, dass Unternehmen diese Form der Suche nach qualifizierten Mitarbeitern als sinnvoll erkannt haben.
Halten Sie es eher für sinnvoll oder gefährlich, Ihr Profil in einem Karrierenetzwerk anderen zugänglich zu machen?

2.4 Der Nutzen sozialer Netzwerke

Soziale Netzwerke hätten sich weder in ihrer Anzahl noch in ihrer Ausbreitung derartig schnell und flächendeckend durchgesetzt, wenn nicht für irgendjemanden ein Nutzen dabei entstehen würde. In erster Linie sind das natürlich die Netzwerkbetreiber. Bei näherer Betrachtung ist es nicht nur eine Seite, die von sozialen Netzwerken profitiert, sondern gleich mehrere Parteien.

2.4.1 Nutzen für Privatanwender

Private Nutzer ziehen verschiedene Vorteile aus der Mitgliedschaft in sozialen Netzwerken:

- Der möglicherweise wichtigste Aspekt der Mitgliedschaft in sozialen Netzwerken ist die Selbstdarstellung der eigenen Person. Der Wunsch nach Aufmerksamkeit und Beachtung ist dem Menschen quasi in die Wiege gelegt. Diese Beachtung kann jeder, egal ob in seiner realen Bezugsgruppe beliebt und akzeptiert oder nicht, in sozialen Netzwerken erfahren.

- Das Gefühl, einer Gemeinschaft anzugehören, ist seit jeher wichtig für einen Menschen. Die Mitgliedschaft in einer Community vermittelt den Usern ein solches Zugehörigkeitsgefühl. Die Gruppe innerhalb des Netzwerks wird somit zu einer Art Clan oder „Gang". Insbesondere für Personen mit wenigen realen Sozialkontakten kann dies von großer Bedeutung für das eigene Selbstwertgefühl sein.

Cui bono?
Zwei Fragen sind im Zuge politischer Entscheidungen und Entwicklungen von besonderer Bedeutung: Die erste lautet: Cui bono („Wem nutzt das?")?
Mit dieser Frage befindet man sich in den meisten Fällen schon auf der richtigen Fährte.

- Der Austausch mit Freunden, Familienmitgliedern, Kollegen und Gleichgesinnten gehört ebenfalls zu den elementaren Nutzen sozialer Netzwerke. Über Landesgrenzen, Kontinente und Zeitzonen hinweg kann man mit geliebten und geschätzten Menschen in Kontakt treten.

- Das Nutzen von Spielen und Apps hilft dabei, immer auf dem neuesten Stand zu sein. Neben dem Spaß am Spiel an sich kommt noch der nicht unwesentliche Aspekt der Gemeinsamkeit mit anderen Nutzern der eigenen Generation hinzu.

- Für schüchterne Menschen, denen es im realen Leben schwerfällt, Kontakte zu knüpfen, bieten soziale Netzwerke eine ideale Plattform der beruflichen wie auch privaten Kontaktsuche.

- Nicht zuletzt nutzen zahlreiche User die Möglichkeit, sich Informationen jeder Art zu beschaffen oder diese durch Einstellen ins Netz anderen zur Verfügung zu stellen.

> Die zweite Frage heißt: Was kommt als Nächstes? Entwicklungen beginnen oft mit Kleinigkeiten, die aber einen Dammbruch zur Folge haben. Ist eine bestimmte Grenze erst einmal überschritten, folgen weitere Entwicklungsschritte in dieselbe Richtung.

2.4.2 Nutzen für Unternehmen

Jedes Unternehmen verfolgt bestimmte Ziele (siehe AS 6, 1.5). Die wichtigsten Ziele eines Unternehmens haben mit Geld zu tun. Das Erwirtschaften von Gewinn, die Steigerung des Umsatzes und des Bekanntheitsgrads sowie ein positives Bild in der Öffentlichkeit gehören in diese Kategorie. Es verwundert daher nicht, dass Unternehmen auch im Internet in erster Linie diese Ziele im Blick haben.

So bieten soziale Netzwerke Unternehmen

- eine kostengünstige Plattform zur positiven Eigenpräsentation und damit die Aufmerksamkeit potenzieller Neukunden;

- einen direkten Zugriff auf die Zielgruppe, die in der Regel aus Personen zwischen 14 und 49 Jahren besteht. Diese kaufkräftige Klientel ist auch häufig über soziale Netzwerke verlinkt. Beispielhaft ist hier die Altersstruktur der Facebook-User dargestellt;

- eine schnelle und effiziente Verbreitung von Informationen. Mit relativ geringem Aufwand können sich Unternehmen einen verhältnismäßig großen Personenkreis erschließen. Die Verbreitungsquote der (Werbe-)Botschaften eines Unternehmens ist in sozialen Netzwerken extrem hoch. Hinzu kommt die Verbreitung im Netzwerk mittels der Weiterempfehlung durch Freunde (z. B. „Like/Gefällt mir"). Das ermöglicht das direkte Feedback der User auf Aktionen. Somit kann das Unternehmen schnell auf Entwicklungen reagieren;

- Neben der Möglichkeit der positiven Außendarstellung haben soziale Netzwerke auch einen internen Nutzwert für den Betrieb. So können Unternehmen soziale Netze zur Verbreitung von Videos (YouTube) und zur firmeninternen Kommunikation verwenden. Eine in mehreren Ländern der EU durchgeführte Befragung ergab, dass zwei Drittel aller Beschäftigten der Meinung sind, durch Nutzung sozialer Netzwerke im Beruf effizienter arbeiten zu können. Das haben insbesondere die DAX-Konzerne für sich entdeckt. Sie versuchen mehrheitlich, über das Netz ein positives Image zu erzeugen und neue Käuferschichten zu erschließen.

> **Effizient**
> Mit dem Fremdwort „Effizienz" wird der Wirkungsgrad einer Sache beschrieben, also das Verhältnis von eingesetzten Mitteln und dem, was am Ende herauskommt. Wenn etwas mit wenig Aufwand viel bewirkt, wird es als effizient beschrieben.
>
> **DAX**
> Was klingt wie ein Tier, ist in dieser Schreibweise der Deutsche Aktien-Index. Er fasst die Kurse der 30 stärksten börsennotierten deutschen Unternehmen zusammen und liefert einen Fingerzeig hinsichtlich der Entwicklung auf dem Aktienmarkt.

Subtil
ist das genaue Gegenteil von offensichtlich. Läuft etwas ganz unterschwellig ab, also ohne dass man etwas davon bemerkt, nennt man es „subtil".

Formen von Werbung im Internet

Banner sind einfache Werbeflächen, die beim Öffnen einer Seite erscheinen.

Pop-ups sind prinzipiell wie Banner, öffnen sich jedoch in einem neuen Fenster und fallen deshalb mehr auf.

E-Mails werden einem User auf den Account geschickt.

2.4.3 Nutzen für die Betreiber

Der Nutzen für die Betreiber liegt, ähnlich dem der Unternehmen, im finanziellen Bereich. Die Möglichkeiten des Geldverdienens über das Betreiben sozialer Netzwerke stecken zwar nicht mehr in den Kinderschuhen, sind allerdings noch lange nicht ausgereizt.

Bei den Netzwerken gibt es zwei verschiedene Geschäftsmodelle:

- **Werbefinanzierte Netzwerke** sind beispielsweise Facebook oder MySpace. Diese Netzwerke können von den Usern kostenlos genutzt werden, Einnahmen müssen also von außerhalb der Community kommen. Diese Erträge erzielen die meisten sozialen Netzwerke durch die Vermarktung von Werbeflächen auf ihren Plattformen.
  Da etliche User aufdringliche Werbung nicht unbedingt schätzen, wird diese eher sehr subtil platziert und im ersten Moment nicht als Werbung wahrgenommen. Die Reaktion auf die Werbung erfolgt also eher unterbewusst. Ein Vorteil der subtilen Werbung ist die Möglichkeit der präzisen Zielgruppenwerbung und die Einbeziehung des Nutzerverhaltens in die Werbeauswahl, wie es beispielsweise bereits auf Facebook praktiziert wird.

- **Beitragsfinanzierte Netzwerke** sind zwar in der Basisversion für die Nutzer kostenlos, für bestimmte, meistens auch notwendige Zusatzleistungen werden allerdings Gebühren fällig. Zu dieser Form der Netzwerke gehören XING oder StayFriends.

Es werden auch häufig kostenpflichtige Zusatzdienste angeboten. Zu den bekanntesten gehören die sogenannten inApp-Käufe (eine Erweiterung von installierten Programmen um zusätzliche Funktionen direkt aus ihnen heraus). Insbesondere im Verlauf von Spielen stellen sie tendenziell eine Kostenfalle dar. Um weiterzuspielen, müssen teilweise im Spielverlauf Zukäufe erfolgen, die sich schnell auf beträchtliche Höhen summieren können.

M13

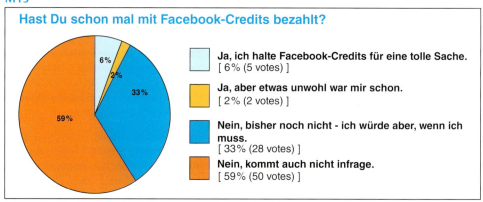

Kai Thrun, abgerufen unter www.kaithrun.de/wp-content/uploads/facebookCredits_umfrage.jpg [21.06.2016]

Nicht zuletzt sorgen eigene virtuelle Währungen für die Bindung von Kunden an den Netzwerkbetreiber. Die virtuelle Währung kann mit verschiedenen Verfahren erworben werden, z. B. per Kreditkarte. Sie lässt sich für alle kommerziellen Anwendungen und Spiele des jeweiligen Portals einsetzen.

Eine – allerdings wissenschaftlich nicht repräsentative – Umfrage ergab, dass eine breite Mehrheit dieser Form der virtuellen Währung eher skeptisch gegenübersteht.

Virtuelle Währungen
Die erste virtuelle Währung war der „Linden-Dollar" des Onlinespiels „Second Life".
Dieser unterlag sogar wie in der Realität Kursschwankungen. Nach diesem Vorbild schuf auch Facebook eine eigene Währung, den Facebook-Credit. Dieser kann allerdings nach Erwerb nicht wieder in echtes Geld getauscht werden.

Aufgaben

11 Welche Meinung haben Sie zu Werbung in sozialen Netzwerken? Wäre es möglich, beispielsweise Facebook in der jetzigen Form ohne Werbung weiter zu betreiben?

12 Würden Sie virtuelle Währungen erwerben und mit ihnen im Internet handeln? Begründen Sie Ihre Meinung und beziehen Sie sich auch auf die Umfrage M13.

Wichtiges Wissen

Zu 2 Soziale Netzwerke

Als soziale Medien werden alle Medien verstanden, in denen sich Personen oder Gruppen mit digitalen technischen Hilfsmitteln austauschen.

Soziale Netzwerke sind ein Teil der sozialen Medien und beschreiben eine abgegrenzte Gruppe, eine Community, deren Mitglieder untereinander online vernetzt sind.

Zu 2.1 Die Entstehung sozialer Netzwerke

Soziale Netzwerke stellen eine Weiterentwicklung menschlicher Kommunikation unter Einbeziehung modernster Technik dar.

Zu 2.2 Gemeinsamkeiten sozialer Netzwerke

Nahezu alle sozialen Netzwerke haben bestimmte Gemeinsamkeiten:

- Einstellen persönlicher Profile
- Freunde- oder Kontaktliste
- Senden und Empfangen von Nachrichten
- Bewertungsschema
- Postings
- Benachrichtigungen über Ereignisse

Zu 2.3 Verschiedene Formen sozialer Netzwerke

Soziale Netzwerke können in die Kategorien „allgemein", „karrierebezogen" und „themenbezogen" unterteilt werden.

Zu 2.4 Der Nutzen sozialer Netzwerke

Soziale Netzwerke nutzen sowohl den Usern als auch den Betreibern. Ebenfalls profitieren Unternehmen von sozialen Netzwerken. Der Nutzen für die User ist dabei eher emotional, für die beiden anderen Gruppen eher finanziell.

Die Finanzierung sozialer Netzwerke erfolgt über die User selbst, über Werbung oder sonstige externe Quellen.

3 Gefahren in sozialen Netzwerken

M14

Arbeitsvorschläge

13 Interpretieren Sie die Karikatur M14. Bilden Sie dabei zwei Gruppen: Eine Gruppe greift die positiven Aspekte auf, die andere deutet den Cartoon negativ.

3.1 Das Netz vergisst nichts

Das Internet allgemein und soziale Netzwerke im Besonderen haben unser Leben innerhalb der letzten Jahre nachhaltig beeinflusst. Neben positiven Aspekten wie dem Gewinn an Zeit oder der Möglichkeit, sich rund um die Uhr zu informieren, zu beschäftigen oder zu kommunizieren, existieren aber auch nicht zu unterschätzende negative Aspekte.

Das Netz vergisst nichts! Wer diesen Satz zuerst gesagt oder geschrieben hat, ist heute nicht mehr festzustellen. Unstrittig ist allerdings sein Wahrheitsgehalt.

Der Weg junger Menschen zu Erwachsenen ist geprägt von großen und kleinen Entwicklungsschritten, körperlich wie seelisch. Auf diesem Weg werden junge Menschen durch zahlreiche Gesetze geschützt.

Folgenreiche Fehler sollen so abgemildert oder gänzlich vermieden werden.

In der Zeit vor der flächendeckenden Nutzung des Internets hatten bestimmte fehlerhafte Handlungen und Leichtsinn in ihren Auswirkungen eine vergleichsweise geringe Dimension. Unbedachte Äußerungen oder Ausfallerscheinungen auf Partys blieben im kleinen Kreis, führten zu zeitlich begrenzten Frotzeleien und interessierten irgendwann niemanden mehr. Diese Zeiten sind mit dem Internet, erst recht im Zusammenhang mit der Ausbreitung sozialer Netzwerke vorbei.

Fatale Fehler
Jeder Mensch macht Fehler – jeden Tag. Das ist normal und zumeist nicht weiter tragisch, denn aus Fehlern lernt man oft am meisten. Vermieden werden müssen allerdings solche Fehler, die man nie wieder gutmachen kann oder die einen nachhaltig negativen Einfluss auf das gesamte weitere Leben haben, etwa einen Menschen bei einer Fahrt unter Alkoholeinfluss zu töten.

M15

Song „Bück dich hoch" gepostet
Mitarbeiter wegen Facebook-Eintrag gefeuert

Rödinghausen – Facebook-Einträge können den Arbeitsplatz gefährden – diese Erfahrung musste ein Mann in Rödinghausen (Kreis Herford, NRW) machen. Weil er mit dem Deichkind-Song „Bück dich hoch" vermeintlich auf seine eigene Firma anspielte, bekam er vom Chef die fristlose Kündigung. Der Mitarbeiter einer Möbelbeleuchtungs-Firma hatte laut „Westfalen-Blatt" auf seiner Facebook-Seite den Link zum „Bück dich hoch"-Video veröffentlicht. Dazu den Text: „Hm, mal überlegen. Wieso gefällt mir ausgerechnet das Lied von Deichkind, my friends!!!"

In dem Lied der Hamburger Hip-Hop-Band geht es um Ausbeutung im Job. Textprobe: *„Hol' die Ellenbogen raus, burn dich aus! ... Fleißig Überstunden, ganz normal! ... Unbezahlt, scheißegal, keine Wahl! Bück dich hoch."*

Das nahm sein Chef persönlich. „Diese Äußerung kann nur so verstanden werden, dass Sie die von Deichkind besungenen mit den bei uns herrschenden Arbeitsbedingungen gleichsetzen", steht laut „Westfalen-Blatt" in der Kündigung. Auch bei anderen Mitarbeitern soll der Eintrag entsprechend angekommen sein.

Durch den Vergleich – der teils für Kollegen, Kunden und Zulieferer lesbar war – „werfen Sie uns menschenverachtende Arbeitsbedingungen vor, bei denen die Mitarbeiter aus reiner Profitgier unter Gefährdung der Gesundheit ausgebeutet werden", heißt es in der Kündigung weiter. Ob die Facebook-Anspielung als Kündigungsgrund ausreicht, muss jetzt das Herforder Arbeitsgericht entscheiden. Der Mitarbeiter hat Klage gegen den Rausschmiss eingereicht.

Bild.de, 16.05.2012, abgerufen unter www.bild.de/news/inland/facebook/kuendigung-wegen-deichkind-liedbueck-dich-hoch-24180424.bild.html [24.06.2016]

Nicht allein das Posten von Nachrichten, auch das bloße „Liken" von Einträgen kann arbeitsrechtliche Konsequenzen nach sich ziehen. Zudem ist das Einstellen von Fotos sehr gefährlich.

Aufklärungscomic „Das Netz vergisst nichts"
Als Resultat des 2011/2012 durchgeführten Ideenwettbewerbs „Vergessen im Internet" griffen die polizeiliche Kriminalprävention und die Initiative Handysektor eine dort präsentierte Comic-Idee auf und setzten sie um. Unter dem Titel „Das Netz vergisst nichts!" veröffentlichten sie einen Flyer im Hosentaschenformat.

Aber warum vergisst das Netz nichts?

Jede Homepage, jeder Eintrag, jeder Post und jedes Foto werden prinzipiell elektronisch archiviert oder von Usern heruntergeladen und womöglich gespeichert. Auch wenn etwas heute aus dem Netz entfernt wird, kann es morgen an anderer Stelle bereits wieder hochgeladen werden. Für Betroffene ist das ein Kampf gegen Windmühlen. So wird Unbedachtes aus der Schüler- oder Studentenzeit schnell zum Karrierekiller. Denn wenn es um die Besetzung von Stellen geht, nutzen Unternehmen jede sich bietende Quelle. Neben Google sind das beispielsweise Spezialdienste wie Technorati.com und Stalkerati.de.

Als „Mastermind" für Uraltinformationen und Geheimtipp unter Betrieben gilt die Site www.archive.org, auf der mehr als 85 Milliarden alte Homepages archiviert sind, von denen viele längst nicht mehr oder jetzt in ganz anderer Form existieren. Wer also auf seiner persönlichen, vielleicht längst gelöschten Homepage Jahre zuvor zweideutige Äußerungen ins Netz stellte, kann nicht darauf hoffen, dass Gras darüber wächst. Das Internet erweist sich für die Betroffenen damit als Falle, aus der sie sich nicht befreien können. Denn das Netz vergisst nichts.

Aufgaben

 14 Diskutieren Sie die gesamte Situation **M15**. Hinterfragen Sie kritisch das Verhalten des Arbeitgebers, aber auch das Posting des Arbeitnehmers.

 15 Der Fall **M15** ging letztendlich vor Gericht. Wie hätten Sie als Richter/Richterin entschieden? Begründen Sie Ihr Urteil.

 16 Warum ist gerade das Posten von Fotos sehr gefährlich?

 17 Diskutieren Sie folgenden Vorschlag: Es existiert eine Site, in der alle Dokumente, Postings und Fotos auf Wunsch der Betroffenen für immer unter Verschluss bleiben. Durch einen sekundenschnellen Abgleich wird das erneute Hochladen oder Einstellen umgehend geblockt.

3.2 Formen von Kriminalität in sozialen Netzwerken

Durch die trügerische Sicherheit scheinbarer Anonymität oder einen Vorsprung an technischem Know-how betrachten einige Personen das Internet als eine Art rechtsfreien Raum. Die kriminellen Handlungen reichen dabei von Verbalattacken und seelischen Angriffen bin hin zu organisierter Kriminalität mit dem Ziel des Datendiebstahls zum Zwecke der persönlichen Bereicherung. Die wichtigsten Formen von Internetkriminalität werden hier kurz dargestellt.

3.2.1 Cybermobbing

Mobbing
Auseinandersetzungen und Hänseleien auf dem Schulhof hat es schon immer gegeben. Ist das bereits Mobbing? Wohl eher nicht, denn unter „Mobbing" wird allgemein das andauernde und regelmäßige verbale oder nonverbale Diffamieren und Schikanieren durch andere Personen oder Personengruppen verstanden.

Der Begriff „Cybermobbing" beschreibt die Erniedrigung und Bloßstellung einer Person oder Personengruppe mittels elektronischer Kommunikationsmittel. Hierzu zählen in erster Linie das Internet und Mobiltelefone. Cybermobbing kann in verschiedenen Ausprägungen vorliegen: Besonders häufig kommt es zu Beleidigungen, Hänseleien und Disrespektierungen (dissen).

Seltener sind Nötigungen, Todesdrohungen oder der Diebstahl von Daten, um eine Person unter falscher Identität zu schädigen.

Opfer sind zumeist sozial isolierte Jugendliche, die Auffälligkeiten besitzen, die nicht der Norm entsprechen. Hierzu gehören beispielsweise rote Haare, Übergewicht oder ein Sprachfehler. Diese Jugendlichen waren zuvor oft schon Opfer „normalen" Mobbings ohne das Internet.

Doch im Vergleich zu normalem Mobbing hat das Cybermobbing noch einmal eine andere Qualität, da nicht nur einige wenige Personen daran beteiligt sind, sondern theoretisch nahezu jeder User die Erniedrigungen mitbekommen und sich sogar daran beteiligen kann.

Die Folgen des Cybermobbings sind daher vielschichtig und weitreichend. Sie können körperlicher und seelischer Art sein, meistens zeigen sich Mischformen.

Neben den in der obigen Untersuchung genannten Folgen kann es allerdings auch zu Suizid oder zumindest versuchtem Selbstmord kommen.

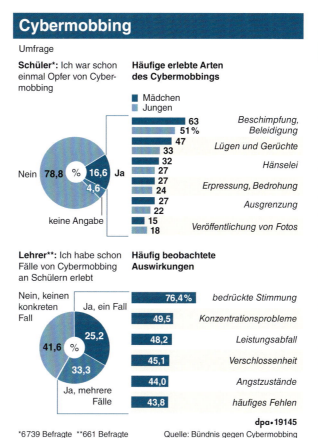

Täter und Opfer nach Geschlecht

Täter	Opfer	
	M	W
M	76 %	30 %
W	3 %	40 %
M/W	21 %	30 %

Glaubt man einer Untersuchung von Leymann, dann ist Mobbing, zumindest am Arbeitsplatz, im Tätersegment männlich dominiert. Hinsichtlich der Opferrolle sind die Unterschiede dagegen weniger stark ausgeprägt.

Suizid
Ein anderer Begriff für Selbstmord lautet „Suizid". Die Wissenschaft bevorzugt diesen Ausdruck, da er weniger hart klingt und eher wertneutral ist.

M16

Selbstmord-Drama
14-Jährige erhängt sich wegen Cybermobbing

Das Cybermobbing hat schon wieder ein Todesopfer gefordert: Das britische Mädchen Hannah Smith (14) erhängte sich selbst, weil sie den Mobbingattacken und Beschimpfungen von anonymen Nutzern der Frageplattform „Ask.fm" hilflos ausgeliefert war. Vorher sollen User das junge Mädchen sogar zum Selbstmord aufgefordert haben. „Tu uns einen Gefallen und bring dich einfach um", schrieb ein Nutzer, während ein anderer forderte: „Stirb, jeder wäre glücklich darüber."
Dabei hatte sie nur nach einem Rat zur Behandlung ihres Ekzems gesucht. Anfangs versuchte sich das Mädchen noch gegen die Hass-Angriffe zu verteidigen: „Ich weiß, dass ich hässlich bin. Das müsst ihr mir nicht erzählen." Die Cyberattacken wurden jedoch immer massiver, bis Hannah es nicht mehr ertragen konnte und sich selbst erhängte. Selbst nach Hannahs Tod gehen die Beleidigungen und Beschimpfungen weiter. So schreibt ein User, dass es ihre eigene Schuld sei, dass sie sich das Leben genommen habe, während ein anderer User es gut findet, dass Hannah sich selbst getötet hat. Ihre 16-jährige Schwester Joanna, die sie tot in ihrem Zimmer entdeckte, soll nun selbst ins Visier der Cybermobber geraten sein. [...]

Hamburger Morgenpost, Selbstmord-Drama 14-Jährige erhängt sich wegen Cybermobbing 08.08.2013, abgerufen unter www.mopo.de/hamburg/selbstmord-drama-14-jaehrige-erhaengt-sich-wegen-cybermobbing,5066726,23945858.html [20.06.2016]

3.2.2 Cyberstalking

Das sogenannte Stalking (aus dem Englischen von to stalk = hetzen, jagen) ist ein vergleichsweise neues Phänomen. Die Polizei definiert Stalking wie folgt:

M17
Bekannte Opfer
Von Stalking sind oft auch Prominente betroffen. Bekanntestes Beispiel ist hier die Schauspielerin Catherine Zeta-Jones, deren Stalkerin zu einer dreijährigen Haftstrafe verurteilt wurde.
In Deutschland sorgte der Fall der Hochspringerin Ariane Friedrich für Aufsehen, die das obszöne Bild eines Stalkers für jeden einsehbar auf Facebook ins Netz stellte, um sich zu wehren. Damit löste sie eine Grundsatzdiskussion über Opfer- und Täterschutz im Netz aus.

Obszön
Der lateinische Begriff „obszön" bedeutet wörtlich „schmutzig". Sinngemäß ist jedoch etwas gemeint, was Ekel erregend oder widerlich ist.

Zynismus
Zynische Menschen zeichnet ein verletzender Spott aus. Mit bissigen Kommentaren werden Sachverhalte oder Personen sozusagen „gedisst".

> **Was ist Stalking?**
>
> [...] Mittlerweile versteht man darunter das beabsichtigte und wiederholte Verfolgen und Belästigen eines Menschen, sodass dessen Sicherheit bedroht und er in seiner Lebensgestaltung schwerwiegend beeinträchtigt wird. [...] Stalker sind Personen, die einen anderen Menschen verfolgen, belästigen und terrorisieren. Dabei kann sich das Handeln der Stalker auf einen fremden Menschen, eine ihm oberflächlich bekannte Person oder einen ehemaligen Lebensgefährten/Partner beziehen. [...]

Polizeiliche Kriminalprävention der Länder und des Bundes: Was bedeutet Stalking?, abgerufen unter www.polizei-beratung.de/opferinformationen/stalking.html [24.06.2016]

Greifen die Handlungen des Stalkers auf das Internet über, spricht man von „Cyberstalking".

Hierzu gehören E-Mail- und SMS-Terror, das Zusenden von Liebesmails, teilweise auch durchsetzt mit Obszönitäten und Beschimpfungen, gehässige oder zynische Einträge in Foren oder Gästebüchern in sozialen Netzwerken und das Verbreiten falscher und diffamierender Sachverhalte wie Todesanzeigen.

Durch Kenntnis moderner Technologien ist Cybermobbing relativ einfach durchzuführen. Mit Spyware-Programmen lassen sich alle Aktivitäten auf Computern oder Handys überwachen. Der Cyberstalker erhält so Zugriff auf zahlreiche Informationen, kann diese Macht nun missbrauchen. Cyberstalking ist keineswegs lustig und auch kein Kavaliersdelikt, sondern eine Form von Gewalt. Es schüchtert den Gestalkten ein und macht ihm Angst.

Oft wirkt es psychisch, zermürbt die betroffene Person und zerstört langsam ihr Selbstwertgefühl. Die Folgen können Rückzug und Vereinsamung sein, zudem schwebt der im Internet Gestalkte in der unterschwelligen Gefahr, dass aus dem Cyberstalking „echtes" Stalking und damit womöglich eine körperlich greifbare Gefahr wird.

3.2.3 Phishing

Phishing ist nichts anderes als eine Form des Trickbetrugs im Internet. Die Phisher haben Kenntnisse von und Zugriff auf neueste technische Geräte und Technologien. Sie nutzen geschickt Unkenntnis, Leichtsinn oder Unsicherheit anderer User, um sich wichtige Daten der Betroffenen anzueignen. Dabei geht es den Phishern nicht um Diskriminierung oder Bedrohung der Opfer, sondern um Geld und materielle Werte.

Phisher gehen beim Datendiebstahl meist unauffällig und sehr geschickt vor. Sie nutzen Spam-Mails, gefälschte Websites oder Instant-Messaging-Nachrichten, um ihre Opfer zur Herausgabe sensibler Daten zu verleiten. Hierzu gehören in erster Linie Einzelheiten zu Bank- und Kreditkartenkonten.

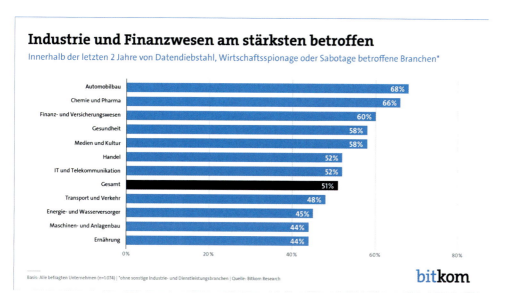

Phishing: Wie reagieren Banken?
Seit dem Jahr 2012 ist durch ein Urteil des Bundesgerichtshofs (BGH) geklärt, wer den Schaden bei einer gelungenen Phishing-Attacke trägt: Es ist der Geschädigte selbst. Im konkreten Fall war durch Phishing vom Konto des Geschädigten eine Überweisung von 5 000 € durchgeführt worden.

Urteil vom 24. April 2012–XI ZR 96/11

Das Erkennen von Phishing-Mails ist nicht immer einfach, die Phishing-Webseiten sind echten Sites sehr ähnlich. Leider gibt es auch kaum Möglichkeiten, sich gegen den Versuch des Phishings zu schützen. Wichtig ist ein gesundes Misstrauen, wenn jemand Daten wie PIN, TAN und andere Bankdaten einfordert.

Eine Bank würde nach solchen Informationen niemals fragen, da sie für Banktätigkeiten an dieser Stelle nicht wichtig sind. Hilfreich ist es auch, die Website einer Bank stets persönlich aufzurufen und nicht einen Link anzuklicken. Zudem sollte man nicht auf Einschüchterungstaktiken der Phisher eingehen; keine Sache ist so dringend, dass man sie innerhalb der nächsten fünf Minuten klären oder beantworten müsste.

In den meisten Fällen ist auf den ersten Blick nicht zu erkennen, dass es sich um Phishing handelt. Erst bei genauerem Hinsehen wird anhand kleinerer Details die Phishing-Absicht deutlich.

Es ist trotz des Urteils einer jeden Bank natürlich freigestellt, aus Kulanz den Schaden des Kunden dennoch zu ersetzen. Dies ist bei geringeren Beträgen auch übliche Praxis.

Aufgaben

18 In Südkorea fordert man schärfere Gesetze zur Internetreglementierung. Diskutieren Sie diesen Ansatz vor dem Aspekt der persönlichen Freiheit des Einzelnen.

19 Diskutieren Sie die radikale Lösung der Leichtathletin Ariane Friedrich (M17). Werden Täter im Internet auf Kosten der Opfer zu sehr geschützt und ist die von Friedrich gewählte „Selbsthilfe" ein sinnvoller Weg?

3.3 Facebook-Partys

Im Zuge der Vernetzung via sozialer Netzwerke ist in jüngerer Vergangenheit ein Problem aufgetaucht, das bislang so nicht existierte: die sogenannten Facebook-Partys. Hier verabredet sich eine Vielzahl von Personen an einem bestimmten Ort, um eine Riesenparty zu feiern. Oft ufern diese Veranstaltungen im Laufe der Nacht aus.

M18

Facebook-Party kostet Magdeburger 200 000 Euro

Wegen eines Großeinsatzes der Magdeburger Polizei auf einer öffentlichen Facebook-Party Ende 2012 wird der 20-jährige Veranstalter zur Kasse gebeten. Wahrscheinlich muss er 200 000 Euro zahlen. Derzeit müssen sich 13 mögliche Mitveranstalter schriftlich erklären, sagte Polizeisprecher Frank Küssner in Magdeburg. „Es wurden vor einigen Wochen drei Anhörungsbögen verschickt." Die Männer und Frauen hätten ausreichend Zeit, Stellung zu nehmen. Wann die Fristen ablaufen, konnte nicht genau gesagt werden.
Im äußersten Fall werden Polizei und Ordnungsamt die Verantwortlichen zur Kasse bitten. „Für den Großeinsatz der Polizei haben unsere Juristen mehr als 200 000 Euro an Ausgaben errechnet", sagte Küssner weiter. Laut der Zeitung „Magdeburger Volksstimme" kommen zu Kosten der Polizei von mehr als 215 500 Euro noch 2 500 Euro, die das Ordnungsamt der Stadt Magdeburg beziffert habe. Es sei jedoch noch nicht klar, ob diese Summe tatsächlich gezahlt werden müsse.
Die Stadt hatte eine am 5. Oktober im sozialen Netzwerk Facebook angekündigte Party wegen befürchteter Krawalle verboten. Mehrere Hundertschaften riegelten die Veranstaltung ab, etwa 500 Partygäste kamen trotzdem. In der Magdeburger Innenstadt wurden bei Ausschreitungen mit der Polizei mehrere Menschen verletzt.

dpa/cast: Facebook-Party kostet Magdeburger 200 000 Euro, 09.02.2013, Die Welt online, abgerufen unter www.welt.de/vermischtes/article113509523/Facebook-Party-kostet-Magdeburger-200-000-Euro.html [28.05.2016]

Neben dieser illegalen Form der Facebook-basierten Großveranstaltungen besteht aber auch das Problem der ungewollten Riesenparty. So kann es passieren, dass statt des beabsichtigten Freundeskreises jeder Facebook-Nutzer zur Party eingeladen wird. Möglich ist dies durch einen Bedienungsfehler oder durch eine Unachtsamkeit: Es wird vergessen, die Veranstaltung als privat zu kennzeichnen. So geschehen beim wohl bekanntesten Fall, der Feier zum 16. Geburtstag der Schülerin Thessa in Hamburg.

Wer zahlt?

Zu Facebook-Partys, ob sie nun bewusst geplant waren oder nur durch einen falschen Klick hervorgerufen wurden, kommen oft mehrere Hundert Personen, teilweise ist die Zahl auch vierstellig. Da Feierlust und Alkoholpegel mit fortschreitender Zeit zunehmen, kommt es in vielen Fällen zu Ausschreitungen.
Rein rechtlich könnten danach die Initiatoren der Veranstaltung belangt werden, in der Praxis ist das allerdings sehr schwierig. Erstens, weil die Aufrufe oft anonym waren und später nicht mehr genau zugeordnet werden konnten, und zweitens, weil man einem Jugendlichen aufgrund eines falschen Klicks nicht die nahe und mittlere Zukunft durch hohe Zahlungen zerstören möchte.
Da sich die Fälle von Zerstörungen nach Facebook-Partys aber immer mehr häufen, werden auch andere Schritte von Polizei und Politik diskutiert.

Aufgaben

20 Sollte Facebook für die durch Facebook-Partys entstandenen Schäden haftbar gemacht werden können? Diskutieren Sie die Problematik.

21 Durch welche Sicherheitsstandards könnten ungewollte Facebook-Partys (M18) wie bei Thessa verhindert werden?

3.4 Radikalität und Gewalt

Das Internet und mit ihm soziale Netzwerke verführen durch scheinbare Anonymität und ständige Verfügbarkeit zu Dingen, die im realen Leben weniger komfortabel möglich wären. Hierzu gehören insbesondere das Anschauen oder Ausüben von körperlicher Gewalt in verschiedensten Ausprägungen sowie politisch motivierter Extremismus.

Welche Art von Gewalt hast Du schon mal im Internet gesehen?

	Kategorie	Prozent
nicht-real	Bilder aus Horrorfilmen	81.7
	Gewalt in Spielfilmen	73.3
	Nachgestellte/gespielte extreme Gewalt	66.8
		62.9
	witzige Gewalt	62.6
real	Unglücksopfer	54.3
	Prügel-Videos mit Dir unbekannten Leuten	50.5
	Fotos/Videos mit Krieg/Folter/Hinrichtungen	42.3
	Echte extreme/brutale Gewalt	40.6
	Rechtsradikale/Nazi-Inhalte	38.9
	Prügel-Videos mit Dir bekannten Leuten	11.9
	andere Gewalt mit Sex	11.9
	Vergewaltigung	9.4

teachSam, abgerufen unter www.teachsam.de/pro/pro_internet/proj_gewalt_im_netz/mmf/images/gewaltdarstell_im_internet_2_bg.jpg [28.06.2016]

Gewalt ist im Netz quasi allgegenwärtig verfügbar und wird von zahlreichen Kindern und Jugendlichen bewusst oder unbewusst gesehen. Früher wurde aufgrund der Katharsis-Hypothese das Ansehen von Gewalt sogar als Therapie zum Aggressionsabbau eingesetzt.

Die rechte Szene in Deutschland hat das Internet oder „Weltnetz", wie sie es nennt, bereits vor einigen Jahren als Plattform für Propaganda, Rekrutierung von Gleichgesinnten und zur Präsentation zweifelhafter Inhalte für sich entdeckt. Das schließt auch bekannte Plattformen wie YouTube, Facebook, Flickr oder Twitter mit ein.

Da die genannten Portale allerdings täglich streng kontrolliert werden und rechtsextreme Inhalte schnell gelöscht werden, gründen Gruppen der rechten Szene oft eigene Plattformen. Auf diesen explizit neonazistischen, oftmals geschlossenen Communitys und Videoplattformen schlagen die Neofaschisten eine deutlich härtere Gangart an.

Eine der beliebtesten Arten zur Verbreitung rechtsradikalen Gedankenguts ist Musik. Aber auch Symbole und rechte Codes weisen auf die Gesinnung hin.

Katharsis-Hypothese
Der Begriff „Katharsis" entstammt dem Altgriechischen und bedeutet „Reinigung". Die Katharsis-Annahme unterstellt, dass durch das bloße Anschauen von Gewalt eine emotionale Reinigung stattfindet und eigene Aggressionen abgebaut werden. Wer also Gewalt beobachtet, verspürt keinen Drang mehr, selbst Gewalt auszuüben. Nach zahlreichen Untersuchungen und Experimenten gilt die Katharsis-Hypothese heute als widerlegt.

Rechtsrock
Die rechte Szene bedient sich gern der Musik zur Verbreitung ihrer Ideologie. Bekannt ist vor allem die „Schulhof-CD". Aber auch Radiosender wie FSN spielen unter dem Motto „Hören macht frei" verschiedene Formen rechter Musik.

Bekannte rechte Codes
Zwei der bekanntesten Codes der Neonazi-Szene sind Zahlenkombinationen:
88 = HH (für Heil Hitler), da H der achte Buchstabe des Alphabets ist, und 18 = AH
(für Adolf Hitler).

Aufgaben

22 Diskutieren Sie, welche Form der Kontrolle hinsichtlich der radikalen Politszene im Internet sinnvoll sein könnte.

3.5 Suchtverhalten und Schuldenfalle

KAUF MICH!

Kaufsucht wurde auch schon von der Punkrock-Band „Die Toten Hosen" thematisiert. Nachfolgend einige Textauszüge:

*Wenn du mich wirklich haben willst, greif doch einfach zu.
Ich weiß genau, du denkst an mich, ich lass dir keine Ruh.
Ich bin die Lottozahl, die dir fehlt zu deinem Glück.
Ich gehör zu dir und du zu mir, warum nimmst du mich nicht mit?*

*Mich kann man kaufen und es gibt mich im Sonderangebot,
ja ich bin käuflich und zwar täglich, rund um die Uhr.
Also kauf MICH!*

*Kauf mich jetzt, bezahle später, im Ratenangebot.
Du bist das Opfer, ich bin Täter rund um die Uhr.
Denn du kaufst MICH, ich weiß, du kaufst MICH, also kauf MICH, bitte kauf MICH!*

Interpret: Die Toten Hosen, Komponist: Michael Breitkopf, Textdichter: Andreas Frege, Hanns Christian Müller, Originalverlag: BMG Rights Management GmbH

Das Internet bietet beim Konsum und im Kampf gegen Langeweile zuvor nie gekannte Möglichkeiten. So kann man bequem, ohne das Haus verlassen zu müssen, seinen ganzen Jahresurlaub im Internet verbringen. Nahrung und Kleidung werden bestellt und geliefert, Sozialkontakte werden virtuell per Facebook gepflegt oder es wird geskypt. Im Prinzip ist es sogar möglich, als anonymer User sein ganzes Leben in der Wohnung zu verbringen.

Die positiven Aspekte des Einkaufens im Internet, beispielsweise für ältere Menschen, können allerdings schnell ins Gegenteil umschlagen. Die Möglichkeit des fortwährenden, ungezügelten Konsums leistet in einigen Fällen auch Kaufsucht Vorschub.

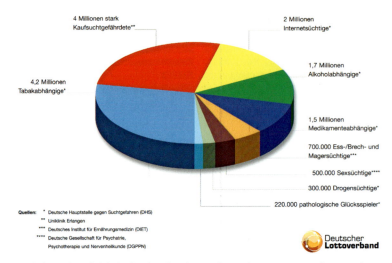

Nun ist natürlich nicht gleich jeder kaufsüchtig, der sich im Internet lang gehegte Wünsche im Rahmen seiner finanziellen Möglichkeiten erfüllt. Es gibt jedoch Risikofaktoren, die ein Abrutschen in die Internet-Kaufsucht begünstigen.

Ein mieser Tag, Ärger im Job, Stress in der Beziehung: Die Gelegenheiten, sich einmal zu verwöhnen, sind vielfältig. Frustkäufe helfen über Unangenehmes hinweg und trösten durch den Alltag. „Das musste ich mir einfach mal gönnen", ist ein geläufiger Ausspruch, der rechtfertigen soll, was auf diese Art angeschafft wurde. Das Phänomen Frustkauf ist noch keine Kaufsucht. Das ändert sich, sobald es regelmäßig geschieht. Menschen, die wiederholt einkaufen, um das Wohlbefinden zu steigern oder um schlechte Erlebnisse zu verarbeiten, machen den ersten Schritt in die Abhängigkeit. Anders als etwa Alkohol- oder Drogensucht ist die Kaufsucht nicht stoffgebunden. Die Merkmale ähneln anderen Süchten jedoch stark. Betroffene verspüren einen Drang zu kaufen, der stärker ist als der eigene Wille. Dazu entwickelt sich das Kaufen hin zum einzigen Befriedigungsmittel, das den Betroffenen bleibt, um Wohlgefühl zu erfahren.

Tobias Heinze: Kaufsucht. Wenn Einkaufen zwanghaft wird, 25.05.2007, abgerufen unter www.netzwelt.de/news/75614-kaufsucht-einkaufen-zwanghaft.html [24.06.2016]

Das im Text beschriebene Verhalten führt nicht selten früher oder später in die Schuldenfalle, da erstens der Konsum nicht mehr kontrolliert werden kann und zweitens die Zahlungen oft nicht sofort geleistet werden müssen. Rabatte und Finanzierungsangebote fördern zudem das Suchtverhalten.

Der Kaufsucht sehr ähnlich ist das Phänomen der Internetspielsucht. Aus Zeitvertreib und Langeweile kann eine Sucht entstehen, die schleichend verläuft (siehe auch AS 5, 1.4.2).

M19

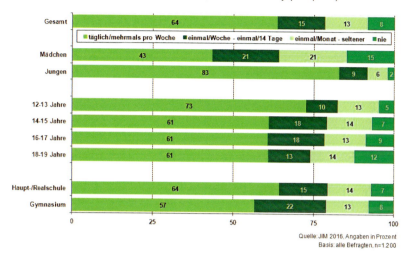

Medienpädagogischer Forschungsverbund Südwest/JIM-Studie 2016/www.mpfs.de

Auch exzessives Spielen kann vor allem bei jungen Menschen schnell eine Verschuldung zur Folge haben, da zahlreiche Spiele zwar als kostenlos beworben werden, dies aber nur bis zu einem bestimmten Grad stimmt. Oft handelt es sich um Demo-Versionen oder von ständiger Werbung gestörte Spiele. Zudem gelangt man bei den meisten Spielen schnell an einen Punkt, an dem Coins erworben werden müssen, um einen höheren Level zu erreichen oder gegen andere Spieler zu spielen.

Einmal begonnen begibt man sich immer mehr in das Spiel hinein und zahlt weiter, ohne über die möglichen Folgen nachzudenken. Erschwerend hinzu kommt, dass viele Onlinespiele in erster Linie auf Zielgruppen ausgerichtet sind, die zwar viel Zeit zum Spielen haben, aber wenig finanzkräftig sind, wie Schüler, Studenten, Arbeitslose oder Arbeitsunfähige.

Das Netz
Regelrecht zukunftsweisend ist der Thriller „Das Netz" (1995), in dem Sandra Bullock eine Computerspezialistin spielt, die niemand kennt, weil sie alles online erledigt.
Das wird zum Problem, als ihre Identität von einer mafiaähnlichen Hacker-Organisation, die einen Trojanervirus ins US-Regierungsnetz bringen will, gegen die einer Kriminellen getauscht wird.

Aufgaben

23 Diskutieren Sie Gründe, die zu Kauf- oder Spielsucht im Internet führen.

24 Interpretieren Sie die Grafik M19. Beziehen Sie dabei insbesondere das Geschlecht und das Bildungsniveau der Jugendlichen mit ein.

25 Ab wann ist man Ihrer Meinung nach onlinespielsüchtig? Diskutieren Sie diese Frage in der Klasse.

3.6 Prävention und Intervention

Das Auftreten von Kriminalität, Gewalt und Suchtverhalten kann im Netz genauso wenig vollständig vermieden werden wie im realen Leben. Das erscheint nur logisch, bildet die Gemeinschaft der User doch nichts weiter als einen Querschnitt durch unsere Gesellschaft. Dennoch können die zuvor angesprochenen negativen Begleiterscheinungen des Internets allgemein und sozialer Netzwerke im Besonderen eingedämmt und abgemildert werden. Hierzu sollten allerdings gewisse vorbeugende Maßnahmen (Prävention) ergriffen werden.

Befolgt man drei einfache, aber wichtige Grundregeln, erhöht man beträchtlich die Chancen, Internetkriminalität zu entgehen oder aber zumindest die Folgen abzumildern.

Prävention
Der aus dem Lateinischen entnommene Begriff „Prävention" bedeutet „Vorbeugung, Verhütung". Die Polizei bietet Seminare zur Gewaltprävention an und Sozialarbeiter und Mediziner sprechen von Suchtprävention.

Intervention
Dieser Begriff wird relativ häufig in den Bereichen Militär und Politik verwendet. In Krisengebieten wird von demokratischen Staaten interveniert, also eingegriffen.

> **Die erste Grundregel lautet:**
>
> **Vorsicht, Vorsicht, Vorsicht!**

Viele Probleme kann man sich ersparen, wenn man mit eigenen sensiblen Daten vorsichtig und verantwortungsbewusst umgeht. Leichtsinniges Einstellen zweifelhafter Fotos oder die Herausgabe von persönlichen Daten oder gar Passwörtern kann weitreichende Konsequenzen nach sich ziehen. Auch ist das Installieren von Virenschutzprogrammen unerlässlich, um Phishern nicht die Möglichkeit zu geben, durch Trojanerviren auf Daten zuzugreifen.

> **Die zweite wichtige Regel ist:**
>
> **Mit offenen Sinnen das Netz verantwortungsvoll nutzen!**

Diese Regel gilt in jeder Hinsicht. Egal, ob es sich um rechtes Gedankengut, Mobbing, Stalking oder kostenpflichtige Sites handelt, wer mit offenen Sinnen surft, wird Gefahrenquellen eher erkennen. Sich selbst gegenüber ehrlich zu sein, heißt beispielsweise auch zu erkennen, wann die fließende Grenze zwischen Freude am Spiel und Spielsucht überschritten ist.

Anlaufstellen
Bei nahezu allen Formen von Sucht gibt es in Deutschland Anlauf- und Beratungsstellen. Dort arbeiten extra in diesem Schwerpunkt ausgebildete Sozialarbeiter, Ärzte und Psychologen. Die Träger sind staatlich oder kirchlich.
Diese Stellen können auch Kontakte zu Selbsthilfegruppen herstellen. Die wohl bekannteste Selbsthilfegruppe im Bereich Sucht sind die Anonymen Alkoholiker.

> **Regel Nummer drei lautet:**
>
> **Handeln!**

Ob als Geschädigter oder Zeuge/Mitwisser, es ist falsch, aus welchen Motiven heraus auch immer, zu schweigen und nichts zu tun. Es gibt stets eine übergeordnete Instanz, die die Befugnis hat, Maßnahmen zu ergreifen. Kriminelle Handlungen und Aktivitäten der politisch extremen Szene sollten im Zweifelsfall der Polizei gemeldet werden, ebenfalls Stalking. Mobbing sollte Lehrern, Eltern, Vorgesetzten oder den Verantwortlichen des sozialen Netzwerks oder Forums mitgeteilt werden.

Im Falle von Spielsucht, ob mit oder ohne Schuldenfalle, helfen soziale Anlaufstellen.

Aufgaben

26 Informieren Sie sich auf einschlägigen Internetseiten über Konzepte der Vorbeugung von Internetkriminalität. Teilen Sie dabei die Klasse in Gruppen auf, wobei jede Gruppe einen Aspekt der Gefahren bzw. kriminellen Aktivitäten bearbeitet.

1984
Mehr als nur eine Jahreszahl ist die Ziffernkombination 1984. In seiner gleichnamigen Zukunftsvision beschreibt George Orwell das Leben in einem totalitären Überwachungsstaat.

3.7 Rechtliche Aspekte

Potsdam – Der brandenburgische Innenminister Dietmar Woitke wandte sich gegen eine Überwachung von Internetnutzern zur Vermeidung und Verfolgung von Straftaten im Internet. „Ich glaube, dass das Internet kein rechtsfreier Raum ist und das auch nie war."

„Gesetze, die offline gelten, gelten genauso online", sagte Woitke. Auf der Konferenz für Nationale Cybersicherheit am Hasso-Plattner-Institut in Potsdam sprach sich der Landesinnenminister von Brandenburg, Dietmar Woitke, gegen eine weitgehende Überwachung von Internetnutzern zur Vermeidung oder Verfolgung von Straftaten aus.

dpa: Brandenburgs Innenminister: Gesetze gelten auch im Internet, 04.06.2013, abgerufen unter www.berlin.de/aktuelles/berlin/3082386-958092-brandenburgs-innenminister-gesetze-gelte.html [27.09.2016]

Selbstverständlich ist das Internet kein rechtsfreier Raum. Die Problematik der Durchsetzung geltenden Rechts liegt im Vergleich zum realen Leben allerdings in der Anonymität der kriminellen User. In der Diskussion ist deshalb bereits längere Zeit die flächendeckende Datenspeicherung von Usern und Prozessen zum Zwecke der Verbrechensbekämpfung.

Gegen diese Form der Vorratsdatenspeicherung ist jedoch ein Großteil der Bevölkerung. Die User befürchten den ersten Schritt zu einem Überwachungsstaat im Sinne des von George Orwell in seinem Roman „1984" beschriebenen „Big Brother is watching you".

Das Gesetz zur Regelung des Internets, eine Internetverkehrsordnung oder ein IGB, ein Internet-Gesetzbuch, gibt es nicht. Es ist eine Vielzahl von bereits bestehenden Gesetzen, die durch die Benutzung des WWW berührt wird. Die wichtigsten sind nebenstehend aufgelistet, einige wichtige rechtliche Aspekte werden nachfolgend kurz angerissen.

Weitere eindringliche Romane oder Filme, die sich mit Science-Fiction-Visionen von Überwachungsstaaten befassen sind:

Brave new World

Logan's Run

Soylent Green

Aeon Flux

Equlibrium

Matrix

Grundlagen des Social Media Rechts: Betroffene Rechte und Rechtsgebiete

3.7.1 Datenschutzbestimmungen im Internet

Es ist zwar etwas schwer zu glauben, aber momentan gibt es tatsächlich noch kein Gesetz, das die Handhabung von Daten im Internet ausdrücklich regelt, ein Internetdatenschutzgesetz sozusagen. Der Datenschutz im WWW wird zurzeit noch über das Bundesdatenschutzgesetz aus dem Jahre 1977 sowie das Telemediengesetz von 2007 abgewickelt.

Letzteres regelt unter anderem den Schutz personenbezogener Daten bei der Nutzung von Telemediendiensten gegenüber dem Anbieter.

Die Erhebung und Verarbeitung von Userdaten geschieht nicht willkürlich, sondern ist nur unter der Bedingung zulässig, dass sie per Gesetz erlaubt ist oder der User selbst seine Einwilligung erteilt. Dabei gilt der Grundsatz der sogenannten informierten Einwilligung. Dies bedeutet, dass der Betroffene über Art, Umfang, Ort und Zweck der Erhebung und Nutzung seiner Daten vor deren Erhebung zu unterrichten ist.

Telemediendienste sind alle Dienste, die man im Netz nutzen kann, wie
– im Bereich der Individualkommunikation z. B. Telebanking, E-Mail-Datenaustausch, Instant-Messenger-Dienste, Chats;
– im Onlineshopping z. B. Ebay;
– in elektronisch abrufbaren Datenbanken Video on Demand oder Video-Streaming und Wikipedia;
– im Onlinecomputerspielbereich;
– in Onlinecommunitys und
– Mischformen wie Microbloggingdienste wie Twitter.

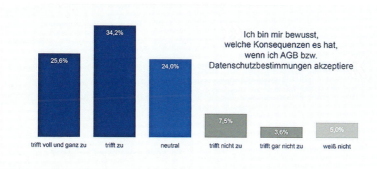

In aller Regel wickeln die Betreiber dies in den Datenschutzerklärungen auf den entsprechenden Seiten ab. Interessanterweise werden diese Bestimmungen von der Mehrheit der User allerdings kaum beachtet.

Ein weiteres wichtiges Recht, das im Netz eine immer größere Rolle spielt, ist das Recht am eigenen Bild. Es besagt, dass, abgesehen von Ausnahmefällen, eine Person frei entscheiden kann, ob ein Bild von ihr gezeigt und verbreitet werden darf oder nicht.

3.7.2 Urheberrecht

Pseudonym
Viele Künstler wollen aus den unterschiedlichsten Gründen nicht unter ihrem bürgerlichen Namen arbeiten, z. B. aus Angst vor Verfolgung in totalitären Regimen oder weil der Name schwierig auszusprechen ist oder weil sie ihren Namen einfach selbst bestimmen wollen.
Diesen Künstlernamen bezeichnet man auch als „Pseudonym".
Berühmte Künstler mit Pseudonym sind z. B.

Sean Combs = P. Diddy

Stefanie Germanotta = Lady Gaga

Marshall Mathers = Eminem

Daniel Michaeli = Danny De Vito

Das Urheberrecht wird im Urheberrechtsgesetz (UrhG) von 1965 geregelt und gilt auch für das Internet.

> **§ 11 UrhG**
> Das Urheberrecht schützt den Urheber in seinen geistigen und persönlichen Beziehungen zum Werk und in der Nutzung des Werkes. Es dient zugleich der Sicherung einer angemessenen Vergütung für die Nutzung des Werkes.

Das Urheberrecht schützt alle geistigen und künstlerischen Leistungen. Hierunter fallen beispielsweise Filme, Texte, Lieder, Malereien, Fotos und Skulpturen. Das Urheberrecht entsteht bei der Erschaffung des Werkes „von selbst", man muss es also nicht anmelden.

Die kreative Leistung und Schaffenskraft des Künstlers wird vor Wiedergabe, Vervielfältigung und kommerzieller Nutzung ebenso durch das UrhG geschützt wie der Name oder das Pseudonym des Künstlers. Allein der Künstler entscheidet über die Rechte an der Verwertung seiner Schöpfungen.

M20

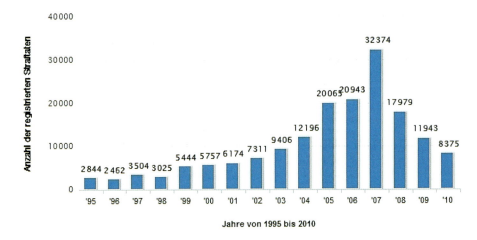

Quelle: Bundeskriminalamt
© Statista 2011

Das strenge Urheberrechtsgesetz und die allgegenwärtige Verfügbarkeit von Musik und Bildern im Internet führten in Zusammenhang mit der verführerischen scheinbaren Anonymität dazu, dass sich die Zahl der Urheberrechtsverletzungen seit Jahren auf einem hohen Niveau befindet.

Hinzu kommt der Umstand, dass eine Vielzahl von Usern den Sinn des Urheberrechts nicht unbedingt anerkennt und Überschreitungen als Kavaliersdelikt betrachtet. In ihren Augen sollte ein freier Download von Musik und Filmen aus dem Netz möglich sein, ohne mit dem Gesetz in Konflikt zu kommen.

Quick-Check:
Sind Ihre Bemühungen Urheberrechte einzuhalten ausreichend?   JA NEIN

1. Sind die Urheberrechte für alle Text- und Bildelemente auf Ihrer Firmenhomepage eindeutig gewahrt? ☐ ☐
2. Ist allen Mitarbeitern wirklich klar, welche Bereiche das Urheberrecht umfasst? ☐ ☐
3. Sind die Unterschiede zwischen Urheber- und Nutzungsrecht bekannt? ☐ ☐
4. Wie ist die Firmenpolitik bezüglich privater Nutzung von Firmen-PCs? ☐ ☐
5. Sind kreative Eigenleistungen Ihrer Mitarbeiter geregelt und werden ggf. vergütet? ☐ ☐
6. Werden etwaige Gesetzesänderungen in ihrem Unternehmen kommuniziert? ☐ ☐

Martin Schlichte, Pascal Bendien, Stefan Wisbauer: Urheberrechtsverletzungen vermeiden und Compliance-Schäden abwenden, abgerufen unter https://blog.lecturio.de/wp-content/uploads/2015/12/Quickcheck_Urheberrecht.png [24.03.2016]

3.7.3 Jugendschutz im Internet

Ein konkretes Gesetz, das den Schutz von Jugendlichen im Netz ausdrücklich regelt, gibt es nicht. Da das Internet zu den Medien gehört, unterliegt der Schutz von Kindern und Jugendlichen dem Jugendmedienschutz-Staatsvertrag sowie dem allgemeinen Jugendschutzgesetz. Aber selbst wenn es ein Internet-Jugendschutzgesetz gäbe, wäre die Einhaltung und Überprüfung mehr als schwierig.

Daher obliegt es in erster Linie den Eltern oder Erziehungsberechtigten, den Umgang ihrer Kinder mit dem Medium Internet zu steuern und zu kontrollieren, sie auf Gefahren hinzuweisen und zu verantwortungsbewussten Usern zu erziehen.

Um sicherzustellen, dass Jugendliche nicht bewusst oder versehentlich auf „falsche" Seiten gelangen, gibt es die Möglichkeit, Schutzprogramme zu installieren. Auch der Zugang zum Computer an sich kann mit Passwörtern belegt werden, sodass ein Zugang zum Internet überhaupt nicht möglich ist.

3.7.4 Allgemeine Geschäftsbedingungen

Die allgemeinen Geschäftsbedingungen, kurz AGB, sind für die meisten Verträge vorformulierte Vertragsbedingungen, die einer der Vertragspartner in den Vertrag einbringt. Der Vorteil der AGB liegt darin, dass durch weitgehende Standardisierung ein schneller und vereinfachter Vertragsabschluss möglich ist. Leider können die AGB allerdings den Kunden einseitig benachteiligen, ohne dass dieser es zunächst merkt, zumal sie oft derartig umfangreich sind, dass es nahezu unmöglich erscheint, sie sinnhaft zu lesen.

Das berühmte Kleingedruckte
Fast jeder hat es schon einmal gehört oder selbst erlebt: Nach der Unterschrift unter einen Vertrag laufen Dinge anders, als man es eigentlich gedacht oder mit dem Vertragspartner abgesprochen hatte. Dieser verweist dann auf das sogenannte Kleingedruckte. Darin befinden sich bestimmte Klauseln und Bedingungen, die vom Unterzeichner allerdings eher selten gelesen werden und oft auch tatsächlich so klein gedruckt sind, dass man schon fast mit der Lupe lesen muss.

Aus diesem Grund regelt der Staat mit dem AGB-Gesetz von 1976 den Inhalt der AGB, um den Kunden vor unliebsamen Überraschungen weitgehend zu schützen. Dennoch gibt es jedes Jahr zahlreiche Prozesse wegen der Inhalte in den AGB.

Das AGB-Gesetz schließt beispielsweise für den Kunden überraschende Klauseln aus, sie sind ungültig.

Zudem darf keine unangemessene Benachteiligung des Kunden stattfinden und die AGB müssen ausdrücklich in den Vertrag einbezogen werden.

3.7.5 Gerichtliche Zuständigkeit

Aufbau eines Aktenzeichens

Die Systematik eines gerichtlichen Aktenzeichens ist schon alt und fußt auf der Preußischen Aktenordnung von 1934. In der heutigen Praxis gibt es zwar je nach Region Abweichungen, der Kern jedoch ist stets derselbe.
So bedeutet das Aktenzeichen des nebenstehenden Urteils Folgendes:

Az. 30 C 1849/11
Az. = Aktenzeichen
30 = ein bestimmter Richter der Abteilung
30 C = allgemeine Zivilsachen
1849 = fortlaufende Nummer
/11 = Kalenderjahr

Das Internet ist zwar kein rechtsfreier Raum, aber zumindest nicht ortsgebunden. Alle Websites sind von jedem Ort in Deutschland aufrufbar. Diese Besonderheit ist für Wettbewerbs-, Urheberrechts- oder Markenrechtsstreitigkeiten von weitreichender Bedeutung, da theoretisch jedes Landgericht in Deutschland zuständig sein kann (sog. fliegender Gerichtsstand, § 32 Zivilprozessordnung).

In der Vergangenheit führte dieser Umstand dazu, dass sich Abmahner vermehrt ein Landgericht aussuchten, dessen Rechtsprechung ihnen bekannt war und von dem sie annahmen, dass es tendenziell zu ihren Gunsten urteilen würde. Diese Form der geografischen Willkür wurde zunächst im Jahre 2007 durch ein Urteil des Landgerichts Krefeld deutlich eingeschränkt.

Am 1. Dezember 2011 wies dann das Amtsgericht Frankfurt am Main eine Klage wegen Verletzung des Urheberrechts im Internet mit folgender Begründung ab:

> Die Zuständigkeit eines Gerichts für eine Klage aufgrund einer im Internet begangenen Urheberrechtsverletzung und einer Verletzung des Allgemeinen Persönlichkeitsrechts ist nur dann gegeben, wenn die Rechtsverletzung einen sachlichen Bezug zum Bezirk des angerufenen Gerichts aufweist. Für die Annahme eines sog. „fliegenden Gerichtsstands" verbleibt kein Raum.

AG Frankfurt am Main, Urteil v. 01.12.2011, Az. 30 C 1849/11 25, abgerufen unter www.telemedicus.info/urteile/Prozessrecht/Fliegender-Gerichtsstand/1318-AG-Frankfurt-am-Main-Az-30-C-184911-25-Kein-fliegender-Gerichtsstand-bei-Rechtsverletzungen-im-Internet.html [20.06.2016]

Damit gelten für Wettbewerbs-, Urheberrechts- und Markenstreitigkeiten im Internet momentan dieselben Bedingungen wie im realen Leben. Und da liegt die Zuständigkeit im Normalfall bei der örtlichen Behörde.

Aufgaben

27 In Kleinheim, einer Gemeinde nahe Großstadt, passiert Folgendes: Der 15-jährige Nils lädt sich vom PC seiner Eltern bei Facebook die Top 100 der Charts herunter.
- Beurteilen Sie die Situation. Nehmen Sie Bezug auf **M20**.
- Was könnte nun passieren?
- Angenommen, es kommt zu einem Verfahren vor Gericht. Wie würden Sie entscheiden?

28 Recherchieren Sie im Internet ähnlich Fälle und ihre Urteile. Vergleichen Sie diese mit dem Urteil, das Sie selbst gefällt hätten.

3.7.6 Verschiedene aktuelle Urteile zum Thema Internetkriminalität

Bundesgerichtshof, Urteil vom 19.12.2012 - VIII ZR 302/11 -
Schadensersatzanspruch wegen leichtfertiger Geldwäsche im Zusammenhang mit betrügerischen Internetgeschäften rechtmäßig;
Verkäufer entpuppt sich nach Bestellung einer Digitalkamera als fiktiver Online-Shop, der betrügerische Internetgeschäfte betreibt.
Derjenige, der sein Bankkonto leichtfertig für die Abwicklung betrügerischer Internetgeschäfte zur Verfügung stellt, ist den durch den Betrug Geschädigten zum Schadensersatz verpflichtet. Dies entschied der Bundesgerichtshof.

Amtsgericht München, Urteil vom 16.01.2007 - 161 C 23695/06 -
Versteckte Kostenangaben auf Internetseiten sind unwirksam;
Überraschung bei der Berechnung der Lebenserwartung übers Internet.
Wenn die Zahlungspflicht für eine auf einer Internetseite angebotene Leistung versteckt ist (hier in den Allgemeinen Geschäftsbedingungen), muss der Kunde die in Anspruch genommene Leistung nicht bezahlen. Die Zahlungspflicht ist dann eine ungewöhnliche und überraschende Klausel und daher unwirksam, wenn nach dem Erscheinungsbild der Website mit einer kostenpflichtigen Leistung nicht gerechnet werden musste. Dies hat das Amtsgericht München entschieden.

Amtsgericht Marburg, Urteil vom 08.02.2010 - 91 C 981/09 -
Abwehr von Abofallen-Forderungen muss erstattet werden;
Urteil gegen opendownlaod.de und den Rechtsanwalt Olaf Tank.
Wer im Internet einen kostenlosen Download anbietet (hier: opendownload.de) und den Kunden an versteckter Stelle in ein nicht zu erwartendes Abonnement lockt, begeht einen (versuchten) Betrug. Ein Rechtsanwalt, der für eine Vielzahl solcher zwielichtiger Abos die Abonnementkosten einklagt, ist als Gehilfe des Betrugs anzusehen. Der Anwalt macht sich dadurch schadensersatzpflichtig (z. B. auf Ersatz der Anwaltskosten der Gegenseite). Dies hat das Amtsgericht Marburg entschieden.

Amtsgericht München, Urteil vom 18.02.2009 - 262 C 18519/08 -
Flirtseite im Internet: Im Fließtext enthaltene Entgeltvereinbarung ist unwirksam.
Überraschende Klausel - Eine Mitgliedschaft auf einer Website mit einem Minderjährigen kommt nur dann zustande, wenn diese von seinen Eltern oder nachträglich (nach seinem 18. Geburtstag) von ihm genehmigt wird. Darüber hinaus sind Entgeltvereinbarungen, die in einem ungegliederten Fließtext enthalten sind, unwirksam, da überraschend. Dies hat das Amtsgericht München entschieden.

Landgericht München I, Urteil vom 12.05.2009 - 28 O 398/09 -
LG München I: Sparkasse darf Konto einer Mahnanwältin kündigen;
Mahntätigkeit der Anwältin erfüllt objektiven Tatbestand des Betrugs.
Eine Bank - hier eine Sparkasse - ist nicht verpflichtet das Konto einer Mahnanwältin weiterzuführen, die Mahngebühren für anwaltliche Tätigkeiten gegenüber Nutzern eines Internetportals geltend machte und diese Gelder dann auf das Konto überweisen ließ. Dies entschied das Landgericht München I.

Wichtiges Wissen

Zu 3.1 Das Netz vergisst nichts

Im Internet werden nahezu alle Daten, also Postings, Mails, Bilder und Websites, gespeichert und können bei Bedarf erneut eingestellt, angesehen oder analysiert und womöglich zum eigenen Schaden verwendet werden. Das Netz vergisst nichts!

Zu 3.2 Formen von Kriminalität in sozialen Netzwerken

Da man im Internet oft anonym bleiben kann, bietet es Verlockungen zu kriminellen Aktivitäten. Neben dem Einschleusen von Viren sind dies vor allem
- Cybermobbing,
- Cyberstalking,
- Phishing.

Zu 3.3 Facebook-Partys

In sozialen Netzwerken kann es passieren, dass durch Unachtsamkeit oder Unkenntnis falsche Klicks mit weitreichenden Folgen gesetzt werden. So geschehen bei zahlreichen Facebook-Partys, die wegen der Teilnahme von Chaoten völlig aus dem Ruder liefen und bei denen hoher Sachschaden entstand.

Zu 3.4 Radikalität und Gewalt

Im Internet kursieren Hunderte Sites, auf denen Gewalt in jedweder Form dargestellt wird. Darüber hinaus bietet das Netz politisch radikalen Gruppierungen ein Forum für ihre zweifelhaften und zum Teil menschenverachtenden Ideologien.

Zu 3.5 Suchtverhalten und Schuldenfalle

Zu Problemen kann es kommen, wenn jemand sich nicht mehr von Aktivitäten in sozialen Netzwerken lösen kann. Die betrifft sowohl das Spielen von Onlinespielen als auch den Konsum. Spiel- und Kaufsucht führen nicht selten zu finanziellen Problemen und enden in der Schuldenfalle.

Zu 3.6 Prävention und Intervention

Die beste Grundlage für sicheres Surfen im Internet und das Nutzen sozialer Netzwerke sind Kenntnisse der Gefahren sowie verantwortungsbewusstes, vorsichtiges Handeln.

Zu 3.7 Rechtliche Aspekte

Das Internet ist natürlich kein rechtsfreier Raum, ein Internetgesetzbuch gibt es aber nicht. So berührt die Aktivität im Netz viele bereits bestehende Gesetze.

Im Netz gelten Datenschutz und Urheberrecht. Übertretungen werden wie im zivilen Leben von den zuständigen Gerichten geahndet.

Anforderungssituation 6

Schutz von Natur und Umwelt – Ressourcensicherung und Nachhaltigkeit als politische Herausforderung

Kompetenzen

In diesem Kapitel lernen Sie, ein Grundverständnis für das Handeln eines Unternehmens innerhalb wirtschaftlicher, sozialer und ökologischer Spannungsfelder zu entwickeln.

Vor dem Hintergrund des Konsumverhaltens einer modernen Industriegesellschaft analysieren Sie die Wechselbeziehungen zwischen Wirtschaftlichkeit und Nachhaltigkeit und lernen die Auswirkungen globaler Zusammenhänge und Krisen kennen. Sie lernen eigene und unternehmerische Möglichkeiten eines Engagements für soziale und ökologische Ziele einzuschätzen.

1 Der Betrieb als Teil des Wirtschaftssystems

Betriebe und Unternehmen leisten in unserer modernen Gesellschaft einen großen Beitrag zur Produktion und Verteilung von Gütern und damit zur Wahrung und Mehrung des Wohlstands sowie – gegebenenfalls – der sozialen Gerechtigkeit.

Dabei kann ein Betrieb nicht als Mikrokosmos losgelöst von seinem Umfeld betrachtet werden, sondern er agiert stets in Abhängigkeit von politischen, technischen und gesellschaftlichen Faktoren. Zudem spielen Interessen bestimmter Gruppen oder auch Einzelpersonen eine wichtige Rolle.

M1

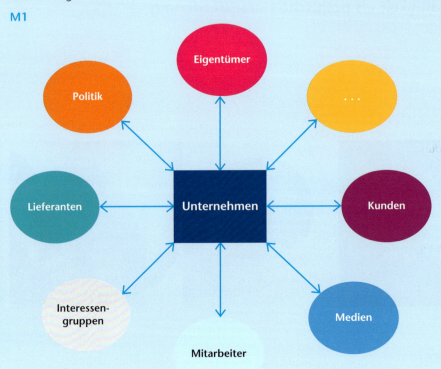

Vgl. R. Edward Freeman: Strategic Management: A Stakeholder Approach, Pitman Publishing: London 1984, S. 25

Arbeitsvorschläge

1 *Diskutieren Sie die Interessen der verschiedenen Gruppen an einem Betrieb.*
2 *Finden Sie weitere Gruppen, die im Umfeld eines Betriebs eine Rolle spielen.*

1.1 Menschliche Bedürfnisse

Grundlage des menschlichen Lebens ist die Befriedigung von Bedürfnissen. Tritt ein Bedürfnis, also ein empfundener Mangel, auf, möchte man diesen früher oder später beseitigen. Bedürfnisse, ohne deren Befriedigung man nicht leben könnte, bezeichnet man als „Grund- oder Existenzbedürfnisse". Hierzu zählen Nahrung, Obdach und Kleidung.

Alle darüber hinausgehenden Bedürfnisse müssen zwar nicht zwingend befriedigt werden, man empfindet es allerdings als angenehm und wünschenswert. Diese Art der Bedürfnisse wird „Kulturbedürfnisse" genannt; sie sind je nach Kultur, geografischer Lage oder auch Technisierung einer Gesellschaft verschieden. Luxusbedürfnisse sind nur von einer kleinen, zumeist privilegierten Gruppe der Bevölkerung zu befriedigen und dienen oft der Abgrenzung von anderen gesellschaftlichen Schichten.

Die Befriedigung der Bedürfnisse kann materiell (Fernseher, Auto usw.) erfolgen oder aber immateriell (Geborgenheit, Liebe). Zudem ist die Befriedigung einiger Bedürfnisse nur von der Gemeinschaft zu leisten (Kollektivbedürfnisse), andere dagegen kann der Einzelne selbst befriedigen (Individualbedürfnisse).

Die wohl bekannteste Einstufung von Bedürfnisarten geht auf den US-Amerikaner Abraham Maslow zurück, die sogenannte Bedürfnispyramide.

M2

Zur Person Abraham Maslow

Als Kind jüdischer Einwanderer 1908 in New York geboren prägte Abraham Maslow mit seinen Theorien nachhaltig die humanistische Psychologie. Maslow war bereits mit 29 Jahren Professor und erhielt zahlreiche Auszeichnungen, darunter 1967 die Ehrung zum „Humanisten des Jahres".

Aufgaben

3 Nennen Sie verschiedene Kulturbedürfnisse und Luxusbedürfnisse.

4 Begründen Sie anhand von zwei selbst gewählten Beispielen, warum eine Abgrenzung der beiden Bedürfnisarten Kultur- und Luxusbedürfnisse schwierig ist.

5 Welche Faktoren haben Einfluss auf die persönliche Bedürfnispyramide eines Menschen?

1.2 Freie und wirtschaftliche Güter

Bedürfnisse, die mit Kaufkraft zu befriedigen sind, bezeichnet man als **Bedarf**. Die Befriedigung der Bedürfnisse eines Menschen erfolgt in vielen Fällen durch Güter. Der Gebrauch oder Verbrauch von Dingen und Dienstleistungen zur Bedürfnisbefriedigung erhöht das persönliche Wohlbefinden, er bringt also einen Nutzen. Alle Mittel, die dem Menschen Nutzen bringen, bezeichnet man als „Güter".

Unter dem Gesichtspunkt des Konsums können Güter in „frei" und „wirtschaftlich" unterteilt werden.

Freie Güter stehen in unbeschränktem Maße zur Verfügung und können von jedem Menschen nach Belieben in Anspruch genommen werden. Beispiele für freie Güter sind Luft, Sand und Meerwasser. Sie sind nicht Gegenstand des Wirtschaftens und haben deshalb keinen Preis.

Wirklich frei?

Die unter normalen Umständen freien Güter Sand und Meer sind unter bestimmten Umständen plötzlich nicht mehr frei. So erheben Seebäder für die Nutzung des Strandes im Sommer beispielsweise Kurtaxe und profitieren so von prinzipiell freien Gütern.

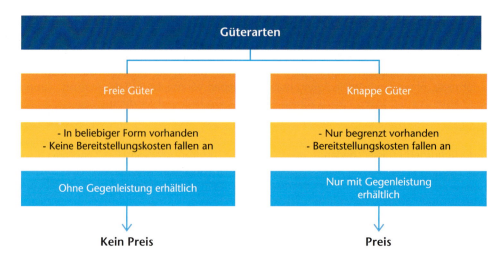

Selten, aber nicht knapp!
Das wohl einprägsamste Beispiel, um den Unterschied zwischen den Begriffen „selten" und „knapp" darzustellen, sind faule Eier. Diese sind – glücklicherweise – selten. Allerdings nicht knapp, denn wer wird schon ernsthaft faule Eier nachfragen?

Wirtschaftliche Güter stehen dagegen nicht in unbegrenztem Ausmaß zur Verfügung. Fast alle wirtschaftlichen Güter sind **knapp**. Knappheit bedeutet, dass die Bedürfnisse nach bestimmten Gütern größer sind als die Zahl dieser Güter.

Durch Raubbau an der Natur wird die Zahl freier Güter zudem immer geringer (siehe auch AS 6, 3.1 und 3.4). Ehemals freie Güter werden so zu wirtschaftlichen Gütern, die unter Arbeitseinsatz erzeugt, verwaltet und (gerecht) verteilt werden müssen.

Der Anbieter wirtschaftlicher Güter kann eine Gegenleistung in Form eines Preises verlangen, weil diese Güter dem Nachfrager Nutzen bringen, das heißt seine Bedürfnisse befriedigen. Je knapper ein Gut ist, umso höher liegt sein Preis.

Aufgaben

6 Diskutieren Sie folgende These in Ihrer Klasse: Ein Smartphone der Spitzenklasse ist ein überflüssiges Luxusgut.

1.3 Märkte und ihre Bedeutung

Der perfekte Markt?
In der Volkswirtschaft spielen Markttheorien eine große Rolle. So wurden Kriterien für den perfekten Markt festgelegt. Diese sind
– gleichartige Güter,
– vollkommene Transparenz,
– unendlich schnelle Reaktion,
– keine Vorlieben der Marktteilnehmer.

Diese Punkte sind zwar nur modellhaft und in der Realität kaum zu verwirklichen, dennoch kommt **die Börse** dem Modell recht nahe.

Wirtschaftliche Güter werden auf Märkten gehandelt. Das wesentliche Merkmal eines jeden Marktes ist das **Zusammentreffen von Angebot und Nachfrage**. Die Funktion eines Marktes besteht in erster Linie darin, diese beiden Komponenten in Einklang zu bringen. Hierfür muss ein Ausgleich der gegensätzlichen Interessen von Anbietern und Nachfragern erfolgen.

In diesem Spannungsfeld bringt der Preis die Interessen zum Ausgleich und dokumentiert den Wert eines Gutes. Je knapper und begehrter ein Gut ist, umso stärker ist die Position des Anbieters; daher wird ein solcher Markt „Verkäufermarkt" genannt. Hier können relativ hohe Preise erzielt werden.

Das Gegenteil hiervon ist der Käufermarkt, der durch eine starke Position der Nachfrager gekennzeichnet ist. Diese Situation tritt ein, wenn mehr Güter angeboten als nachgefragt werden. Die Preise auf dem Käufermarkt sind eher gering.

Der Preis ist heiß
Da die Betriebe von einem höheren Preis profitieren, wird oft durch kleine Tricksereien versucht, diesen zu erhöhen. So geschehen nach der Währungsumstellung auf den Euro durch den psychologischen Aspekt, dass der Preis sich quasi halbiert habe.

Aufgrund der unterschiedlichen Interessenlage verhalten sich Anbieter und Nachfrager am Markt genau gegensätzlich. Die Anbieter wollen ihren Gewinn maximieren, also wird mit steigendem Preis auch das Angebot steigen. Die Nachfrager versuchen, ihren Nutzen zu maximieren, deshalb sinkt die Nachfrage mit steigendem Preis.

Der Preis, bei dem Angebot und Nachfrage übereinstimmen, heißt **Gleichgewichtspreis**.

M3
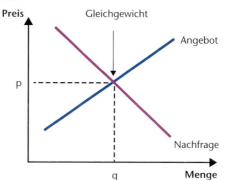

Arten von Märkten

Abhängig davon, welches Gut gehandelt wird, haben die einzelnen Märkte unterschiedliche Bezeichnungen. Im Wesentlichen unterscheidet man Faktormärkte und Gütermärkte.

Für einen Betrieb besitzen alle genannten Märkte Wichtigkeit und Bedeutung. An einigen dieser Märkte tritt der Betrieb als Anbieter auf,

Monopol
Die Machtposition am Markt hängt von der Konkurrenzsituation ab. Je mehr Anbieter am Markt vertreten sind, desto besser ist das für den Verbraucher, da die Unternehmen in Konkurrenz zueinander stehen.
Gibt es nur einen einzigen Anbieter, spricht man von **Monopol**, bei wenigen von **Oligopol** und zahlreiche Anbieter bilden ein **Polypol**.

an anderen als Nachfrager. Es gilt also, die eigene Position innerhalb des Gesamtgebildes sorgfältig auszutarieren.

M4
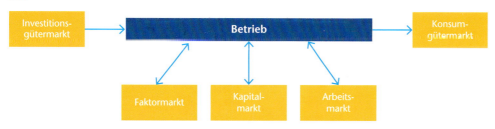

Aufgaben

7 Kennzeichnen Sie die Interessen eines Betriebs an Märkten. Gehen Sie dazu auf das Schaubild M4 ein.

8 Begründen Sie, warum der Gleichgewichtspreis (siehe M3) am Konsumgütermarkt höher liegt als am Investitionsgütermarkt.

1.4 Grundfunktionen eines Produktionsbetriebs

Unabhängig von Standort oder Branche hat jeder Produktionsbetrieb bestimmte Grundfunktionen. Diese werden betriebsintern anhand eines Organigramms in Form von Abteilungen dargestellt. Jede Abteilung hat feste Aufgaben, um einen reibungslosen Ablauf zu gewährleisten.

Die Abfolge der einzelnen Funktionsschritte/Abteilungen ergibt sich aus wirtschaftlichen und logischen Gesichtspunkten.

Betrieb oder Unternehmen?
Oft synonym (gleich) verwendet, gibt es doch Unterschiede zwischen einem Betrieb und einem Unternehmen. Als **Betrieb** wird die örtliche, technische und organisatorische Einheit zum Zwecke der Erstellung von Gütern und Dienstleistungen bezeichnet.
Ein **Unternehmen** hingegen ist betriebswirtschaftlich gesehen eine rechtliche und wirtschaftlich-finanzielle Einheit.

Vgl. Springer Gabler Verlag (Herausgeber), Gabler Wirtschaftslexikon, Stichwort: Unternehmen, im Internet: http://wirtschaftslexikon.gabler.de/Archiv/2942/unternehmen-v11.html

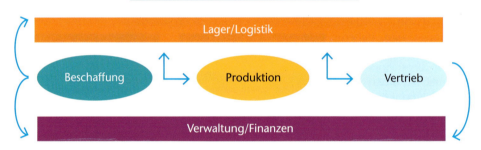

Strategisch bedeutsame Entscheidungen werden immer von der Geschäftsleitung getroffen. Hierzu zählen beispielsweise das Sortiment, die Wahl eines neuen Standortes oder auch Aspekte des Umweltschutzes oder nachhaltiger Produktion (siehe auch AS 6, 3.7). Zudem ist die Geschäftsleitung für die Einhaltung und Umsetzung gesetzlicher Vorschriften zuständig.

1.4.1 Beschaffung/Disposition

Unter „Beschaffung" versteht man im Sinne eines Produktionsbetriebs in erster Linie den Einkauf von Gütern und Material für die Weiterverarbeitung und den Produktionsprozess. Im weiteren Sinne bedeutet Beschaffung aber auch eine Betätigung auf dem Dienstleistungs-, Finanz- und Arbeitsmarkt.

Beschaffung und Disposition sind ein fortwährender operativer Prozess.

M5

Der Betrieb tritt an den Beschaffungsmärkten als Nachfrager auf und wird versuchen, gute Waren für einen möglichst geringen Preis zu erwerben.

Die Interessen des Betriebs am Beschaffungsmarkt lassen sich in den **6R** zusammenfassen. Diese besagen, dass für die Produktion

- die **r**ichtige Ware
- zum **r**ichtigen Zeitpunkt
- in der **r**ichtigen Menge
- am **r**ichtigen Ort
- in der **r**ichtigen Qualität
- zu den **r**ichtigen Kosten

zur Verfügung steht.

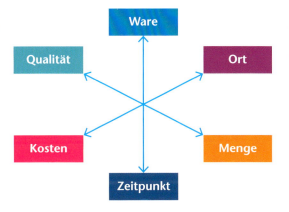

Die wichtigsten Beschaffungsmärkte (Beispiel Textil):
China
Türkei
Bangladesch
Indien
Hongkong
Vietnam
Indonesien
Pakistan
Kambodscha
Madagaskar
Vgl. www.wiwo.de

Aufgaben

9 Interpretieren Sie die alte kaufmännische Weisheit „Im Einkauf steckt der halbe Gewinn".

10 Überlegen Sie, welche Kriterien bei der Auswahl von Bezugsquellen für einen Betrieb von Bedeutung sind (M5). Unterscheiden Sie dabei „harte" und „weiche" Kriterien.

1.4.2 Produktion

Der Begriff „Produktion" leitet sich aus dem Lateinischen ab und bedeutet „vorführen" oder „vorbringen". Im Sinne des gleichnamigen Prozesses ist die Verarbeitung von Rohstoffen zur Herstellung fertiger Produkte gemeint.

1, 2 oder 3?
Wirtschaftlichkeit
Ob ein Betrieb wirtschaftlich ist oder nicht, kann man durch folgende Rechnung ermitteln:

$$\frac{\text{Leistungen}}{\text{Kosten}}$$

Ist das Ergebnis größer als 1, besteht eine positive Wirtschaftlichkeitskennzahl, bei einem Wert unter 1 wurden Verluste gemacht.

Wirtschaftlich gesehen ist es für einen Betrieb immer wünschenswert, mit wenig Input möglichst viel Output zu erzeugen. Man spricht hier von „Produktivität". Je produktiver ein Unternehmen arbeitet, umso besser sind seine Chancen am Markt, da der Produktionsprozess selbst durch den Einsatz von Arbeitern, Maschinen und Energie oft sehr kostenintensiv ist.

1.4.3 Absatz

Dem Absatz kommt innerhalb der betrieblichen Grundfunktionen aus mehreren Gründen eine zentrale Rolle zu. Zum einen ist der Absatz der einzige Funktionsbereich, mit dem ein Betrieb Geld einnimmt, während die übrigen Bereiche nur Kosten verursachen.

Mit dem Absatz sind aber auch die Bekanntheit eines Betriebs und sein Image eng verknüpft, da oftmals Marketinginstrumente zur Absatzsteigerung eingesetzt werden.

M6
JIT
Das Just-in-time-Prinzip wird zur Senkung von Kosten eingesetzt. Das Wesen des JIT ist eine Abwälzung des Risikos auf den Zulieferer, der die benötigten Teile genau dann bereitstellen muss, wenn sie für den Produktionsprozess gebraucht werden. So spart sich der Produzent einen Großteil der Lagerkosten.

Kunden auf Absatzmärkten sind für die meisten Betriebe in erster Linie die Endverbraucher innerhalb der Haushalte, daneben aber auch der Staat und andere Unternehmen.

1.4.4 Lager und Verwaltung

Bei nahezu allen Betrieben unbeliebt, aber meistens doch unverzichtbar sind die Abteilungen Lager und Verwaltung, da sie mit erheblichen Kosten verbunden sind und ihr Anteil am Gesamtprozess nicht messbar ist. Zudem gehören sie nicht einmal zu den eigentlichen Grundfunktionen eines Produktionsbetriebs. Aus diesem Grund versuchen Betriebe, die Strukturen hier so schlank wie möglich zu gestalten.

Für den Lagerbereich bedeutet das eine geringe Lagerfläche, auf der sich nur die eiserne Reserve für Notfälle befindet. Ansonsten werden nach Möglichkeit Rohstoffe oder Montageeinheiten nach dem Just-in-time-Prinzip geliefert, also genau dann, wenn sie für die Produktion tatsächlich gebraucht werden. Im Zuge einer sich globalisierenden Gesellschaft und des immer stärkeren Zusammenwachsens der EU (siehe auch AS 7) hat so die Distribution von Waren immer stärker an Bedeutung gewonnen.

In der Verwaltung erfolgen alle Prozesse, die einen reibungslosen Ablauf der gesamten Organisation gewährleisten.

Aufgaben

11 Im modernen Produktionsprozess verdrängen zunehmend Maschinen und Fertigungsroboter den Menschen. Diskutieren Sie in kleinen Gruppen die Auswirkungen dieser Entwicklung für die Gesellschaft und stellen Sie Ihre Ergebnisse der Klasse vor.

12 Nehmen Sie kritisch Stellung zu der Aussage „Das moderne Lager rollt auf der Straße" (M6).

13 Welche Konsequenzen ergeben sich aus dieser Tatsache für den Menschen, die Umwelt und die Wirtschaft?

Umsatz der DAX-Unternehmen
Der DAX (Deutscher Aktien-Index) erfasst die Werte der 30 umsatzstärksten börsennotierten Unternehmen Deutschlands. Der DAX ist national und international als Leitindex anerkannt. Im Jahr 2014 erzielten die DAX-Unternehmen zusammen einen Gewinn von *über* 100 Milliarden €.

1.5 Unternehmensziele

Grundlage aller betrieblichen Tätigkeiten, Entscheidungen und Handlungen sind bestimmte Ziele. Früher wie heute steht das Ziel der Gewinnerzielung oder Gewinnmaximierung an erster Stelle, da es die Existenz des Betriebs sichert. Dem gesellschaftlichen und damit verbundenen sozialen und moralischen Wandel geschuldet, treten aber zunehmend früher nachrangige Ziele in den Vordergrund. So ist im Laufe der letzten Jahre ein ganzes Paket an Zielen entstanden, das man mit dem Begriff „Zielsystem" umschreiben könnte.

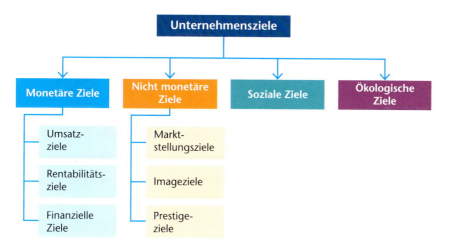

Portfolio
Verfolgt ein Unternehmen mehrere Ziele wird häufig der Begriff „Portfolio" verwendet. Portfolio ist ein Kofferwort, also ein aus zwei verschiedenen Begriffen neu entstandenes (Kunst)Wort. Der Ursprung des Begriffes Portfolio liegt im Lateinischen. Er setzt sich zusammen aus **port**are (tragen) und **foli**um (Blatt). Portfolio wird heute in den unterschiedlichsten Zusammenhängen verwendet, so in der Wirtschaft oder an der Börse.

1.5.1 Ökonomische Ziele

Die ökonomischen Ziele sind und bleiben die wichtigsten Ziele eines Betriebs überhaupt. Sie lassen sich in zwei Bereiche unterteilen: einerseits einen harten Bereich, der messbar ist und in relativen wie absoluten Zahlen ausgedrückt werden kann. Hier ist der Gewinn die dominierende Kennzahl, aber auch Eigenkapitalrentabilität, Umsatzrentabilität, Liquidität, Produktivität und Wirtschaftlichkeit spielen eine tragende Rolle.

Darüber hinaus existiert ein weicher Bereich, der zwar auch wirtschaftlich geprägt ist, allerdings nur schwer in Zahlen ausgedrückt werden kann. Dies wären beispielsweise das Markenimage, die empfundene Produktqualität oder die Wahrnehmung bei Geschäftspartnern und wichtigen Kunden. Auch eine strategisch sinnvolle Ausrichtung am Markt ist für Betriebe wichtig, um zukünftigen Entwicklungen folgen zu können.

1.5.2 Soziale Ziele

Soziale Ziele haben im Laufe der letzten Jahrzehnte durch drei Faktoren erheblich an Bedeutung gewonnen:

- Verschiebung von Angebot und Nachfrage auf dem Arbeitsmarkt zugunsten der Arbeitnehmer
- Gesetzliche Rahmenbedingungen
- Gesellschaftliche Veränderungen

Noch vor 60 Jahren musste ein Arbeitnehmer unter widrigen Bedingungen zwölf Stunden am Tag, sechs Tage die Woche schwere körperliche Arbeit verrichten (vgl. auch AS 2, 2.4.3). Das wäre sowohl nach heutiger Rechtslage als auch nach heutigem gesellschaftlichem Gerechtigkeitsempfinden undenkbar.

Heute kann langfristiger wirtschaftlicher Erfolg nur dann gewährleistet werden, wenn er auf einem starken sozialen Fundament fußt.

Zufrieden oder nicht?
In einer Umfrage zur Gallup-Studie von 2015 gaben 70 % der Teilnehmer an, eine eher geringe emotionale Bindung an ihren Job und ihren Arbeitgeber zu haben.

Humanisierung der Arbeit
bedeutet, die Bedingungen am Arbeitsplatz für die Arbeitnehmer angenehmer und menschlicher zu gestalten. Humanisierungskonzepte gibt es seit über 150 Jahren. So soll beispielsweise monotone Fließbandarbeit durch Jobsharing oder Jobrotation weniger eintönig gestaltet werden.

Glücksfaktor Arbeit

So viel Prozent der Befragten stimmen diesen Aussagen zu

	2004 Frauen	2004 Männer	2010 Frauen	2010 Männer
Meine Arbeit ist vielseitig und abwechslungsreich.	92	91	87	87
Meine Arbeit bringt mir Anerkennung.	93	89	87	84
Meine Arbeit hält mich fit.	89	81	86	77
Meine Arbeit stellt die richtigen Anforderungen an mich.	80	79	75	76
Meine Firma kümmert sich um meine Gesundheit.	50	60	58	64

Befragung von 2026 Erwerbstätigen von September bis November 2004 bzw. von 2000 Erwerbstätigen von Februar bis April 2010; Quelle: Initiative Gesundheit und Arbeit

Institut der deutschen Wirtschaft Köln
© 2012 IW Medien · iwd 12

Andererseits kann die Verwirklichung sozialer Unternehmensziele dauerhaft nur durch wirtschaftlichen Erfolg garantiert werden. Die Realisierung folgender sozialer Ziele gilt im Sinne des Unternehmenserfolgs als wünschenswert:

M7

- Angemessene/leistungsgerechte Entlohnung
- Beteiligung der Mitarbeiter am Firmenerfolg
- Zufriedenheit der Mitarbeiter
- Sicherer Arbeitsplatz
- Absicherung im Alter durch eine Betriebsrente
- Menschenwürdige Arbeitsbedingungen

Öko! Logisch?
Für die Mehrheit der Bevölkerung moderner Industrienationen ist eine ökologische Grundausrichtung heutzutage selbstverständlich. Frei nach dem Motto „unsere Umwelt zu bewahren auch in 100 000 Jahren". In anderen teilen des Globus kann man diese Grundeinstellung aber aus den verschiedensten Gründen allerdings keineswegs voraussetzen. So können Sachzwänge, Armut, Unwissenheit oder schlicht Ignoranz ursächlich dafür sein, dass Öko eben doch nicht überall logisch ist.

1.5.3 Ökologische Ziele

Innerhalb des Zielsystems eines Betriebs gewinnen die ökologischen Ziele langsam, aber beständig an Gewicht. Zunächst war es lediglich eine Minderheit in der Parteienlandschaft der Bundesrepublik, die sich seit Mitte der 1970er-Jahre um ökologische Aspekte kümmerte. Dies hatte eine Veränderung der politischen Wahrnehmung von Umweltfragen zur Folge, die sich in Vorschriften und Gesetzen niederschlug. Mittlerweile sind Worte wie „Nachhaltigkeit" und „Umweltschutz" aus dem täglichen Sprachgebrauch kaum wegzudenken, es hat also ein gesamtgesellschaftlicher Prozess stattgefunden.

Die wichtigsten ökologischen Ziele im Sinne geltender Gesetze und gesellschaftlicher Wertvorstellungen sind:

- Einsparung von Energie
- Energiegewinnung aus erneuerbaren Energien
- Schonung der natürlichen Ressourcen
- Entwicklung und Verwendung umweltfreundlicher Produkte, Produktions- und Entsorgungsverfahren
- Recycling/Kreislaufwirtschaft
- Einhaltung der Umweltgesetze
- Vermeidung von Abfall und Emissionen

Gewichtung ökologischer Ziele
Obwohl der ökologische Aspekt in der Wahrnehmung der Öffentlichkeit an Gewicht gewinnt, sinken die Ausgaben der Unternehmen für Umweltschutzaspekte.

Ein Aspekt der Verwirklichung ökologischer Ziele ist die Reduzierung von CO_2-Emissionen. Die unten stehende Grafik zeigt die Entwicklung ab dem Jahr 2000 je Kilowattstunde in Gramm.

M8
Entwicklung der CO_2-Emissionen je erzeugter Kilowattstunde Strom in Gramm

Deutsches Institut für Internationale Pädagogische Forschung, Frankfurt am Main

Kyoto
ist eine von vielen Millionenstädten in Japan. Weltweite Bekanntheit erlangte die Stadt durch das sogenannte Kyoto-Protokoll, in dem sich 1997 zahlreiche Industrienationen auf einer internationalen Klimakonferenz darauf verständigten, die Emission von Treibhausgasen zu begrenzen.

1.5.4 Zielharmonien

M9

„Wir verfolgen das Ziel, ausreichend Gewinn zu erwirtschaften, um das weitere Wachstum unseres Unternehmens zu finanzieren, unseren Aktionären angemessene Renditen zu sichern und um Ressourcen bereitzustellen, die wir zum Erreichen der anderen Unternehmensziele benötigen."

Dillerup, Ralf; Stoi, Roman: Unternehmensführung, Verlag Franz Vahlen, 5. Aufl., 2016 München, S. 158.

M10
Greenwash oder grün, grün, grün sind alle meine Farben

„Greenwash" bedeutet auf Deutsch sinngemäß „grün färben". Mit diesem eher kritischen Begriff ist gemeint, dass Betriebe sich ein umweltbewusstes Image geben, obwohl sie möglicherweise gar nicht umweltbewusst handeln. Die Farbe Grün symbolisiert die Umwelt. So ist das „M" von McDonald's seit einiger Zeit nicht mehr auf rotem, sondern auf grünem Hintergrund zu sehen.

Dass die drei genannten Ziele nicht gleichrangig zu verstehen sind, erklärt sich vor dem Hintergrund der primär wirtschaftlichen Tätigkeit eines Produktionsbetriebs von selbst. Unter anderem deshalb erscheint es auf den ersten Blick schwierig, soziale und ökologische Ziele mit wirtschaftlichen Zielen harmonisch zu verbinden.

So galten noch vor einigen Jahren ökonomische und ökologische Ziele als nahezu unvereinbar, da mit umweltbewusstem Handeln in aller Regel auch hohe Kosten und damit Gewinneinbußen verbunden waren.

Mit der Veränderung der öffentlichen Wahrnehmung und mehr noch des umweltbewussteren Handelns der Konsumenten versuchen allerdings immer mehr Betriebe, über die Kommunikation ökologischer Ziele einen Imagewandel hervorzurufen, der mittelfristig zu einer Umsatzsteigerung führt.

M11

Mit dieser Form der Unternehmenskommunikation befassen sich seit 1994 das Institut für ökologische Wirtschaftsforschung (IÖW) und „future – Verantwortung unternehmen".

Das IÖW erstellt eine Rangliste bezüglich der gesellschaftsbezogenen Berichterstattung deutscher Unternehmen im Bereich glaubwürdige Nachhaltigkeitsberichterstattung.

1.5.5 Zielkonflikte

M12
Ranking der Nachhaltigkeitsberichte 2015 von IÖW und future

Top 5 der Großunternehmen
1 BMW Group
2 Miele & Cie. KG
3 KfW Bankengruppe
4 Commerzbank AG
5 Volkswagen AG

Top 3 der kleinen und mittleren Unternehmen
1 Lebensbaum (Ulrich Walter GmbH)
2 VAUDE Sport GmbH & Co. KG
3 Rinn Beton- und Naturstein GmbH & Co. KG

vgl. IÖW, Ranking der Nachhaltigkeitsberichte 2015

Innerhalb der Zielbeziehungen existieren nicht nur Übereinstimmungen. Im Gegenteil stehen einige Ziele unvereinbar gegenüber.

An erster Stelle ist hier der Konflikt zwischen sozialen und wirtschaftlichen Zielen zu nennen. Verbesserungen von Arbeitsbedingungen, höhere Löhne oder die Einstellung weiterer Arbeitskräfte verursachen dem Betrieb Kosten und stehen damit dem Ziel der Gewinnmaximierung entgegen.

M13

Länger am Arbeitsplatz
Bezahlte und unbezahlte Überstunden je Arbeitnehmer in Deutschland in Stunden

Quelle: Institut für Arbeitsmarkt- und Berufsforschung

Aufgaben

14 Erstellen Sie in der Klasse ein eigenes Meinungsbild über die Arbeits- bzw. Lernzufriedenheit. Entwickeln Sie dazu ein eigenes Schema.

15 Informieren Sie sich über gesetzliche Rahmenbedingungen, die Betriebe auf die Verwirklichung sozialer Ziele verpflichten (M7).

16 Interpretieren Sie die Grafik M8 vor dem Hintergrund des Kyoto-Protokolls.

17 Nehmen Sie Stellung zur Zielgewichtung von HP (M9). Finden Sie Zielharmonien und diskutieren Sie deren mögliche Umsetzung in einem Betrieb.

18 Analysieren Sie Internet-, Zeitungs, und Fernsehwerbung auf Umweltaspekte und Öko-Redewendungen. Stellen Sie einen Zusammenhang zu M10 und M11 her.

19 Diskutieren Sie die Frage, ob es für große oder kleine Betriebe (M12) einfacher ist, Zielharmonien herzustellen.

20 Deutschland gilt als „Überstundenweltmeister" (M13). Was könnte das mit dem Konflikt zwischen sozialen und ökonomischen Zielen zu tun haben? Beziehen Sie in Ihre Überlegungen auch Regelungen des Kündigungsschutzes sowie Sozialversicherungen mit ein.

21 Suchen Sie weitere mögliche Zielkonflikte und begründen Sie diese mit Beispielen aus der Praxis.

Wichtiges Wissen

Zu 1 Der Betrieb als Teil des Wirtschaftssystems

Betriebe agieren in Abhängigkeit von verschiedenen Interessengruppen aus Politik und Gesellschaft.

Zu 1.1 Menschliche Bedürfnisse

Alle Menschen haben Bedürfnisse. Die Befriedigung dieser Bedürfnisse ist entweder notwendig, um zu leben (Existenzbedürfnisse) oder um sich gut zu fühlen (Kultur- und Luxusbedürfnisse).

Zu 1.2 Freie und wirtschaftliche Güter

Viele Bedürfnisse lassen sich durch Güter befriedigen. Wirtschaftliche Güter haben einen Preis und werden an Märkten gehandelt.

Zu 1.3 Märkte und ihre Bedeutung

An Märkten treffen Angebot und Nachfrage zusammen. Die Knappheit eines Gutes entscheidet am Markt über den Preis. Auch Betriebe treten als Anbieter oder Nachfrager an Märkten auf.

Zu 1.4 Grundfunktionen eines Produktionsbetriebs

Betriebe haben die Grundfunktionen Beschaffung, Produktion und Absatz. Zudem sind eine funktionierende Verwaltung und Lagerhaltung wichtige Bestandteile.

Zu 1.5 Unternehmensziele

Betriebe bewegen sich im Spannungsfeld eines Zielsystems aus ökonomischen, sozialen und ökologischen Zielen.

Das Primärziel eines Betriebs ist stets ökonomisch. Da aber auch die anderen Ziele in den letzten Jahrzehnten stark an Bedeutung gewonnen haben, gibt es neben Zielharmonien auch zahlreiche Zielkonflikte.

2 Wertschöpfung und Konsum

M14

M15

Opposition warnt vor Mehrwertsteuer-Erhöhung: Schäubles Spar- und Steuerpläne sorgen für Aufregung

Daniel Nusser/Sandra Tjong/dpa/Reuters: Focus online, 23.12.2012; abgerufen unter www.focus.de/politik/deutschland/tid-28745/opposition-warnt-vor-mehrwertsteuer-erhoehung-schaeubles-spar-und-steuerplaene-sorgen-fuer-aufregung_aid_887081.html [06.02.2016]

Ermäßigter Mehrwertsteuersatz soll angeblich wegfallen

CDU will ermäßigte Mehrwertsteuer abschaffen

Berlin. Der Wirtschaftsflügel der Unionsfraktion im Bundestag will einem Medienbericht zufolge den ermäßigten Mehrwertsteuersatz von sieben Prozent abschaffen. Gleichzeitig solle der allgemeine Satz von derzeit 19 % auf 17 % gesenkt werden.

AFP/felt/csi: Rheinische Post online, 04.01.2013; abgerufen unter www.rp-online.de/politik/deutschland/cdu-will-ermaessigte-mehrwertsteuer-abschaffen-1.3123395 [06.02.2016]

Arbeitsvorschläge

22 Überlegen Sie, was der Cartoon M14 mit dem Thema Wertschöpfung und Konsum zu tun hat.

2.1 Die Wertschöpfungskette

Als Wertschöpfung wird in engerem Sinne die Summe aller in einer bestimmten Periode geschaffenen Werte verstanden. Allgemein wird mit dem Begriff „Wertschöpfung" heute der Weg eines Produktes von der Beschaffung über die Produktion bis hin zum Absatz an den Endkunden verstanden (vgl. AS 6, 1.4).

Die Wertschöpfungskette funktioniert stets nach demselben Schema. Je nach Betrieb, Branche und Technisierungsgrad der Gesellschaft liegen jedoch unterschiedlich starke Ausprägungen vor. Zudem ist es möglich, einzelne Glieder der Kette zu überspringen, die für den jeweiligen Prozess möglicherweise nicht von Bedeutung sind.

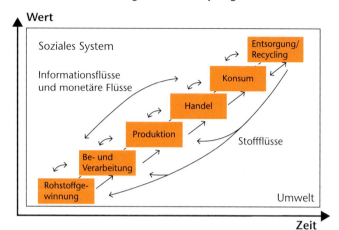

Justus von Geibler: Nachhaltigkeit in globalen Wertschöpfungsketten, Metropolis 2010 (verändert)

Der „erste Sündenfall" – die Mehrwerttheorie von Karl Marx

Ein wichtiger Aspekt der wirtschaftlichen Lehre von Karl Marx war Verteilungsgerechtigkeit. Marx war der Auffassung, dass allein der Staat für das Produzieren und gerechte Verteilen von Gütern sorgen könne, da der Mehrwert der privaten Produktion fast ausschließlich den Produzenten zugute komme. Er verglich Produktionsmittel in privater Hand gar mit dem ersten biblischen Sündenfall.

2.1.1 Beschaffung von Rohstoffen

Am Beginn der Kette steht die Beschaffung von Rohstoffen. Als Rohstoff gelten natürliche Stoffe, die noch nicht bearbeitet wurden. Rohstoffe werden für Nahrungszwecke, Energieerzeugung oder technische Verwendung jeder Art benötigt.

Man kann Rohstoffe grob in zwei Kategorien unterteilen, und zwar nachwachsende Rohstoffe (erneuerbar) und solche, die sich nach ihrem Abbau nicht in für den Menschen nutzbaren, akzeptablen Zeiträumen erneuern.

Zudem gibt es Rohstoffe, die heute sehr wichtig sind, im Laufe der Zeit aber an Bedeutung verlieren werden, und für die Zukunft wichtige Perspektivrohstoffe.

Die aktuell wichtigsten Rohstoffe		Die wichtigsten Perspektivrohstoffe	
Öl	Kautschuk	Yttrium	Kobalt
Erdgas	Baumwolle	Wolfram	Phosphat
Gold	Raps	Germanium	Niob
Silber	Kohle	Palladium	Selen
Holz	Uran	Rhodium	Platin

Die Perspektivrohstoffe sind an erster Stelle für technische Zwecke von Bedeutung. Sie gehören zumeist zur Gruppe der Mineralien oder der seltenen Erden und sind nur in sehr begrenztem Maße und nur in wenigen Regionen der Erde vorhanden. Erschwerend hinzu kommt, dass man sie nicht oder nur in geringem Maße durch andere Stoffe ersetzen kann.

M16

Arm oder reich – oder beides?

Rohstoffreiche Länder können sich glücklich schätzen, denn Rohstoffe werden immer nachgefragt, und weil sie knapp sind oder werden, können diese Länder hohe Gewinne erzielen. Eigentlich sind sie reich. Dennoch ist die Bevölkerung dieser Staaten oft sehr arm, der Lebensstandard ist niedrig und die Schere zwischen Arm und Reich geht sehr weit auseinander.

Nicht selten herrscht ein Kampf um die Rohstoffe und die Länder sind politisch nicht stabil und auch nicht unbedingt demokratisch. So gesehen sind diese Länder arm.

2.1.2 Verarbeitung

Das zweite Glied der Wertschöpfungskette bildet die Weiterverarbeitung der Rohstoffe, die weiterverarbeitende Industrie. Auf dieser Stufe wird erstmals ein Mehrwert erzielt, indem der in seinem Urzustand für den Gebrauch oder Konsum wertlose Rohstoff in einen

Zustand versetzt wird, der einen sofortigen oder durch nachgelagerte Prozesse späteren Gebrauch ermöglicht.

Diese sogenannte Bruttowertschöpfung (BWS) wird nach folgender Formel berechnet:

> Bruttowertschöpfung = Bruttoproduktionswert − Vorleistungen

Beispiel
Eine Brauerei kauft von einem Landwirt Hopfen für 40 000 €. Nach dem Brauvorgang verkauft die Brauerei das Bier für 70 000 € an eine Handelskette. Die Bruttowertschöpfung beträgt also auf dieser Produktionsstufe 70 000 € − 40 000 € = 30 000 €.

*Diese Bruttowertschöpfung ist natürlich **nicht der Gewinn** der Brauerei, da während des Brauvorgangs Kosten für Löhne, Energie usw. entstehen, die allerdings nicht in die Berechnung der Bruttowertschöpfung eingehen.*

Grundbegriffe der BWL
Als **Umsatz** werden die Erlöse bezeichnet, die durch den Verkauf von Waren erzielt werden.
Der **Gewinn** ist das, was übrig bleibt, wenn vom Umsatz sämtliche Kosten subtrahiert werden.
Es ist für einen Betrieb also unmöglich, mit der Produktion einen höheren Gewinn als Umsatz zu erzielen.

Die Bruttowertschöpfung ist ein wichtiger Indikator für die Leistungsfähigkeit einer Volkswirtschaft. Auf ihrer Basis wird das Bruttoinlandsprodukt (BIP) berechnet, das Aussagen über den Wohlstand, den Entwicklungsstand und die Zukunftschancen einer Nation zulässt.

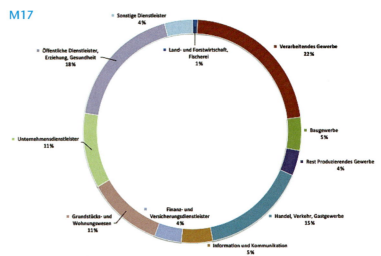

M17

Statistisches Bundesamt

Das Problem der Milchbauern ...
Marktsättigung ist vor allem für Produzenten und Weiterverkäufer problematisch, da die Preise auf den Absatzmärkten derartig gering sind, dass kein ausreichender Gewinn mehr zu erzielen ist. Leidvoll erfahren mussten dies in jüngster Vergangenheit oft die Landwirte und hier besonders die Milchbauern, die aus Protest über diesen Umstand ihre Milch schon demonstrativ auf den Feldern verteilten.

Je mehr Stufen der Wertschöpfungskette ein Produkt vom Rohstoff bis zum Endverbrauch durchläuft, umso höher ist auch die Bruttowertschöpfung. Durch einen hohen Preis steigt die Bruttowertschöpfung ebenfalls.

Für Industrienationen spielt das Wachstum eine wesentliche Rolle. Dies wird vornehmlich durch eine hohe Nachfrage nach allen Arten von Gütern oder Dienstleistungen erreicht. Es ist also wichtig, diese Nachfrage in immer stärkerem Maße zu erzeugen.

2.1.3 Verkauf – Erschließung von Absatzmärkten für den Konsum

Das letzte Glied der Wertschöpfungskette bildet der Verkauf an den Endverbraucher. Dieser zahlt von allen Kettengliedern den höchsten Preis je Einheit, ansonsten könnte mindestens eine Produktionsstufe keinen Mehrwert und damit auch keinen Gewinn erzielen.

Ein Problem heimischer Produzenten ist die durch einen hohen Lebensstandard, Wohlstand und große Konkurrenz verursachte Sättigung zahlreicher Absatzmärkte. Dieser Konkurrenzdruck an den gesättigten heimischen Märkten zwingt zahlreiche europäische Unternehmen dazu, sich neue Absatzmärkte im Ausland zu erschließen.

Hohe Lohn- und Lohnnebenkosten sowie ein hohes Steuerniveau und geringe Margen verstärken den Trend ins Ausland, zumal Zutrittsbarrieren im Zeitalter der Globalisierung kaum noch ein Hindernis darstellen.

Die größten Handelspartner Deutschlands 2015
in Mrd. EUR

Export			Import
Vereinigte Staaten	114	92	China
Frankreich	103	88	Niederlande
Vereinigtes Königreich	89	67	Frankreich
Niederlande	80	60	Vereinigte Staaten
China	71	49	Italien
Österreich	58	45	Polen
Italien	58	42	Schweiz
Polen	52	39	Tschechische Republik
Schweiz	49	38	Vereinigtes Königreich
Belgien	41	37	Österreich

Vorläufiges Ergebnis.
© Statistisches Bundesamt, Wiesbaden 2016

Zwar haben sich die wichtigsten Handelspartner der Bundesrepublik innerhalb der letzten Jahre kaum verändert, dennoch ist ein Trend hin zu neuen Absatzmärkten, unter anderem in Fernost und Südamerika, deutlich zu spüren.

Die dort gelegenen **Schwellenländer** China, Indien und Brasilien gehören mit ihrer schnell wachsenden Wirtschaft und einer großen Bevölkerungszahl zu den interessantesten Perspektivmärkten, könnten bei anhaltend positiver ökonomischer Entwicklung allerdings auch schnell zu einer Konkurrenz und Herausforderung an den Märkten werden

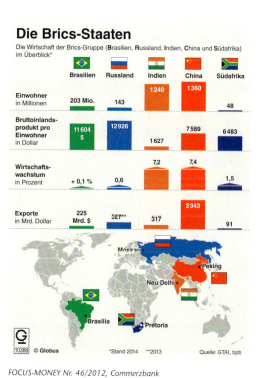

FOCUS-MONEY Nr. 46/2012, Commerzbank

An der Schwelle
Als „Schwellenländer" werden Staaten bezeichnet, die zwar noch die Merkmale eines Entwicklungslandes aufweisen, wirtschaftlich gesehen aber über diesen Status schon hinweg sind. Sie gehören zwar noch nicht zu den Industrienationen, stehen aber quasi „an der Schwelle". Die fünf wichtigsten Schwellenländer bilden die G5.
Zu dieser Gruppe gehören China, Indien, Mexiko, Südafrika und Brasilien.

Aufgaben

23 Arbeiten Sie in kleinen Gruppen. Stellen Sie fest, aus welchen Ländern die wichtigsten Rohstoffe kommen und wozu sie gebraucht werden.

24 Welche Probleme ergeben sich in der Zukunft für rohstoffarme Länder (M16)?

25 Ermitteln Sie die Bruttowertschöpfung der Bundesrepublik (M17) in den vergangenen zehn Jahren und interpretieren Sie diese.

26 Setzen Sie die Werte der Deutschen BWS ins Verhältnis zu denen der USA und Chinas.

27 An der BWS gibt es auch einige Kritikpunkte. Finden Sie diese durch Recherche heraus.

28 Für Wachstum benötigt ein Staat unter anderem eine starke Nachfrage. Wie kann diese in der Zukunft weiter hochgehalten werden? Beziehen Sie in Ihre Überlegungen auch neue Medien mit ein.

29 Obwohl in einigen Bereichen bereits über den Status eines Schwellenlandes hinaus, wird China als potenzieller Konkurrent auf dem Weltmarkt von Deutschland mit vielen Millionen an Fördergeldern unterstützt.
Eine sinnvolle Investition in neue Absatzmärkte oder unnötige Stärkung eines Konkurrenten? Diskutieren Sie diese Frage in einer Pro-Kontra-Debatte.

2.2 Die Bedeutung des Konsums

Zur Person

Gerhard Schröder (SPD, Rechtsanwalt), geb. am 7. April 1944, war von 1998 bis 2005 deutscher Bundeskanzler, nachdem er zuvor acht Jahre lang das Amt des Ministerpräsidenten Niedersachsens innehatte. In seine Amtszeit fielen die Währungsumstellung und die Umsetzung der Agenda 2010. Die sozialen Reformen dieser Agenda bedeuteten einen tiefen Einschnitt in das Sozialsystem, dessen Auswirkungen noch heute spürbar sind. Gerhard Schröder wurde als Kanzler 2005 von Angela Merkel (CDU) abgelöst.

M18

Konsum ist erste Bürgerpflicht.

Altkanzler Gerhard Schröder in seiner Neujahrsansprache 2004

Ohne Konsum keine Produktion, ohne Produktion kein Konsum. Auf diesen einfachen Nenner sind weite Teile unserer ökonomischen Tätigkeit reduzierbar. Dabei bedingen sich beide Bereiche nicht nur, es besteht bei verantwortungsbewusster Handlungsweise aller beteiligten Akteure auch eine Win-win-Situation.

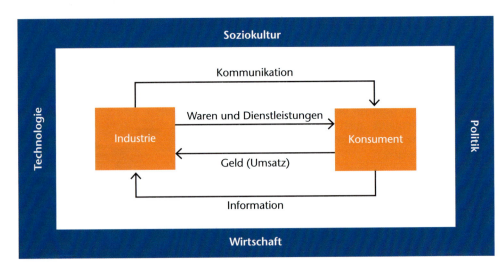

Begrenzt wird der Spielraum von Handlungen der Produzenten und Konsumenten durch die Faktoren Politik, Technologie, Soziokultur und Wirtschaft. So entwickelt sich die Wirtschaftskraft einer Nation beispielsweise langsamer, wenn ihr weniger oder nur veraltete Technologien zur Verfügung stehen. Auch Systeme mit hohem staatlichem Einfluss werden aufgrund tendenziell fehlender Leistungsanreize eher langsam wachsen.

2.2.1 Die Bedeutung des Konsums für den Staat

Neben der unmittelbaren Betroffenheit von Konsumenten und Produzenten ist der Konsum mittelbar auch für den Staat von herausragender Bedeutung. Durch die Besteuerung des Wertschöpfungsprozesses fließt dem Fiskus ungefähr genauso viel Geld in die Kasse, wie an Lohnsteuer eingenommen wird und knapp das 3,5-Fache der Mineralölsteuer.

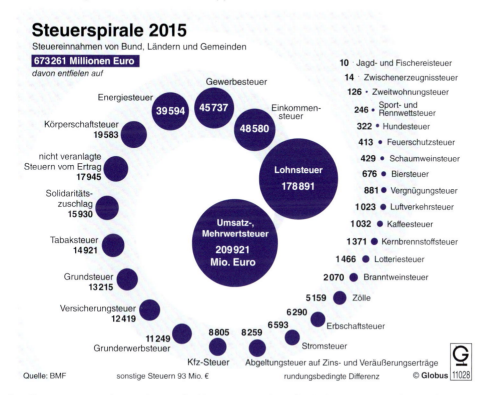

16 %, 19 % – wer bietet mehr?
Entwicklung der MwSt seit 1968

ab	Normal %	Erm %
1.1.68	10	5,5
1.7.68	11	6
1.1.78	12	6,5
1.7.79	13	7
1.7.83	14	7
1.1.93	15	7
1.4.98	16	7
1.1.07	19	7

Am Gesamtsteuervolumen hatte die Umsatzsteuer im Jahr 2014 einen Anteil von über 30 %. Der Staat hat also mit steigendem Konsum aufgrund der Wertschöpfung auch steigende Einnahmen.

Im umgekehrten Fall jedoch hätte der Staat gleich doppelte Einbußen. Konsumrückgang bedeutet nämlich auch einen Rückgang der Nachfrage und damit verbunden einen Rückgang des Angebots. Dies wiederum führt zu einem Produktionsrückgang und der Freisetzung von Arbeitnehmern, die in aller Regel zunächst einmal staatliche Transferleitungen in Anspruch nehmen. Anstelle von Einnahmen hat der Staat in diesem Fall also Ausgaben, das Geld fehlt quasi „doppelt".

Auf und ab ...
Nicht allein der Staat ist von der Konsumlaune der Bürger abhängig. Auch für die Wirtschaft als Ganzes stellt sie einen wichtigen Faktor dar und bildet eine der Grundlagen der Konjunktur, die sich in vier Phasen einteilen lässt, die immer wiederkehrend aufeinander folgen:
Boom: hier ist die wirtschaftliche Aktivität hoch, die Arbeitslosigkeit gering
Im **Abschwung** findet ein Rückgang der Wirtschaftsaktivität auf Grund fehlender Nachfrage statt. Die Stimmung an den Märkten ist negativ.
Die **Depression** ist gekennzeichnet vom Tiefstand der wirtschaftlichen Aktivität. Die Arbeitslosigkeit ist hoch. Ihr folgt der **Aufschwung**. Hier steigen die Aufträge wieder, die Auslastung ist hoch und die Arbeitslosigkeit beginnt zu sinken.

2.2.2 Die Bedeutung des Konsums für die Wirtschaft

M19

> **Jedes Angebot schafft sich seine Nachfrage selbst.**
> Say'sches Theorem

Die bekannte Frage, was zuerst auf der Welt war, Ei oder Huhn, ist bis heute nicht schlüssig zu beantworten. Und auch der Kausalzusammenhang, den Jean-Baptiste Say, einer der bekanntesten Ökonomen seiner Zeit, im Jahr 1803 herstellte, war lange Zeit umstritten.

Was ist zuerst da: Angebot oder Nachfrage? Diese Frage ist ebenfalls nicht immer mit letzter Sicherheit zu beantworten.

Tatsache ist, dass eine florierende Volkswirtschaft auf Konsum angewiesen ist. In den Jahren des Aufschwungs nach dem Zweiten Weltkrieg, der sogenannten Wirtschaftswunderzeit, war die Nachfrage nach Gütern derartig hoch, dass sie kaum zu befriedigen war. Vollbeschäftigung, steigende Löhne der Arbeitnehmer und steigende Gewinne der Arbeitgeber waren die Folge. Der Wertschöpfungsprozess erreichte mit steigendem Absatz und steigenden Preisen Rekordmarken.

Zur Person

Jean-Baptiste Say, geb. 5. Januar 1767 in Lyon, gest. 15. November 1832 in Paris, war ein französischer Ökonom. Say beschäftigte sich mit den Theorien der führenden Wirtschaftswissenschaftler des 18. Jahrhunderts und erlangte durch sein Theorem eine über seinen Tod hinausgehende Bekanntheit.

Mit dem Wandel zur Wohlstands- und Überflussgesellschaft erreichten nicht wenige Güter die Sättigungsphase. Aktive Marktorientierung der Unternehmen und Betriebe war vonnöten, um bei den Konsumenten Wünsche und Begehrlichkeiten zu wecken, die zuvor unbewusst waren. Es erfolgte der Übergang vom Verkäufer- zum Käufermarkt (siehe auch AS 6, 1.3). Es spielt heute nur noch eine untergeordnete Rolle, ob Say mit seiner Aussage recht hat. Tatsache ist, dass die Wirtschaft ein beständiges Wachstum benötigt, um Wohlstand und Arbeitsplätze auch in der Zukunft zu sichern. Und dieses Wachstum führt in erster Linie über ein Mehr an Konsum.

M20

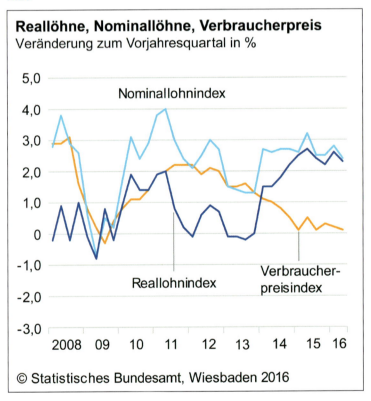

2.2.3 Die Bedeutung des Konsums für den Einzelnen

Konsum bedeutet Wohlstand. In einer Gesellschaft, in der viel konsumiert wird, sind zwangsläufig auch die Güter und Dienstleistungen zum Konsum vorhanden. Der in einigen Zusammenhängen etwas negativ behaftete Begriff der Konsumgesellschaft belegt in der Praxis lediglich das Vorhandensein von Waren, die für die Menschen dieser Gesellschaft das Leben angenehmer machen. Und er belegt, dass die breite Masse dieser Gesellschaft sich diese Dinge auch leisten kann, sie also nicht allein einer kleinen, privilegierten Oberschicht vorbehalten sind. Die Mehrzahl der Konsumenten befriedigt also mehr als nur ihre Existenzbedürfnisse.

2 Wertschöpfung und Konsum

M21

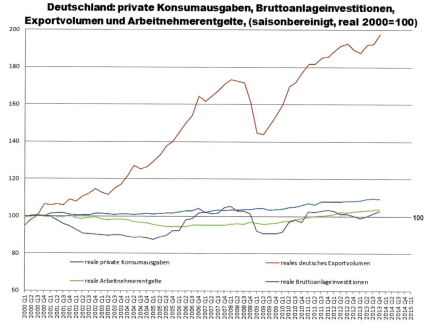

Steffen Bogs, abgerufen unter www.querschuesse.de [12.09.2016]

Nase vorn?
Legt man das Wachstum des BIP aus dem Jahr 2015 zugrunde, schneidet Deutschland im internationalen Vergleich gut ab. Von dieser Steigerung entfällt allerdings unterdurchschnittlich wenig auf den Privatkonsum.

Aufgrund der Verlockungen durch ein immer breiteres Spektrum an Gütern und Luxusartikeln zeigt die Trendlinie im Bereich des privaten Konsums beständig nach oben.

Statistiken zum Konsum von Waren und Dienstleistungen werden oft als Indikator für den Wohlstand und die Leistungsfähigkeit einer Gesellschaft angesehen. Eine der wichtigsten Größen hierbei ist das Bruttoinlandsprodukt (BIP). Das BIP gibt den Gesamtwert aller Güter an, die in einem Jahr innerhalb der Landesgrenzen einer Volkswirtschaft hergestellt wurden und dem Endverbrauch dienen.

M22

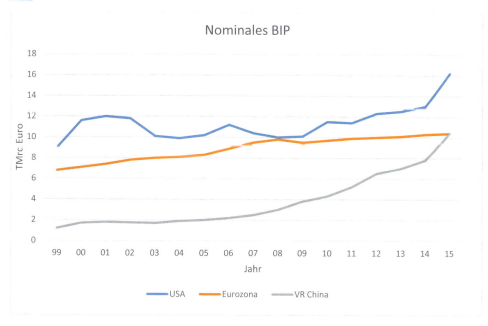

Eigene Darstellung auf Basis von Daten des IWF – 2015 geschätzt

Indikator
aus dem Lateinischen von indicare = anzeigen abgeleitet, wird der Begriff „Indikator" in zahlreichen Feldern von Wissenschaft und Gesellschaft gebraucht. Grundsätzlich liefert ein Indikator Hinweise auf eine in der Zukunft liegende Entwicklung, ist also ein Anhaltspunkt für mögliche Ereignisse. Innerhalb der Wirtschaft bezeichnet ein Indikator eine Volkswirtschaftliche Messgröße, die Rückschlüsse auf die konjunkturelle Entwicklung zulässt.

Aufgaben

30 Finden Sie heraus, welchen Hintergrund die Aussage (M18) von Gerhard Schröder hatte.

31 Finden Sie konkrete Beispiele dafür, wie die begrenzenden Faktoren auf die Akteure Industrie und Konsumenten einwirken.

32 Unter welchen Umständen könnte sich eine Volkswirtschaft Ihrer Meinung nach am besten entwickeln?

33 Zum 1. Januar 2007 wurde die Umsatzsteuer in Deutschland das letzte Mal erhöht – von 16 % auf 19 %. Seit einiger Zeit wird eine erneute Anhebung diskutiert. Diskutieren Sie die Auswirkungen einer Erhöhung auf Produktion und Konsum.

34 Recherchieren Sie die Umsatzsteuersätze unserer Nachbarländer.

35 Für einige Produkte, unter anderem Lebensmittel und Druckerzeugnisse, gilt ein ermäßigter Steuersatz von lediglich 7 %. Sollte diese Praxis beibehalten oder sollten alle Waren mit 19 % besteuert werden? Begründen Sie Ihre Meinung unter Einbeziehung der aktuellen politischen Diskussion.

36 Diskutieren Sie das Say'sche Theorem (M19). Hat Say mit seiner Theorie recht oder ist es doch genau umgekehrt? Führen Sie die Diskussion anhand aktueller Beispiele oder Zeitgeistprodukte wie beispielsweise dem iPhone.

37 Interpretieren Sie die Grafik M20 vor dem Hintergrund der Aussagen im vorangegangenen Abschnitt.

38 Interpretieren Sie die Grafik M21. Beachten Sie dabei insbesondere die Konsumausgaben im Verhältnis zu den Arbeitnehmerentgelten.

39 Stellen Sie einen Zusammenhang zwischen den beiden Linien in der Grafik M22 her.

40 Nehmen Sie kritisch Stellung zu der Kernaussage auf dem Bild M23.

M23

2.3 Auswirkungen des Konsums auf die Umwelt

Eine der wichtigsten Eigenschaften der Natur ist es, sich selbst zu regenerieren. Bereits seit Jahrtausenden nutzen Menschen Fauna und Flora zu eigenen Zwecken, für Nahrung, Obdach oder Annehmlichkeiten.

Bis heute hat die Erde es immer geschafft, zu einem intakten, funktionierenden System zurückzufinden. Bedingt durch die stetig wachsende Anzahl von Menschen auf unserem Planeten, die ihre Existenz- und Luxusbedürfnisse durch Konsum befriedigen müssen oder wollen, bleibt dem Ökosystem immer weniger Zeit und Raum, diesen Regenerationsprozess zu vollziehen.

Die Notwendigkeit des Abbaus und der Ausbeutung von natürlichen Ressourcen für mittelbaren oder unmittelbaren Konsum greift empfindlich in das ökologische Gleichgewicht der Erde ein. Die wichtigsten Eingriffe sollen im Folgenden dargestellt werden.

Bevölkerungsentwicklung
Milliardenschritte der Weltbevölkerung:
1 Milliarde Menschen: 1804
2 Milliarden Menschen: 1927
3 Milliarden Menschen: 1959
4 Milliarden Menschen: 1974
5 Milliarden Menschen: 1987
6 Milliarden Menschen: 1999
7 Milliarden Menschen: 2011
Stiftung Weltbevölkerung United Nations Population Fund UNFPA/ DSW

2.3.1 Waldrodung

Der möglicherweise wichtigste Rohstoff der letzten 3 000 Jahre ist Holz. Holz ist brennbar und spendet als Feuer Wärme, es ist belastbar und kann weiterverarbeitet werden. Ganze Städte wurden aus Holz errichtet und Fortbewegungsmittel aus Holz gefertigt. Frühe Industriezweige bildeten sich um Holz, es entstanden Berufsbilder wie Zimmermann, Tischler oder Bootsbauer.

Köhler gewannen in Kohlemeilern die Kohle, die für die Herstellung von Glas benötigt wurde, und rodeten deshalb dichte Wälder. Bücher wurden auf Papier gedruckt, welches aus Holz hergestellt wurde. Holz bedeutete Leben und Wohlstand. Und Holz wächst nach.

Wo jedoch früher innerhalb weniger Jahre ganze Waldstücke wieder aufgeforstet wurden, passiert heute nur allzu oft nichts. Im Gegensatz zu vergangenen Tagen werden weite Teile der Wälder nämlich nicht mehr allein zur Holzgewinnung gerodet, sondern auch um die frei gewordenen Flächen anderweitig zu nutzen.

Holzarten
In Deutschland wird Holz vornehmlich als Baumaterial oder im Bereich der Wohnungsgestaltung eingesetzt: als Möbelstück oder Bodenbelag. Die beliebtesten Holzarten im Innenbereich sind Eiche, Esche, Buche, Erle, Kirsche und Teak. Für Fenster- und Türbau liegen Meranti und Kiefer vorn.

Brandrodung in Brasilien

Weltabholzungsrate

Nimmt man nur die absolute Zahl als Maßstab, nimmt Brasilien mit seiner großflächigen Regenwaldrodung den Spitzenplatz weltweit ein. Relativ gesehen liegen aber andere Staaten vorn. So haben Nigeria und Vietnam bereits über die Hälfte ihres Waldbestandes abgeholzt.

An erster Stelle ist hier Brasilien zu nennen. Das Amazonasgebiet ist zwar vom größten zusammenhängenden Wald der Erde bedeckt, doch ist sein Fortbestand zunehmend bedroht.

Die Naturschutzorganisation World Wildlife Fund (WWF, siehe auch AS 6, 3.5) schätzt, dass innerhalb der nächsten 20 Jahre die Hälfte des Regenwaldbestandes in Brasilien bedroht sein könnte. Hauptgrund für diese Entwicklung ist der Konsum, insbesondere die ständig steigende Nachfrage nach Rindfleisch und Soja. Um neue lukrative Anbau- oder Weideflächen zu generieren oder bestehende Flächen zu erweitern, wird der Wald gerodet.

Diese Rodung und der damit verbundene Rückgang der Waldflächen haben gleich mehrere negative Auswirkungen. Es werden nicht nur Tier- und Pflanzenarten massiv bedroht, sondern auch unser Klima wird nachhaltig negativ beeinflusst.

Holz ist nicht gleich Holz

So unterschiedlich die Bäume aussehen, die das Holz liefern, so unterschiedlich sind auch die Eigenschaften der einzelnen Holzarten. Nicht alle Hölzer eignen sich deshalb für alle Verwendungsarten. Hölzer von Nadelbäumen sind zumeist weich und werden oft als Bauholz eingesetzt. Holz von Laubbäumen dagegen ist mehrheitlich hart und wird in erster Linie für den Innenausbau oder für Möbelstücke verwendet. Aus Edelhölzern von Laubbäumen wie beispielsweise Mahagoni entstehen bevorzugt Musikinstrumente.

Intakte Wälder speichern pro Jahr 8,8 Milliarden Tonnen CO_2.

Waldzerstörung setzt pro Jahr 106 Milliarden Tonnen CO_2 frei.

Statt das Treibhausgas CO_2 aus der Luft zu filtern, um es nach dem Prozess der Photosynthese in Form von Sauerstoff wieder abzugeben, wird zusätzliches CO_2 freigesetzt. Zudem entsteht weniger Wasserdampf durch Verdunstung, es bilden sich weniger Kumuluswolken und es fällt weniger Niederschlag, der den Wald mit Leben spendender Feuchtigkeit versorgt.

2.3.2 Überfischung

Mehr als 70 % der Erde ist von Wasser bedeckt. Der Anteil der Ozeane beträgt dabei 96,5 %. Innerhalb dieser scheinbar unerschöpflich großen Fläche leben unzählige Fische und andere Meerestiere. Der Schein der Unerschöpflichkeit trügt jedoch. Zahlreiche Fischarten sind durch massive Überfischung innerhalb der letzten Jahrzehnte in ihrem Bestand erheblich dezimiert worden. Die Studien renommierter Institute kommen in diesem Punkt zu ähnlichen Ergebnissen.

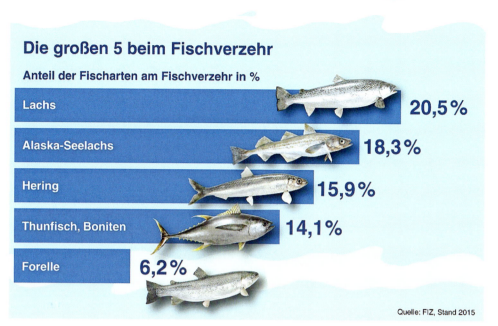

Grafik: Studer / fair-fish.net

Was ist Überfischung?
Mit „Überfischung" bezeichnet man die übermäßige Dezimierung des Fischbestands in einem Gewässer durch Fischfang. Überfischung liegt vor, wenn in einem Gewässer dauerhaft mehr Fische gefangen werden, als durch natürliche Vermehrung nachwachsen oder zuwandern.
Yoojis Guaranty/ Fischerei-Gütesiegel

Der starke Rückgang der Fischbestände hat unterschiedliche Ursachen. Im Wesentlichen ist der Konsum entscheidend. Die weltweite Nachfrage nach Fisch und Meeresfrüchten ist, auch bedingt durch den Zeitgeist, erheblich gestiegen und wird Prognosen zufolge auch weiterhin steigen.

Darüber hinaus verursachen die modernen Fangflotten mit Grundschleppnetzen Schäden am Meeresboden und haben einen hohen Beifang (ungewollt mitgefangene Meerestiere).

Wie viel Fisch dauerhaft gefangen wird, hängt von mehreren Faktoren ab. Die Größe des Fischbestands ist dabei natürlich entscheidend, aber auch der ökonomische Wert. Da Fische je nach Art und Nachfrage einen unterschiedlichen Wert haben, ist nicht die absolute Fangmenge, sondern der „richtige" Fang entscheidend. Den Nachfrageüberhang könnten in Zukunft vermehrt Aquakulturen decken.

Ökonomisch gesehen besteht das Problem der Überfischung darin, dass es sich bei Meeresfischbeständen um eine sogenannte Gemeinschaftsressource handelt: Der Fisch im Meer ist Gemeingut, der gefangene Fisch gehört dem Fischer.

Aquakulturen
Dem Aspekt der Überfischung wird seit einiger Zeit mit Aquakulturen entgegengewirkt. Aquakultur bedeutet die kontrollierte Aufzucht von Wasserorganismen wie Fischen, Krebsen oder auch Austern.

2.3.3 Ausbeutung des Bodens

Volkswirtschaftlich gesehen unterteilt man den Boden in Anbau-, Abbau- und Standortboden. Da Boden nicht vermehrbar ist und die Weltbevölkerung immer stärker ansteigt, wird vor allem der Standortboden zunehmend knapp. Um den vielen Menschen Lebensraum zu bieten, wird in Zukunft wohl immer mehr Anbauboden in Standortboden umgewandelt werden müssen.

Anforderungssituation 6

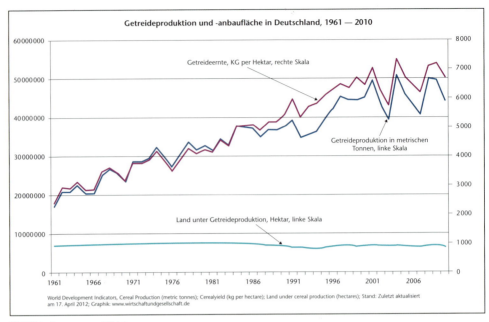

NZZ-Mediengruppe, Zürich

Die Dreifelderwirtschaft

Dass Monokulturen den Boden belasten, wusste man bereits im Mittelalter. Deshalb führte man die Dreifelderwirtschaft ein. Durch die wechselnde Anpflanzung nach dem Rotationsprinzip konnte sich der Boden stets erholen.

Dass die Ernteerträge trotz geringerer Anbaufläche dennoch steigen, ist den modernen (gen-)technischen Möglichkeiten und der Anpflanzung in Form von Monokulturen geschuldet. Das birgt allerdings Probleme.

Unter „Monokultur" versteht man den Anbau von nur einer bestimmten Sorte von Pflanzen auf einer großen Fläche. Das schafft eine hohe Effizienz bei der Ernte und spart Kosten. Außerdem kann die Pflanze ideal den vorherrschenden Bedingungen (Klima, Boden usw.) angepasst werden.

Problematisch an einer Monokultur ist jedoch der Umstand, dass die Bodenqualität immer weiter abnimmt, da dem Boden die immer gleichen Nährstoffe entzogen werden. Durch Düngung zugeführte Stoffe belasten das Gleichgewicht im Boden zusätzlich. Darüber hinaus können sich Schädlinge auf den riesigen Feldern schneller ausbreiten und Widerstandsfähigkeiten gegen Insektizide entwickeln. Ein unangenehmer Effekt kann auch durch Bewässerung der Monokulturen entstehen. Das im Boden versickernde Wasser löst dort Salze, auf die die Pflanzen negativ reagieren.

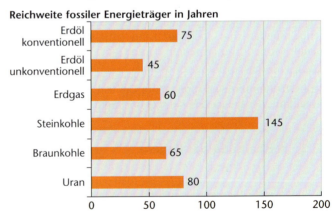

Baeren, L.; Köster, A.; Kranenburg, N.; Medtisch, A.; Telger, J.: Energie – Regenerativ, in: Prytula, Michael (hrsg.): Urbaner Metabolismus. Die städtische Infrastruktur von Berlin. Technische Universität Berlin, 2005, S. 6

Abbauboden wird ebenfalls ausgebeutet. Vornehmlich zur Energie- und Rohstoffgewinnung werden nur in begrenztem Rahmen verfügbare Ressourcen schnell abgebaut. Verlangsamt wird dieser Prozess zumindest in Deutschland durch die 2011 beschlossene Energiewende. Zur Schonung der Umwelt setzt man vermehrt auf erneuerbare Energie wie Wind-, Wasser- und Solarstrom.

M24
Die Energiewende
Mit dem Begriff „Energiewende" wird eine mittelfristig angelegte, nachhaltige Abkehr in erster Linie von der Kernenergie, aber auch von fossilen Brennstoffen beschrieben. Diese sollen durch erneuerbare Energien wie Wind, Sonne oder Tide (Gezeiten) ersetzt werden.
Der erstmals 1980 verwendete Begriff hat seit dem Reaktorunglück von Fukushima infolge eines Erdbebens einen besonders hohen Stellenwert in der politischen Diskussion.

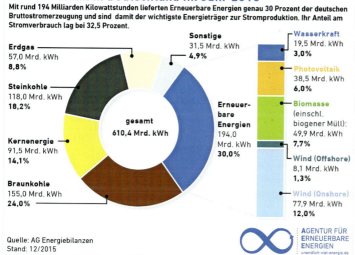

Aufgaben

41 Diskutieren Sie die Abkehr von fossilen Brennstoffen und der Atomenergie hin zu erneuerbaren Energien (M24). Beziehen Sie dabei neben dem Umweltaspekt auch die Strompreisentwicklung der letzten zehn Jahre in Deutschland in Ihre Überlegungen mit ein.

Wichtiges Wissen

Zu 2.1 Die Wertschöpfungskette

Güter, die produziert oder verarbeitet werden, durchlaufen einen Wertschöpfungsprozess.

Die Wertschöpfungskette beginnt bei der Rohstoffbeschaffung und endet beim Konsumenten.

Zu 2.2 Die Bedeutung des Konsums

Konsum sorgt für Wirtschaftswachstum und Wohlstand.

Der Staat profitiert von Wertschöpfung und Konsum über die Umsatzsteuer. Die Betriebe profitieren durch die Gewinnspanne und die Konsumenten durch den Nutzwert der erworbenen Güter.

Zu 2.3 Auswirkungen des Konsums auf die Umwelt

Der permanent steigende Konsum hat negative Auswirkungen auf unsere Umwelt.

Waldrodung gefährdet das Klima und Überfischung das ökologische System der Ozeane. Darüber hinaus wird der Boden durch Abbau von Rohstoffen und Anbau von Monokulturen ausgebeutet.

3 Umweltschutz

M25

Den Pappbechern droht die Verbannung

Schon die Erstsemester sollen einen Thermobecher als Alternative erhalten

St Lüneburg– Der Wegwerfmentalität an der Uni geben die Studenten eine Gestalt. Erst haben Sabine Mayr und ihre Mitstreiter kurz vor Weihnachten einen Tag lang all die Pappbecher gesammelt, die ihre Mit-Studenten in Mülleimern und Hörsälen entsorgt haben. Und dann bastelten sie eine Skulptur daraus. Ihr Ziel: Sie wollen ein Umdenken auslösen und die Einmal-Kaffeebehälter bannen. Ein Thermobecher soll die Ökobilanz der Uni aufbessern.

Wenn die Studenten mit dem unvermeidlichen „Coffee to go" durch den Hörsaal schlendern, schrillen bei Mayr die ökologischen Alarmglocken: „Allein das Café Neun verkauft 8 000 dieser Becher im Jahr. Das bedeutet nicht nur eine Riesenmenge Müll, sondern es werden auch Unmengen an Papier, Energie und Wasser verbraucht für die Herstellung." Gemeinsam mit Studenten aus der Hochschulgruppe Campus Grün hat sie eine Gegenmaßnahme ersonnen: Die Studenten sollen auf einen Thermobecher umsteigen.

„Der könnte zum Beispiel doppelwandig aus Metall gearbeitet sein. Keramik ist schlecht zu transportieren. Wenn man ihn benutzt hat, kann man ihn einfach kurz auswaschen", erklärt die Studentin der Umweltwissenschaften. Doch wie will die Gruppe die Studenten zum Wechsel vom Wegwerfen zum Spülen motivieren? Sie will früh im Studium ansetzen: „In der Startwoche der Uni bekommen die neuen Studenten eine Ersti-Tasche. Die könnte schon einen Becher enthalten." Schon im Oktober beim nächsten Semesterbeginn will Campus Grün das Becherangebot mit in die Jutetasche packen. Dafür brauchen die Studenten Geld – und einen geeigneten Becher. „Der ist gar nicht so einfach zu finden. Er darf nicht auslaufen und muss auch noch gut aussehen", weiß Mayr. Damit die Studenten den Becher auch nutzen und den Absprung von der Pappe schaffen.

Die Initiative ist entstanden im Seminar „Konsumschicht – nachhaltiger Konsum in unserer Hochschule" im Komplementärstudium. Sonja Richter hat die Lehrveranstaltung organisiert in Zusammenarbeit mit dem Forschungsprojekt Bildungsinstitution und nachhaltiger Konsum (BINK). Bei einer Abschlussveranstaltung zeigten die Studenten zahlreiche Ideen, unter anderem den fleischfreien Donnerstag in der Mensa (LZ berichtete). Das Lüneburger Seminar wird bald Nachahmer finden. Richter: „Es wird ein Parallelseminar an der Uni Bremen stattfinden."

Jörg Stauch: Den Pappbechern droht die Verbannung, Lüneburger Zeitung, 08.02.2011

Arbeitsvorschläge

42 Diskutieren Sie die Absichten und ihre Umsetzung durch die Studenten (M25). Halten Sie ein Pappbecherverbot für sinnvoll und durchführbar?

43 Überlegen Sie in kleinen Gruppen, welche Maßnahmen zum Schutz der Umwelt an Ihrer Schule möglich wären.

3.1 Entstehung des Umweltschutzes

Der Schutz unserer Umwelt ist nicht nur in der Presse allgegenwärtig. Auch die Politik beschäftigt sich, von der Kommune bis zur EU, permanent mit möglichen Konzepten zum Erhalt unserer Lebenswelt. Ganze Industriezweige leben vom Umweltschutz. Gefühlt existiert der Umweltschutz schon Ewigkeiten. Aber ist das tatsächlich so?

Der Begriff „Umweltschutz" selbst ist relativ jung; er entstand Ende der 1960er-Jahre und wurde flächendeckend erst in den 1970er-Jahren benutzt. Gemeint sind die Vermeidung nachhaltiger Schädigungen des ökologischen Gleichgewichts durch menschliche Eingriffe sowie das „Reparieren" bereits vorhandener Schäden.

Die Grünen sind eine Partei des linksdemokratischen Spektrums. Sie wurden 1980 gegründet und zogen im Zuge der von Umweltaspekten geprägten gesellschaftlichen Diskussionen bereits 1983 erstmals in den Bundestag ein. Kernpunkte grüner Politik sind bis heute Umweltpolitik und Nachhaltigkeit.

Dennoch wurde auch Umweltschutz betrieben, bevor er so hieß. Erste Anstöße gab es bereits während der industriellen Revolution, als große Betriebe die Luft durch ungefilterte Nutzung fossiler Brennstoffe stark verunreinigten und ihren Abfall kostengünstig irgendwohin entsorgten. Es gab zur damaligen Zeit allerdings gesellschaftlich deutlich dringlichere Probleme zu lösen, also wurden diese Ansätze nicht weiter verfolgt.

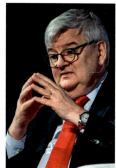

> **Erst kommt das Fressen, dann kommt die Moral.**
> *Bertholt Brecht: Die Dreigroschenoper; Macheath in der Ballade über die Frage „Wovon lebt der Mensch?"; Wien: Universal-Edition A. G. 1928*

Mit der allgemeinen Aufbruchsstimmung der 1960er- und 1970er-Jahre rückte der Umweltschutz stärker denn je in den Fokus von Politik und Gesellschaft. Vor allem die Chemie war es, die durch die Verunreinigung des Rheins und den Dioxin-Unfall in der norditalienischen Stadt Seveso ins Zentrum der Kritik rückte. Im öffentlichen Bewusstsein spielte auch das vor allem von Anhängern der Partei „Die Grünen" angeprangerte Waldsterben eine große Rolle.

Gesicht der Partei war lange der ehemalige deutsche Außenminister Joschka Fischer.

Aufgaben

44 In den 1980er-Jahren waren die Gesellschaft und ihre Musik sehr bunt und vielfältig. Neben Punks und Poppern stellten die „Ökos" eine breite Strömung dar. Ihre Musik war außerordentlich sozialkritisch. Finden Sie die Texte zu den Songs „Karl der Käfer" und „Wir wollen leben". Analysieren Sie die Texte vor dem Hintergrund der heutigen Zeit.

3.2 Bereiche der Umweltgefährdung

Der moderne Umweltschutz beschäftigt sich mit Ursachen und Auswirkungen möglicher Umweltschädigungen. Dabei stehen drei Bereiche besonders stark in der Beobachtung, ohne die ein normales Leben auf diesem Planeten nicht möglich scheint: die Luft, das Wasser und der Boden.

Die größten Luftverschmutzer

Die fünf Staaten mit den größten Emissionen hatten im Jahr 2013 weltweit einen Anteil von über 50 %.

Land	%
China	21,42
USA	16,26
Indien	4,94
Russland	4,84
Brasilien	4,19
Japan	3,52
Deutschland	2,34
Indonesien	2,33
Südkorea	1,73
Kanada	1,63

www.klima-warnsignale.
uni-hamburg.de/
wp-content/
uploads/2015/04/
GlobaleCO2-Emission-8-.
jpg [10.06.2016]

BP-Plattform Deepwater Horizon

Im April 2010 geriet die Plattform Deepwater Horizon in Brand und versank im Meer. Dabei kamen elf Arbeiter ums Leben. Das ausströmende Öl führte zur schwersten Ölpest der Geschichte.
BP akzeptierte eine Strafe von 4,5 Mrd. US-Dollar. Die Kosten für die Beseitigung der Schäden liegen jedoch deutlich höher.

3.2.1 Luftverschmutzung durch Emissionen

Luftverschmutzung ist prinzipiell nichts anderes als die nachteilige Veränderung der Zusammensetzung unserer Luft durch Ausstoß von Rauch, Gasen, Staub oder schädlichen Dämpfen. Emissionen werden von nahezu jedem Menschen erzeugt. Entweder direkt, durch Mobilität, das Entzünden von Feuer oder den Gebrauch von Haarspray und anderen treibgashaltigen Mitteln, oder aber indirekt durch Konsum und Inanspruchnahme von Energie.

Emissionen sind oft sichtbar und/oder durch Geruch wahrnehmbar. Das Problem stetig wachsender Emissionen wurde daher bereits früh erkannt. Eine Lösung gestaltete und gestaltet sich immer noch relativ schwierig. Mit dem Kyoto-Protokoll wurde der bislang ernsthafteste weltweite Vorstoß in Sachen Klimaschutz durch Emissionsbegrenzung gestartet.

3.2.2 Verschmutzung der Meere und Gewässer

Wie die Luft so hat auch das Wasser eine große Regenerationsfähigkeit. Diese ist in der Vergangenheit allerdings schon oft überstrapaziert worden. Große Chemiewerke leiteten bis vor einigen Jahrzehnten Schadstoffe oder schadstoffhaltiges Wasser in hohen Mengen in die großen Flüsse. Erst als der Fischbestand im Rhein nahezu vollständig verschwunden war, reagierte die Politik.

Auch durch Unglücksfälle wurden die Gewässer in jüngerer Vergangenheit stark belastet. Im Gedächtnis bleiben insbesondere die Ölpesten, die ganze Küstenabschnitte verseuchten.

Stehende Gewässer kippen um, das heißt, der Sauerstoffgehalt sinkt unter die zum Leben nötige Grenze. Hervorgerufen wird dieser Prozess durch einen zu hohen Phosphatgehalt.

3.2.3 Gefährdung und Verschmutzung des Bodens

Eine Verschmutzung des Bodens mit Schadstoffen wirkt sich gleich in doppelter Hinsicht aus. Zum einen ist der Boden selbst verunreinigt, zum anderen sickern die Schadstoffe ins Grundwasser. Zudem werden sie durch Pflanzen aufgenommen, die möglicherweise von Tieren verzehrt werden, die danach im Restaurant als Speise auf dem Teller landen. Auch für das Erdreich spielt Öl neben Chemikalien eine besondere Rolle.

Aufgaben

45 Finden Sie heraus, wie viel Liter Wasser durch einen einzigen Tropfen Öl verseucht werden, und diskutieren Sie den verantwortungsvollen Umgang mit Öl beispielsweise in Kfz-Werkstätten usw.

46 Teilen Sie sich in drei Gruppen auf für Luft, Gewässer und Boden. Diskutieren Sie in Ihrer Gruppe Maßnahmen, die Sie zum Schutz des jeweiligen Bereichs ergreifen würden.

47 Woran könnte eine Umsetzung Ihrer Vorschläge in der Praxis scheitern?

3.3 Das ökologische Gleichgewicht

Jeder Bereich unserer Umwelt befindet sich, wenn er in seinem ursprünglichen Zustand belassen wird, in einem sensiblen Gleichgewicht. Darin entwickeln sich Pflanzen- und Tierarten auf natürliche Art und Weise und passen sich an ihre sich auf natürlichem Weg ändernde Umwelt an.

Jeder Eingriff von außen bedeutet eine Gefährdung des ökologischen Gleichgewichts. So verändert der Einsatz von Schädlingsbekämpfungsmitteln auf Plantagen die gesamte nachgelagerte Nahrungskette, führt also zu einem Rückgang bestimmter Vogelarten oder Nager usw.

Seveso
Wie groß die Tragweite einer Verseuchung des Bodens sein kann, erlebte Italien im Sommer 1976. Aufgrund einer Verkettung unglücklicher Umstände trat aus einem Chemiewerk in der Nähe der Kleinstadt Seveso eine große Menge des Giftes Dioxin aus und gelangte in Luft und Boden. Tausende Hektar Land wurden auf Jahre hinaus vergiftet, unzählige Tiere starben, Gebäude blieben verseucht und sind nicht mehr nutzbar, Menschen erkrankten schwer und starben.

Das gesamte ökologische System der Region geriet aus dem Gleichgewicht.

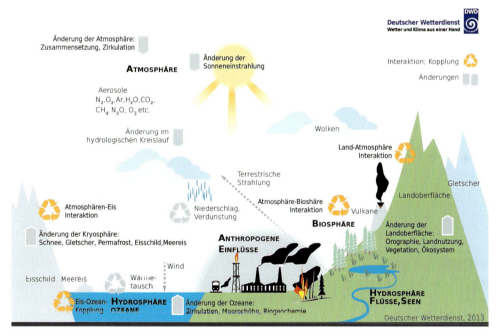

3.4 Auswirkungen von Umweltverschmutzung

Jede durch den Menschen verursachte Verunreinigung der Umwelt stört das natürliche ökologische Gleichgewicht. Vorübergehende oder nachhaltige schädliche Auswirkungen auf Klima, Lebensqualität oder Gesundheit sind mögliche Folgen dieser Störungen.

Je nach Intensität, Ursache und Ausmaß der Umweltschädigung zeigen sich lokale oder globale Auswirkungen. Lokale Auswirkungen sind örtlich begrenzt und können oft noch beseitigt werden. Globale Effekte dagegen erfordern eine strategische Lösung von Staaten und Organisationen.

3.4.1 Lokale Auswirkungen

Unter „lokalen Auswirkungen" versteht man räumlich begrenzte Folgen von Verschmutzungen. Diese entstehen entweder durch Verunreinigungen direkt am Ort oder als Folge der Verbindung unglücklicher Umstände. Lokale Auswirkungen können durch verantwortungsvolles Handeln in Verbindung mit den Selbstheilungskräften der Natur im Laufe der Zeit behoben werden. In Deutschland zeigten sich in der Vergangenheit einige lokale Auswirkungen, von denen zwei an dieser Stelle beispielhaft angeführt werden.

Der pH-Wert
Der pH-Wert gibt an, ob eine wässrige Lösung sauer oder basisch ist. Der pH-Wert des Bodens beeinflusst dessen Nährstoffreichtum. Bei starken Änderungen des pH-Wertes können Pflanzen unmittelbar Leidtragende sein.

Das Waldsterben durch sauren Regen

Das Phänomen des sogenannten sauren Regens ist schon seit Jahrhunderten bekannt, wurde aber gerade wegen der lokalen Begrenzung lange nicht als ernsthaft wahrgenommen. Als „sauer" wird dabei Regen bezeichnet, dessen pH-Wert unter 5,6 liegt.

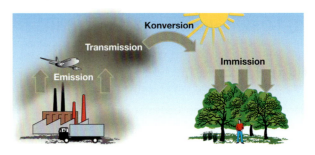

In saurem Regen befinden sich diverse gelöste, leicht ätzend wirkende Stoffe. Der größte Anteil dieser Schadstoffe wird vom Menschen erzeugt, z. B. durch die Verwendung fossiler Brennstoffe in Kraftwerken, Haushalten oder dem Straßenverkehr. Beim Abregnen gelangt der saure Regen auf Pflanzen, Gebäude und ruhende Gewässer und am Ende ins Grundwasser. Die Folge ist Nährstoffmangel bei Pflanzen, die auch anfälliger für Krankheiten werden oder ganz absterben.

Als das Problem erkannt wurde, begann man mit Gegenmaßnahmen. Nach dem Erlass der „Großfeuerungsanlagen-Verordnung" 1983 wurden in Deutschland Filteranlagen in Fabriken und Kraftwerken eingebaut und damit die Emissionen der Industrie stark reduziert. Darüber hinaus konnte der Schadstoffausstoß durch den Straßenverkehr mit Einbau von Katalysatoren und der Verwendung bleifreien Benzins stark eingedämmt werden.

Das Fischsterben im Rhein

Begonnen hatte der schleichende Prozess der Rheinverschmutzung bereits in der Wirtschaftswunderzeit, als im Zuge des Fortschrittglaubens die Umwelt noch keine große Rolle spielte. Dabei hatte die 1948 gegründete internationale „Rheinkommission zum Schutz des Rheins vor Verschmutzungen" immer wieder auf die Dringlichkeit des Sachverhalts hingewiesen. Passiert war allerdings nichts. So verschlechterten sich die Wasserverhältnisse im Laufe der Zeit immer weiter.

Zu einem Umdenken kam es erst durch eine Katastrophe: Am 19. Juni 1969 wurde der Rhein durch eine hohe Menge des Insektizids Thiodan verseucht. Tausende Fischkadaver trieben auf dem Wasser und säumten die Ufer: Wie schwerwiegend die

Verseuchung war, belegt die Tatsache, dass die Bevölkerung ausdrücklich davor gewarnt wurde, sich auch nur die Hände im Rhein zu waschen, geschweige denn zu baden. Die Schuldigen der Vergiftung wurden allerdings nie ermittelt.

Die lautstarken, massiven Proteste zeigten Wirkung. Ein 1971 verabschiedetes Umweltprogramm des Bundestages regelte erstmals die Gewässergüte in Deutschland. Als Resultat wurden überall modernste Kläranlagen gebaut. Zudem reinigten Betriebe ihre Abwässer, bevor sie in den Rhein abgelassen wurden.

Trotz weiterer Schadstoffzwischenfälle begann der Rhein sich langsam zu erholen und hat heute die gleiche Wasserqualität wie andere Flüsse auch.

Aufgaben

48 Auch in Ihrer Heimatregion hat es in der Vergangenheit bestimmt kleinere oder größere lokale Auswirkungen als Folge von Umweltverschmutzung gegeben.
Finden Sie diese durch Internet- oder Zeitungsrecherche heraus. Diskutieren Sie die Hintergründe und die gewählten Lösungsmöglichkeiten.

3.4.2 Globale Auswirkungen

Noch verheerender wirken sich Einflüsse aus, die Folgen für das ökologische Gleichgewicht der gesamten Welt darstellen. Eine globale Erwärmung durch dünner werdende Ozonschichten infolge der anhaltenden Luftverschmutzung würde beispielsweise zum teilweisen Abschmelzen der Pole führen, der Wasserspiegel stiege und Landmasse ginge verloren.

Einige Folgen einer globalen Erderwärmung sind in der unten stehenden Übersicht kurz dargestellt:

Land unter
Ein beklemmendes Szenario wäre der Anstieg des Meeresspiegels um 40 Zentimeter bis zum Jahr 2100. Die Ferieninsel Sylt läge dann unterhalb des Meeresspiegels.

Hurrikane
Eine Zunahme von Hurrikanen konnte bereits in den letzten Jahren beobachtet werden. Die befürchtete globale Erwärmung könnte die Hurrikan-Tendenzen nochmals verstärken.

Globale Auswirkungen zeigen sich meist dann, wenn es möglicherweise schon zu spät ist. Sie sind nur sehr schwer zu korrigieren, da ihre Ursache über lange Zeit nicht erkannt oder kontrolliert wurde. Oft ist auch die Erde dann nicht mehr in der Lage, sich in absehbarer Zeit selbst zu regenerieren, z. B. bei Klima- oder Atomkatastrophen. Hoher finanzieller Aufwand ist in aller Regel nötig, um die Auswirkungen zumindest auf ein erträgliches Maß abzumildern.

Aufgaben

49 Stellen Sie dar, welche lokalen und welche globalen Auswirkungen der Reaktorunfall in Tschernobyl 1986 (M26) und die damit verbundene Verseuchung der Umwelt hatte und teilweise immer noch hat.
Beziehen Sie neben den ökologischen auch wirtschaftliche Folgen und Auswirkungen auf die Politik mit ein.

Vertiefend können Sie sich die Filme „Ljudmillas Stimme" und „Tschernobyl – Die Schwelle" anschauen, um ein Bild von der Dimension dieser schrecklichen Katastrophe zu bekommen.

M26

Halbwertszeit

Unter „Halbwertszeit" versteht man die Zeitspanne, in der die Menge radioaktiver Strahlung um die Hälfte abnimmt. Je länger die Halbwertszeit eines radioaktiven Stoffes ist, umso nachhaltiger sind die Folgen im Falle einer Umweltverseuchung.

3.5 Bedeutende Umweltschutzorganisationen

M27

> „Erst wenn der letzte Baum gerodet, der letzte Fluss vergiftet, der letzte Fisch gefangen ist, werdet ihr merken, dass man Geld nicht essen kann."
> Weissagung der Cree

Mit Erkennen der Problematik einer fortschreitenden Gefährdung der Umwelt, der Pflanzen- und Tierwelt bildeten sich zahlreiche Umweltschutzorganisationen, von denen einige heute noch sehr bekannt und aktiv sind.

Greenpeace

Greenpeace in Zahlen
- 40 Büros weltweit
- 2 400 Mitarbeiter
- 4 Schiffe im Einsatz

Eigene Zusammenstellung nach www.greenpeace.de

Die weltweit wahrscheinlich bekannteste Umweltschutzorganisation ist Greenpeace. 1971 von Friedensaktivisten in Vancouver, Kanada, gegründet, stellt Greenpeace eine globale Non-Profit-Organisation dar, die auf politischer wie gesellschaftlicher Ebene aktiv ist. Treibende Kräfte bei der Gründung waren Atomkraftgegner und Friedensaktivisten.

Die Organisation verdankt ihre Popularität insbesondere ihrer aktiven Form des Widerstands. Mit oft spektakulären und nicht selten gefährlichen Aktionen unmittelbar vor Ort, die auch Gewalt nicht ausschließen, wird die Aufmerksamkeit der Gesellschaft erregt und der Druck auf Politik, Industrie und Entscheidungsträger erhöht.

Vor allem in den 1980er-Jahren war Greenpeace des Öfteren in den Schlagzeilen. Im Zuge der Proteste gegen französische Atomtests am Mururoa-Atoll wurde 1985 das bekannte Greenpeace-Schiff „Rainbow Warrior" vom französischen Geheimdienst versenkt, wobei ein Journalist starb.

> Greenpeace arbeitet zurzeit an den Umweltthemen Energie/Klima, Atomausstieg, Wälder, Meere, Gentechnik, Landwirtschaft und Chemie sowie Globalisierung. Auch lösungsorientierte, nachhaltige Projekte sind ein wesentlicher Bestandteil der Greenpeace-Arbeit. Dazu gehören der FCKW- und FKW-freie Kühlschrank Green-

freeze, SMILE, das Konzept für ein Auto mit erheblich geringerem Spritverbrauch, und Greenpeace Energy e.G., die Genossenschaft für garantiert sauberen Strom.

Greenpeace e.V. (Hrsg.), abgerufen unter www.greenpeace.de/themen/ueber-uns/fragen-antworten-zu-greenpeace [14.07.2016] (Auszug)

World Wide Fund for Nature (WWF)

Ursprünglich unter dem Namen World Wildlife Fund 1961 in der Schweiz gegründet, ist der WWF heute eine der bedeutendsten Umwelt- und Naturschutzorganisationen der Welt. Symbol des WWF ist der rechtlich geschützte Panda.

M28

> Die natürlichen Lebensräume der Erde werden in nie dagewesener Geschwindigkeit zerstört. Wenn der Verbrauch an natürlichen Ressourcen so weitergeht wie bisher, werden wir bis zum Jahr 2050 zwei Planeten benötigen, um unsere Bedürfnisse nach Nahrung, Energie und Infrastruktur zu decken. Grund genug, durch aktiven Naturschutz gegenzusteuern!

WWF Deutschland (Hrsg.), abgerufen unter www.wwf.de/themen-projekte [08.07.2016]

Im Vergleich mit Greenpeace agiert der WWF weniger spektakulär und auch ohne Einsatz von Gewalt. Vielmehr unterstützt die Organisation gezielt nachhaltig angelegte Projekte und betreibt Lobbyarbeit in Wirtschaft und Politik. Zahlreiche bekannte Konzerne sind Partner des WWF. Neben dem Ursprungsgedanken des Artenschutzes setzt sich der WWF mittlerweile ebenso für andere Bereiche des Umweltschutzes ein wie beispielsweise die Vermeidung von Emissionen, die zur globalen Erwärmung führen.

Die Ziele des WWF sind unter anderem, der weltweiten Naturzerstörung Einhalt zu gebieten und eine Zukunft zu gestalten, in der Mensch und Natur in Harmonie leben können.

Der WWF engagiert sich weltweit für
- die Erhaltung der biologischen Vielfalt der Erde,
- eine verantwortungsvolle und nachhaltige Nutzung der natürlichen Ressourcen,
- die Eindämmung von Umweltverschmutzung und schädlichem Konsumverhalten.

WWF in Zahlen
- Aktiv in über 100 Ländern
- 300 Schutzgebiete wurden ausgewiesen
- Unterstützung von über 12 000 Projekten in 153 Ländern seit 1961
- Umwandlung von 1 500 000 Quadratkilometer in Nationalparks
- Über 5 000 Menschen arbeiten für den WWF
- Über fünf Millionen Menschen fördern den WWF

Aufgaben

50 Beschäftigen Sie sich in jeweils zwei Gruppen mit Greenpeace und dem WWF. Besuchen Sie die jeweilige Homepage und
- stellen Sie je ein aktuelles Projekt vor,
- nennen Sie prominente Unterstützer der Organisation und ihre Motivation.

51 Recherchieren Sie weitere Umweltschutzorganisationen und ihre Betätigungsfelder.

3.6 Grenzen des Umweltschutzes

Organisationen wie Greenpeace oder der WWF haben in den zurückliegenden Jahrzehnten einen erheblichen Beitrag zur Sensibilisierung der Bevölkerung in verschiedenen Themenfeldern des Umweltschutzes geleistet. Auch prominente Unterstützer wie Bono oder Natalie Portman konnten Politiker für ihre Ideen gewinnen und dadurch Aufmerksamkeit erzeugen. Dennoch sind dem Umweltschutz von einigen Seiten her Grenzen gesetzt.

Zur Person
Bono
Sir Paul David Hewson, alias Bono, ist bekannt als Frontmann der Rockband U2. Neben seiner musikalischen Kreativität ist Bono auch im Umweltschutzbereich und insbesondere gegen Hunger auf der Welt aktiv.

Der Umweltschutz stößt an seine Grenzen, …

wenn die Umwelt bereits zu stark geschädigt ist.
Dies ist bei unumkehrbaren Prozessen der Fall wie Reaktorkatastrophen. Auch ist der Artenschutz machtlos, sollte eine Tier- oder Pflanzenart bereits ausgestorben beziehungsweise ihr Lebensraum komplett zerstört sein. Darüber hinaus sind nicht nachwachsende Rohstoffe endlich.

wenn wirtschaftliche Interessen höher bewertet werden.
So haben z. B. die beiden Staaten mit dem höchsten CO_2-Ausstoß, China und die USA, das Kyoto-Protokoll nicht unterzeichnet und auch Kanada seinen Ausstieg bekannt gegeben.

wenn auch der Einsatz modernster Technik das Problem nicht löst.
Der stetig steigende Anteil regenerativer (erneuerbarer) Energien schont die Umwelt und die Ressourcen. In einem Land wie Deutschland ist es wegen zu geringer Sonnen- und Windintensität allerdings momentan kaum möglich, den gesamten Bedarf aus grüner Energie zu gewinnen.

Aufgaben

52 Nehmen Sie kritisch Stellung zur Weissagung der Cree (**M27**).

53 Vergleichen Sie die Weissagung der Cree (**M27**) mit der Aussage des WWF (**M28**). Diskutieren Sie Ihre Ergebnisse.

3.7 Nachhaltigkeit

Grüner Lifestyle
Momentan stehen die Zeitgeistzeichen in Deutschland auf Grün. *LOHAS*, eine Abkürzung für „Lifestyle of Health and Sustainability" = gesundes und nachhaltiges Lebensgefühl, sind typische Vertreter des Zeitgeistes.

Der Begriff schlechthin im Bereich des konzeptionellen Umweltschutzes ist „Nachhaltigkeit". Ursprünglich stammt er aus der Forstwirtschaft. Hans Carl Carlowitz prägte ihn im Zusammenhang mit dem Prinzip, nur so viel Holz zu schlagen, wie wieder nachwachsen kann, um einen Schwund des Waldes zu verhindern. Das war vor 300 Jahren.

Gemeint ist heute die anhaltend positive Auswirkung bestimmter eingeleiteter Maßnahmen zum Wohle der heutigen, insbesondere aber der nachfolgenden Generation.

Nachhaltiges Handeln ist das genaue Gegenteil des „Greenwashing", langfristig angelegt, weitblickend und verantwortungsbewusst durchgeführt. Im Konzept des Nachhaltigkeitsdreiecks bildet Nachhaltigkeit die Schnittmenge der ökonomischen, ökologischen und sozialen Handlungsaspekte

Nachhaltig handeln können alle beteiligten Akteure im Rahmen der begrenzenden Faktoren.

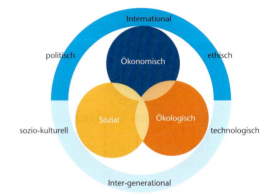

Internationales Zentrum für nachhaltige Entwicklung (IZNE) (Hg.), abgerufen unter www.izne.h-brs.de/ nachhaltigkeithbrs.html [06.07.2016]

3.7.1 Nachhaltiges Handeln der Konsumenten

Nach einer Studie der Universität Cordoba achten deutsche Konsumenten im Vergleich zu denen aus Spanien deutlich stärker auf Nachhaltigkeitsaspekte beim Kauf.

Die Motivation nachhaltigen Konsums liegt in der Annahme, einen sinnvollen und effizienten Beitrag zu leisten. Zudem sollten noch weitere Punkte erfüllt sein, die nicht im Widerspruch zu den eigentlichen Zielen beim Konsum stehen, nämlich Nutzenmaximierung, also qualitativ gute Ware zu angemessenem, günstigem Preis.

Die Studie „Lebenswelten Nachhaltigkeit – 2008" differenziert die Konsumenten in die fünf nebenstehenden Gruppen.

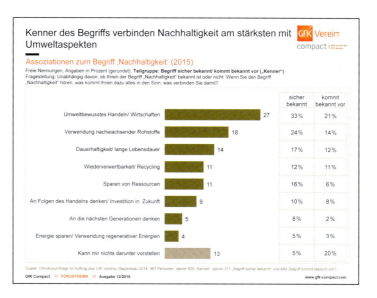

M29

Überzeugte Praktiker

Genussorientierte Pragmatiker

Bewusste Sparer

Gesellschaftlich Angepasste

Mahnende Theoretiker

3.7.2 Nachhaltiges Handeln der Produzenten

Den höchsten Einfluss auf die Umsetzung von Nachhaltigkeitskonzepten besitzen die Produzenten. Diese befinden sich allerdings auch im größten Spannungsfeld (siehe AS 6, 1.4).

Auf die Frage des Wertenetzes „SensoNet", ob ein Unternehmen zugleich nachhaltig und wirtschaftlich erfolgreich handeln kann, gab es folgende Antworten:

M30

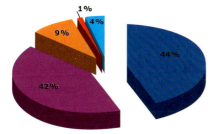

Kann ein einzelnes Unternehmen nach Ihrer Ansicht nachhaltig und gleichzeitig wirtschaftlich erfolgreich handeln?

- es muss sogar, weil es sonst langfristig untergeht
- es kann, und es wird sicher wirtschaftlich erfolgreich sein
- es kann, doch der wirtschaftliche Erfolg wird sich in Grenzen halten
- es kann nicht, weil es die höheren Kosten unrentabel machen
- kann ich nicht beurteilen

www.spirit.ch

MIMONA steht nicht etwa für „Mitarbeiter des Monats", sondern für „Mitarbeiter-Motivation zur Nachhaltigkeit". Das Projekt wurde vom Bundesdeutschen Arbeitskreis für Umweltbewusstes Management e.V. (B.A.U.M. e.V.) zusammen mit der Stiftung Arbeit und Umwelt der IG Bergbau, Chemie, Energie ins Leben gerufen. Interessierte Unternehmen können eine Datenbank einsehen, in der erfolgreiche Praxisbeispiele zur nachhaltigen Verbesserung der sozialen Unternehmenskultur zu finden sind.

Zur Person

Al Gore wurde am 31. März 1948 in Washington D. C. geboren.
Neben seiner politischen Karriere, die bis zum Präsidentschaftskandidaten der Demokraten im Jahr 2000 führte, ist sein starkes Engagement für Frieden und Umwelt bemerkenswert. So errang Gore 2007 den Friedensnobelpreis, nachdem er im selben Jahr bereits für seinen Dokumentarfilm „Eine unbequeme Wahrheit" einen Oscar verliehen bekam.

3.7.3 Umsetzung des Nachhaltigkeitsprinzips durch die Politik

An der Spitze der deutschen Umweltpolitik steht das Bundesumweltministerium. Es wurde 1986 kurz nach der Reaktorkatastrophe von Tschernobyl gegründet, um die zuvor auf das Innen-, Gesundheits-, und Landwirtschaftsministerium verstreuten Kompetenzen unter einem Dach zusammenzufassen und damit Synergieeffekte zu erzeugen.

M31

Aufgaben und Struktur

Für welche Politikfelder ist das Ministerium zuständig?

Die vielfältigen Politikbereiche, für die das Bundesministerium für Umwelt, Naturschutz, Bau und Reaktorsicherheit (BMUB) innerhalb der Bundesregierung zuständig ist, spiegeln sich bereits im Namen des Ministeriums wider. Seit über 25 Jahren arbeitet das Ministerium für den Schutz der Bürgerinnen und Bürger vor Umweltgiften und Strahlung, für einen klugen und sparsamen Umgang mit Rohstoffen, den Klimaschutz sowie für eine Nutzung der natürlichen Lebensgrundlagen, bei der die Vielfalt von Tier-, und Pflanzenarten und der Erhalt ihrer Lebensräume sichergestellt wird.

Im Dezember 2013 wurden dem BMUB durch Erlass der Bundeskanzlerin zusätzlich die Zuständigkeiten für Stadtentwicklung, Wohnen, ländliche Infrastruktur, öffentliches Baurecht, Bauwesen, Bauwirtschaft sowie Bundesbauten übertragen. Damit sind wichtige Aufgaben aus dem bisherigen Bundesministerium für Verkehr, Bau und Stadtentwicklung (BMVBS) hinzugekommen. Es gilt, die Rahmenbedingungen für gute Wohnstandards und intakte Städte zu schaffen und das hohe Niveau von Bautechnik, Bautechnologien und Baustoffen in Deutschland weiter voranzubringen. Dies sind entscheidende Voraussetzungen für eine hohe Lebensqualität und ein gutes soziales Klima in unserer Gesellschaft.

Quelle: Bundesministerium für Umwelt, Naturschutz, Bau und Reaktorsicherheit (Hrsg.), abgerufen unter www.bmub.bund.de/bmub/aufgaben-und-struktur [26.07.2016]

Aufgaben

 54 Wie sieht für Sie nachhaltiges Handeln im Alltag aus? Nennen Sie mindestens drei Beispiele.

 55 Bilden Sie fünf Gruppen. Überlegen Sie, welche Eigenschaften der Typus Ihrer Gruppe hat (M29) und wie und warum er zu nachhaltigem Konsum beiträgt.

 56 Wählen Sie einen Gruppensprecher, der im Rahmen einer Diskussionsrunde die anderen von Ihrem Standpunkt überzeugen soll.

 57 Sie sind Leiter eines Betriebs, der Fleisch für den Endverbraucher herstellt. Welche Möglichkeiten nachhaltigen Handelns würden Sie in Ihrem Betrieb umsetzen?

 58 Ein Konkurrent bezieht sein Fleisch sehr billig aus Irgendwo. Daher kann er seine Produkte auch deutlich günstiger anbieten.
Mit welchen Argumenten bringen Sie die Abnehmer dazu, trotzdem Ihre Waren zu kaufen?

59 Nennen Sie Bereiche der Umweltpolitik, in denen Ihrer Meinung nach das Umweltministerium im Sinne seiner Aufgabenbeschreibung (M31) erfolgreich tätig ist.

 60 Sie werden als Berater des Umweltministers angestellt. Zu welchen Maßnahmen im Rahmen von Umweltschutz und Nachhaltigkeit würden Sie ihm raten?

3.7.4 Internationale Umsetzung des Nachhaltigkeitsprinzips - Agenda 21

Bereits im 20. Jahrhundert hielt in vielen Staaten die Erkenntnis Einzug, dass für einen nachhaltigen Schutz der Umwelt alle Staaten in verschiedenen Bereichen aktiv werden müssen. Dieser Erkenntnis wurde auf der Konferenz der Vereinten Nationen für Umwelt und Entwicklung (UNCED) in Rio de Janeiro 1992 mit der Verabschiedung der Agenda 21 Rechnung getragen, die bis heute als Meilenstein des Umweltschutzes angesehen wird.

Die Agenda 21 drückt aus, dass in erster Linie die Regierungen der einzelnen Staaten auf nationaler Ebene die Umsetzung nachhaltiger Entwicklungen fördern und planen müssen. Dazu gehören insbesondere langfristig angelegte Strategien im Umweltbereich, an der auch regierungsunabhängige Organisationen und andere Institutionen beteiligt werden sollten. Zudem wird eine breite Beteiligung der Öffentlichkeit bzw. der Bevölkerung als Schlüssel zur erfolgreichen Umsetzung der Strategien angesehen, da zur erfolgreichen Umsetzung das Nachhaltigkeitsprinzip in den Köpfen aller Beteiligten verankert werden muss.

Auf internationaler Ebene werden die Bemühungen der einzelnen Staaten durch Organisationen wie die Vereinten Nationen überwacht und koordiniert, wobei ein besonderes Augenmerk auch auf die Schwellenländer und die Staaten des ehemaligen Ostblocks gelegt wird.

Die Agenda 21 gliedert sich in insgesamt 40 Kapitel. Es werden dabei sämtliche Maßnahmen und relevanten Bereiche der Politik bearbeitet. Thematisch unterteilt sich die Agenda 21 in vier Bereiche:

1. Wirtschaft und Soziales
   Dieser Bereich behandelt die soziale und wirtschaftliche Nachhaltigkeitsdimension mit den wichtigen Aspekten Bekämpfung der Armut, Bevölkerungsentwicklung und Gesundheitsschutz.

2. Erhaltung und Bewirtschaftung der Ressourcen für die Entwicklung
   Hier werden Themen der Ökologie wie Schutz der Erdatmosphäre, Bekämpfung der Entwaldung, Erhalt der biologischen Vielfalt der Arten bis hin zur ökologischen Abfallentsorgung abgehandelt.

3. Stärkung der Rolle wichtiger Gruppen
   Dieser Bereich umfasst wichtige Aspekte der Teilhabe an Entscheidungen und Entwicklungen verschiedener gesellschaftlicher Gruppen, die für die Umsetzung der Agenda von besonderer Bedeutung sind.

4. Möglichkeiten der Umsetzung
   Hier werden die Rahmenbedingungen der Umsetzung behandelt. Dazu gehören auch finanzielle und organisatorische Instrumente.

Agenda
Wie so häufig stammt auch der Begriff „Agenda" aus dem Lateinischen. Er bedeutet wörtlich „das zu Tuende", ist also im weiteren Sinne eine Liste mit Punkten, die abgearbeitet werden sollen, eine To-do-Liste.

Ostblock
Als Ostblock wurde früher eine Reihe osteuropäischer Staaten bezeichnet. Der geografisch westlichste war die DDR, am östlichsten lag die ehemalige UdSSR. Die Ostblockstaaten waren durch den Warschauer Pakt verbunden, einem Militärbündnis das während der Zeit des Kalten Krieges von 1955 bis 1991 existierte.

Wichtiges Wissen

Zu 3.1 Entstehung des Umweltschutzes

Der Begriff „Umweltschutz" selbst ist relativ jung, er entstand Ende der 1960er-Jahre und wurde flächendeckend erst in den 1970er-Jahren benutzt. Gemeint ist die Vermeidung nachhaltiger Schädigungen des ökologischen Gleichgewichts durch menschliche Eingriffe sowie das „Reparieren" bereits vorhandener Schäden.

Zu 3.2 Bereiche der Umweltgefährdung

Unsere Umwelt ist in drei Bereichen von Verschmutzung betroffen und gefährdet:

- Die Luft wird durch Emissionen, zum Beispiel bei der Verarbeitung fossiler Brennstoffe zur Energiegewinnung, stark belastet.
- Meere und Gewässer werden durch Öl-Unglücksfälle oder das Einleiten von Chemikalien verunreinigt.
- Der Boden wird ebenfalls durch Schadstoffe belastet, was zudem negative Auswirkungen auf das Grundwasser und die Vegetation hat.

Zu 3.3 Das ökologische Gleichgewicht

Alle Verunreinigungen stören das natürliche ökologische Gleichgewicht. Vorübergehende oder nachhaltige schädliche Auswirkungen auf das Klima, die Lebensqualität oder die Gesundheit sind mögliche Folgen dieser Störungen.

Zu 3.4 Auswirkungen von Umweltverschmutzung

Je nach Intensität und Ausmaß der Umweltschädigung zeigen sich lokale oder globale Auswirkungen. Lokale Auswirkungen sind örtlich begrenzt und können zumeist beseitigt werden. Globale Effekte dagegen erfordern eine strategische Lösung von Staaten und Organisationen.

Zu 3.5 Bedeutende Umweltschutzorganisationen

Die Erkenntnis, dass die Menschheit dauerhaft nur in harmonischem Einklang mit einem funktionierenden Ökosystem existieren kann, führte zur Gründung bedeutender Umweltschutzorganisationen.

Zu 3.6 Grenzen des Umweltschutzes

Technischer Fortschritt belastet nicht nur die Umwelt, er schafft auch neue Möglichkeiten im Umweltschutzsektor. An seine Grenzen stößt der Umweltschutz, wenn wichtige Staaten vereinbarte Regeln brechen oder die Umwelt in Teilbereichen bereits irreversibel zerstört ist.

Zu 3.7 Nachhaltigkeit

Nachhaltige Konzepte sollen die Umwelt schützen und eine dauerhafte, stabile Lebenswelt auch für nachfolgende Generationen gewährleisten. Nachhaltiges Handeln betrifft dabei sowohl Produzenten als auch Konsument und die Politik.

Anforderungssituation 7

Europas Zukunft zwischen Kontinuität und Krise –
Die Bedeutung der Eurozone für die Weiterentwicklung
der Europäischen Integration

Kompetenzen

Sie erarbeiten die grundlegende Bedeutung der EU für Ihr Leben und erkennen, wie weit die europäische Zusammenarbeit bereits in unseren Alltag eingreift.

1 Die Europäische Union entsteht

Churchill trug seine Idee einer Art Vereinigte Staaten von Europa 1946 in Zürich vor.

M1

> Wenn Europa einmal einträchtig sein gemeinsames Erbe verwalten würde, dann könnten seine bis vierhundert Millionen Einwohner ein Glück, einen Wohlstand und einen Ruhm ohne Grenzen genießen […].
>
> Wir müssen eine Art Vereinigter Staaten von Europa schaffen […]. Der Weg dahin ist einfach. Es ist nichts weiter dazu nötig, als dass Hunderte von Millionen Männer und Frauen Recht statt Unrecht tun und Segen statt Fluch ernten.

Winston Churchill (1874–1965), Premierminister von Großbritannien von 1940–1945 und 1951–1955

Winston Churchill, zitiert nach Presse- und Informationsamt der Bundesregierung: Reihe Politik-Informationen, Europa, Bonn 1986, S. 8

Robert Schuman (1886–1963), franz. Ministerpräsident und Außenminister:

> Europa lässt sich nicht mit einem Schlage herstellen und auch nicht durch eine einfache Zusammenfassung. Es wird durch konkrete Tatsachen entstehen, die zunächst eine Solidarität der Tat schaffen.

Robert Schuman, zitiert nach Schumann-Erklärung – 9. September 1950, abgerufen unter www.europa.eu/european-union/about-eu/symbols/europe-day/schuman-declaration_de [13.10.2016]

Arbeitsvorschläge

1. Was könnte Winston Churchill zur Aussage in M1 über ein vereinigtes Europa bewegt haben? Was meint er mit „Recht statt Unrecht tun und Segen statt Fluch ernten".

2. Schuman wie Churchill finden eindringliche Worte zu Europa. Was war der gemeinsame Auslöser für diese Worte?

3. Diskutieren Sie in der Klasse, welche Schwierigkeiten heute einem vereinigten Europa im Wege stehen.

Nachdem der Zweite Weltkrieg 1945 beendet war, kamen in Europa Überlegungen auf, die Zusammenarbeit zwischen den einzelnen europäischen Staaten zu stärken. Hinzu kam, dass Deutschland fest in westliche Organisationen integriert werden sollte, um weitere militärische Auseinandersetzungen zu verhindern.

Zunächst gründeten sechs Staaten 1951 die Europäische Gemeinschaft für Kohle und Stahl. 1957 folgten die Europäische Wirtschaftsgemeinschaft (EWG) und die Europäische Atomgemeinschaft; beide Verträge werden zusammen als Römische Verträge bezeichnet. 1967 erfolgte der Zusammenschluss der drei Gemeinschaften zur Europäischen Gemeinschaft (EG).

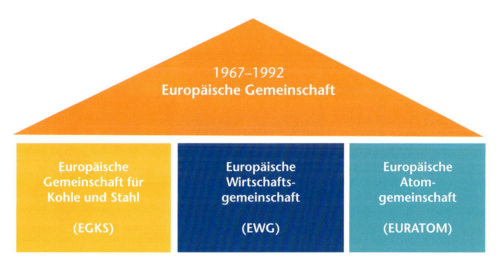

Aus der Sicht der beteiligten Staaten sollte eine starke wirtschaftliche Zusammenarbeit innerhalb Europas neue militärische Konflikte für die Zukunft ausschließen und die Wirtschaft antreiben und so das Wachstum erhöhen.

Frankreich z. B. wollte ebenfalls wirtschaftliches Wachstum, aber auch seiner schwindenden Bedeutung in der Welt durch Verlust seiner Kolonien (z. B. Algerien) mittels einer europäischen Zusammenarbeit begegnen. So hatten die beteiligten sechs Gründerstaaten (Belgien, Deutschland, Frankreich, Italien, Niederlande und Luxemburg) durchaus unterschiedliche Interessen bei der Schaffung der Gemeinschaft.

Die meisten Länder, die seither aufgenommen wurden, erhoffen sich wirtschaftliches Wachstum. Der wirtschaftliche Aufschwung wird erreicht durch den Zugang zu einem riesigen Markt. So hat die EU mittlerweile über 500 Mio. Bürger: alles potenzielle Konsumenten. Weiterhin erhoffen sich arme Länder umfangreiche Hilfs- bzw. Ausgleichszahlungen von der EU. Gerade die osteuropäischen Länder wollten darüber hinaus eine feste Westbindung, um nicht von Russland abhängig zu sein.

Zu den weiteren Beitrittskandidaten zählen z. B. die Länder des ehemaligen Jugoslawiens wie Serbien oder Montenegro. Die europäischen Spitzenpolitiker versuchten auch die Ukraine näher an die EU zu führen. Als die ukrainische Regierung den Annäherungsprozess verzögerte, kam es in der Bevölkerung zu Protesten, die schließlich in massiver Gewalt eskalierten und zu einem Regierungswechsel führten. In der Folge verschärfte sich die politische Spaltung im Land weiter und führte schließlich zum militärischen Konflikt mit Russland (Abspaltung der Krim und des östlichen Teils der Ukraine).

Gründungsstaaten
– Deutschland
– Frankreich
– Italien
– Niederlande
– Belgien
– Luxemburg

Erweiterung der Gemeinschaft
– 1973: Dänemark, Irland, Großbritannien
– 1981: Griechenland
– 1986: Spanien, Portugal
– 1990: Neue Bundesländer
– 1995: Finnland, Österreich, Schweden
– 2004: Lettland, Litauen, Polen, Tschechien, Ungarn, Slowakei, Estland, Slowenien, Malta, Zypern
– 2007: Rumänien, Bulgarien
– 2013: Kroatien

EGKS
– Zollfreier Handel mit Kohle und Stahl
– Gemeinsame Regeln für die Produktion von Kohle und Stahl

EURATOM
– Entwicklung einer Kernindustrie
– Förderung der Erforschung der Kernenergie

Zahl der Mitgliedsländer in der EU
1957: 6
1973: 9
1981: 10
1986: 12
1995: 15
2004: 25
2007: 27
2013: 28

Wichtige Schritte hin zur Entwicklung der EU und deren Fortentwicklung
- 1951: EGKS
- 1957: EWG; EURATOM = Römische Verträge
- 1967: Zusammenschluss von EGKS, EWG und EURATOM zur **EG**
- 1973: Erste Erweiterung
- 1979: Erste Direktwahl zum Europäischen Parlament
- 1992: Vertrag von Maastricht – Gründung der **EU**
- 2002: Euro als alleiniges Zahlungsmittel
- 2009: Reformvertrag von Lissabon tritt in Kraft
- 2012: Fiskalpakt von 25 EU-Ländern abgeschlossen

Seit Längerem sind die europäischen Staaten darüber hinaus mit dem Aufstieg Asiens und Südamerikas und damit einhergehend einem Einflussverlust Europas auf die Weltpolitik konfrontiert. So gehören aktuell Deutschland, Großbritannien, Frankreich und Italien zu den 10 größten Volkswirtschaften. 2030 wird nur noch Deutschland und Großbritannien zu den 10 größten Volkswirtschaften zu zählen sein. Die meisten Länder in Europa sind zu klein und unbedeutend, um international gehört zu werden. Will man Einfluss nehmen, bleiben nur der Zusammenschluss und die Zusammenarbeit in Europa. Aus den genannten Gründen ist die EU für viele Länder in Europa, die ihr nicht angehören, von Interesse. Mittlerweile hat die EU 28 Mitgliedstaaten. Kroatien wurde als letztes Land 2013 aufgenommen. Die EU hat über 500 Millionen Einwohner und ist somit gemessen am Bruttoinlandsprodukt der größte gemeinsame Markt der Welt.

Wichtiges Wissen

Zu 1 Die Europäische Union entsteht

1951 gründeten sechs Staaten die Europäische Gemeinschaft für Kohle und Stahl. Die Zusammenarbeit wurde vertieft durch die Europäische Wirtschaftsgemeinschaft und die Europäische Atomgemeinschaft (Römische Verträge). Diese drei Verträge bilden das Grundgerüst der Europäischen Gemeinschaft (EG). Die vertiefte Zusammenarbeit sollte außerdem Kriege in Europa verhindern und den Einfluss der europäischen Staaten in der Welt sichern. Zwischen 1958 und 1986 wurden die meisten westeuropäischen Staaten Mitglied (u. a. Großbritannien und Spanien). 1995 folgten neutrale Staaten, wie Schweden und Österreich. Ab 2004 wurde die Gemeinschaft nach Osten erweitert (u. a. Polen und Ungarn).

2 Die Vertiefung der Union

M2

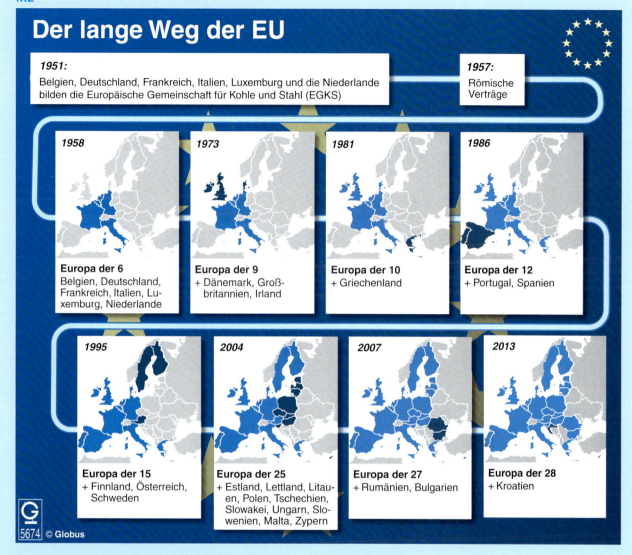

Immer mehr Länder zeigten ihr Interesse an einer Aufnahme in die Gemeinschaft. Gleichzeitig sollte die Gemeinschaft vertieft und weiterentwickelt werden. Eine Weiterentwicklung wurde durch den Vertrag von Maastricht erreicht.

Arbeitsvorschläge

4 Arbeiten Sie mit Ihrem Sitznachbarn die Erweiterung der EU heraus. Beachten Sie die Grafik M2. Gehen Sie darauf ein, warum zuerst (1973) Dänemark, Großbritannien und Irland aufgenommen wurden. Wieso konnte man nicht mit den osteuropäischen Staaten beginnen?

5 Diskutieren Sie, ob die EU die Türkei oder Russland aufnehmen soll. Versuchen Sie, mindestens je zwei Vorteile sowie Nachteile zu finden.

2.1 Vertrag von Maastricht

Durch den **Vertrag von Maastricht** erweiterten die EG-Mitgliedstaaten 1992 die Gemeinschaft von einem reinen wirtschaftlichen Zusammenschluss um eine „gemeinsame Außen- und Sicherheitspolitik (GASP)" und eine „Zusammenarbeit im Bereich Justiz und Inneres". Die Europäische Union (EU) war geboren.

Die GASP war beispielsweise nötig, damit die EU international eine gewisse Handlungsfähigkeit besitzt. Die Mitgliedstaaten haben sich darauf verständigt, ihre nationalen Positionen abzustimmen. Im Idealfall stimmen sich also Deutschland, Frankreich, Großbritannien und die anderen EU-Staaten ab und vertreten eine gemeinsame politische Haltung.

M3

Qualifizierte Mehrheit bedeutet, dass eine Anforderung an ein Abstimmungsergebnis besteht. Ab 01.11.2014 gilt z. B. für die EU, dass jede getroffene Entscheidung, die Mehrheit der Staaten benötigt (55 %) und eine Mehrheit der Bevölkerung (65 %) durch die zustimmenden Staaten repräsentiert werden müssen. So ist die qualifizierte Mehrheit verfehlt, wenn vier Mitgliedstaaten, mit zusammen mehr als 35 % der Bevölkerung, gegen den Vorschlag stimmen (Sperrminorität). Dieses Vorgehen stärkt die bevölkerungsreichen Staaten, die nicht mehr durch einen Zusammenschluss von Kleinststaaten wie Malta oder Zypern überstimmt werden können.

2.2 Vertrag von Lissabon

Die Reformen der EU endeten mit dem Vertrag von Lissabon, der am 1. Dezember 2009 in Kraft trat. Der Vertrag von Lissabon ergänzt die bestehenden Verträge. Unter anderem sind folgende Punkte betroffen:

- Es soll ein **demokratischeres und transparenteres** Europa geschaffen werden. Das Europäische Parlament (EP) und die nationalen Parlamente werden ein größeres Gewicht bekommen, sodass die Bürger mehr Möglichkeiten erhalten, sich verstärkt ins politische Geschehen einzubringen. Das EP erhält weitere Kompetenzen bei Gesetzgebung, Haushaltsentscheidungen und bei der Vereinbarung internationaler Verträge. Wenn von den Bürgern eine Millionen Stimmen in mindestens sieben Staaten der EU gesammelt werden, können sie die Kommission auffordern, neue politische Vorschläge vorzulegen. Die Unionsbürger werden damit bezüglich des Aufforderungsrechts dem Europaparlament und dem Rat der Europäischen Union gleichgestellt.

- Europa soll **effizienter** werden. Dies soll mit vereinfachten Arbeitsmethoden sowie Abstimmungsregeln erreicht werden. So wird die qualifizierte Mehrheit im Rat auf weitere Politikbereiche ausgedehnt.

- Die Außen- und Sicherheitspolitik soll gestärkt werden, daher wird ein Vertreter der Europäischen Union für die Außen- und Sicherheitspolitik eingeführt, der gleichzeitig Vizepräsident der Europäischen Kommission ist. Durch diese Maßnahme soll der Einfluss der EU auf internationaler Ebene erhöht werden.

Aufgaben

6 Erklären Sie schriftlich, wie die EU entstanden ist und welche Gründe für die Entstehung entscheidend waren.

7 Diskutieren Sie in der Klasse, welche wesentlichen Interessen bei der Gründung der EU im Mittelpunkt standen.

8 Arbeiten Sie heraus, welche Inhalte die EG hatte.

9 Legen Sie unter Beachtung von M3 dar, welche Aufgaben die EU heute hat.

10 Ermitteln Sie mit Ihrem Sitznachbarn wesentliche Punkte des Vertrags von Lissabon.

Wichtiges Wissen

Zu 2.1 Vertrag von Maastricht

1992 kam es durch Vertiefung der EG nach dem Vertrag von Maastricht zur Gründung der EU. Zur EG kamen die gemeinsame Außen- und Sicherheitspolitik sowie die Zusammenarbeit bei Justiz und Innerem hinzu.

Zu 2.2 Vertrag von Lissabon

Der Vertrag von Lissabon führt zu grundlegenden Reformen innerhalb der EU. So werden die Rechte des Europaparlaments und die Mitbestimmungsrechte der Bürger gestärkt.

3 Die politischen Ziele der Europäischen Union

M4

Gewässer im Ökotest

Die Gewässer müssen nach der europäischen Wasserrahmenrichtlinie bis zum Jahr 2015 einen *„guten chemischen und ökologischen Zustand"* erreichen

guter ökologischer Zustand
- naturnahe Gestalt
- gute Durchgängigkeit für Fische und andere Organismen in Flüssen
- Schutz der naturraumtypischen Lebensgemeinschaften

guter chemischer Zustand
- geringe Belastung durch Nährstoffe und Chemikalien

Die Erreichung der Umweltziele in Deutschland ist ohne weitergehende Maßnahmen zur Zeit für

Angaben in %

	Flüsse	Seen	Küsten- und Übergangsgewässer*	alle Oberflächengewässer
wahrscheinlich	12		7	14
unsicher	26	38	2	26
unwahrscheinlich	62	24 / 38	91	60

Häufige Ursachen für die Verfehlung der Umweltziele
- starke Veränderung der Gewässergestalt (u. a. Deiche, Uferbegradigungen, Stauanlagen)
- hohe Nährstoffeinträge, vorrangig aus der Landwirtschaft

*in der Nähe von Flussmündungen

© Globus 0126

Arbeitsvorschläge

 11 Beschreiben Sie anhand von Beispielen die wesentlichen Ziele der EU.

 12 Versuchen Sie mithilfe von M4 darzulegen, warum der Umweltschutz ein wesentliches Ziel der EU ist.

 13 Finden Sie mit Ihrem Sitznachbarn Gründe, warum eine gute Wasserqualität für unser Leben von außerordentlicher Bedeutung ist.

  14 Informieren Sie sich im Internet auf welche chemischen Stoffe unser Wasser in der Regel kontrolliert wird.

3.1 Hintergrund

Wie schon angesprochen war der Ausgangspunkt für die Gründung der Europäischen Union – vor dem Hintergrund zweier Weltkriege – die Überlegung, dass sich dauerhafter Frieden am besten durch eine Verbesserung des Wohlstands und das Entstehen gegenseitiger Abhängigkeiten erreichen lässt.

Dementsprechend wurde zunächst ein gemeinsamer Wirtschaftsraum angestrebt, insbesondere durch die Beseitigung von Handelsbeschränkungen und die Schaffung einer Zollunion. Im Laufe der Zeit veränderte sich die Zielsetzung in der Politik kontinuierlich, von einer rein wirtschaftlichen Zusammenarbeit hin zu einer Politik der Integration der europäischen Staaten in die Union.

3.2 Ziele der EU

Die EU verfolgt folgende Ziele:

- Sicherstellung von Frieden innerhalb der EU sowie ihrer Werte und des Wohlergehens des beteiligten Völker
- Freiheit, Sicherheit und ein gemeinsamer Raum ohne Binnengrenzen für die Bürger, in dem der Einzelne sich frei bewegen kann
- Gemeinsamer Binnenmarkt sowie eine nachhaltige Entwicklung Europas durch Wirtschaftswachstum und Preisstabilität. Des Weiteren soll eine wettbewerbsfähige soziale Marktwirtschaft erreicht werden, die zu Vollbeschäftigung und sozialem Fortschritt führt. Darüber hinaus wird auf Umweltschutz und die Verbesserung der Umweltqualität hingearbeitet.
- Förderung von wissenschaftlichem und technischem Fortschritt
- Bekämpfung von sozialer Ausgrenzung und Diskriminierung. Die EU fördert soziale Gerechtigkeit und sozialen Schutz, die Gleichstellung von Frauen und Männern, Solidarität zwischen den Generationen und Schutz der Rechte der Kinder

Wesentliche Ziele der EU
- Förderung des Friedens
- Auflösung von Binnengrenzen
- Wachstum und Preisstabilität
- Vollbeschäftigung
- Umweltschutz
- Wissenschaftlicher Fortschritt
- Bekämpfung von Diskriminierung
- Gleichberechtigung

Vgl. Centrum für Europäische Politik (Hrsg.), Zugriff am 15.09.2016 unter www.cep.eu/de/publikationen/eu-lexikon.html?tx_sgglossary_pi1%5Bsearchmode%5D=1&tx_sgglossary_pi1%5Bsearch%5D%5Babc%5D=Z

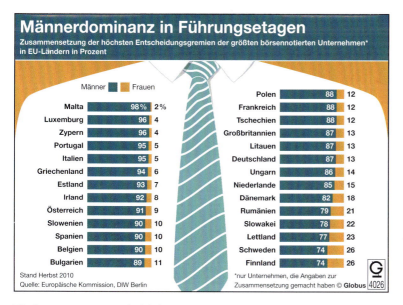

- Förderung von wirtschaftlichem, sozialem und territorialem Zusammenhalt ebenso wie Stärkung der Solidarität zwischen den Mitgliedstaaten
- Wahrung von kulturellem Reichtum und sprachlicher Vielfalt sowie der Schutz des kulturellen Erbes Europas
- Weiterhin soll eine Wirtschafts- und Währungsunion errichtet werden.

3.3 Supranationalität

Supranationalität beschreibt eine Ebene über dem Nationalstaat. Sie bezeichnet eine Verlagerung der rechtlichen Zuständigkeit von der nationalstaatlichen Ebene auf eine höhere Ebene. Supranationalität ist ein wesentliches Grundprinzip der EU. Es ist die Verlagerung von Rechten des Nationalstaates (wie Deutschlands) an die EU.

Beispiel
Die EU ist mittlerweile allein zuständig für die Bereiche Agrarpolitik, Außenhandel, Zollpolitik. Die 28 Nationalstaaten, aus denen die EU besteht, können in diesen Bereichen nicht mehr eigenständig handeln, da sie ihre Zuständigkeit auf die EU übertragen haben.

Rechte können darüber hinaus auch auf supranationale Organisationen übertragen werden.

> *Beispiel*
> *So war die Bundesbank für die Währung in Deutschland zuständig. Dieses Recht wurde auf die EZB als supranationale Organisation übertragen. Somit ist die EZB aktuell für die Währung in Deutschland verantwortlich.*

Aufgaben

 14 Wählen Sie zwei wesentliche Ziele der EU aus und beschreiben Sie diese. Warum halten Sie diese Ziele für bedeutend?

 15 Diskutieren Sie in der Klasse: Ist Supranationalität (**M5**) aus Ihrer Sicht sinnvoll?

 16 Besprechen Sie mit Ihrem Sitznachbarn, warum wenig Frauen im Management von deutschen Unternehmen zu finden sind.

  17 Untersuchen Sie, welche wirtschaftlichen Nachteile sich aus der Nichtbeachtung von Frauen für deutsche Unternehmen ergeben können.

Wichtiges Wissen

Zu 3.2 Ziele der EU

Die EU hat folgende Ziele:
- Sicherung des Friedens
- Schaffung eines gemeinsamen Binnenmarktes
- Förderung von Wissenschaft und technischem Fortschritt
- Bekämpfung von Diskriminierung
- Errichtung einer Währungsunion

Zu 3.3 Supranationalität

Rechte, die bislang die Nationalstaaten besitzen, wie über die Landwirtschaft zu bestimmen, werden auf die EU übertragen.

4 Die Institutionen (Organe) der Europäischen Union

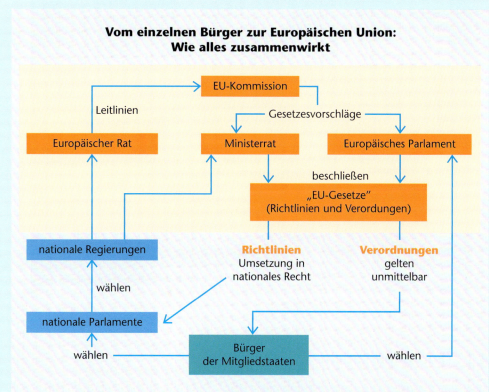

Demokratische Staaten haben eine Verfassung (in Deutschland das Grundgesetz). Diese Verfassung legt fest, wer das Recht hat, Gesetze zu erlassen (die **Legislative**; in der BRD ist dies z. B. der Bundestag), wer diese Gesetze durchsetzen darf (die **Exekutive**; in der BRD ist das der Bundespräsident bzw. die Bundesregierung) und wer Gesetze und deren Ausführung kontrollieren darf (in der BRD kontrolliert z. B. das Bundesverfassungsgericht Gesetze und deren Anwendung). Die Europäische Union benötigt, wie z. B. auch Deutschland, Institutionen (Organe), die Gesetze anregen, vorbereiten, entscheiden, durchführen und kontrollieren.

Da die EU aus verschiedenen Verträgen „entstanden" ist, Rücksicht auf die Mitgliedstaaten zu nehmen war und kein gewachsener Staat gegeben ist, sind die Zuständigkeiten manches Mal schwerer zu durchschauen als z. B. in Deutschland.

Staatsgewalt in Deutschland

Gesetzgebende Gewalt = Bundestag

Vollziehende Gewalt = Bundesregierung

Rechtsprechung = Bundesverfassungsgericht

Arbeitsvorschläge

18 Beschreiben Sie die wesentlichen Zusammenhänge zwischen den einzelnen Institutionen der EU.

19 Legen Sie dar, wo der Aufbau der EU vom klassischen Staatsaufbau abweicht.

20 Erarbeiten Sie, an welchen Punkten die Wähler Einfluss ausüben können.

21 Diskutieren Sie in der Klasse, ob die Einflussnahme auf Entscheidungen der EU durch das Volk mittels Wahlen ausreichend ist.

Sitz der EU-Organe

EU-Parlament: Straßburg
Kommission: Brüssel
Ministerrat: Brüssel
EU-Rat: Brüssel
Rechnungshof: Luxemburg
Gerichtshof: Luxemburg
Zentralbank: Frankfurt

Europäisches Parlament
- Gründung 1952
- Wahlen seit 1979
- Über 340 Mio. Wähler in der EU
- Alle 5 Jahren Wahlen

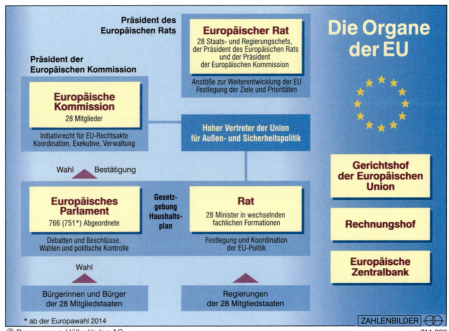

4.1 Europaparlament

Europaparlament in Straßburg

Das Europaparlament ist ein Organ der Legislative, teilweise auch der Exekutive. Das **Europäische Parlament (EP)** hat seinen **Sitz in Straßburg** (Frankreich). Ausschüsse tagen allerdings in Brüssel (Belgien). Es ist das Parlament der Europäischen Union.

Erst seit 1979 wird das EP alle fünf Jahre in allgemeinen, unmittelbaren, freien, geheimen, aber ungleichen Europawahlen von den Bürgern der gesamten EU gewählt. Ungleichheit der Europawahl meint, dass die Stimmen der Einwohner eines kleinen Landes mehr zählen als die Stimmen eines großen Landes. Beispielsweise vertritt ein Abgeordneter aus Malta etwa 82 000 Einwohner, ein Abgeordneter aus Deutschland oder Spanien über 820 000. Damit zählt die Stimme eines Maltesers etwa zehnmal so viel wie die eines Spaniers.

Das Europäische Parlament ist das einzige durch die Bürger der Union direkt gewählte Organ. Gleichzeitig ist das EP die einzig direkt gewählte supranationale Institution weltweit. Es repräsentiert unmittelbar die europäische Bevölkerung, hat allerdings nur begrenzte Rechtsetzungskompetenz (z. B. im Umwelt- und Verbraucherschutz). Daher kann es schwerlich als eine vollwertige Bürgerkammer bezeichnet werden.

Die Gründung des Parlaments erfolgte 1952. Zu Beginn hatte es lediglich ein Beratungsrecht. Mehrmals konnte sich das EP erweiterte Rechte im Bereich der gesetzgebenden Gewalt und der vollziehenden Gewalt erstreiten, vor allem durch die Verträge von Maastricht 1992 und Lissabon 2007. Das Parlament hat heute folgende Rechte:

- Es entscheidet über ca. 90 % der Gesetzesvorhaben mit.

- Die Zustimmung des EP ist nötig, bevor die Kommission ernannt werden kann, neue Länder beitreten dürfen und internationale Verträge abgeschlossen werden.

- Darüber hinaus kontrolliert das Parlament die anderen EU-Institutionen. Es kann Petitionen von Bürgern bearbeiten, Untersuchungsausschüsse bilden und der Kommission das Misstrauen aussprechen. Die Folge wäre der Rücktritt der Kommission.

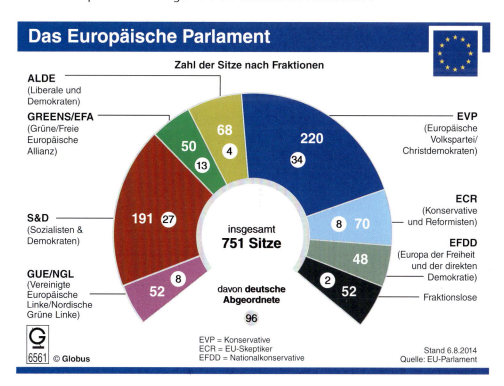

4.2 Europäischer Rat

Im Europäischen Rat mit **Sitz in Brüssel** kommen die Staats- und Regierungschefs mindestens zweimal pro Halbjahr zu Treffen (Konsultationen) zusammen. Diese Zusammenkünfte werden als „Gipfeltreffen" bezeichnet, weil die politischen Führer der einzelnen Mitgliedsländer aufeinandertreffen.

Der Europäische Rat nimmt unter den Organen der EU eine besondere Rolle ein. Er ist eine übergeordnete Institution, findet Kompromisse zwischen den verschiedenen Staaten und fördert so die weitere Entwicklung der Union.

Des Weiteren ist der Europäische Rat für die Grundsätze der Außen- und Sicherheitspolitik zuständig, er legt die politische Zielsetzung fest und setzt Schwerpunkte bei der weiteren Entwicklung der EU. Er wird **nicht** direkt gesetzgeberisch tätig.

Jedes Land ist im Rat stimmberechtigt.

Bezogen auf die Bevölkerung hat Deutschland wenig Stimmen und kleinere Länder haben recht viele Stimmen.

4.3 Ministerrat

Der Ministerrat, kurz „Rat", mit **Sitz in Brüssel** wird offiziell als **Rat der Europäischen Union** bezeichnet und ist die Vertretung der Mitgliedstaaten. In ihm treffen die Vertreter der Regierungen der Mitgliedstaaten aufeinander. Jedem Land wird eine bestimmte Anzahl von Stimmen zugebilligt, von 29 für Deutschland bis zu 3 für Malta. Ministerrat und Parlament sind zusammen für das Zustandekommen von Gesetzen in der EU verantwortlich. Der Rat befasst sich normalerweise mit Rechtsvorschriften, die ihm von der Kommission vorgeschlagen werden. Meistens erlässt der Rat dann gemeinsam mit dem Europäischen Parlament die Gesetze. Wenn man das Europaparlament als Bürgerversammlung bezeichnen möchte, kann man den Ministerrat als Staatenkammer ansehen.

■ Der Rat übt mit dem Europäischen Parlament die Haushaltsbefugnisse aus.

■ Er entwickelt eine gemeinsame Außen- und Sicherheitspolitik und schließt internationale Verträge.

4.4 Europäische Kommission

Kommissare werden von der eigenen Regierung vorgeschlagen.
Die Kommissare sind unabhängig und ausschließlich dem europäischen Interesse verpflichtet. Pro Land gibt es einen Kommissar.

Die Europäische Kommission **tagt in Brüssel**. Der Schwerpunkt ihrer Tätigkeit liegt im Bereich der **Exekutive**; sie entspricht damit in etwa einer Regierung in einem der Mitgliedstaaten.

Die Kommissare werden von den jeweiligen nationalen Regierungen vorgeschlagen. Das Europaparlament stimmt dem Vorschlag der nationalen Regierung in der Regel zu. Anschließend ernennt der Ministerrat die Kommissare. Sie sind unabhängig und dürfen keine Weisungen der nationalen Regierung entgegennehmen. Sie sind ausschließlich dem europäischen Interesse verpflichtet. Das EP kontrolliert die Kommissare und kann diese über ein Misstrauensvotum zum Rücktritt zwingen.

Jean-Claude Juncker, Präsident der Europäischen Kommission

Die Kommission schlägt Gesetze vor.

Problem: Nicht demokratisch legitimiert

Amtszeit: 5 Jahre wie EP, weitere Amtszeiten möglich

Grundgehalt eines Kommissars: 20 278, 23 €, des Präsidenten: 24 874,62 € monatlich.

Die Kommissare sind für ein bestimmtes Arbeitsgebiet zuständig. So ist der deutsche Kommissar Günter Oettinger für das Thema Digitalwirtschaft zuständig, der Spanier Miguel Arias Cañete für Klimaschutz und Energie. Die Kommissare aus den größeren Staaten der EU werden zumeist mit wichtigeren Arbeitsgebieten bedacht als die Kommissare aus kleineren Ländern.

- Die Kommission hat das alleinige Initiativrecht im EU-Gesetzgebungsverfahren (Ausnahme ist die Gemeinsame Außen- und Sicherheitspolitik).

- Die Kommission ist die „Hüterin der Verträge" und muss dafür sorgen, dass alle Verträge und das europäische Recht von den einzelnen Staaten eingehalten werden. Bei Verstößen greift sie ein.

- Jedes Mitgliedsland stellt einen Kommissar. Es gibt also 28 Kommissare. Die Amtszeit beträgt fünf Jahre. Eine Wiederwahl ist möglich.

Günter Oettinger, Kommissar

4.5 Gerichtshof der Europäischen Union

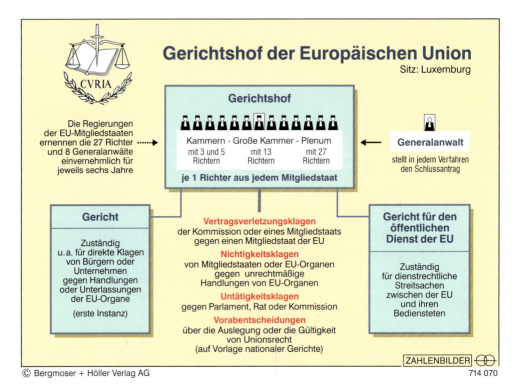

EuGH: Er entscheidet über Rechtsstreitigkeiten mit EU-Bezug.

Die zentrale Aufgabe des Gerichtshofs der Europäischen Union in **Luxemburg** ist, dafür zu sorgen, dass die vereinbarten EU-Verträge ordnungsgemäß ausgelegt werden. Er hat also für die Wahrung des Rechts zu sorgen (**Judikative**).

An dieser Aufgabe wirken alle Mitgliedstaaten mit, da sie die Verträge umzusetzen haben und z. B. die notwendigen Rechtsbehelfe schaffen müssen, sodass die Bürger ihre Rechte, die sich aus den EU-Verträgen (= EU-Recht) ergeben, vor den nationalen Gerichten durchsetzen können. Der Gerichtshof sichert folglich die Einheitlichkeit der Auslegung europäischen Rechts.

Er ist befugt, in Rechtsstreitigkeiten zwischen EU-Mitgliedstaaten, EU-Organen, Unternehmen und Privatpersonen zu entscheiden.

4.6 Europäischer Rechnungshof

Der Europäische Rechnungshof wurde 1975 gegründet und hat seinen **Sitz in Luxemburg**. Die Aufgabe des Rechnungshofes ist es, die Finanzen der EU zu kontrollieren und die Finanzverwaltung der EU zu verbessern. Er ist ein **unabhängiges Kontrollorgan**.

Aufgabe: Kontrolle der Finanzen der EU

Dem Rechnungshof ist es gestattet, alle Personen und Organisationen zu überprüfen, die finanzielle Mittel von der EU erhalten bzw. verwalten. Die Kontrollen erfolgen vor Ort. Die Ergebnisse werden veröffentlicht und der Europäischen Kommission und den nationalen Regierungen der EU-Mitgliedstaaten zur Verfügung gestellt.

Die EZB darf alle Organisationen und Personen kontrollieren, die Geld von der EU bekommen.

Stellt der Europäische Rechnungshof Verstöße fest (Betrugsfälle), so wird der Fall an das Europäische Amt für Betrugsbekämpfung (OLAF) weitergegeben, welches dann die Ermittlungen übernimmt.

Bei Verstößen Weitergabe an OLAF

4.7 Europäische Zentralbank (EZB)

Die EZB mit **Sitz in Frankfurt am Main** ist das einzige Organ der EU, das in Deutschland angesiedelt wurde.

Ziel: Preisstabilität

- Sie bildet mit den nationalen Zentralbanken das Europäische System der Zentralbanken.
- Die EZB legt die Währungspolitik der EU fest.
- Ihr vorrangiges Ziel ist, **Preisstabilität** zu gewährleisten. Die EZB sichert die Preisstabilität in der Eurozone durch Steuerung der Geldmenge.

EZB in Frankfurt

- Sie stützt finanziell angeschlagene Banken und Staaten, dies ist jedoch kein offizielles Ziel der EZB.

Das Eurosystem besteht aus der EZB und den nationalen Zentralbanken der Länder, die den Euro eingeführt haben.

Aufgaben

22 Erarbeiten Sie mit Ihrem Nachbarn einen kurzen grafischen Überblick über die Organe der EU.

23 Erklären Sie den Schülern Ihrer Klasse die Aufgaben des EP, der EZB und der Kommission.

24 Arbeiten Sie die Unterschiede zwischen EP, Kommission, Europäischem Rat und Ministerrat heraus.

Wichtiges Wissen

Zu 4.1 Europaparlament

Das EU-Parlament mit Sitz in Straßburg hat 751 Abgeordnete. Wahlen finden alle fünf Jahre statt. Das EP ist das einzige von den Bürgern direkt gewählte Organ der EU.

Zu 4.2 Europarat

Der Europarat hat seinen Sitz in Brüssel. Jedes Land ist stimmberechtigt. Der Rat findet Kompromisse, um Streitigkeiten zwischen den Mitgliedsländern zu beenden.

Zu 4.3 Ministerrat

Im Ministerrat (Sitz Brüssel) hat jedes Land eine bestimmte Zahl von Stimmen. Große Staaten wie Deutschland oder Frankreich haben 29 Stimmen, Malta als kleines Land 3 Stimmen. Der Rat ist zuständig für den Haushalt und die Entwicklung der Außen- und Sicherheitspolitik sowie den Abschluss internationaler Verträge.

Zu 4.4 Kommission

Die Kommission kann man als Regierung der EU bezeichnen. Jeder Kommissar hat ein bestimmtes Aufgabengebiet. Jedes Mitgliedsland stellt einen Kommissar. Die Kommission schlägt Gesetze vor und achtet auf die Einhaltung der Verträge.

Zu 4.5 Gerichtshof der Europäischen Union

Der Europäische Gerichtshof mit Sitz in Luxemburg legt die vereinbarten Verträge aus und entscheidet bei Streitigkeiten.

Zu 4.6 Europäischer Rechnungshof

Der Europäische Rechnungshof (Sitz Luxemburg) kontrolliert die Finanzen der EU. Er kontrolliert Personen und Organisationen, die Mittel der EU erhalten. Betrugsfälle werden an das Europäische Amt für Betrugsbekämpfung übergeben.

Zu 4.7 Europäische Zentralbank

Die EZB mit Sitz in Frankfurt am Main legt die Währungspolitik in der EU fest. Ziel ist die Preisstabilität. Darüber hinaus unterstützt die EZB angeschlagene Banken und Staaten.

5 Wie beeinflusst die EU mein Leben?

Arbeitsvorschläge

25 Welche Meinung vertreten Sie? Diskutieren Sie in der Klasse.

26 Wo sehen Sie Positives, wo Negatives in der EU?

Der Binnenmarkt bringt:

Keine Einschränkung des Handels

Unternehmen aus allen EU-Staaten dürfen an öffentlichen Ausschreibungen teilnehmen.

Keine Binnengrenzen mehr

Für Waren gibt es keine Zollbeschränkungen, auch Bürger sind frei.

Der gemeinsame Markt wird immer größer.

Unternehmen haben einen Markt mit über 500 Mio. Bürgern. Folge: Produktion in großem Stil wird möglich. Das senkt die Herstellungskosten.

Es kommt zu einem stärkeren Wettbewerb zwischen Ländern und Unternehmen.

Dieser Wettbewerb führt zu sinkenden Preisen.

Die EU beeinflusst unser Leben in vielfältiger Weise.

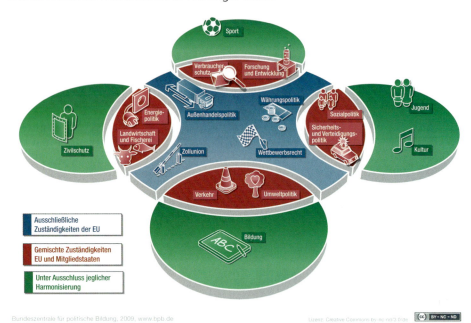

Bundeszentrale für politische Bildung, 2009, www.bpb.de

5.1 Der Europäische Binnenmarkt

M6

Der europäische Binnenmarkt
und seine Vier Freiheiten

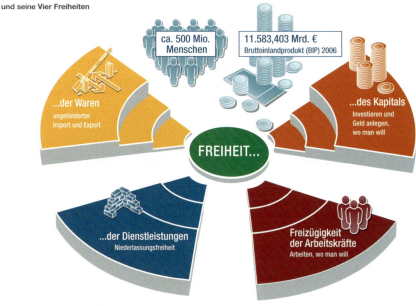

Bundeszentrale für politische Bildung, 2009, www.bpb.de

Der Binnenmarkt hat das Ziel, Hemmnisse zu beseitigen und Vorschriften zu vereinfachen. So können Privatpersonen, Verbraucher und Unternehmen die Vorteile, die ein gemeinsamer Markt bietet, der aus über 500 Millionen Menschen in 28 Staaten besteht, nutzen.

Als die entscheidenden Säulen des Binnenmarktes werden **vier Freiheiten** angesehen: der freie Verkehr von **Personen, Waren, Dienstleistungen und Kapital**. Diese Freiheiten wurden bei der Gründung der EU festgeschrieben und werden als die Grundlage des Binnenmarktes angesehen.

Was bedeuten die Freiheiten für den einzelnen Bürger?

- **Privatpersonen** haben das Recht, in jedem Land der EU zu wohnen bzw. zu arbeiten oder zu studieren.

- **Verbraucher** wiederum können auf niedrige Preise hoffen, die durch verstärkten Wettbewerb entstehen, sowie auf eine größere Auswahl an Produkten und einen verbesserten Verbraucherschutz.

- **Unternehmen** können einfach und kostengünstig den gesamten Markt beliefern.

Dazu kommen **Rechtsvorschriften** (Richtlinien), die weitere Hemmnisse in bestimmten Bereichen verhindern sollen und durch die Mitgliedstaaten umgesetzt werden müssen.

5.2 Grenzen der Freiheit

Es existieren allerdings auch Grenzen der Freiheit, zu wohnen, zu arbeiten oder zu studieren. Wer in einem fremden EU-Land länger als drei Monate lebt, benötigt eine Aufenthaltsgenehmigung. Die Aufenthaltsgenehmigung wird erteilt, wenn eine Arbeitsstelle nachgewiesen werden kann. Ein Student muss z.B. ausreichende finanzielle Mittel zur Bestreitung des Studiums nachweisen können. Ein Zuzug in die Sozialsysteme eines fremden EU-Landes ist so nicht ohne Weiteres möglich.

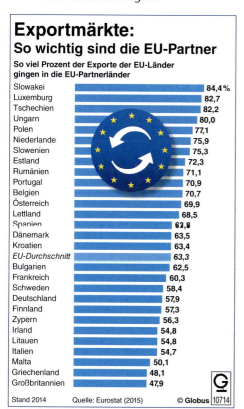

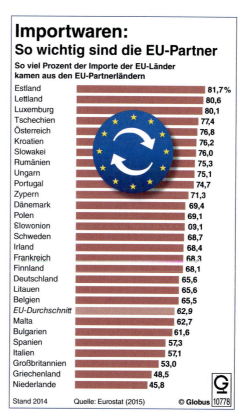

5.3 Kontrolle des Binnenmarktes

Die Europäische Kommission **überwacht** das Funktionieren des Binnenmarktes und prüft in Zusammenarbeit mit den Mitgliedstaaten die vollständige und fristgemäße Umsetzung der Rechtsvorschriften. Bei fehlerhafter Umsetzung kann es zu einem „Vertragsverletzungsverfahren" kommen. Zu Beginn würde die Kommission im Vorverfahren auf Umsetzung der Vereinbarung bzw. eine gütliche Lösung drängen. Kommt man zwischen Kommission und betroffenem Land nicht zu einer gütlichen Einigung, wird das Hauptverfahren vor dem Europäischen Gerichtshof eröffnet; dieser entscheidet dann endgültig über die Umsetzung mittels Urteil. Will ein Land dem Urteil nicht nachkommen, wird ein Zwangsgeld (Geldstrafe) durch den Europäischen Gerichtshof gegen das betroffene Land verhängt, bis das Urteil umgesetzt wird.

M7

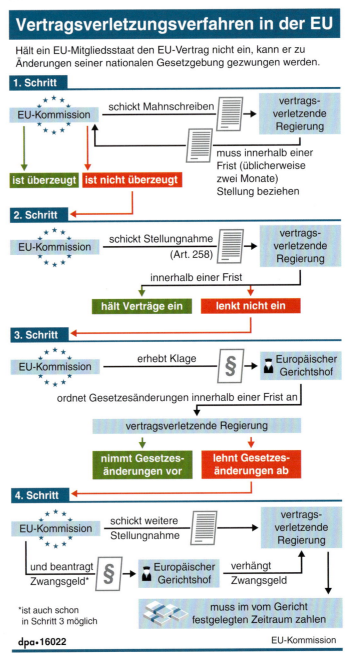

5.4 Der Europass

Der Europass ist ein kostenloser Service der Europäischen Union, der zum Ziel hat, das grenzüberschreitende Lernen und Arbeiten in Europa zu fördern. Mit den fünf Europass Dokumenten – Europass Lebenslauf, Europass Sprachenpass, Europass Mobilität, Europass Zeugniserläuterungen und Europass Diploma Supplement – können Bürgerinnen und Bürger ihre Kompetenzen europaweit klar und verständlich darstellen. Damit ist der Europass ein wichtiges Hilfsmittel für die Bewerbung in Deutschland und Europa. Auch Unternehmen profitieren vom Europass: Die Dokumente erleichtern es ihnen, Qualifikationen von Bewerberinnen und Bewerbern aus dem In- und Ausland zu verstehen und zu vergleichen.

Weitere Informationen auf der Europass-Website unter www.europass-info.de

Die Europass Dokumente im Überblick:

- Mit dem Europass Lebenslauf können Bewerberinnen und Bewerber ihre Qualifikationen und Kompetenzen systematisch und umfassend darstellen.
- Der Europass Sprachenpass zeigt auf, wie gut man eine Sprache verstehen, sprechen und schreiben kann.
- Der Europass Mobilität dokumentiert Lern- und Arbeitserfahrungen, die z. B. während eines Auslandspraktikums oder eines Auslandssemesters gesammelt wurden.
- Die Europass Zeugniserläuterungen stellen Ausbildungsinhalte und Abschlüsse europaweit verständlich und vergleichbar dar.
- Das Europass Diploma Supplement erklärt Hochschulabschlüsse.

Aufgaben

27 Beschreiben Sie die vier Freiheiten (M6) im Binnenmarkt.

28 Ermitteln Sie, ob der Binnenmarkt wirklich so frei ist. Können Sie ohne Probleme z. B. aus Rumänien nach Deutschland kommen und dann Hartz IV beantragen?

29 Überlegen Sie, welche wirtschaftlichen Vorteile ein gemeinsamer Binnenmarkt bietet.

30 Untersuchen Sie unter Beachtung von M7, wie bei Vertragsverstößen vorgegangen wird.

31 Erarbeiten Sie die wesentlichen Vorteile des Europasses. Gehen Sie dazu auf die Internetseite www.europass-info.de.

Wichtiges Wissen

Zu 5.1 Europäischer Binnenmarkt

Der Binnenmarkt bringt einheitliche Vorschriften für die Marktteilnehmer. Ein gemeinsamer Markt für über 500 Millionen Menschen ist entstanden. Personen, Waren, Dienstleistungen und Kapital können sich frei bewegen bzw. gehandelt werden.

Zu 5.2 Grenzen der Freiheit

Grenzen bestehen für Personen. So benötigen Menschen, die in einem fremden Mitgliedsland länger als drei Monate leben, eine Aufenthaltsgenehmigung.

Zu 5.3 Kontrolle des Binnenmarktes

Die Kommission kontrolliert, dass die bestehenden Vereinbarungen eingehalten werden. Die Kommission kann bei Verstößen Vertragsverletzungsverfahren eröffnen oder den EuGH anrufen.

Zu 5.4 Der Europass

Der Europass bescheinigt über standardisierte Dokumente Auslandsaufenthalte sowie Studienabschlüsse.

Anforderungssituation 7

6 Der Euro

M8

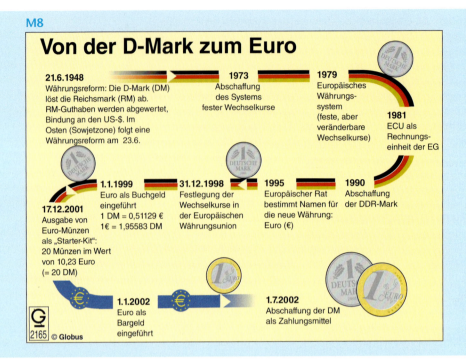

Arbeitsvorschläge

32 Beschreiben Sie die Entwicklung von der D-Mark zum Euro unter Beachtung von M8.

33 Diskutieren Sie mit Ihren Klassenkameraden, welche Vorteile Ihnen der Euro im täglichen Leben bringt.

6.1 Das Eurosystem

Das Eurosystem besteht aus der EZB und den nationalen Zentralbanken der Mitgliedstaaten, die den Euro als gemeinsame Währung bereits eingeführt haben. Derzeit sind dies 19 Staaten.

Die Deutsche Bundesbank im Eurosystem

In Deutschland war bis Ende 1998 die Deutsche Bundesbank allein dafür verantwortlich, dass der Wert des Geldes erhalten blieb. Darüber hinaus war die Bundesbank für den Geldumlauf und die Kreditversorgung der Wirtschaft zuständig. Ziel war, die Stabilität der Währung sicherzustellen. Mit dem Beginn der Europäischen Währungsunion und der Einführung des Euro Anfang 1999 (in Deutschland 2001) wurde das Eurosystem für die genannten Aufgaben zuständig.

> Die Deutsche Bundesbank ist als Zentralbank Deutschlands Mitglied im Eurosystem. Ihr Präsident gehört dem EZB-Rat und dem Erweiterten Rat an, und zwar „ad personam". Dies bedeutet, dass er an den Ratssitzungen nicht als Vertreter der Bundesbank oder der Bundesregierung teilnimmt, sondern als unabhängiger Fachmann. Er ist somit an keinerlei Weisungen der Bundesregierung, der EU-Kommission oder ähnlicher Institutionen gebunden. Da dies für alle Mitglieder des EZB-Rats gilt, ist dieses Gremium bei der Gestaltung der Geldpolitik „politisch unabhängig". Darin spiegelt sich die historische Erfahrung, dass die Politik gelegentlich in Versuchung gerät, Einfluss auf die Geldpolitik zu nehmen, um beispielsweise Wahlerfolge zu erzielen. Oft sind solche Einflussnahmen jedoch mit einer stabilitätsorientierten Geldpolitik nicht vereinbar.

Deutsche Bundesbank (Hrsg.): Geld und Geldpolitik, 2009, S. 105

Der EZB-Rat

Der EZB-Rat ist das oberste Entscheidungsorgan des Eurosystems. Dem EZB-Rat gehören der EZB-Präsident, der EZB-Vizepräsident, die vier weiteren Mitglieder des EZB-Direktoriums sowie die Präsidenten der nationalen Zentralbanken des Eurosystems an. Aus diesem Grund gehört der Präsident der Bundesbank dem EZB-Rat an. Dem EZB-Rat sind zentrale Entscheidungskompetenzen zugewiesen. Hierzu gehört das Recht, Leitlinien und Entscheidungen zur Ausführung der dem Eurosystem übertragenen Aufgaben zu bestimmen. Darüber hinaus legt der EZB-Rat Geschäftsordnung und Organisation der Europäischen Zentralbank und ihrer Beschlussorgane fest.

Mitglieder im EZB-Rat sind unabhängig von politischen Weisungen. Der EZB-Rat hat 23 Mitglieder.
Der EZB-Rat bestimmt über
– Geldpolitik,
– Organisation der EZB,
– Beschäftigungsbedingungen der Mitarbeiter.

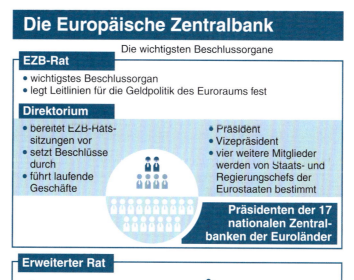

6.2 Erweiterung des Eurosystems

Die Europäische Währungsunion startete 1999 mit elf Staaten (Belgien, Deutschland, Finnland, Frankreich, Irland, Italien, Luxemburg, Niederlande, Österreich, Portugal und Spanien). Im Laufe der Jahre traten mit Griechenland, Slowenien, Malta, Zypern, Slowakei, Estland sowie Lettland sieben weitere Staaten bei.

Grundsätzlich sind alle EU-Staaten verpflichtet, den Euro einzuführen, sobald sie die im EU-Vertrag festgelegten Konvergenzkriterien erfüllen. Als Ausnahmen sind Dänemark und Großbritannien zu nennen. Diese beiden Länder haben sich vertraglich vorbehalten, selbst zu entscheiden, ob sie der Währungsunion beitreten, wenn sie die Konvergenzkriterien erfüllen.

Konvergenzkriterien

Aufgaben Eurosystem
- Preisstabilität
- Unterstützung der Wirtschaftspolitik

Es kann nicht einfach jeder EU-Staat der Währungsunion beitreten. Vielmehr müssen die Staaten bestimmte Voraussetzungen erfüllen. Ob ein Staat reif für eine Mitgliedschaft ist, bestimmt sich an sogenannten Konvergenzkriterien. Zu diesen Kriterien gehören die folgenden:

Die Verschuldung hat sich in vielen EU-Ländern weiter erhöht. Gerade große und wichtige Volkswirtschaften wie Italien, Spanien oder Frankreich haben die Verschuldung nicht mehr im Griff.

Land Verschuldung
BIP Q4 2014/Q1 2015
Griechenland 168,8 %
Italien 135,1 %
Portugal 129,6 %
Belgien 111 %
Irland 109,7 %
Zypern 106,8 %
Spanien 98 %
Frankreich 97,5 %
Deutschland 74,4 %

Aber ist eine solche Verschuldung problematisch? Eine ganze Reihe von Wirtschaftswissenschaftlern vertreten die Ansicht, dass bereits ab einer Verschuldung von 90 % des BIP ein Staat eine Staatsinsolvenz durchlaufen sollte. Eine Folge wäre z. B. das Streichen von Schulden. Ein internationales Staatsinsolvenzrecht gibt es allerdings nicht. Mehrere Anläufe es in der EU einzurichten sind gescheitert.

- **Preisstabilität**
  Nach den bestehenden Verträgen darf die Inflationsrate nicht mehr als 1,5 Prozentpunkte über derjenigen der drei preisstabilsten Mitgliedsländer der Europäischen Union liegen.

- **Höhe der langfristigen Zinsen**
  Die langfristigen Zinsen des zukünftigen Mitglieds dürfen nicht mehr als zwei Prozentpunkte über den entsprechenden Zinssätzen der drei preisstabilsten Mitgliedsländer der EU liegen.

- **Haushaltsdisziplin**
  Der Beitrittskandidat muss für Haushaltsdisziplin sorgen, so darf der öffentliche Schuldenstand nicht mehr als 60 % des Bruttoinlandsprodukts betragen.

- **Wechselkursstabilität**
  Des Weiteren muss der Beitrittskandidat mindestens zwei Jahre am Wechselkursmechanismus II teilgenommen haben. Die eigene Währung darf dabei keinen starken Schwankungen zum Euro ausgesetzt gewesen sein.

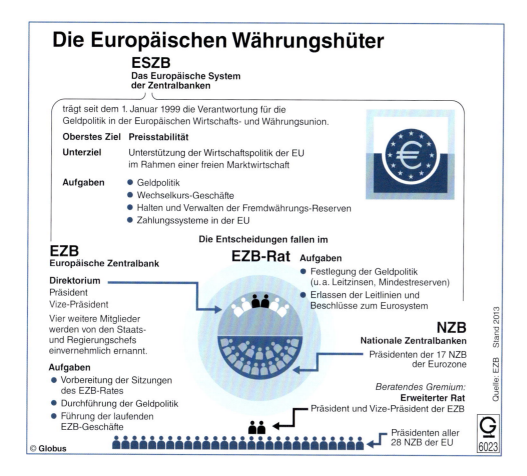

6.3 Aufgabe des Eurosystems: Preisstabilität sichern

Die Gewährleistung der Preisstabilität ist das Hauptziel des Eurosystems.

Solange die Preisstabilität nicht gefährdet wird, unterstützt das Eurosystem die Wirtschaftspolitik der Europäischen Union. Die Preisstabilität ist gewährleistet, solange die Inflation 2 % nicht übersteigt.

Die Preisstabilität, also im Wert stabiles Geld, hat auf längere Sicht verschiedene Vorteile. So ist sie grundlegende Voraussetzung für das reibungslose Funktionieren der Marktwirtschaft, für ein ständiges Wirtschaftswachstum sowie hohe Beschäftigung.

Solange Preisstabilität besteht, sind z. B. Veränderungen der Preise gut zu erkennen. Man kann anhand der Preisentwicklung ersehen, ob ein Gut knapper wird oder im Überfluss vorhanden ist. Das sind wesentliche Informationen für Industrie und Verbraucher; sie verbessern die Planungssicherheit. Dies führt zu guten Rahmenbedingungen für Investitionen und die Schaffung von Arbeitsplätzen. Hingegen überdeckt Inflation die Preissignale und stört damit den Steuerungsmechanismus der Marktwirtschaft. Inflation senkt darüber hinaus die Kaufkraft der Einkommen und entwertet die Sparguthaben. So schwächt bereits eine geringe jährliche Inflation den Geldwert auf mittlere und lange Sicht erheblich.

6.4 Unabhängigkeit der Zentralbank

Um eine erfolgreiche Stabilitätspolitik gegenüber den Mitgliedstaaten durchsetzen zu können, braucht die EZB neben einem klaren Gesetzesauftrag auch ein hohes Maß an Unabhängigkeit von der Politik. Die Politik kommt sonst in Versuchung, Einfluss auf die EZB und ihre Entscheidungen zu nehmen. Aus diesem Grund ist es unerlässlich, dass die EZB frei über den Einsatz ihrer geldpolitischen Instrumente entscheidet. Ansonsten würden Regierungen im Wahlkampf versuchen, Wahlgeschenke über die Notenpresse zu finanzieren.

Staatsverschuldung in der EU 2.Q/2015 zum BiP
1. Griechenland 167,8 %
2. Italien 136 %
3. Portugal 128,7 %
4. Zypern 109,7 %
5. Belgien 109,2 %
6. Irland 102 %
7. Spanien 97,8 %
8. Frankreich 97,7 %
   Durchschnitt Eurozone 92,2 %
9. Großbritannien 89 %
   Durchschnitt EU 87,8 %
10. Österreich 86,4 %
14. Deutschland 72,5 %
28. Estland 9,9 %

6.5 Die Krise des Euro

Der Euro sollte ein Mittel zur europäischen Verständigung und Integration sein. Die Politiker, die über die Euroeinführung entschieden, wollten über den Euro eine vertiefte Zusammenarbeit zwischen den Staaten erreichen.

Vor Einführung des Euro (ab 1999) hatten Wirtschaftswissenschaftler gewarnt, dass die beteiligten Staaten für eine Währung wirtschaftlich zu unterschiedlich seien. Die Politik setzte sich über diese Bedenken hinweg und führte den Euro ein. Zu Beginn gab es in vielen Ländern der Eurozone einen ungeahnten Wirtschaftsaufschwung. Folge waren in vielen Ländern stark steigende Löhne und ein explodierender Immobiliensektor. Jeder, der wollte, konnte (z. B. in Spanien oder Irland) ein Haus bauen. In Deutschland hingegen sanken seit der Wiedervereinigung (1991) die Löhne. Häuser und Eigentumswohnungen leisten sich in Deutschland wenige.

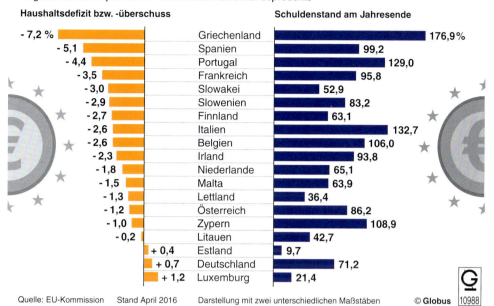

Eurozone: Blick auf die Staatsfinanzen

Angaben für 2015 jeweils in Prozent des Bruttoinlandsprodukts

Haushaltsdefizit bzw. -überschuss | **Schuldenstand am Jahresende**

Land	Defizit/Überschuss	Schuldenstand
Griechenland	−7,2 %	176,9 %
Spanien	−5,1	99,2
Portugal	−4,4	129,0
Frankreich	−3,5	95,8
Slowakei	−3,0	52,9
Slowenien	−2,9	83,2
Finnland	−2,7	63,1
Italien	−2,6	132,7
Belgien	−2,6	106,0
Irland	−2,3	93,8
Niederlande	−1,8	65,1
Malta	−1,5	63,9
Lettland	−1,3	36,4
Österreich	−1,2	86,2
Zypern	−1,0	108,9
Litauen	−0,2	42,7
Estland	+0,4	9,7
Deutschland	+0,7	71,2
Luxemburg	+1,2	21,4

Quelle: EU-Kommission Stand April 2016 Darstellung mit zwei unterschiedlichen Maßstäben © Globus 10988

Der Euro schwächte die Wettbewerbsfähigkeit der Krisenländer. Der Euro steigerte die Wettbewerbsfähigkeit Deutschlands.

Mit der Finanzkrise 2008 kamen viele Staaten, die den Euro als Währung halten, in wirtschaftliche Schwierigkeiten. Die Wirtschaft brach ein, die Arbeitslosigkeit stieg stark. Folge war, dass viele Häuslebauer ihre Kredite nicht mehr abzahlen konnten. Die geplatzten Kredite wiederum sorgten dafür, dass Banken pleitegingen und durch die eigenen Regierungen gerettet werden mussten. Die so entstandenen Kosten wurden über Steuererhöhungen (z. B. Erhöhung der Mehrwertsteuer) und Ausgabensenkungen (Sparrunden bei Beamten und Rentenkürzungen) aufgefangen. Diese Steuererhöhungen und Ausgabensenkungen gingen häufig zulasten der Bevölkerung und mussten wie z. B. in Griechenland gegen die Bevölkerung, teilweise auch gewaltsam, durchgesetzt werden. Trotz Sparrunden explodierten die Staatsschulden in den betroffenen EU-Ländern.

Die Neuverschuldungsrate bei Eurostaaten darf maximal 3 % in Jahr betragen und die maximale Verschuldung darf nicht über 60 % des Bruttoinlandsprodukts (BIP) liegen. Diese Voraussetzungen bezeichnet man als Maastricht-Kriterium. Das 3 % Kriterium konnte mehr als die Hälfte der Euroländer 2013 und 2014 nicht einhalten. 2015 waren es noch 5 Länder. Darunter allerdings die Schwergewichte Frankreich und Spanien. Durch die anhaltende Krise und die zwangsweise Durchführung von Sparmaßnahmen, die häufig von der Kommission verlangt werden, fühlen sich viele Bürger der betroffenen Staaten von den Geldgebern, wie Deutschland oder auch Brüssel, bevormundet.

Gerade bei großen und wichtigen Ländern der Eurozone wie Frankreich, Spanien oder Italien steigen die Schulden weiter an. So weist Italien im 2. Quartal 2015 in Relation zum BiP eine Verschuldung von etwa 133 % auf. Frankreich und Spanien weisen jeweils knapp unter 100 % auf. Griechenland führt mit weiten Abstand von 176,9 %.

Aber warum sind hohe Schuldenstände überhaupt schädlich für ein Land? Viele Wirtschaftswissenschaftler gehen z. B. davon aus, dass ab einem Schuldenstand von 90 % bis 100 % vom BiP die Staatsfinanzen zerrüttet sind und dringend Reformen zur Stabilisierung benötigt werden. Andernfalls besteht die Gefahr, das die Finanzen außer Kontrolle geraten können, was bis zur Zahlungsunfähigkeit führen kann.

Aufgaben

34 Beschreiben Sie mit eigenen Worten das Eurosystem.

35 Erarbeiten Sie die Aufgaben, die der EZB-Rat hat.

36 Legen Sie die Aufgaben der Bundesbank bis Ende 1998 dar.

37 Untersuchen Sie, warum es wichtig ist, dass eine Notenbank unabhängig ist.

38 Ermitteln Sie, welche Vorteile die Preisstabilität Ihnen aber auch der Wirtschaften bietet. Gehen Sie dabei von folgenden Unternehmen aus:

   a. einer kleinen Bäckerei bzw. einer Großbank

   b. einem Kindergarten bzw. einem großen Pflegeträger oder Uniklinik

   c. einem Handwerker bzw. in der chemischen Industrie

39 Beschreiben Sie, warum einige Länder gut durch die Finanzkrise 2008 kamen und andere nicht.

Wichtiges Wissen

Zu 6.1 Das Eurosystem

Das Eurosystem besteht aus der EZB sowie den Eurostaaten mit ihren Nationalbanken.

Zu 6.2 Erweiterung des Eurosystems

Die Währungsunion startete 1999 mit elf Staaten. Mittlerweile ist der Euro in 19 Mitgliedstaaten offizielle Währung.

Zu 6.3 Aufgaben des Eurosystems

Preisstabilität ist die Hauptaufgabe. Sie bedeutet, dass die Inflationsrate unter 2% liegen muss. Wenn Preisstabilität gegeben ist, kann die Wirtschaftspolitik in den einzelnen Ländern unterstützt werden.

Zu 6.4 Unabhängigkeit der Zentralbank

Um dem Einfluss der Politik auf die Währung zu widerstehen, ist die EZB unabhängig und darf von der Politik keine Weisungen entgegennehmen.

Zu 6.5 Eurokrise

Der Euroraum umfasst viele verschiedene Länder. Diese sind wirtschaftlich unterschiedlich entwickelt. Gleichzeitig betreibt jedes Land seine eigene Wirtschaftspolitik ohne Absprache mit den anderen Euroländern. Somit konkurrieren alle Länder des Euroraums miteinander. Ist die Wirtschaftspolitik in einem Land verfehlt, z. B. durch zu starke Lohnerhöhungen, erhöhen sich in diesem Land die Kosten für die Produktion. Folge: Die Wettbewerbsfähigkeit sinkt. Arbeitslosigkeit nimmt zu. Da die steigende Arbeitslosigkeit finanziert werden muss (durch steigende Steuern), sinkt die Wettbewerbsfähigkeit weiter. Geht die Politik über mehrere Jahre in die falsche Richtung, kommt ein Land in die Krise. Folge sind steigende Arbeitslosigkeit, eine Zunahme der Staatsverschuldung und ein Rückgang der Industrieproduktion.

7 Der Weg der EU in die Zukunft

M9

Bundestagspräsident Lammert hält die EU derzeit für nicht erweiterungsfähig und spricht sich für einen Erweiterungsstopp aus. Die EU habe dringende Aufgaben in der Konsolidierung zu erledigen. Bundestagspräsident Norbert Lammert hat sich für einen Erweiterungsstopp der Europäischen Union ausgesprochen. „Für die unmittelbar bevorstehende Zukunft halte ich die Europäische Union nicht für erweiterungsfähig", sagte der CDU-Politiker der „Welt am Sonntag". „Wir haben so viele dringende Aufgaben in der Konsolidierung der Gemeinschaft zu erledigen, dass wir nicht erneut den Ehrgeiz der Erweiterung an die Stelle der notwendigen Stabilisierung treten lassen sollten." Konkret warnte Lammert vor einem raschen Beitritt Kroatiens. „Wir müssen – gerade nach den Erfahrungen mit Bulgarien und Rumänien – den jüngsten Fortschrittsbericht der EU-Kommission ernst nehmen: Kroatien ist offensichtlich noch nicht beitrittsreif", sagte der Parlamentspräsident. Die Nachfolgestaaten des ehemaligen Jugoslawien hätten eine Beitrittsperspektive, müssten die Voraussetzungen für einen Beitritt zur Europäischen Union aber selber schaffen. „Dabei darf die gute Absicht nicht an die Stelle der nachgewiesenen Veränderungen treten", fügte er hinzu.

Lammert warnt vor Eskalation

Gleichzeitig sprach sich Lammert dafür aus, den europäischen Integrationsprozess fortzusetzen. „Das Ungleichgewicht zwischen der ökonomischen und der politischen Integration, das zu den unerfreulichen Turbulenzen geführt hat, muss jedenfalls dringend beseitigt werden", sagte er. „Wir müssen in allen Euro-Mitgliedsstaaten eine gemeinsame Haushalts- und Fiskalpolitik realisieren." Der europäische Fiskalpakt habe dazu wichtige Voraussetzungen geschaffen. Nun müssten sich die Europäer „auf ein Verfahren verständigen, wie die vertraglich vereinbarte Haushaltsdisziplin durch die Gemeinschaft kontrolliert, notfalls korrigiert und gegebenenfalls auch sanktioniert werden kann". Dazu müsse man die jeweiligen parlamentarischen Verfahren auf nationaler und europäischer Ebene verbinden. „Ich bin zuversichtlich, dass wir zu einer guten Lösung kommen", sagte er. Lammert warnte vor einer Verrohung der Umgangsformen in der EU. „Wir müssen auf beiden Seiten aufpassen, dass nicht eine Eskalation von Verdächtigungen und Beschimpfungen stattfindet", sagte er. „Andernfalls könnte nicht nur der gute Wille, sondern auch die Fähigkeit zur Hilfe strapaziert werden, die in allen beteiligten Ländern am Ende von parlamentarischen Mehrheitsentscheidungen abhängt."

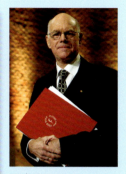

Norbert Lammert, Bundestagspräsident

Jochen Gaugele; Claus Christian Malzahn: Lammert plädiert für EU-Erweiterungsstopp, Die Welt online, 13.10.2012, abgerufen unter www.welt.de/politik/deutschland/article109808977/Lammert-plaediert-fuer-EU-Erweiterungsstopp.html [09.09.2016]

Arbeitsvorschläge

40 Welchen Grund könnte der Bundestagspräsident haben, vor einer schnellen Erweiterung der EU (M9) zu warnen?

7.1 Die Erweiterung der Union, der richtige Weg?

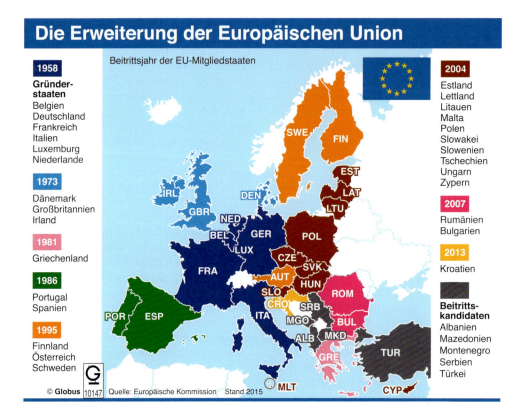

Beitrittskandidaten
- Albanien
- Mazedonien
- Montenegro
- Serbien
- Türkei

Island hat sein Beitrittsgesuch 2015 zurückgezogen.

Der Beitritt zur EU richtet sich grundsätzlich nach Artikel 2 und Artikel 49 der Europäischen Verfassung (EUV). Danach kann jedes europäische Land, welches Menschenwürde, Freiheit, Demokratie, Gleichheit, Rechtsstaatlichkeit, Menschenrechte und Minderheiten achtet, in die EU aufgenommen werden. Alle EU-Mitglieder müssen dem Beitritt zustimmen. 2004 wurden zehn Staaten und 2007 nochmals zwei Länder, überwiegend aus Osteuropa, aufgenommen. Dies wurde als Überwindung der Spaltung Europas in der Folge des Zweiten Weltkrieges gefeiert.

Durch die Ausweitung der EU kommen sich allerdings Russland und die EU in die Quere. Die machtpolitischen Spannungen zwischen der EU und Russland äußerten sich z. B. im Ukraine-Konflikt und der völkerrechtlich umstrittenen russische Annexion der Krim im März 2014. Die Interessen und Ziele der beiden Mächte sind sehr unterschiedlich. Russland möchte die Ukraine in seinem Einflussbereich halten, um somit die Annäherung an die NATO zu verhindern, verfolgt aber auch wirtschaftliche Ziele. Die EU bzw. der Westen beabsichtigt die Ukraine als östlichen Partner zu festigen. Die Entwicklung und die verdeckte militärische Unterstützung der Separatisten in der Ostukraine überraschten die EU. Inzwischen ist sie bestrebt, die Beziehungen zu Russland nicht zu gefährden und handelt bezüglich der Ukraine sehr vorsichtig. Eine Anbindung der Ukraine an die EU wird wohl momentan nicht mehr angestrebt.

Vorteile einer Erweiterung

Die Erweiterung kann politisch und wirtschaftlich von Vorteil sein. Wesentliche Vorteile sind:

- Die Stabilität der neuen Länder wird gestärkt, da neue Mitglieder nur aufgenommen werden, wenn Probleme wie Grenzfragen und die Behandlung von Minderheiten gelöst sind.
- Durch die Öffnung der Märkte der neuen Mitglieder und den Zugang zu den Märkten der Gemeinschaft sowie die Hilfszahlungen, die diese Länder erhalten, kommt es zu einem starken Wachstum der Wirtschaft.
- Der Binnenmarkt mit seinen Freiheiten vergrößert sich. Mehr Konsumenten fragen mehr Produkte nach.
- Die neuen Mitglieder müssen ihre Umweltschutznormen an die zumeist strengeren EU-Richtlinien anpassen.

Wie wir heute wissen, führte die Aufnahme von so vielen Ländern innerhalb kurzer Zeit allerdings zu erheblichen Problemen, die die EU-Institutionen stark belasten.

Bedenken gegen eine Erweiterung

- Ein Vorwurf lautet, dass viele der neuen Mitglieder Demokratiedefizite haben. Den Regierungen Rumäniens und Bulgariens wird z. B. Vetternwirtschaft und Korruption vorgeworfen. Gerade in Rumänien versuchen sich Seilschaften zulasten der Bevölkerung zu bereichern. Ungarn hat die Kontrolle der Staatsorgane durch unabhängige Gerichte zu beenden versucht und benachteiligt seine Minderheiten (z. B. Roma).
- Weiterhin wird vorgebracht, dass die Reformfähigkeit in den neuen Ländern eingeschränkt ist, da die Umsetzung von EU-Standards nur sehr langsam vorangeht.
- Die vielfältigen Probleme bei den neuen Mitgliedern wiederum haben die Frage in den Mittelpunkt gerückt, ob die EU genau genug hinsieht, wenn sie den Beitrittskandidaten die EU-Reife zubilligt.
- Des Weiteren wird bemängelt, dass die EU mittlerweile an einer Überdehnung leidet, also zu viele Mitglieder hat, die schwerwiegende Probleme haben. Die Institutionen der EU seien auf diese Probleme aber nicht vorbereitet. Folge ist, dass aufgrund der gegenläufigen Interessen der Länder die Institutionen nicht mehr zu reformieren sind.
- Kritisiert wird, dass die EU mit Kroatien abermals ein Problemland ins Boot geholt hat.

Mit Ausnahme von Island sind alle aktuellen Beitrittskandidaten für die EU Problemfälle. Mazedonien, Montenegro und Serbien sind Überbleibsel des ehemaligen Jugoslawien und haben einen langjährigen Bürgerkrieg hinter sich. Die Türkei wiederum gehört einem anderen Kulturkreis an als die übrigen EU-Staaten und hat intern einen schweren und gewalttätigen Konflikt zwischen Türken und Kurden zu bewältigen. Darüber hinaus versucht die türkische Regierung die laizistische Gesellschaftsordnung zu beenden und durch eine islamisch geprägte zu ersetzen. Dies wiederum schränkt die Freiheit der Menschen ein. Hinzu kommt die Größe von 90 Millionen Einwohnern, was auf der anderen Seite allerdings ein wirtschaftlicher Anreiz sein kann. Positiv zu bewerten ist darüber hinaus eine wachsende Wirtschaft. Es gibt also gerade bei der Türkei Risiken und Chancen.

Laizismus
strikte Trennung von Staat und Kirche

7.2 Bundesstaat oder Staatenbund?

Die EU ist momentan als Staatenbund aufgebaut. Das bedeutet, dass souveräne Staaten wie Frankreich, Italien oder Deutschland Teil der EU sind. Die Mitglieder haben lediglich einen Teil ihrer Kompetenzen an die Union weitergegeben. Frankreich, Italien oder Deutschland bleiben jedoch im Kern unabhängig und souverän.

Viele Europapolitiker wünschen die Weiterentwicklung zu einem Bundesstaat. Frankreich, Italien oder Deutschland wären keine unabhängigen Staaten mehr. Die Grundsatzentscheidungen würden bei der EU liegen und Frankreich, Italien oder Deutschland würden Rechte von der EU zugewiesen bekommen. Für die Umsetzung der zugestandenen Rechte wäre dann jedes „Land" zuständig.

Die Einführung des Euro sollte die Entwicklung hin zu einem Bundesstaat unterstützen. Ob in der EU eine Mehrheit der Bevölkerung hinter der Entwicklung zu einem Bundesstaat steht, ist fraglich. Europaweite Abstimmungen gab es zu diesem Thema bisher nicht.

In Deutschland ist eine Volksabstimmung Voraussetzung für den Beitritt zu einem Bundesstaat.

7.3 Europa der Regionen

Ein Europa der Regionen bietet die Möglichkeit, die bestehenden Regionen in der Europäischen Union zu stärken. Die Regionen nehmen an der politischen Entscheidungsfindung aktiv teil und bringen sich verstärkt ins politische Geschehen ein, wo regionale Interessen betroffen sind.

Kommune ist die unterste Verwaltungseinheit.

So arbeiten Vertreter der Regionen bzw. der Kommunen an der europäischen Rechtssetzung z. B. im Bereich von Bildungs-, Kultur- oder Medienfragen mit. Als Vorteil dieses Modells wird die Bürgernähe genannt. Es wirkt der unerwünschten Zentralisierung der Macht auf der europäischen Ebene entgegen. Unterstützt wird das Modell von Vertretern der Regionalebene und – häufig eher zurückhaltend – von den Regierungen von Staaten mit föderalen Strukturen (Belgien, Deutschland, Österreich).

Gegner weisen auf die Gefahr der Zersplitterung und der Lähmung des Entscheidungsprozesses durch allzu viele Beteiligte hin. Des Weiteren besteht das Problem, dass es eine allgemeine Definition von Region nicht gibt.

7.4 Europa der zwei Geschwindigkeiten

In einer wachsenden EU wird es immer schwieriger, Einigkeit zwischen den verschiedenen Ländern zu erzielen. So darf nicht vergessen werden, dass die Länder zum Teil sehr unterschiedlich sind. Die EU umfasst landwirtschaftlich geprägte Länder wie Griechenland oder

Ungarn und industriell geprägte Länder wie Deutschland oder die Niederlande. Um die auftretenden Schwierigkeiten in den Griff zu bekommen, wird immer wieder überlegt, ob eine differenzierte Integration vorzunehmen ist.

Dies wird unter dem Begriff „Europa der zwei Geschwindigkeiten" diskutiert. So werden zwar die Ziele von allen Mitgliedstaaten festgelegt, für jedes Land besteht allerdings ein eigenes Zeitfenster, diese Ziele zu erreichen. So können Länder, die die Einheit schneller vertiefen wollen, vorangehen, während sich Staaten die noch abwarten wollen, verpflichten, nach einer festgelegten Zeit oder nach Erreichen bestimmter Kriterien nachzufolgen. Die Einführung des Euro erfolgte nach den oben beschriebenen Kriterien.

Fakten zum Brexit (Britain + exit)
Auf den Austritt entfielen 51,89 % der Stimmen.
Folge: Großbritannien tritt aus der EU aus.
Problem: Schottland stimmt für einen Verbleib der EU.

Die Krisen in Europa

- Flüchtlingskrise

    Zwischen Januar bis November 2015 haben nach der Grenzschutzagentur Frontex über 1,5 Millionen Flüchtlinge illegal die EU-Grenzen überschritten. Die EU-Kommission will Grenzschutztruppen einsetzen, auch gegen den Willen von Mitgliedsstaaten. Die Umverteilung eines Bruchteils der Flüchtlinge scheiterte. Ungarn und die Slowakei klagen gegen die Umverteilungspläne. Deutschland setzt das Dublin-Abkommen außer Kraft und öffnet die Grenzen für Flüchtlinge.

- Wahlerfolge der Eurogegner

    In verschiedenen Ländern der EU haben rechte Parteien die Macht übernommen wie in Polen oder Ungarn. In Frankreich hat die Front-National unter ihrer Chefin Marine Le Pen eine starke Stellung erreicht.

- Großbritannien stimmt über die Mitgliedschaft in der EU ab

    Der britische Premierminister Cameron hat seine Landsleute am 23.06.2016 über einen Austritt aus der EU abstimmen lassen. 51,89 % stimmten für einen Austritt aus der EU. Großbritannien setzt sich aus England, Wales, Nordirland und Schottland zusammen. Für einen Ausstieg aus der EU stimmten England und Wales. Nordirland und Schottland für einen Verbleib. Ein großes Problem für Großbritannien ist, dass die Mehrheit der Schotten in der EU verbleiben will. 2014 ist die Abstimmung über eine Loslösung von Großbritannien nur knapp gescheitert. Wahrscheinlich werden die Schotten abermals über den Weg ihres Landes entscheiden müssen.

- Die Sicherheitspolitik der EU

    Russlands Interventionen in den letzten Jahren (Annexion der Krim, die Unterstützung der Separatisten in der Ukraine oder auch der militärische Einsatz in Syrien) zeigen der EU ihre Grenzen auf. Eine gemeinsame Außen- und Sicherheitspolitik, die eine Sprache spricht, existiert derzeit nicht. Um dies zu erreichen, müssten die beteiligten Länder weitere Souveränität nach Brüssel abgeben. Dies würde den EU-Gegnern weiteren Auftrieb geben.

- Der Euro

    Zwischen den beteiligten Ländern haben sich erhebliche Ungleichgewichte aufgebaut. Deutschland beispielsweise erreicht gigantische Handelsüberschüsse. Hingegen ist Griechenlands Wirtschaft in den letzten Jahren geschrumpft. Finnland befindet sich ebenfalls in einer Wirtschaftskrise.

    Vor Einführung des Euro war es z. B. möglich die eigene Währung abzuwerten und damit die Wettbewerbsfähigkeit zu verbessern bzw. wieder herzustellen. Auf diesem eleganten Weg konnten „übertriebene" Lohnsteigerungen aufgefangen werden. Wenn jetzt ein betroffenes Land seine Wettbewerbsfähigkeit erhöhen will, bleibt nur noch der Weg über Lohnverzicht und der Kürzung der Sozialleistungen und Renten. Diese Maßnahmen treffen aber immer auf Widerstand in der Bevölkerung und führen zu erheblichen Stimmenverlusten der Regierungsparteien bei den nächsten Wahlen.

Daher müsste eigentlich eine gemeinsame Finanzpolitik innerhalb des Euroraums betrieben werden. Dagegen sprechen allerdings folgende Überlegungen: Welches Land trägt welche Lasten? Welches Land soll wie profitieren? Was passiert, wenn ein Land sich nicht an die Abmachungen hält? Immerhin wurden bzw. werden die vereinbarten Maastricht-kriterien von der Mehrzahl der EU-Staaten gebrochen, ohne dass es zu Konsequenzen für das entsprechende Land führt. Und es gibt wieder das grundsätzliche Problem: Die Länder müssen umfänglich Rechte abgeben, was wiederum die EU-Gegner stärkt.

Aufgaben

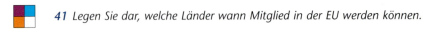
41 Legen Sie dar, welche Länder wann Mitglied in der EU werden können.

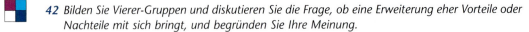
42 Bilden Sie Vierer-Gruppen und diskutieren Sie die Frage, ob eine Erweiterung eher Vorteile oder Nachteile mit sich bringt, und begründen Sie Ihre Meinung.

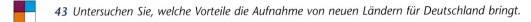
43 Untersuchen Sie, welche Vorteile die Aufnahme von neuen Ländern für Deutschland bringt.

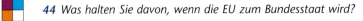
44 Was halten Sie davon, wenn die EU zum Bundesstaat wird?

45 Erläutern Sie die Vor- und Nachteile eines Europas der Regionen.

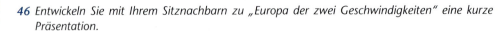
46 Entwickeln Sie mit Ihrem Sitznachbarn zu „Europa der zwei Geschwindigkeiten" eine kurze Präsentation.

Wichtiges Wissen

Zu 7.1 Erweiterung der Union

In der EU treffen 28 sehr unterschiedliche Länder aufeinander. Die Strukturen der EU sind nicht auf die zum Teil sehr unterschiedlichen Interessen eingestellt. Daher stellt sich die Frage, wie weit die EU noch wachsen soll bzw. kann, ohne die Handlungsfähigkeit zu verlieren.

Zu 7.2 Bundesstaat oder Staatenbund?

Die EU ist ein Staatenbund, d.h., unabhängige Staaten treten Rechte an die EU ab. Bundesstaat bedeutet, dass es keine souveränen Länder mehr gibt, sondern man komplett der EU unterstellt ist.

Zu 7.3 Europa der Regionen

Stärkt die bestehenden Regionen in der EU und wirkt einer Zentralisierung entgegen.

Zu 7.4 Europa der zwei Geschwindigkeiten

Die Interessen der einzelnen Länder sind sehr unterschiedlich. Einige Länder wollen eine engere Zusammenarbeit, andere lehnen dies ab. Vorteil ist, wie beim Euro könnten einige Länder voranschreiten, andere könnten abwarten.

Anforderungssituation 8

Friedenssicherung und Globalisierung als politische Herausforderungen – Globale Verteilung von Armut und Reichtum

Kompetenzen

In diesem Kapitel lernen Sie, warum Migration und Friedenssicherung globale Herausforderungen darstellen. Sie erfahren mehr über grundsätzliche Probleme sowie über Chancen und Risiken der Globalisierung.

1 Globalisierung: Zusammenleben in einer gemeinsamen Welt

Das Bild zeigt den Teil des Hamburger Hafens, in dem Container umgeschlagen, also Schiffe be- und entladen werden.

Arbeitsvorschläge

 1 Diskutieren Sie in der Klasse, was unter „Globalisierung" zu verstehen ist.

 2 Welche Rolle spielen Schiffe und Container bei der Globalisierung? Recherchieren Sie im Internet.

 3 Arbeiten Sie heraus, gern anhand von Beispielen, wo die Globalisierung in Ihrem Alltag eine Rolle spielt.

1.1 Was ist Globalisierung?

Globalisierung kann beschrieben werden als die wirtschaftliche Zusammenarbeit verschiedener Staaten. Der freie Austausch von Gütern und Dienstleistungen führt zu Wohlfahrtsgewinnen in Form von Wachstum in den beteiligten Ländern. So staunen wir nicht mehr, wenn

- die Buchung für einen Flug bei der Lufthansa von einem Callcenter in der Türkei vorgenommen wird,
- die Herstellung einer Waschmaschine von Siemens in Portugal erfolgt,
- Garnelen in der Nordsee gefangen werden, zum Pulen in Marokko landen, um anschließend wieder zurück nach Deutschland transportiert zu werden.

1.1.1 Neue Technologien

Weltweit werden immer mehr Waren, Dienstleistungen und Geld zwischen den Volkswirtschaften verschiedener Länder gehandelt. Dies ist möglich geworden durch technische Verbesserungen (Innovationen) im Bereich der Gewinnung, Übertragung und Speicherung von Informationen. So wurden z. B. in den letzten Jahren weltweit Glasfaserkabel verlegt, die die Möglichkeit bieten, große Datenmengen in Echtzeit rund um die Welt zu versenden. Sie können heute bei Bedarf beispielsweise jederzeit eine Videokonferenz gleichzeitig mit Sydney (Australien), Schanghai (China) oder auch Buenos Aires (Argentinien) führen. Sie können ferner in Bruchteilen einer Sekunde die Überweisung von Geld von einer Bank in Lagos (Nigeria) an eine Bank in Moskau (Russland) veranlassen. Der Transport von Waren wurde durch die Einführung von Containern revolutioniert. Die Container sind genormt und robust, daher können Container schnell und preiswert mittels Lkws und Schiffen transportiert werden. Darüber hinaus ermöglichen moderne Produktionsverfahren, z. B. durch Einsatz von Mikroelektronik, Computern und passender Software, dass Produktionsprozesse zerlegt werden. Internationale Arbeitsteilung entsteht.

1.1.2 Liberalisierung und Deregulierung

Man darf nicht glauben, dass die zunehmende internationale Verknüpfung ein unabwendbares Ereignis darstellt. Sie ist vielmehr ein gewollter Prozess, der von den beteiligten Regierungen ausgehandelt und dann durch die jeweiligen Parlamente gebilligt wurde.

So konnten insbesondere wirtschaftlich starke Staaten wie die USA oder auch Zusammenschlüsse wie die EU erreichen, dass Handelspartner Schutzzölle abbauen mussten und sich dem wirtschaftlichen Austausch öffneten (außenwirtschaftliche Liberalisierung). Aus diesem Grund haben nationale Zölle und mengenmäßige Importbeschränkungen in vielen Fällen ihre Schutzfunktion für die heimische Produktion verloren.

War die Konkurrenz eines Unternehmens bis vor wenigen Jahren vorwiegend innerhalb desselben Landes zu finden, etwa innerhalb Deutschlands, muss man mittlerweile davon ausgehen, dass die Konkurrenz überall auf der Welt anzutreffen ist.

1.1.3 Fluss des Geldes

Nicht nur Güter und Dienstleistungen werden ohne Probleme zwischen den einzelnen Volkswirtschaften gehandelt. Auch Kapital, also Geld, kann von einem Land in ein anderes frei überwiesen werden. Kapital findet sich überall dort ein, wo es in Unternehmen investiert werden oder an den Finanzmärkten anderer Länder maximale Rendite abwirft.

Die Konsequenz ist, dass Geld häufig nicht mehr zur Bezahlung von Gütern und Dienstleistungen eingesetzt wird, sondern um die Welt zirkuliert in der Hoffnung auf bessere Rendite. Geld ist somit selbst zur Ware geworden. Folge ist, dass in einzelne Länder riesige Geldströme fließen, wie z. B. nach Zypern, wenn die Länder hohe Gewinne versprechen. Ändert sich die Lage, kann das Geld über Nacht abgezogen werden, sucht dann wieder eine neue gewinnversprechende Anlage und hinterlässt mitunter ein finanziell zerrüttetes Land.

Zirkuliert = läuft umher

1.2 Wie erleben wir in Deutschland die Globalisierung?

Als Exportnation profitiert Deutschland von der Globalisierung. Je mehr Länder sich für den freien Handel öffnen, desto besser sind die Exportchancen für deutsche Unternehmen, da diese technisch ausgefeilte Produkte zu wettbewerbsfähigen Preisen anbieten können.

Nach Angaben des Statistischen Bundesamtes lieferten deutsche Unternehmen im Jahr 2015 für etwa 1 195 Mrd. € Waren an andere Länder, wobei ein Handelsüberschuss von 247,6 Mrd. € erreicht wurde.

Um die Wettbewerbsfähigkeit deutscher Unternehmen zu erhöhen, haben die Arbeitnehmer zwischen 2000 und 2010 auf Lohnsteigerungen verzichtet.

Durch die Lohnzurückhaltung der Arbeitnehmer wurde die Wettbewerbsfähigkeit wesentlich verbessert. Hinzu kamen Reformen der Sozialsysteme, u. a. Hartz IV, sowie Steuererleichterungen für Firmen. Die Folge war, dass Unternehmen, die das Land wegen der hohen Kosten verlassen hatten, wieder zurückgekehrt sind. Aufgrund der guten Investitionsbedingungen haben auch viele Unternehmen neue Produktionslinien in Deutschland geschaffen. Die direkte Folge ist eine starke Steigerung der Exporte. So wurden im Jahr 2012 bereits Waren für über 1 000 Mrd. € an andere Länder geliefert. Dabei wurde ein Handelsüberschuss von 200 Mrd. € erzielt.

Damit sind die Handelsüberschüsse von Deutschland sogar höher als die der USA oder Chinas. Mittlerweile hängt etwa jeder vierte Arbeitsplatz direkt oder indirekt am Export. Vor allem in den Bereichen Autoherstellung, Maschinenbau und chemische Industrie.

Der hohe Handelsüberschuss führt auf der anderen Seite allerdings dazu, dass sich andere Länder, um deutsche Waren bezahlen zu können, im gleichen Maße verschulden müssen.

Handelsüberschuss Deutschlands
1950 → –1,5 Mrd. €
1960 → 2,6 Mrd. €
1970 → 8,0 Mrd. €
1980 → 4,5 Mrd. €
1990 → 54,9 Mrd. €
2000 → 59,1 Mrd. €
2001 → 95,4 Mrd. €
2002 → 132,7 Mrd.€
2010 → 154,8 Mrd. €
2014 → 213,6 Mrd. €
2015 → 247,6 Mrd. €

Exportüberschüsse sind international umstritten, da andere Länder sich verschulden müssen, um z. B. Verbindlichkeiten in Deutschland bezahlen zu können.

Aufgaben

4 Legen Sie anhand des bisher Erarbeiteten dar, was unter „Globalisierung" zu verstehen ist.

5 Ist die Globalisierung ein Naturereignis oder tragen Regierungen die Verantwortung für die Regeln der Globalisierung?

6 Waren, Dienstleistungen und Kapitel können in einer globalisierten Welt frei gehandelt werden. Beschreiben Sie den Weg des Geldes und die Auswirkungen, wenn es weiterzieht.

7 Arbeiten Sie heraus, welche Opfer die in Deutschland lebenden Arbeitnehmer bringen mussten, damit Deutschlands Wettbewerbsfähigkeit in einer globalen Welt steigt.

Wichtiges Wissen

Zu 1.1 Was ist Globalisierung?

Globalisierung meint die Marktöffnung für Waren, Dienstleistungen und Geld. Dies ermöglicht einen verstärkten Handel und als Folge Wirtschaftswachstum. Ermöglicht wurde dies durch technologischen Fortschritt in den Bereichen des Transportwesens, der Informatik sowie der Produktionsprozesse.

Zu 1.2 Wie erleben wir in Deutschland die Globalisierung?

Die deutsche Industrie profitiert von der Globalisierung, da die Unternehmen kostengünstig Hightech-Produkte herstellen. Im Ergebnis sind Produkte aus Deutschland auf dem Weltmarkt sehr gefragt. Deutschland ist die Nation mit dem weltweit höchsten Handelsüberschuss, noch vor China.

Erreicht wurde dies u. a. durch den Lohnverzicht der Arbeitnehmer im Zeitraum von 2000 bis 2010, die Reform der Sozialversicherungen, z. B. Hartz IV, und Änderungen bei der Besteuerung von Unternehmen.

2 Wie funktioniert eine globalisierte Wirtschaft?

Globalisierung bedeutet nicht mehr und nicht weniger, als dass die ganze Welt zu einem Produktionsstandort geworden ist. Das gilt zum Beispiel für das iPhone von Apple: Verschiedene, in Deutschland kaum bekannte taiwanische Unternehmen liefern die Elektronik. Der Touchscreen kommt von Wintek (Taiwan), die Kamera liefert Largan Precision (Taiwan), das Mainbord steuert Kinsus (Taiwan) bei. Das Unternehmen Foxconn (China) setzt in seinen Fabriken die Einzelteile zusammen und macht das Gerät verkaufsfertig. Den Qualitätstest übernimmt dann Leadertek (Taiwan).

M1

Die Aufteilung der Produktion und deren Verlagerung sind das Ergebnis verschiedener technologischer Revolutionen in den vergangenen Jahrzehnten. Seit etwa den 1970-Jahren ist es möglich, aufwendige industrielle Arbeitsprozesse zu zerlegen.

So lässt sich jedes Produktionsteil am preiswertesten Ort fertigen. Der Transport erfolgt über Container, die die Kosten für Schiffstransporte dramatisch gesenkt haben.

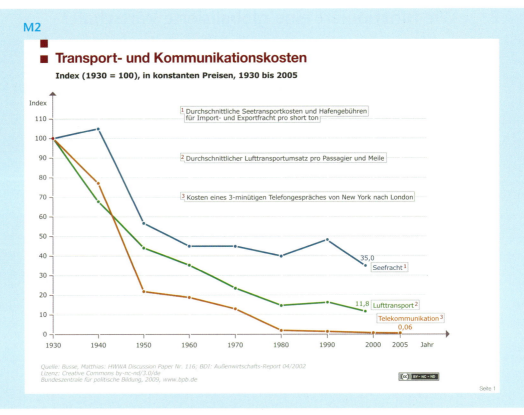

M2 Transport- und Kommunikationskosten
Index (1930 = 100), in konstanten Preisen, 1930 bis 2005

Arbeitsvorschläge

  8 Arbeiten Sie mithilfe der Grafik M1 heraus, wie sich der grenzüberschreitende Warenhandel von 1960 bis 2011 entwickelt hat.

  9 Legen Sie zusammen mit Ihrem Nachbarn dar, warum die Kommunikations- und Transportkosten, Grafik M2, zwischen 1930 und 2005 gesunken sind.

  10 Finden Sie wesentliche Gründe, die eine Zunahme des grenzüberschreitenden Warenverkehrs begünstigen.

2.1 Die Rolle internationaler Großkonzerne in der globalisierten Weltwirtschaft

Großkonzerne sind häufig international aufgestellt und räumlich wenig gebunden. Kleine und mittlere Unternehmen sind räumlich eher ortstreu. Mitunter stehen Eigentümer und Mitarbeiter noch persönlich im Austausch.

2.1.1 Standortwahl der Unternehmen

Die Wahl eines Standortes stellt sich den Unternehmen bei

- Neugründung,
- Standortverlagerung und
- Standortspaltung.

Die Standortwahl ist wichtig, weil sie kapitalintensiv ist (z. B. Bau von Fabrikgebäuden) und zumindest mittelfristige Konsequenzen hat (z. B. Aufbau der Produktion und Schulung des Personals). Geschehen hier Fehler, können diese in der Regel nicht kurzfristig behoben werden.

Einer der wesentlichen Faktoren für die Ansiedlung neuer Unternehmen sind die Arbeitskosten am jeweiligen Standort. Hier hat gerade Deutschland seine Position zu anderen Ländern wesentlich verbessern können, da die Arbeitskosten in den letzten Jahren kaum noch gestiegen sind. In weiten Teilen der EU wie z. B. Griechenland oder Spanien sind die Arbeitskosten in den letzten gut zehn Jahren dagegen drastisch gestiegen.

Neben den Arbeitskosten ist die Verfügbarkeit von qualifiziertem Personal maßgebend. Da Deutschland verhältnismäßig hohe Arbeitskosten hat, muss es auf der anderen Seite dafür sorgen, dass die Arbeitnehmer eine hohe Qualifikation aufweisen. Weitere wichtige Faktoren sind eine gute Infrastruktur (z. B. ein gutes Straßennetz) und ein verlässliches Rechtssystem. So muss das investierende Unternehmen sich darauf verlassen können, dass entstehende Rechtsstreitigkeiten schnell und verlässlich entschieden werden. Bei ähnlichen Möglichkeiten in verschiedenen Ländern kann auch ausschlaggebend sein, wie viele Steuern zu zahlen sind oder wie hoch die Subventionen sind, also die Gelder, die das Unternehmen vom Staat erhält.

2.1.2 Verlagerung von Arbeitsplätzen

M3

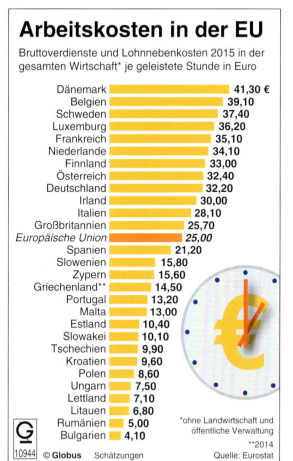

M4

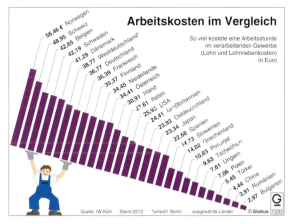

Zur Verlagerung von Arbeitsplätzen ins Ausland kommt es normalerweise, wenn die betroffene Volkswirtschaft nicht mehr wettbewerbsfähig ist. Dies ist dann gegeben, wenn die entstehenden Kosten vom Unternehmen nicht mehr am Weltmarkt erwirtschaftet werden können, beispielsweise weil Lohnerhöhungen zu hoch ausgefallen oder die Kosten für die Sozialversicherungen wie Renten- oder Krankenversicherung zu stark gestiegen sind. Auch Steuererhöhungen können die Wettbewerbsfähigkeit einschränken.

Aufgaben

 11 Erklären Sie Ihrem Sitznachbarn, warum es Unternehmen heute möglich ist, die Produktion aufzuteilen.

 12 Untersuchen Sie, wann sich den Unternehmen die Wahl eines Standortes stellt.

 13 Arbeiten Sie heraus, welche Faktoren für die Wahl eines Standortes wesentlich sind. Gibt es spezielle Faktoren für Ihren Arbeitsbereich?

 14 Erklären Sie, warum Arbeitsplätze von einem Land in ein anderes Land verlagert werden, gehen Sie dazu auf M1-M4 ein.

 15 Überlegen Sie mit Ihrem Sitznachbarn, wie sich die Globalisierung:

     a bei einem kleinen Bäcker bzw. einer Großbank

     b im Kindergarten bzw. an einem großen Pflegeträger oder einer Uniklinik

     c beim Handwerker bzw. in der chemischen Industrie auswirken.

2.2 Globalisierung: Gewinner und Verlierer

In der Regel wird bei den Globalisierungsgewinnern und -verlierern räumlich getrennt zwischen Nordamerika, Europa, Asien, Afrika und Südamerika.

2.2.1 Chancen und Risiken für Entwicklungsländer

Ob Entwicklungs- und Schwellenländer von der Globalisierung profitieren können, ist sehr umstritten. Globalisierungsbefürworter vertreten die Ansicht, dass die Erleichterung des internationalen Handels bzw. Güteraustauschs dazu führt, dass verstärkt dort produziert wird, wo die Produktion am kostengünstigsten erfolgen kann. Dies wäre in den Entwicklungs- und Schwellenländern.

Kritiker befürchten hingegen, dass Entwicklungsländer als Verlierer einer weltweiten Globalisierung dastehen werden. Sie erwarten mehr Armut und eine steigende Abhängigkeit der armen Länder von internationalen Großkonzernen. Chancen auf eine nachhaltige Entwicklung sehen sie nicht. Aber welche Einschätzung ist stichhaltiger?

M5

Welt-Bruttoinlandsprodukt
In absoluten Zahlen, nach Regionen und Staaten, 1990 und 2014

Quelle: United Nations Conference on Trade and Development (UNCTAD): Online-Datenbank: UNCTADstat (Stand: August 2015)
Lizenz: Creative Commons by-nc-nd/3.0/de
Bundeszentrale für politische Bildung 2016 | www.bpb.de

M6

Wirtschaftswachstum (durchschnittliche jährliche Veränderung des Bruttoinlandsprodukts pro Kopf in Prozent)				
	1982–1991	1992–2001	2006–2013	2015
Industrieländer	2,5	2,3	1,14	2,2
Afrikanische Länder	– 0,5	0,2	5,2	4,5
Asien	5,0	6,1	7,9	5–6
Lateinamerika	– 0,3	1,7	4,0	0,9

Eigene Zusammenstellung nach Daten des Internationalen Währungsfonds, World Economic Outlook, Oktober 2000 für 1982–2001; African Economic Outlook 2015, Economic Outlook 2014, EU-Kommission für 2006–2013; ab 2011 Prognosen.

Welche Auswirkungen hat die Globalisierung für Menschen aus Entwicklungs- und Schwellenländern? Die obige Tabelle vergleicht die Entwicklung des Bruttoinlandsprodukts pro Kopf von 1982 bis 2013. Zwischen 1982 und 1991 haben zwei Gruppen profitiert: die Industrieländer und Asien. Afrikanische Länder und Lateinamerika mussten sogar einen Rückgang des Bruttoinlandsprodukts hinnehmen. Zwischen 1992 und 2001 wuchs die Wirtschaft in Asien rasant. Ein schwaches Wachstum konnte Lateinamerika erreichen. Dieses Wachstum war aber zu schwach, um die Lebensbedingungen der Bevölkerung entscheidend zu verbessern. Afrika trat auf der Stelle.

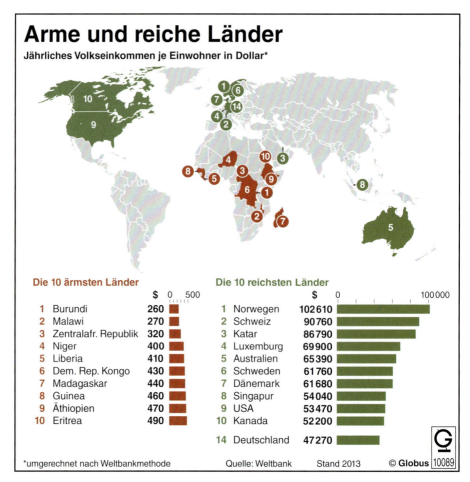

Erst seit der Jahrtausendwende profitieren auch verstärkt die afrikanischen Staaten und Südamerika von der Globalisierung. Die Industrienationen fallen beim Wachstum zurück. Gründe für das schwache Wachstum sind hausgemachte Probleme wie die Überalterung der Bevölkerung, die Finanzmarktkrise oder auch die überhandnehmende Verschuldung der Staaten durch Bankenrettung und Stützung der Sozialsysteme. Keines der erwähnten Probleme konnte bisher von einem Industrieland zufriedenstellend gelöst werden.

Die Wachstumszahlen für 2015 sehen sehr gemischt aus. Lateinamerika wächst nur um etwa 1 %. Afrika um etwa 4 % bis 4,5 %.

Besonderheiten globalisierter Märkte

1. Rasche Umschwünge verbreiten sich auf allen Märkten. Bsp.: Sinkende Rohstoffpreise reißen die Rohstoff-Produzenten in starke Wirtschaftskrisen
2. Die globalisierte Welt spielt sich in den Städten ab. Die Landbevölkerung ist auf der Verliererseite.

Fazit: Offene Märkte steigern das Pro-Kopf-Einkommen, erleichtern Investitionen und die Aufnahme einer neuen Arbeit. Zumindest im Durchschnitt und auf einen längeren Zeitraum betrachtet. Gewinner sind Vermögende und Hochqualifizierte. Verlierer sind Geringqualifizierte die mitunter auch Einkommenseinbußen hinnehmen müssen. Der globalisierte Markt birgt Entwicklungschancen für alle Länder. Diese Chancen müssen allerdings genutzt und ergriffen werden. Vonnöten sind

1. eine stabile und handlungsfähige Regierung,

2. Eliten, die nicht nur an der Mehrung ihres Reichtums interessiert sind, sondern auch den sozialen Ausgleich beachten,

3. ein handlungsfähiges Rechts-, Steuer- und Verwaltungssystem.

Fehlt es an einem oder gar mehreren dieser Punkte, wird sich ein Land nur schlecht entwickeln können. Dies gilt unabhängig von der Region. Bisher stand im Vordergrund die Märkte zu erschließen und Renditen zu erhöhen. Die negativen Folgen blieben unbeachtet diese müssen stärker in den Fokus rücken. In den Industriestaaten profitieren von der Globalisierung überproportional die Reichen und Superreichen. Arbeiter und Angestellte zählen selten zu den Gewinnern bzw. befinden sich bei den Verlierern.

Beispiel
Griechenland – Am 25.01.2015 kam ein Bündnis aus extremen Linken und Rechten unter Alexis Tsipras an die Macht. Er versprach keine Reformen mehr gegen das Volk vorzunehmen. Er konnte oder wollte seine Versprechen nicht halten, es folgten Neuwahlen am 20.09.2015. Tsipras wurde wiedergewählt und einigte sich mit den Geldgebern auf weitere Einschnitte z. B. bei Renten. Das grundsätzliche Problem Griechenlands bleibt aber bestehen, die Eliten des Landes sind nicht bereit sich an der Finanzierung des griechischen Staates zu beteiligen. Verfahren wegen Steuerhinterziehung verlaufen häufig im Sand. Die Steuerverwaltung ist auf dem Niveau eines Entwicklungslandes und Rechtsstreitigkeiten können sich Jahrzehnte hinziehen. Am 15.01.2016 vereinbarte man zwischen Griechenland und NRW die Schulung griechischer Steuerfahnder, zudem sollten deutsche Fahnder auf Anfrage vor Ort helfen.

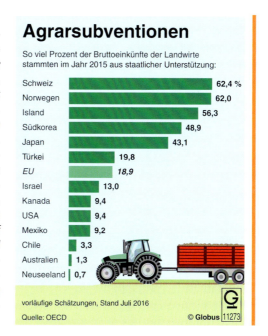

2.2.2 Benachteiligung durch Handelshemmnisse

Für viele Schwellen- und Entwicklungsländer wäre ein offener Agrarhandel von Interesse. Aber grade diese Märkte sind von den Industrieländern durch Zölle und verschiedene Handelshemmnisse reguliert. Ein freier Zugang für arme Länder ist nicht gegeben.

So kann z. B. ein argentinischer Rinderzüchter nicht einfach sein Fleisch in der EU anbieten. Vielmehr ist festgelegt, wie viel Fleisch aus Argentinien eingeführt werden darf.

Die EU ist nicht gewillt, den Agrarmarkt zu öffnen, da die europäischen Bauern sich sonst der Konkurrenz ausländischer Anbieter stellen müssten. Die Konsequenz wäre, dass europäische Bauern vom Markt verdrängt würden.

Allerdings vertreten die Industrieländer gegenüber den Entwicklungsländern die Meinung, dass der Wettbewerb der Antrieb für eine positive wirtschaftliche Entwicklung sei. Im Bereich der Landwirtschaft ist es den Industriestaaten allerdings lieber, wenn die Entwicklung nicht zu schnell vorangeht.

Zur Einschränkung des Marktzugangs kommen noch die Subventionen für die Bauern der Industrieländer. Im Jahr 2011 gab die EU für Subventionen im Bereich Landwirtschaft 44 Mrd. € aus. Gerade die Industrieländer fordern ihre Handelspartner in der Dritten Welt auf, auf Subventionen möglichst zu verzichten und ihre Märkte zu öffnen.

2.2.3 Globale Umweltprobleme

Die Globalisierung führt weltweit zu steigendem Wachstum. Damit einhergehend hat die Ausbeutung der Umwelt dramatische Dimensionen angenommen. Die Folgen sind vielfältig, von globaler Erwärmung über die Abholzung der Wälder bis zum Kampf um Süßwasser.

Die bestehenden Ressourcen werden von einer wachsenden Zahl von Menschen immer stärker ausgebeutet.

E.ON-Steinkohlekraftwerk Scholven

Erderwärmung

Vorhandene Wetterdaten zeigen, dass seit der Mitte des 19. Jahrhunderts die globale Temperatur um etwa ein Grad gestiegen ist. Die meisten Wissenschaftler gehen davon aus, dass die Temperaturerhöhungen eine Folge menschlichen Verhaltens sind. So verbrennt der Mensch, etwa beim Heizen, fossile Energieträger wie Holz oder Kohle. Durch das Verbrennen von fossilen Energieträgern wird das Treibhausgas Kohlendioxid (CO_2) freigesetzt.

Eine Erhöhung der Durchschnittstemperatur um ein Grad hört sich nicht nach viel an. Es bedeutet aber, dass alle Jahre von 2001 bis 2008 zu den zehn wärmsten Jahren überhaupt gezählt werden.

Sollte die Emission von Treibhausgasen ungehindert weitergehen, sagen Klimasimulationen einen weiteren Anstieg bis Ende des Jahrhunderts um 2,5 bis 4,1°C voraus.

Die Folgen wären vielfältig, der Meeresspiegel würde steigen, Küsten und an ihnen liegende Städte wären bedroht. Es käme verstärkt zu Hitzewellen, was wiederum den Bedarf an Süßwasser steigern würde. Die höheren Temperaturen führten zu stärkeren Stürmen und zunehmenden Überschwemmungen, die wiederum stärkere Schäden an Häusern oder auch Fabrikgebäuden hinterlassen würden. Gleichzeitig gingen die Ernteerträge zurück.

Etwa 90 % der Naturkatastrophen haben mit Wasser zu tun. In den letzten 30 Jahren gab es pro Jahr im Durchschnitt 54 000 Tote. Gleichzeitig wurden Millionen Menschen in Mitleidenschaft gezogen. Der Schaden lag 2015 bei etwa 90 Mrd. Dollar. Etwa 27 Mrd. Dollar der Schadenssumme waren versichert.

Wasserknappheit

Auf der Erde existieren etwa 1,4 Mrd. Kubikkilometer (km^3) Wasser. Davon sind ungefähr 2,5 % Süßwasser. Vom Süßwasser sind gut zwei Drittel in Form von Eis gebunden.

Des Weiteren liegt Wasser zu gut 30 % als Grundwasser unter der Erde vor, knapp 1 % bilden Bodenfeuchtigkeit, Grundeis, Dauerfrost und Sumpfwasser. Lediglich 0,3 % der Süßwasservorräte – also etwa 100 000 km^3 bzw. 0,008 % allen Wassers – sind für den Menschen leicht, schwerpunktmäßig in Seen und Flüssen, zu finden.

M7

Darüber hinaus stauen Dämme etwa 8 000 km³ Wasser auf. Weltweit existieren über 50 000 Großstaudämme (mit einer Höhe von über 15 Metern und einem Fassungsvermögen von mehr als 3 Mio. m³). Die Staudämme erleichtern die Wasserversorgung der Anwohner. Aus diesem Grund sind sie zu einem nahezu unverzichtbaren Bestandteil der Wasserversorgung geworden. Da die Staudämme aber in die Umwelt eingreifen, gelten sie häufig als ökologisch problematisch.

Weltweit verbrauchen Menschen jährlich rund 4 370 km³ Frischwasser (2015), schwerpunktmäßig aus erneuerbaren Wasserressourcen wie Flüssen, Seen und Grundwasser.

Die Wasserentnahme und der Wasserverbrauch ist von Land zu Land und Region zu Region sehr unterschiedlich. In den USA und Europa verbraucht die Industrie etwa 50 % des entnommenen Wassers.

Die Wasserentnahme pro Kopf schwankt jährlich zwischen 5 319 m³ im Baumwolle produzierenden Turkmenistan und 6 m³ in der Zentralafrikanischen Republik. Die durchschnittliche Entnahmemenge liegt bei etwa 600 m³ pro Kopf. Verglichen mit anderen Industrieländern lag Deutschland im Jahr 2007 mit einer Wasserentnahme von gut 400 m³ pro Kopf im unteren Mittelfeld und kann als sparsam angesehen werden.

Ganz andere Ergebnisse erhält man, wenn das Wasser, das für die Produktion von Waren und Dienstleistungen entnommen wird („virtuelles Wasser"), dem Staat angerechnet wird, in dem die Ware oder Dienstleistung verbraucht wird.

Beispiel
Bei Erdbeeren, die während der Zucht bewässert und nach der Ernte exportiert werden, wird der Wasserverbrauch dem Land zugerechnet, in dem die Erdbeeren verbraucht werden. Das Land, das die Erdbeeren anbaut und erntet, bleibt unberücksichtigt.

Wasserverbrauch pro Einwohner und Tag in Deutschland
1990 → 147 l
1991 → 144 l
1992 → 140 l
1993 → 134 l
2001 → 127 l
seit 2007 konstant bei 122 l/121 l Verbrauch
USA 2014 → 295 l In diesen Werten ist nicht das indirekt genutzte Wasser eingerechnet. Es findet sich z. B. in Nahrungsmitteln oder Konsumgütern. Das Umweltbundesamt rechnet daher mit dem Wasserfußabdruck. Eine andere Berechnungsart ist die nach Wasserentnahme.

Anforderungssituation 8

Die Non-Profit-Organisation „Water Footprint Network" errechnet den „Wasser-Fußabdruck", indem das virtuelle Wasser und das vor Ort verbrauchte Wasser addiert werden. Größter Verbraucher sind die USA mit einem jährlichen Wasser-Fußabdruck von ungefähr 2800 m³ pro Kopf. China verbraucht etwa 700 m³ pro Kopf. Deutschland hat einen jährlichen Wasser-Fußabdruck von gut 1426 m³ pro Kopf – das bedeutet einen täglichen Wasserverbrauch von mehr als 4000 Litern. Der überwiegende Teil davon betrifft das virtuelle Wasser.

Dürre in China

Der Wasserverbrauch pro Tag lag in Deutschland 2008 bei 123 Liter je Einwohner.

Zwischen 1930 und 2000 hat sich der Wasserverbrauch auf der Erde gut versechsfacht. Grund ist, dass sich die Weltbevölkerung in dieser Zeit verdreifacht und dass der Wasserverbrauch sich pro Kopf verdoppelt hat. Der steigende Verbrauch, Wasserverschmutzung und steigende Temperaturen in der Welt haben dazu geführt, dass Wasser in sehr vielen Ländern zu einem knappen Gut geworden ist. Für eine breite Öffentlichkeit wird die Knappheit offensichtlich, wenn Flüsse kaum noch Wasser führen, Seen austrocknen und in vielen Ländern der Grundwasserspiegel sinkt.

Aktuell haben etwa 884 Millionen Menschen keinen Zugang zu sauberem Trinkwasser. 2,6 Milliarden Menschen haben keinen Zugang zu sanitären Anlagen. Weltweit fließen 80% der städtischen Abwässer ungeklärt in Flüsse, Seen oder ins Meer. Jährlich sterben etwa 3,5 Millionen Menschen an verschmutztem Wasser.

Es wird befürchtet, dass im Jahr 2025 bereits 3 Milliarden Menschen unter Wassermangel leiden. Die Folgen wären dramatisch. Der Zugang zu sauberem Wasser würde in vielen Ländern den Unterschied zwischen Krieg und Frieden ausmachen.

Aufgaben

15 Beschreiben und interpretieren Sie in Partnerarbeit die Grafik M5. Identifizieren Sie die aufgeführten Weltregionen und deren wirtschaftliche Bedeutung. Wie hängen wirtschaftliche Bedeutung und politische Macht zusammen?

16 Erarbeiten Sie mit Ihrem Sitznachbarn, ob Globalisierung sich eher positiv oder negativ auf die einzelnen Weltregionen auswirkt. Beachten Sie dazu M6.

17 Erklären Sie, welche Handelshemmnisse bestehen und wer die Betroffenen sind.

18 Diskutieren Sie in der Klasse, ob es eine globale Erwärmung überhaupt gibt und welche Umstände diese verursacht haben könnten.

19 Erarbeiten Sie, wieso es überhaupt zur Wasserknappheit kommt, bedeckt Wasser doch 75% der Erdoberfläche. Beachten Sie auch M7.

20 Untersuchen Sie, wie viel Wasser pro Kopf im Jahr in den USA, China und Deutschland verbraucht wird.

21 Überlegen Sie mit Ihrem Nachbarn, welche Konsequenzen eine mangelnde Wasserversorgung für die betroffenen Menschen hat.

2.3 Globalisierung und Migration

Die große Mehrheit der Menschen, die in die Industrienationen strömen, hat in ihren Heimatländern keine Lebens- und Entwicklungsperspektiven. Häufig herrscht Elend und für uns unbeschreibliche Armut in diesen Ländern. Dieser Perspektivlosigkeit versuchen die Menschen zu entfliehen und ihren Familien Hoffnung auf ein besseres Leben zu geben, indem sie in den Industrienationen nach Arbeit suchen.

2.3.1 Warum kommt es zu Migration?

Wirtschaftsmigration

Ursachen für die Perspektivlosigkeit können Krieg, Terror, Korruption, schlechte Regierungsführung oder sich aufgrund der Erderwärmung ändernde Umweltbedingungen sein.

Asyl

Ein weiterer Grund, der zur Migration führt, ist, dass Menschen in ihren Herkunftsländern verfolgt werden, sei es aus politischen, religiösen oder ethnischen Gründen. In ihren Heimatländern droht ihnen Tod, Gefängnis oder Folter.

Green Card

Etliche Menschen reisen legal in die Industrienationen ein. Gründe können eine Eheschließung oder die Aufnahme einer Berufstätigkeit sein.

Gründe für Migration
- Perspektivlosigkeit
- Verfolgung und Unterdrückung
- Heirat und Berufstätigkeit

Flüchtlingsboot vor Lesbos (Griechenland)

2.3.2 Zahlen zur Migration

Nach den Daten der UNO-Bevölkerungsabteilung lebten 2015 etwa 244 Millionen Menschen in Staaten in denen sie nicht geboren wurden.

Im Jahr 2000 lag die Zahl noch bei 178,5 Millionen.

In 64 Staaten der Erde leben mittlerweile eine halbe Million Flüchtlinge oder mehr. Fast 50 % aller Migranten lebten im Jahr 2015 in nur zehn Staaten, 2015 lebten die meisten Migranten in den USA (46,6 Mio.), Russland (11,6 Mio.) und Deutschland (12 Mio.). Auf diese drei Länder entfallen etwa 29 % aller Migranten.

In den Industriestaaten wuchs der Anteil der Migranten an der Bevölkerung zwischen 1990 und 2010 von 7,2 % auf 10,3 %.

Die weltweit 244 Millionen Migranten im Jahr 2015 verteilten sich zu 31,1 % auf Europa (76,1 Mio. Migranten), 30,7 % auf Asien (75 Mio.), 22,3 % auf Nordamerika (54,5 Mio.), 8,0 % auf Afrika (20,6 Mio.), 3,7 % auf Lateinamerika und die Karibik (9,2 Mio.) sowie 3,3 % auf Ozeanien (8,1 Mio.).

Migranten 2015
Weltweit 244 Mio.,
davon USA 46,6 Mio.,
Russland 11,6 Mio.,
BRD 12 Mio.

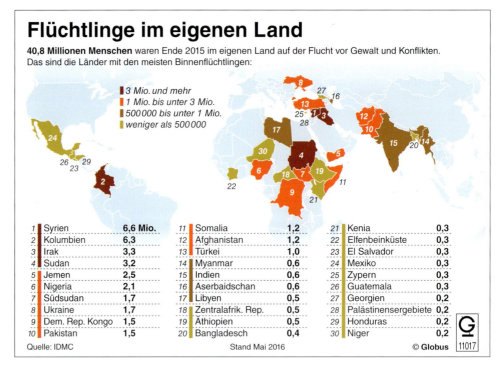

Nach Prognosen der UN/DESA werden zwischen 2010 und 2050 die meisten Migranten aus Mexiko (334 000), China (309 000), Indien (253 000), den Philippinen (175 000), Pakistan (161 000), Indonesien (156 000) sowie Bangladesch (148 000) stammen.

2.3.3 Migration hoch qualifizierter Menschen

Ein besonderes Problem stellt die Migration von hoch qualifizierten Personen aus Entwicklungsländern dar, die das eigene Land verlassen haben oder nach Ausbildung oder Studium im Ausland nicht wieder zurückkehren.

Dieser Weggang von Eliten gefährdet die ökonomischen Entwicklungschancen der betroffenen Staaten. Nach Angaben der International Labour Organization verliert etwa der afrikanische Kontinent jedes Jahr gut 20 000 bestens ausgebildete Menschen an andere Kontinente. Der wirtschaftliche Schaden, der dabei entsteht, wird auf etwa 4 Mrd. US-Dollar pro Jahr geschätzt.

Die Auswanderung ist deshalb für Afrika sehr problematisch, weil die – ohnehin kleine – gut ausgebildete Elite zum Aufbau und zur Führung dem eigenen Staat nicht mehr zur Verfügung steht.

2.3.4 Auslandsüberweisungen

Mit dem Anstieg der Migration wachsen die Auslandsüberweisungen der Migranten in ihre Heimat. Die Überweisungen in die Entwicklungs- und Schwellenländer haben sich von unter 50 Mrd. US-Dollar Anfang der 1990er-Jahre über 116 Mrd. 2002 auf 350 Mrd. US-Dollar im Jahr 2014 gesteigert. Hinzu kommt der Transport von Geld durch Mittelsmänner wie z. B. religiöse Lehrer. Experten gehen nochmals von 175 Mrd. € pro Jahr aus.

Wegen der Finanzkrise fielen die Auslandsüberweisungen im Jahr 2009 auf 316 Mrd. US-Dollar. Gut ein Drittel der Auslandsüberweisungen entfiel auf Indien (49 Mrd. US-Dollar) und China (48 Mrd. US-Dollar) sowie ein weiteres Sechstel auf Mexiko (22 Mrd. US-Dollar), die Philippinen (20 Mrd. US-Dollar) und Bangladesch (11 Mrd. US-Dollar).

Auslandsüberweisungen in die Industriestaaten lagen in den Jahren 2007 bis 2009 bei jeweils gut 100 Mrd. US-Dollar. Im Jahre 2009 erhielt Frankreich 15 Mrd. US-Dollar, Spanien, Deutschland und Belgien erhielten jeweils 10 Mrd. US-Dollar.

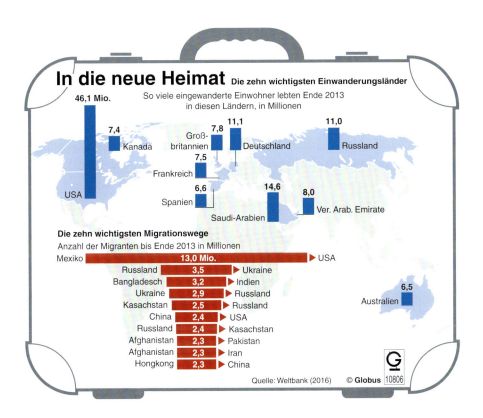

2.3.5 Migration in Deutschland

Deutschland ist eines der Hauptziele für Migranten. Die Anzahl der Flüchtlinge und die Zahl der gestellten Asylanträge im Jahr 2015 differenziert sehr. Nach der Asylstatistik, die Bundesinnenminister Thomas de Maiziere (CDU) am 6. Januar 2016 veröffentlichte, kamen ca. 1,1 Millionen Flüchtlinge nach Deutschland, laut dem Bundesamt für Migration und Flüchtlinge wurden aber nur 476 649 Asylanträge erfasst. Als Ursache dafür wird die lange Wartezeit genannt, bis ein Asylantrag von einem Flüchtling gestellt werden kann. Im Jahr 2015 wurden so viele Asylanträge in Deutschland gestellt wie nie zuvor. Entwicklungsminister Gerd Müller (CSU) geht davon aus, dass erst 10 % der ausgelösten Flüchtlingswelle in Deutschland angekommen ist. Etwa 8 bis 10 Millionen Menschen sind noch auf dem Weg nach Europa.

Die EU-Staaten hatten im September 2015 einen Beschluss gefasst, der Griechenland und Italien in der Flüchtlingskrise entlasten sollte. Die Umverteilung von 120 000 Menschen auf die übrigen europäischen Länder scheiterte, da sich die Slowakei, Tschechien, Ungarn, Rumänien und Polen dagegen aussprachen.

Laut Mikrozensus lebten 2014 ca. 16,4 Millionen Menschen mit Migrationshintergrund in Deutschland.

Dies macht ungefähr 20,3 % der Gesamtbevölkerung aus. Davon hatten 56 % einen deutschen Pass.

Nach den Erfahrungen der letzten Jahrzehnte hat die deutsche Einwanderungspolitik einen Wandel durchlaufen. Es ist die Erkenntnis gereift, dass Migranten und deren Familienangehörige nur eine Chance auf Integration, Fortkommen in der Schule und dem deutschen Arbeitsmarkt haben, wenn sie die deutsche Sprache beherrschen. Darüber hinaus wird erwartet, dass sich die Einwanderer mit den Werten der Gesellschaft auseinandersetzen und sich zur freiheitlichen Ordnung des Grundgesetzes bekennen.

Dubliner Abkommen
Flüchtlinge die in der EU ankommen, beantragen in dem Land Asyl, das sie zuerst betreten. Wenn z. B. Flüchtlinge auf Lampedusa (Insel im Mittelmeer) ankommen, dann fallen sie in den Zuständigkeitsbereich von Italien.

Mikrozensus
Jährlich werden etwa 1 % der in Deutschland lebenden Menschen befragt. Die Ergebnisse werden auf die Gesamtbevölkerung hochgerechnet.

EU-Türkei-Abkommen
Am 18. März 2016 einigten sich die Vertreter der EU und der Türkei auf ein sogenanntes Flüchtlingsabkommen.
Ziel war und ist das Massensterben in der Ägäis zu verhindern und die Flüchtlingszahlen zu senken.
Von März bis Juni 2016 kamen 13 656 Hilfesuchende auf den griechischen Inseln an. Im Januar und Februar 2016 insgesamt 124 481 Flüchtlinge. Das Ziel, die Flüchtlingszahlen zu senken, wurde erreicht.
Der zentrale Ansatz, Flüchtlinge in die Türkei wieder abzuschieben, ist allerdings gescheitert. Bis Dezember 2016 wurden lediglich 468 Menschen zurück in die Türkei gebracht.
Das liegt daran, dass die Türkei aus griechischer Sicht nicht als sicherer Drittstaat gilt.

Die Integrationspolitik der Bundesrepublik folgt daher dem Grundsatz des Förderns und Forderns. Zuwanderern wird die Pflicht auferlegt, die deutsche Sprache zu erlernen.

Dafür bietet der Staat finanzielle Unterstützung bei den Sprachkursen an. Des Weiteren sollen Zuwanderer die Grundwerte der Gesellschaft kennen und respektieren lernen.

Integration wurde in der Vergangenheit als Sozialarbeit verstanden. Heute versteht man sie auch als ein Instrument zur Steuerung der Migration.

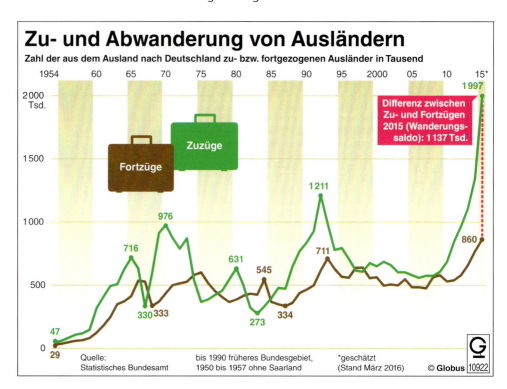

Die aktuelle Entwicklung entfacht derzeit wieder eine Diskussion über ein Zuwanderungsgesetz, welches neue Impulse geben könnte. Die Zuwanderung nach Deutschland gestaltet sich planlos. Was nach wie vor fehlt, ist ein Zuwanderungsgesetz, das Kriterien festlegt die für eine Einwanderung mitgebracht werden müssen. Mit einem solchen Gesetz wäre eine Bewerbung aus dem Ausland möglich und die Politik könnte festlegen, welche Qualifikationen benötigt werden und auch die Höhe der Aufnahmezahlen bestimmen. Ein Konzept, das sich an das Kanadische Einwanderungsgesetz, ein Punktesystem annähern würde.

Aufgaben

22 Beschreiben Sie die Gründe, die zur Migration führen.

23 Recherchieren Sie im Internet, mit wie vielen Migranten die UN für Deutschland bis 2050 rechnet.

24 Erklären Sie, wieso die Migration von Hochqualifizierten für die betroffenen Länder so problematisch ist.

25 Arbeiten Sie mit Ihrem Sitznachbarn heraus, warum die im Ausland lebenden Bürger für die Heimatländer wichtig sind.

26 Welche Erfahrung haben Sie mit Migranten gemacht und wie sind mittlerweile die gesetzlichen Vorgaben?

27 Diskutieren Sie in der Klasse, warum Menschen ihre Länder verlassen. Kann Deutschland von diesen Menschen eher profitieren oder sind diese Menschen eine Last?

28 Was, glauben Sie, geschieht mit Migranten, nachdem sie von der italienischen Küstenwache aufgegriffen wurden? Informieren Sie sich im Internet.

Wichtiges Wissen

Zu 2.1 Die Rolle internationaler Großkonzerne in einer globalisierten Weltwirtschaft

Für die Standortwahl entscheidend sind Arbeitskosten, Verfügbarkeit von qualifiziertem Personal, gute Infrastruktur, verlässliches Rechtssystem, Steuern und Subventionen bei der Ansiedlung.

Zur Verlagerung von Fabriken kommt es, wenn ein Land zu teuer wird, die Industrie die Kosten für die Herstellung der Produkte auf dem Weltmarkt nicht mehr erwirtschaften kann.

Zu 2.2 Globalisierung: Gewinner und Verlierer

Gemessen am Wirtschaftswachstum großer Gewinner der Globalisierung ist Asien. Seit den 1980er-Jahren wuchs die Wirtschaft in asiatischen Ländern stark. Ebenfalls gewachsen sind die Industriestaaten. Afrika und Südamerika waren die großen Verlierer. In den 1980er-Jahren schrumpfte die Wirtschaft. In der Zeit von 1992 bis 2001 wuchs sie minimal. Erst im Zeitraum zwischen 2006 und 2013 ist ein stärkeres Wachstum für afrikanische und südamerikanische Länder sichtbar.

Besonders problematisch sind die Agrarmärkte. Diese sind in den Industriestaaten häufig nicht für ausländische Konkurrenz geöffnet.

Die Globalisierung wirkt sich auch auf die Umwelt aus. Negative Auswirkungen sind die verstärkte Ausbeutung der Ressourcen, die globale Erwärmung und die Abholzung der Wälder.

Zu 2.3 Globalisierung und Migration

Die große Mehrheit der Menschen, die in die Industrienationen strömen, hat in ihren Heimatländern keine Lebens- und Entwicklungsperspektiven. Ursachen für die Perspektivlosigkeit können Krieg, Terror, Korruption, schlechte Regierungsführung oder sich aufgrund der Erderwärmung ändernde Umweltbedingungen sein.

Um Einwanderer in Deutschland zu integrieren, gilt der Grundsatz des Förderns und Forderns. So müssen Einwanderer z. B. die deutsche Sprache erlernen. Integration gilt als Sozialarbeit und als ein Instrument zur Steuerung der Migration.

3 Friedenssicherung als globale Herausforderung

M8

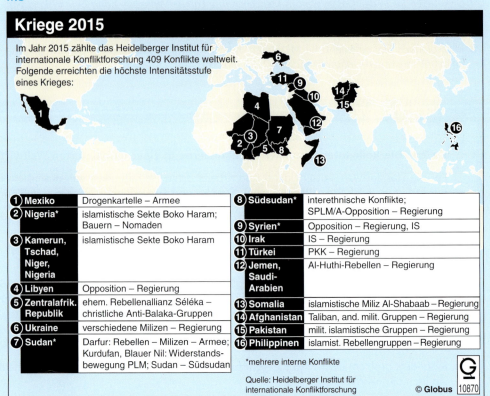

Arbeitsvorschläge

29 Beschreiben Sie zwei Konfliktregionen und die Konfliktparteien aus M8.

30 Diskutieren Sie in der Klasse, welche Gründe für militärische Auseinandersetzungen maßgebend sind.

Seit fast 60 Jahren herrscht in Mitteleuropa Frieden. Seit Ende des Zweiten Weltkrieges gab es weltweit über 240 Konflikte, bei denen je nach Schätzung zwischen 18 und 35 Millionen Menschen gestorben sind. Es wird zwischen staatlichen und innerstaatlichen Konflikten unterschieden.

3.1 Ursachen für Kriege zwischen Staaten

Kriege können folgende Ursachen haben:

Territorialansprüche

Die beteiligten Länder streiten sich über Besitzansprüche, Inseln oder Grenzverläufe. Aktuell streiten sich China, Japan und Südkorea um verschiedene Inselgruppen. Die Inseln sind in der Regel unbewohnt. Es werden allerdings Rohstoffvorkommen bzw. Fischvorkommen vermutet.

Rohstoffe

Länder möchten Herrschaftsansprüche über Rohstoffe wie Erdöl, Edelmetalle oder auch Wasser gewinnen.

Beispiel
In Südanatolien hat die Türkei am Euphrat ein riesiges Staudammprojekt hochgezogen. Die Türkei kann jetzt darauf Einfluss nehmen, wie viel Wasser entnommen wird und somit den Anrainern Syrien und Irak noch zur Verfügung steht.

Herrschaftsansprüche

Staaten wollen sich die Vormachtstellung in einer Region sichern. Momentan versucht China Gebietsansprüche gegen Nachbarländer wie Japan, Südkorea, Vietnam oder den Philippinen durchzusetzen.

Beispiel
Momentan versucht China Gebietsansprüche gegen Nachbarländer wie Japan, Südkorea, Vietnam oder die Philippinen durchzusetzen. Auf diese Weise versucht China eine Vormachtstellung im Chinesischen Meer zu erreichen.

Innenpolitische Schwierigkeiten

Der betroffene Staat beginnt eine militärische Auseinandersetzung, um von innenpolitischen Problemen wie Arbeitslosigkeit, Armut, Unterdrückung von Andersdenkenden oder Korruption in der Regierung abzulenken. 1982 griff Argentinien die zu Großbritannien gehörenden Falklandinseln an, um von innenpolitischen Schwierigkeiten abzulenken.

Beispiel
1982 griff Argentinien die zu Großbritannien gehörenden Falklandinseln an, um von innenpolitischen Schwierigkeiten abzulenken.

Anti-Terror-Krieg

Der erste Krieg dieser Art war das militärische Eingreifen der USA und Alliierter nach dem Terroranschlag vom 11. September 2001.

3.2 Ursachen für einen innerstaatlichen Konflikt

Die Mehrzahl aller Kriege sind Bürgerkriege. Das bedeutet, es kämpfen verfeindete Gruppen innerhalb eines Staates gegeneinander.

Ursachen können sein:

Ethnische Konflikte

Zu Konflikten kommt es häufig, wenn Volksgruppen nicht gleichberechtigt an der politischen Macht beteiligt werden. Folge ist, dass die Benachteiligten versuchen, ihre Rechte mit Gewalt durchzusetzen. Häufig versuchen die betroffenen Volksgruppen, die staatliche Unabhängigkeit ihrer Region durchzusetzen.

Religiöse Auseinandersetzungen

Verschiedene Volksgruppen hängen unterschiedlichen Religionen an. Wollen sich die Vertreter einer Religion besondere Rechte sichern, sind Konflikte vorprogrammiert.

Innerstaatlicher Konflikt
Die Zentralafrikanische Republik ist ein gutes Beispiel. Hier treffen mehrere Religionen aufeinander. Gleichzeitig sind die Einwohner extrem arm, obwohl das Land über viele Rohstoffe verfügt.

Politische Unterdrückung

Der Staat verletzt die Menschenrechte, unterdrückt also Andersdenkende und verhindert Pressefreiheit. Solches staatliches Verhalten führt häufig dazu, dass Regierungsgegner mit Waffengewalt Widerstand leisten.

Soziale Ungerechtigkeiten und Armut

Soziale Ungerechtigkeiten sind häufig Auslöser für Gewalt in den Elendsvierteln der Städte. Gründe sind u. a. die willkürliche Bereicherung der Staatseliten, z. B. durch gezielte Enteignung von Grundstücken (ohne Entschädigung), die für Bauprojekte von Bedeutung sind, oder auch die Unterdrückung und Ausbeutung von Frauen und Kindern usw.

M9

Aufgaben

31 Untersuchen Sie, warum Friedenssicherung als globale Herausforderung betrachtet werden kann.

32 Legen Sie dar, welche Gründe es für zwischenstaatliche Kriege gibt.

33 Beschreiben Sie, warum es zu innerstaatlichen Konflikten kommt.

34 Die Zentralafrikanische Republik ist instabil. Welche Gründe legt M9 nahe?

3.3 Die NATO und der Frieden in Europa

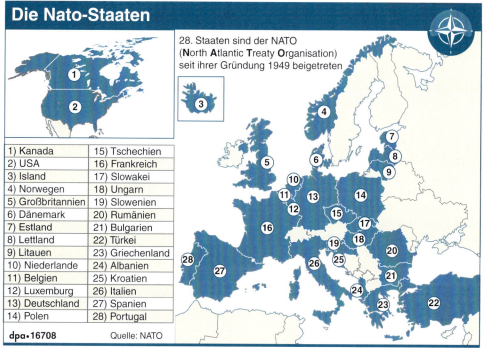

NATO steht für den englischen Begriff „North Atlantic Treaty Organization" und heißt auf Deutsch „Nordatlantikpakt". Die NATO ist ein politisch-militärisches Bündnis, das wenige Jahre nach dem Zweiten Weltkrieg im April 1949 von den USA, Kanada und zehn europäischen Staaten gegründet wurde. Wichtigstes Ziel bei der Gründung des Verteidigungsbündnisses war, dass die kommunistischen Staaten davon abgehalten wurden, gegen die westlichen Staaten Krieg zu führen. Die kommunistischen Staaten schlossen sich 1955 unter der Führung der damaligen Sowjetunion im Warschauer Pakt zusammen. Der Warschauer Pakt löste sich 1991 auf.

Nach 1991 änderten sich die Ziele der NATO dahin gehend, dass der Einsatz für Frieden und Freiheit in den Mittelpunkt rückte.

Die NATO bleibt aber weiter ein Verteidigungsbündnis. Daher gilt für die Mitglieder weiterhin die Verpflichtung, dass im Falle einer militärischen Bedrohung gegenseitig Hilfe zu leisten ist. In den letzten Jahren wurden auch ehemalige Mitglieder des Warschauer Paktes aufgenommen. Inzwischen gehören 28 Staaten der NATO an. Die stetige Ausdehnung der NATO nach Osten, hat dazu geführt, dass NATO-Staaten an Russland grenzen und die russische Regierung die Sicherheitsinteressen Russlands bedroht sieht.

3.4 Internationaler und globaler Terrorismus

Global = weltumspannend

Als „internationaler Terrorismus" werden Anschläge bezeichnet, bei denen gezielt ausländische Personen oder deren Eigentum oder aber das Territorium eines anderen Staates zum Angriffsobjekt werden. Täter und Opfer des Anschlags gehören unterschiedlichen Ländern an. Ziel der Terroristen ist es, die Aufmerksamkeit der Weltöffentlichkeit zu erreichen und eigene Anliegen auf die internationale Tagesordnung zu setzen. Internationale Anschläge haben den Vorteil, sicherzustellen, dass ein internationales Publikum auf die angeprangerten Missstände aufmerksam wird. Beispielhaft für diese Art des Terrorismus kann man die Aktivitäten palästinensischer Gruppen seit Ende der 1960er-Jahre nennen. Dazu zählte neben mehreren Flugzeugentführungen, um palästinensische Häftlinge freizupressen, auch das Attentat auf die Olympischen Spiele in München (1972).

New York, 11.09.2001

3.4.1 Internationale Ausweitung

Der globale oder transnationale Terrorismus, beispielhaft verkörpert durch das islamistische Netzwerk von al-Qaida, erreicht ein globales, also weltumspannendes Gefährdungspotenzial. Aus diesem Grund stufte der UN-Sicherheitsrat die Anschläge vom 11. September 2001 als Gefahr für den Weltfrieden und die internationale Sicherheit ein. Ziel des Angriffs war nicht, eine spezifische nationale, sondern die bestehende internationale Ordnung zu verändern. Ziel des Angriffs waren die USA und ihre Verbündeten. Das Hauptziel bestand darin, den Einfluss des Westens auf islamisch geprägte Regionen zurückzudrängen.

Pan-Nationalismus ist der Versuch, Angehörige einer Nationalität bzw. Religion in einem Staat zu vereinigen.

Der globale Terrorismus versucht, länderübergreifende Ideologien einzusetzen. Religiöse Vorstellungen bieten sich als verbindendes Element zwischen den verschiedenen Menschen hervorragend an, um so die Grenzen eines bestehenden Nationalstaates zu überwinden. Unter diesem Pan-Nationalismus wird versucht, Kämpfer und Attentäter mit unterschiedlichen nationalen, ethnischen oder sprachlichen Hintergründen zu einer straffen Terrorgruppe zu formen. Al-Qaida ist nicht die einzige Gruppierung, für die diese Merkmale zumindest in Ansätzen gelten, dazu zählt auch das südostasiatische Netzwerk Jemaah Islamiyah, welches den Zusammenschluss mehrerer Staaten (Malaysia, Indonesien, Singapur, Süd-Philippinen) zu einem islamischen Staat erreichen will und damit anstrebt, die regionale Ordnung zu ändern.

3.4.2 Dezentrale Netzwerk-Strukturen

Dezentral: ohne Mittelpunkt, ohne Zentrale

Das Gefährliche am transnationalen Terrorismus ist seine spezifische Organisationsform. Die Strukturen sind dezentral und netzwerkartig, erstrecken sich über den gesamten Planeten. Bei al-Qaida etwa sind Leitungsebene, Terrorzellen sowie in Verbindung stehende und „befreundete" Terrorgruppen in unterschiedlicher Intensität miteinander verbunden.

3.4.3 Finanzquellen und Unterstützung

Dem globalen Terrorismus ist es gelungen, sich auf unterschiedliche Weise zu finanzieren. Begünstigt wird er dabei durch die Globalisierung – so sind z. B. Kapitalverkehrskontrollen teilweise weggefallen, hinzu kommen die Liberalisierung der Finanzmärkte und der Abbau von Grenzkontrollen.

Auch staatliche oder halbstaatliche Organisationen unterstützen Terrororganisationen. Hierzu werden Diaspora-Gemeinschaften, Flüchtlinge, reiche Privatleute, Firmen, Stiftungen sowie religiöse oder wohltätige Einrichtungen gerechnet, die gezielt Spendengelder eintreiben. Eine andere Möglichkeit ist die Finanzierung über Drogenanbau und Geldwäsche.

3.4.4 Bekämpfungsstrategien

Beim Antiterrorkampf wird unterschieden zwischen operativen und strukturellen Maßnahmen: Der **operative** Bereich geht gegen bestehende terroristische Strukturen und Zellen vor. Ziel ist, weitere Anschläge zu vereiteln und den operativen Arm auszuschalten oder zu schwächen. Hierzu werden militärische Maßnahmen (wie in Afghanistan), Einsätze von Spezialkräften und Antiterroreinheiten, geheimdienstliche Aufklärung, polizeiliche Maßnahmen, Verbot von Organisationen sowie Vorkehrungen zur Austrocknung der Finanzquellen (z. B. Einfrieren von Konten, Kontrolle von Finanztransfers) gezählt.

Durch **strukturelle Maßnahmen** wird versucht, den Terroristen durch politische und sozioökonomische Maßnahmen die Basis zu entziehen. Aus diesem Grund stehen die Lösung von Regionalkonflikten (wie dem Nahost- oder dem Kaschmirkonflikt), die Stärkung von staatlichen Strukturen in weiten Teilen der Welt, die Eindämmung des Waffenhandels sowie die Stärkung von Regimen zur Nichtverbreitung von ABC-Waffen im Mittelpunkt.

Des Weiteren wird versucht, Demokratie und wirtschaftliche Modernisierung von Staaten und Gesellschaften voranzutreiben. Dies gilt schwerpunktmäßig für arabisch-muslimische Staaten, die bisher, nicht zuletzt aufgrund interner Entwicklungsblockaden und autoritärer Strukturen, von den ökonomischen Chancen der Globalisierung kaum profitiert haben. Aus diesem Grund sehen sich weite Teile dieser Gesellschaften als Verlierer einer globalisierten Welt, die vielfach als Synonym für westliche Dominanz steht – eine Haltung, die unter bestimmten Bedingungen Terroristen für ihre Ziele ausnutzen können.

Aufgaben

35 Untersuchen Sie, was man unter „globalem Terrorismus" versteht.

36 Legen Sie dar, wieso die NATO für den Frieden in Europa, aber auch weltweit von Bedeutung ist.

37 Untersuchen Sie mit Ihrem Sitznachbarn, wie sich Terrororganisationen finanzieren können.

38 Arbeiten Sie heraus, mit welchen Strategien man den Terrorismus bekämpfen kann.

39 Wo könnten Terroristen Anschlagsziele finden in:

  a einer kleinen Bäcker bzw. einer Großbank

  b Kindergärten bzw. an einer Uniklinik

  c der chemischen Industrie.

Wichtiges Wissen

Zu 3.1 Ursachen für Kriege zwischen Staaten

Es wird zwischen staatlichen und innerstaatlichen Konflikten (Bürgerkrieg) unterschieden. Ursachen für Kriege zwischen Staaten sind z.B. Territorialansprüche, Rohstoffe, Herrschaftsansprüche oder auch innenpolitische Schwierigkeiten.

Zu 3.2 Ursachen für einen innerstaatlichen Konflikt

Ursachen für einen Bürgerkrieg sind ethnische oder religiöse Konflikte, politische Unterdrückung oder auch soziale Ungerechtigkeiten.

Zu 3.3 Die NATO und der Frieden in Europa

28 Staaten bilden die NATO. Sie ist das bedeutendste Militärbündnis der Welt. Sie wurde 1949 von westlichen Staaten (USA, Frankreich …) gegründet, um die östlichen Staaten (Sowjetunion, Polen …) von einem Angriff abzuhalten.

Zu 3.4 Internationaler und globaler Terrorismus

Als „internationaler Terrorismus" werden Anschläge bezeichnet, bei denen gezielt ausländische Personen oder deren Eigentum oder aber das Territorium eines anderen Staates zum Angriffsobjekt werden. Ziel ist u.a., auf bestehende oder vermeintliche Missstände hinzuweisen.

Zu 3.4.1 Internationale Ausweitung

Der globale oder transnationale Terrorismus, beispielhaft verkörpert durch das islamistische Netzwerk von al-Qaida, erreicht ein globales, also weltumspannendes Gefährdungspotenzial. Angriffsziel ist die bestehende internationale Ordnung. Es wird versucht, mithilfe von weltumspannenden Ideologien (z.B. Religionen) die traditionellen Nationalstaaten zu überwinden.

Zu 3.4.2 Dezentrale Netzwerkstrukturen

Der transnationale Terrorismus tritt ohne Zentrum auf und erstreckt sich über die ganze Welt. Landesgrenzen bilden keine Schranken mehr. Es besteht eine Zusammenarbeit mit „befreundeten" Terrorgruppen.

Zu 3.4.3 Finanzquellen und Unterstützung

Dem globalen Terrorismus ist es gelungen, sich auf unterschiedliche Weise zu finanzieren. Begünstigt wird er dabei durch die Globalisierung – so sind z.B. Kapitalverkehrskontrollen teilweise weggefallen, hinzu kommen die Liberalisierung der Finanzmärkte und der Abbau von Grenzkontrollen.

Zu 3.4.4 Bekämpfungsstrategien

Es ist zu unterscheiden zwischen operativen und strukturellen Maßnahmen. Operativ ist z.B. ein polizeiliches oder militärisches Vorgehen.

Strukturelle Maßnahmen sind beispielsweise die Verbesserung staatlicher Strukturen oder auch die Modernisierung der Wirtschaft, um die Lebensverhältnisse der Bevölkerung zu verbessern.

4 Die UNO

UNO-Hauptversammlung

Arbeitsvorschläge

39 Beschreiben Sie das Bild.

40 Versuchen Sie das Bild zu interpretieren.

In den Vereinten Nationen (UN) haben sich 193 Staaten zusammengeschlossen. Ziele sind die Sicherung des Weltfriedens und die Schaffung von menschenwürdigen Lebensbedingungen. Der Vorläufer der UN war der Völkerbund (1920–1946), der nach dem Ersten Weltkrieg gegründet wurde. Der Völkerbund scheiterte, da er die Interessen der verschiedenen Großmächte seiner Zeit nicht zum Ausgleich bringen konnte.

Die UN wurden 1945 von 51 Staaten gegründet. Deutschland trat den UN 1973 bei.

Nach zwei verheerenden Kriegen innerhalb weniger Jahrzehnte sollte eine handlungsfähige Organisation den Völkerbund ablösen. Allerdings zeigt sich, dass ein Interessenausgleich zwischen den aktuell führenden Mächten schwierig und sehr langwierig ist und häufig scheitert.

Folge ist, dass die UN nicht handlungsfähig sind, wenn z. B. keine Einigung unter den ständigen Mitgliedern erzielt werden kann.

UN-Generalsekretär
António Guterres

UNO: 193 Mitglieder
Gegründet: 1945
Vorläufer: Völkerbund
1920–1946
Beitritt Deutschlands
1973

4.1 Aufgaben der UNO

Zentrale Aufgaben der UNO sind

- die Wahrung des Weltfriedens und der Sicherheit der Mitgliedstaaten,
- die Achtung der Menschenrechte durchzusetzen,
- freundschaftliche Beziehung zwischen den Staaten zu bewahren und zu fördern. Jedes Land ist prinzipiell gleichberechtigt.

Es soll ein „positiver" Frieden erreicht werden. Neben der Vermeidung von Gewalt sollen auch die wesentlichen Menschenrechte gewährleistet werden und ein Mindestmaß an sozialer Gerechtigkeit.

Des Weiteren haben alle Mitgliedstaaten zugesichert, internationale Streitigkeiten friedlich beizulegen. Als Folge dürfen die Mitgliedstaaten ihre Interessen nicht mit Gewalt oder Androhung von Gewalt durchsetzen und sind verpflichtet, die Weltorganisation bei allen Maßnahmen zu unterstützen. Es bestehen zwei Ausnahmen von diesen Grundsätzen. Kommt es zum Bruch oder der Bedrohung des Weltfriedens, kann der UN-Sicherheitsrat Zwangsmaßnahmen gegen den Friedensstörer beschließen. In diesem Fall wäre z. B. die Anwendung militärischer Gewalt möglich.

Die zweite Möglichkeit ist das Selbstverteidigungsrecht eines angegriffenen Staates. Das betroffene Land darf auch andere Staaten um Hilfe bei der Verteidigung bitten.

4.2 Wichtige Organe der UNO

Das Kernstück der UNO sind seine sechs Hauptorgane. Vier von ihnen sind von herausragender Wichtigkeit.

M10

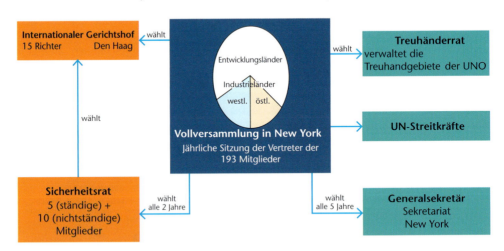

4.2.1 Generalversammlung (GV)

Der Generalversammlung mit Sitz in New York gehören alle 193 Mitgliedstaaten an. Sie nimmt eine Zentralstellung im System der UNO ein und entscheidet über die Zusammensetzung anderer Organe und übt z. B. die Haushaltskontrolle aus. Bei Abstimmungen hat jedes Land eine Stimme.

4.2.2 Sicherheitsrat (SR)

Der Sicherheitsrat mit Sitz in New York ist das Organ mit dem größten Einfluss. Er besteht aus 15 Mitgliedern. Fünf sind **ständige Mitglieder** (China, Frankreich, Großbritannien, Russland und die USA) und zehn sind **nicht ständige Mitglieder**. Diese werden für zwei Jahre von einer Zweidrittelmehrheit der GV gewählt.

Welche Länder gewählt werden können, wird nach einem **regionalen Schlüssel bestimmt** (drei Staaten aus Afrika, zwei aus Asien und Lateinamerika, eins aus Osteuropa und zwei aus Westeuropa bzw. aus den übrigen westlichen Ländern Australien, Kanada oder Neuseeland). Der SR trägt die Hauptverantwortung für die Wahrung des Weltfriedens sowie der internationalen Sicherheit. Die Bedeutung der ständigen Mitglieder ist deswegen so hoch, weil diese ein Vetorecht haben. Das bedeutet, dass diese Länder jede Entscheidung, die sie nicht mittragen wollen oder die ihren Interessen zuwiderläuft, verhindern können.

Ständige Mitglieder:
China, Frankreich, Großbritannien, Russland und USA

Ständige Mitglieder besitzen Vetorecht, können also jede Entscheidung blockieren.

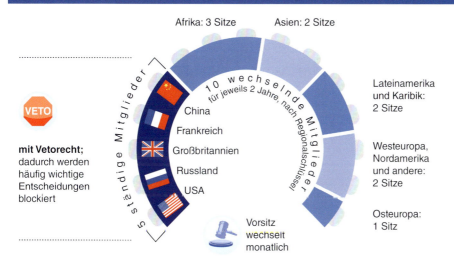

4.2.3 Internationaler Gerichtshof (IGH)

Der Internationale Gerichtshof mit Sitz in Den Haag (Niederlande) ist ein unabhängiges Organ und wird nicht vom SR beeinflusst. Der IGH wird von 15 unabhängigen Richtern aus verschiedenen Ländern gebildet. Die Richter werden von der Generalversammlung und dem Sicherheitsrat in getrennten Wahlgängen für neun Jahre gewählt. Der IGH entscheidet bei Streitigkeiten zwischen Staaten; die Entscheidung ist endgültig, eine Revisionsinstanz gibt es nicht. Das Gericht wird nur tätig, wenn die Staaten die Gerichtsbarkeit des Streits gegenseitig anerkannt haben. Als weitere Aufgabe erstellt der IGH auf Ersuchen von Sicherheitsrat, Generalversammlung oder Sonderorganisationen Rechtsgutachten.

4.2.4 Generalsekretär

Die Vereinten Nationen beschäftigen mit allen Unterorganisationen etwa 50 000 Menschen. An ihrer Spitze steht der Generalsekretär. Er wird von der GV auf Vorschlag des Sicherheitsrats für fünf Jahre gewählt. Eine Wiederwahl ist möglich. Die ständigen Mitglieder des SR können ein Veto einlegen. Aus diesem Grund einigen sich die ständigen Mitglieder bereits vorab auf einen Kandidaten. Bei der Wahl des Generalsekretärs wird darauf geachtet, dass die fünf Kontinente abwechselnd zum Zuge kommen. So folgte 2007 auf den Afrikaner Kofi Annan (Ghana) Ban Ki-moon (Südkorea). Einmal im Jahr erstattet der Generalsekretär der GV Bericht über die wesentlichen Tätigkeiten der UNO. Dabei erörtert der Generalsekretär häufig auch aktuelle Weltprobleme.

Aufgaben

41 Es gibt die EU, es gibt die UNO. Diskutieren Sie in der Klasse, ob solche internationalen Organisationen in unserer schnelllebigen Zeit überhaupt noch eine Zukunft haben.

42 Nennen Sie die fünf ständigen Mitglieder und arbeiten Sie heraus, warum diese Mitglieder die Machtverteilung in der Welt nicht mehr widerspiegeln.

43 Diskutieren Sie, wie eine neue Machtverteilung zwischen den Ländern in der UNO aussehen könnte.

44 Beschreiben Sie die Entwicklung hin zur UNO.

45 Arbeiten Sie heraus, welche Aufgaben die UNO hat.

46 Bilden Sie Gruppen. Jede Gruppe stellt ein Hauptorgan der UNO aus **M10** vor.

António Guterres
ab 2017
 Portugal

Ban Ki Moon
seit 2007
 Südkorea

Kofi A. Annan
1997–2006
 Ghana

Butros Butros-Ghali
1992–1996
 Ägypten

Javier Perez de Cuellar
1982–1991
 Peru

Kurt Waldheim
1972–1981
 Österreich

Sithu U Thant
1961–1971
 Birma

Dag Hammarskjöld
1953–1961
Schweden

Trygve Lie
1946–1952
Norwegen

dpa•24782
Quelle: UNO

4.3 Mit welchen Mitteln kann die UNO den Frieden sichern?

Ursprünglich war ein kollektives Friedenssicherungssystem vorgesehen. Dieses konnte allerdings nicht umgesetzt werden, da kein Land bereit war, militärische Einsatzkräfte unter UNO-Kommando zu stellen. Die UNO hat in ihrer Geschichte drei Formen von friedenssichernden Maßnahmen zugelassen, die hier erläutert werden.

Maßnahmen zur Friedenssicherung:
– Blauhelme (Peacekeeping)
– Robuste Einsätze (robustes Peacekeeping)
– Kampfeinsatz

4.3.1 Blauhelme (Peacekeeping)

1. Generation von Friedenseinsätzen

Trotz des Dauerkonflikts zwischen den ständigen Mitgliedern gelang es im Wege des Konsenses, mit den beteiligten Staaten ein Instrument zur Friedenssicherung zu entwickeln, die sogenannten Blauhelmeinsätze oder Peacekeeping. Die Blauhelme der ersten Generation wurden eingesetzt bei Kriegen zwischen Staaten. Nach dem Einverständnis der Konfliktparteien kontrollieren die Blauhelme den vereinbarten Waffenstillstand oder Friedensvertrag. Gewalt wurde ausschließlich zur Selbstverteidigung ausgeübt, die Truppe war strikt neutral. Eingesetzt wurde diese erste Generation der Friedensmission zwischen 1948 und 1988 z. B. in Afrika (Kongo), Asien (Kaschmirtal), im Nahen Osten (Palästina/Sinai) oder auch in Europa (Zypern). Die UNO trug damit maßgeblich zur Kontrolle der Konflikte bei – allerdings war der Preis, dass die Blauhelme jahrzehntelang vor Ort präsent sein mussten.

2. Generation von Friedenseinsätzen

Parallel zum Zerfall des Ostblocks Ende der 1980-Jahre kam es zur Entwicklung der zweiten Generation von Friedenseinsätzen. Dieses Mal mussten auch zerfallene Staaten, wie im ehemaligen Jugoslawien oder Somalia (1992–1994), befriedet werden. Somit mussten neben der Überwachung von Waffenstillständen auch politische, soziale und ökonomische Konflikte gelöst werden. Polizei und ziviles Personal zum Aufbau des Landes wurden wichtige Partner (Staatsbildung – Statebuilding). Einige Einsätze wie in Namibia und Kambodscha konnten schnell abgeschlossen werden.

In Somalia und Jugoslawien bedeutete die Unterzeichnung von Friedens- oder Waffenstillstandsvereinbarungen keineswegs ein Ende der Gewalt.

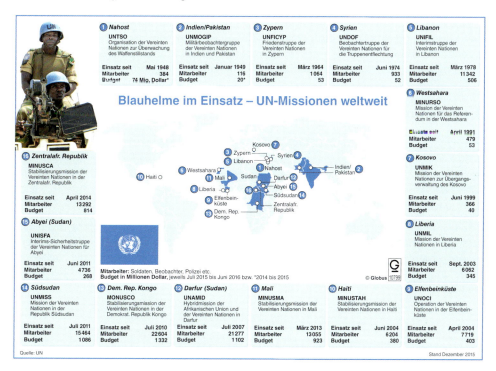

Blauhelme im Einsatz – UN-Missionen weltweit

Warlord = militärischer Machthaber in einem vom Bürgerkrieg zerrissenen Land

Friedensverträge wurden gebrochen, wenn sich die Konfliktparteien einen Vorteil davon versprachen. In diese Gewaltspirale waren nationale, regionale, lokale Führer und Warlords verstrickt.

Die Blauhelme, die traditionell auf persönliche Selbstverteidigung beschränkt sind, scheiterten in Somalia, Jugoslawien und Ruanda.

4.3.2 Robustes Peacekeeping (3. Generation von Friedenseinsätzen)

Die gescheiterten Missionen der zweiten Generation führten zu zwei Änderungen. Die Grundsätze des Peacekeepings galten weiter. Ergänzt wurden sie um den Auftrag,

- Gewalt im Sinne militärischer Zwangsmaßnahmen im begrenzten Umfang zur Verteidigung auszuüben und
- zur Durchsetzung des Mandats.

UN-Patrouille im Sudan

OSZE = Organisation für Sicherheit und Zusammenarbeit in Europa; Ziele: die Schaffung von umfassender und ungeteilter Sicherheit, Konfliktverhütung und Konfliktmanagement in allen Phasen von Konflikten und Krisen im OSZE-Raum

Hierzu wurden die eingesetzten Truppen schwerer bewaffnet, damit notfalls auch der militärische Auftrag erfüllt werden konnte. Die zweite Änderung war, dass jetzt andere Organisationen wie die NATO den militärischen Aspekt übernahmen und sich die UNO mit anderen Organisationen wie der OSZE um zivile und ökonomische Aufgaben im betroffenen Land kümmerte.

Ziel des robusten Mandats ist es, ein sicheres Umfeld für den Wiederaufbau durch die zivilen Organisationen zu schaffen.

4.3.3 Bewusster Kampfeinsatz (4. Generation von Friedenseinsätzen)

Am 28.03.2013 wurde die Monusco-Mission einstimmig vom Sicherheitsrat beschlossen. Bei dieser Mission wird eine Eingreiftruppe in den Kongo entsandt, um gegen Rebellen im Osten des zentralafrikanischen Landes vorzugehen. Es wurde zwar betont, dass dieser Kampfeinsatz eine Ausnahme bleiben wird, dennoch zählen Kampfeinsätze jetzt zum Repertoire der UNO.

4.3.4 Die Grenzen der Belastung

Im Jahr 2000 waren etwa 20 000 UN-Blauhelme im Einsatz, Mitte 2010 waren es bereits etwa 121 000. Im gleichen Zeitraum hat sich das Budget der UNO für friedenssichernde Maßnahmen auf derzeit 7,8 Mrd. US-Dollar beinahe verfünffacht. Viele Fachleute vertreten die Ansicht, dass damit die Grenze der Leistungsfähigkeit von Truppen stellenden Staaten, Geldgebern und Verwaltungskapazitäten der UNO erreicht ist.

Zu den Gründen dieser Entwicklung gehören die steigende Zahl von personalintensiven Einsätzen in Regionen mit kaum vorhandener Infrastruktur, die zunehmend schwieriger werdenden Aufgabenstellungen von Missionen, immer längere Einsatzzeiträume, die weltweite Finanz- und Schuldenkrise in den Industrienationen sowie die stockende Reform der UNO-Strukturen.

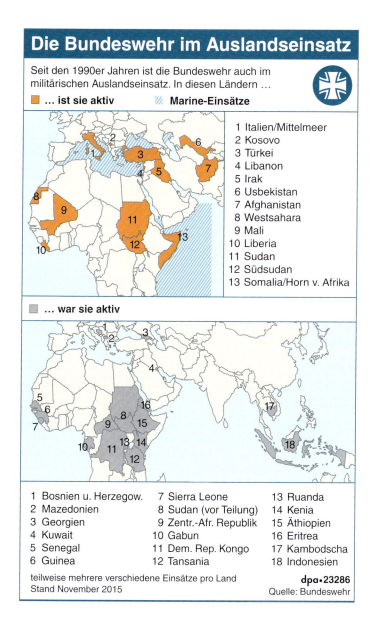

4.4 Muss die UNO reformiert werden?

Auf die UNO kommt eine wachsende Zahl schwieriger Herausforderungen zu. So muss die UNO z. B. zunehmend Auslandseinsätze organisieren. Das ist schwierig, weil ihre institutionellen Strukturen, Arbeitsweisen und Entscheidungswege seit der Gründung 1945 nicht verändert wurden. So ist beispielsweise der SR auf die Zustimmung aller ständigen Mitglieder angewiesen. Da die ständigen Mitglieder ihre eigenen Interessen verteidigen und Misstrauen zwischen ihnen herrscht, fehlt es häufig an der Einstimmigkeit und es kommt zur Selbstblockade des SR.

Bei einer Reform muss unterschieden werden zwischen **internen** Organisationsrechtsreformen, die **ohne** Änderung der **Charta** möglich sind, und Verfassungsänderungen, die nur **mit** einer Chartaänderung einhergehen. Die Hürde für eine Chartaänderung ist kaum zu bewältigen – neben einer Zweidrittelmehrheit der stimmberechtigten Staaten müssen auch alle ständigen Mitglieder zustimmen. Diese Hürde konnte beim letzten großen Reformversuch 2005 nicht genommen werden.

Probleme der UNO:
- Selbstblockade des SR
- Der SR spiegelt die Welt von 1945 wider.

4.4.1 Probleme des Sicherheitsrats

Der SR spiegelt immer noch die Welt von 1945 wider. Die Hauptsiegerländer des Zweiten Weltkriegs haben sich im SR besondere Privilegien gesichert. Sie sind dauerhafte Mitglieder und ein Beschluss des SR setzt die Zustimmung aller ständigen Mitglieder voraus. Diese besitzen ein Vetorecht.

In den letzten Jahrzehnten haben die Schwellenländer wie etwa Indien, Brasilien, Argentinien oder auch Indonesien an internationalem Einfluss gewonnen, die Bevölkerungszahlen wie auch die Wirtschaft sind erheblich gewachsen. Keines dieser Länder hat einen ständigen Sitz im SR. Kein afrikanisches Land ist ständiges Mitglied.

Im Gegenzug besitzen drei europäische Länder (Frankreich, Großbritannien und Russland) ständige Sitze. Frankreich und Großbritannien sind bevölkerungsmäßig eher als klein zu bezeichnen. Ihre wirtschaftliche Bedeutung nimmt ebenfalls ab. Dazu kommt, dass die Verlierer des Zweiten Weltkriegs Deutschland und Japan als bedeutende Wirtschaftsmächte ebenfalls Ansprüche auf einen ständigen Sitz geltend machen. Reforminitiativen treffen auf erheblichen Widerstand der ständigen Mitglieder. So wollten beim letzten Reformversuch die USA das Aufrücken von Deutschland und China das Aufrücken von Japan verhindern.

4.4.2 Militärische Sicherheit

Die UNO soll den Frieden sichern. Militärisches Eingreifen gegen andere Staaten bedarf eigentlich eines UNO-Mandats. Allerdings war bislang kein Land bereit, die Kompetenz über Truppen an die UNO abzutreten.

Da die ständigen Mitglieder eifersüchtig ihre Interessen schützen und häufig Misstrauen herrscht (die westlichen Länder Großbritannien, Frankreich und die USA auf der einen Seite und Russland und China auf der anderen), kommt es oft zu keinem Beschluss. Somit ist die UNO häufig gelähmt und nicht handlungsfähig.

Aus diesem Grund wird immer wieder versucht, die Bestimmungen der Charta zu umgehen. Notfalls handeln die ständigen Mitglieder auch ohne Zustimmung der UNO. Die UNO kann hiergegen nichts unternehmen, da Beschlüsse gegen das Vorgehen eines ständigen Mitglieds nicht möglich sind, weil das ständige Mitglied einfach sein Veto gegen Beschlussvorlagen einlegen kann.

Marginalisierung = Bedeutungslosigkeit

Die Autorität der Vereinten Nationen ist angesichts neuer Bedrohungen bereits seit den 1990er-Jahren, vor allem aber seit den Terrorangriffen auf die USA vom 11. September 2001 zunehmenden Belastungsproben ausgesetzt. Nach der weitgehenden Marginalisierung der UNO in der Irak-Krise 2003 und einem nur mäßig erfolgreichen Reformgipfel im September 2005 läuft die Organisation Gefahr, ihre Bedeutung als einzigartiges globales Politikforum zu verlieren.

Aufgaben

47 Arbeiten Sie mit Ihrem Sitznachbarn heraus, wie die UNO in den Mitgliedsländern und zwischen den Mitgliedsländern den Frieden sichern kann.

48 Diskutieren Sie in der Klasse, warum die UNO an ihre Belastungsgrenze kommt. Informieren Sie sich auch über das Internet, welche Gründe es hierfür gibt.

49 Erarbeiten Sie mit dem Sitznachbarn, welcher Reformbedarf bei der UNO besteht.

Wichtiges Wissen

Zu 4 Die UNO

In der Organisation der Vereinten Nationen haben sich derzeit 193 Staaten in der Absicht zusammengeschlossen, den Weltfrieden zu bewahren und menschenwürdige Lebensbedingungen für die Völker der Welt zu gewährleisten. Die UNO wurde 1945 von 51 Staaten gegründet. Deutschland trat der UNO 1973 bei.

Zu 4.1 Aufgaben der UNO

Zentrale Aufgaben sind u. a.

- die Wahrung des Weltfriedens und der Sicherheit der Mitgliedstaaten,
- die Achtung der Menschenrechte durchzusetzen,
- freundschaftliche Beziehungen zwischen den Staaten zu bewahren und zu fördern.

Mitgliedstaaten haben internationale Streitigkeiten friedlich beizulegen.

Zu 4.2 Wichtige Organe der UNO

- Die Generalversammlung (GV): 193 Mitglieder, jedes Land hat eine Stimme. Sie bestimmt über die Zusammensetzung anderer Organe und übt Haushaltskontrolle aus.

- Der Sicherheitsrat (SR): 15 Mitglieder, davon fünf ständige Mitglieder. Die ständigen Mitglieder besitzen ein Vetorecht und können daher jede getroffene Entscheidung von Sicherheitsrat und Generalversammlung blockieren.

- Der Internationale Gerichtshof (IGH) entscheidet über Streitigkeiten zwischen Staaten. Das Gericht wird nur tätig, wenn die Staaten die Gerichtsbarkeit des Streits gegenseitig anerkannt haben.

- An der Spitze der Vereinten Nationen steht der Generalsekretär. Er wird für fünf Jahre gewählt. Bei der Wahl des Generalsekretärs wird darauf geachtet, dass die fünf Kontinente abwechselnd zum Zuge kommen.

Zu 4.3 Mit welchen Mitteln kann die UNO den Frieden sichern?

Blauhelmmissionen können mit verschieden scharfen Maßnahmen ergriffen werden. Es ist von der Beobachtung und Grenzsicherung über den Wiederaufbau eines Staates unter dem Schutz militärischer Maßnahmen bis zur aktiven Bekämpfung von Rebellen mittlerweile alles denkbar. Es können auch Organisationen wie die NATO mit der Mandatsausübung betraut werden.

Zu 4.4 Muss die UNO reformiert werden?

Der Sicherheitsrat mit Sonderrechten für fünf ständige Mitglieder spiegelt die Verhältnisse von 1945 wider. Neue Entwicklungen werden nicht berücksichtigt. So sind große Schwellenländer wie Brasilien oder Indien nicht in den Sicherheitsrat eingebunden. Ebenso fehlt ein afrikanisches Land. Auch die Verlierer des Zweiten Weltkriegs wie Deutschland und Japan bleiben außen vor.

Methodenverzeichnis

M1 — Kugellagermethode oder kommunikatives Stühlerücken

Beschreibung

Die Kugellagermethode verbessert die kommunikative Kompetenz der Teilnehmer. Dies wird vor allem darüber erreicht, dass die Teilnehmer ihre Gedanken, Meinungen und Ergebnisse zum behandelten Inhalt austauschen.

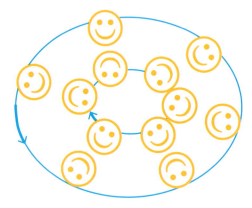

„Kugellager" / Innenkreis–Außenkreis

Durchführung

Die Teilnehmer bauen mit ihren Stühlen zwei Kreise auf: einen inneren und einen äußeren Kreis. Dabei sitzt jeweils ein Teilnehmer vom inneren Kreis einem Teilnehmer vom äußeren Kreis gegenüber.

Die Teilnehmer des inneren Kreises tragen jetzt die Ergebnisse einer Aufgabe oder eine Hausaufgabe ihrem Gegenüber vor. Die Teilnehmer des äußeren Kreises hören zu und geben die wesentlichen Punkte nochmals wieder. Auf diese Weise können die Teilnehmer kontrollieren, ob die Kernpunkte verstanden wurden.

Die Hälfte der Teilnehmer sprechen also gleichzeitig. Aus diesem Grund müssen die sprechenden Teilnehmer auf ihre Lautstärke achten.

Ist eine Aufgabe erfolgreich abgeschlossen worden, gibt die Lehrkraft das Signal, dass die Teilnehmer des inneren Kreises im Uhrzeigersinn weiterrücken sollen. Dieses Vorgehen lässt sich beliebig wiederholen und wird an geeigneter Stelle abgebrochen.

Vorteile

Diese Methode hat den Vorteil, dass sich in der Regel jeder Teilnehmer äußert und mit dem Gegenüber austauscht.

Spinnennetzmethode

M2

Beschreibung

Die Spinnennetzmethode eignet sich, um Ursachen nachzugehen, Zusammenhänge darzustellen oder Folgen aufzuzeigen. Ziel ist die Stärkung der inneren (intrinsischen) Motivation. Im Unterricht wird über das Thema „Sozialversicherungen" gesprochen. Gemeinschaften erbringen Leistungen. Wie sind die Einzelnen an den Gemeinschaftsleistungen der Gesellschaft beteiligt? Die Teilnehmer können über diese Methode sensibilisiert werden, wer Leistungen aus der Sozialversicherung erhält. So nehmen beispielsweise alle Leistungen aus der Krankenversicherung in Anspruch.

Durchführung

Die Teilnehmer stellen sich im Kreis auf und werfen sich eine Kordel mit mindestens 10 m Länge zu. Auf diese Weise entsteht ein Netz, das die Teilnehmer gesponnen haben. Die Lehrkraft hat jetzt die Möglichkeit, die Teilnehmer nach der Bedeutung des entstandenen Netzes zu fragen und kann so im weiteren Verlauf z. B. auf die Sozialversicherung eingehen.

Verschiedene Durchführungen sind denkbar. So kann das entstandene Netz auf einem Tisch abgelegt werden oder ein Teilnehmer wird vom Netz getragen.

Vorteile

Eine Diskussion zwischen den Teilnehmern entsteht. Sie äußern Erfahrungen, Bedenken und Hoffnungen.

M3 Karikatur

Beschreibung

Karikaturen werden im Unterricht eingesetzt, um politische, wirtschaftliche oder gesellschaftliche Probleme zu analysieren. Die Karikatur hebt ein bestimmtes Problem hervor, um darauf aufmerksam zu machen. Sie erreicht ihr Ziel durch die Visualisierung von Menschen oder gesellschaftlichen Zuständen. Die Karikatur provoziert, in dem sie übertreibt und damit zum Schmunzeln oder Ärgern führt.

Durchführung

- Der Lehrkraft legt die Karikatur auf den Overheadprojektor und lässt die Lernenden das Bild beschreiben (Personen, Gegenstände und Text).
- Anschließend ist die Bildsprache (Symbolik) zu bestimmen: wann ist das Bild entstanden, wer war der Adressat und welche Stilmittel wurden verwendet.
- Die Lernenden bestimmen die Aussagen der Karikatur.
- Zum Schluss folgt die Bewertung, was uns die Karikatur sagen will.

Es gibt viele Variationsmöglichkeiten. So können verschiedene Karikaturen verglichen werden, um die Standpunkte der Karikaturisten deutlich zu machen oder eigene Karikaturen erstellt werden, um das Verständnis von Karikaturen zu fördern.

Vorteile

Karikaturen zu analysieren, fordert wenig Arbeitsaufwand und regt die Diskussion im Unterricht an.

Pro-und-Kontra-Debatte

M4

Beschreibung

Die Teilnehmer stellen kurz ihre Argumente bzw. Gegenargumente zu einem Thema dar. Ziel der Debatte ist es, eine Problemlösung zu finden und den Zuhörern die Möglichkeit einzuräumen, sich in einer Streitfrage zu positionieren.

Durchführung

- Themenfindung
- Auslosung der Pro- oder Kontra-Ansicht, Wahl des Führungspersonals
- 15 Minuten Vorbereitung bzw. Einarbeitung
- Der Präsident bzw. das Präsidium leitet die Debatte; sie beginnt mit einer kurzen Einleitung und der Benennung des Themas.
- Die Pro-Fraktion beginnt, die Kontra-Fraktion erwidert (Zeit: 5–10 Min.).
- Das Präsidium wacht über die Einhaltung der zeitlichen Vorgaben.
- Abstimmung über das behandelte Thema
- Auswertung der Debatte (z. B. Gestik, Vortragsstil und Argumente)

Die einzelnen Punkte der Durchführung müssen an die Klassensituation angepasst werden. Den Rednern ist ein Feedback zu geben.

Vorteile

Die Teilnehmer können ihre Kompetenz im demokratischen Verhalten verbessern.
Es wird

- die Bereitschaft, die Perspektive zu wechseln, gestärkt,
- die Achtung, andere Meinungen gelten zu lassen, und das gegenseitige Zuhören eingeübt.

M5 Fishbowl

Beschreibung

Eine mit der Fishbowl-Methode geführte Diskussion stellt eine einfache und oftmals sehr wirkungsvolle Alternative zu Pro-und-Kontra-Debatten oder Podiumsdiskussionen dar. Vorteilhaft ist insbesondere der Wegfall starrer Hierarchien zwischen den Diskutierenden auf dem Podium und dem Plenum.

Fishbowl eignet sich insbesondere für Diskussionen innerhalb größerer Gruppen ab 15 bis 20 Teilnehmern, bei Streitfragen, in denen Alternativen abzuwägen sind, und offenen Diskussionsrunden, in denen Standpunkte und Argumente ausgetauscht werden sollen. Fishbowl kann sowohl im Vorfeld einer Entscheidungsfindung als auch in der Reflexion nach der Entscheidungsfindung sinnvoll eingesetzt werden.

Durchführung

Bei einer Fishbowl werden ein innerer und ein äußerer Stuhlkreis gebildet. Im inneren Kreis stehen vier bis sechs Stühle, im äußeren Kreis die Stühle für die restlichen Teilnehmer.

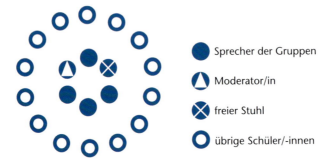

Nach Beendigung der Gruppenarbeitsphase setzen sich die Gruppensprecher in den inneren Stuhlkreis zum Moderator. Dies kann der Lehrer, aber auch ein Schüler sein.

An der Diskussion teilnehmen können nur die Teilnehmer des inneren Kreises, der äußere Kreis (Plenum) hört erst einmal zu. Möchte sich jemand aus dem äußeren Kreis an der Diskussion beteiligen, begibt er sich in den inneren Kreis und setzt sich auf den freien Stuhl. Sind alle Stühle des inneren Kreises besetzt und möchte noch jemand an der Diskussion teilnehmen, so stellt er sich hinter einen Stuhl des inneren Kreises. Der dort Sitzende muss dann vom inneren Kreis ins Plenum wechseln.

Jeder Diskussionsteilnehmer des inneren Kreises kann diesen jedoch auch aus eigenem Antrieb verlassen, wenn er alles gesagt hat oder pausieren möchte. Danach kann er aber auch wieder in den inneren Kreis zurückkehren.

Vorteile

Durch die offene Diskussionskultur schwächen sich Dominanzverhältnisse ab. Vielredner und Blender fallen auf und werden zumeist schnell zu Gunsten von Schülern, die wirklich etwas zu sagen haben aus der Diskussionsrunde des inneren Kreises entfernt.

Gruppenpuzzle

M6

Beschreibung

Das Gruppenpuzzle ist eine besondere Form der Gruppenarbeit. Hierbei wird ein von der Lehrperson vorbereiteter Wissensinhalt zu einem bestimmten Thema in mehreren Etappen von stets neu zusammengesetzten Schülergruppen erarbeitet. Das Gruppenpuzzle ist als Methode anspruchsvoll. Darum eignet es sich in erster Linie für Aufgabenstellungen und Inhalte, die so komplex sind, dass sie mit einfacheren Methoden nicht genauso effizient und tiefgehend behandelt werden können.

Durchführung

Die Durchführung eines Gruppenpuzzles erfolgt in vier aufeinanderfolgenden Phasen.

- **Vorbereitungsphase**: Das gewählte Thema wird in möglichst gleichwertige Teilbereiche (Puzzleteile) zerlegt oder „zersägt". Deshalb heißt das Gruppenpuzzle in englischer Sprache auch Jigsaw (von saw = Säge).

- **Stammgruppenphase**: Zunächst werden zahlenmäßig gleich starke Stammgruppen in bewusster Auswahl oder nach dem Zufallsprinzip gebildet. Innerhalb jeder Stammgruppe sitzen Schülerinnen und Schüler ohne spezielle (Vor-)Kenntnisse zu ihrem Teilthema zusammen. Für jedes einzelne Teilthema (Puzzleteil) wird innerhalb der Stammgruppe dann mindestens ein Experte ausgebildet.

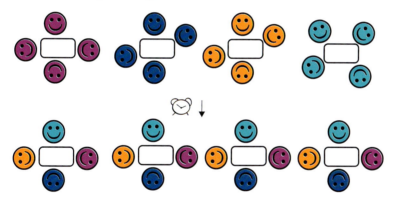

- **Expertenphase**: Danach verlassen die Teilnehmer ihre Stammgruppen und finden sich mit den Experten der anderen Stammgruppen zusammen, um ihr Teilthema zu diskutieren.

- **Informationsphase**: Nun kehren die Teilnehmer in ihre jeweilige Stammgruppe zurück. Jeder trägt nun sein in der Expertenphase erworbenes Wissen den anderen Gruppenmitgliedern vor, womit sich in jeder Gruppe am Ende ein fertiges Puzzle ergibt. Im Anschluss kann noch eine Reflexionsphase mit der gesamten Klasse erfolgen.

Vorteile

Alle Teilnehmer setzen sich in der Tiefe mit einer Problematik oder einem Sachverhalt auseinander, den sie zudem anderen auch noch erklären sollen. Die Chance, dass jeder Teilnehmer einen Wissenszuwachs verzeichnet, ist sehr hoch.

M7 Mindmapping

Beschreibung

Eine Mindmap stellt die visuelle Veranschaulichung von Sachverhalten oder Themen dar, die innerhalb einer netzwerkartigen Struktur abgebildet werden. Die Methode des Mindmapping eignet sich insbesondere zur Reduzierung umfangreicher und/oder komplexer Themenbereiche auf deren Kern. Zudem bedient sie durch Visualisierung den primären Lernkanal der meisten Schüler, das Auge. Darüber hinaus eignen sich Mindmaps sehr gut als Ideensammlung oder Brainstorming.

Durchführung

Grundlage einer Mindmap ist ein leeres, möglichst großes Blatt Papier. Dieses wird im Querformat verwendet. In die Mitte des Blattes wird der Begriff geschrieben, der das zentrale Thema (Kern) der Mindmap bildet. Ausgehend von diesem Begriff werden Striche (Äste) gezeichnet, an deren Ende bestimmte, mit dem Hauptthema verbundene Schlüsselbegriffe stehen. Von jedem dieser Schlüsselbegriffe gehen nun weitere Striche (Zweige) ab, an deren Ende Begriffe aufgelistet sind, die mit den Schlüsselbegriffen in Verbindung stehen. Die Äste sollten dabei dicker gezeichnet werden als die Zweige. Auch ist es sinnvoll, unterschiedliche Farben zu verwenden.

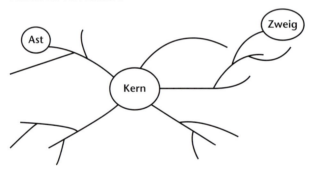

Der optischen Gestaltung einer Mindmap ist innerhalb ihrer vorgegebenen Struktur prinzipiell keine Grenzen gesetzt, sodass alle Teilnehmer hierbei sehr kreativ arbeiten können.

Vorteile

Eine Mindmap hat zahlreiche Vorteile: An erster Stelle ist die klare und übersichtliche Struktur zu nennen. Es wird das Wesentliche herausgearbeitet und in Kurzform sinnvoll dargestellt. Das schafft sozusagen „Ordnung im Kopf". Die Logik ist dabei durch die Netzwerkstruktur jederzeit offensichtlich. Zudem kann sie auch später noch ergänzt und erweitert werden.

Für künstlerisch veranlagte Menschen bietet eine Mindmap die Möglichkeit, ihre Fähigkeiten und Neigungen durch Farben und Formen innerhalb der Mindmap auszudrücken. Grundsätzlich kann man sich durch eine Mindmap Inhalte leichter merken.

Szenario

M8

Beschreibung

Die Szenario-Technik ist mehr als nur eine Methode zur Unterrichtsgestaltung. Sie ist auch in Wirtschaft und Forschung außerordentlich beliebt und stellt bis heute so etwas wie den "Klassiker der modernen Zukunftsforschung" dar. Die Szenario-Methode stellt "mögliche Zukünfte" dar, beschreibt also systematisch entwickelte, für andere nachvollziehbare, sprachlich ausformulierte Zukunftsentwürfe.

Die Szenario-Technik ist eine kreative Gestaltungsmethode. Sie eignet sich insbesondere zur Förderung bestimmter Schlüsselqualifikationen und der Freisetzung von Fantasie in Verbindung mit dem Blick auf die Realität. Zudem werden die Fähigkeiten zur Antizipation und Partizipation gefördert.

Durchführung

Ausgehend vom Status quo, von der gegenwärtigen Situation, entwickeln die Teilnehmer verschiedene mögliche Zukunftsvisionen. Auf Grundlage gegenwärtiger Fakten und vorherrschender Entwicklungen werden insgesamt drei Szenarien entworfen, die in einem sogenannten Szenariotrichter folgendermaßen dargestellt werden können:

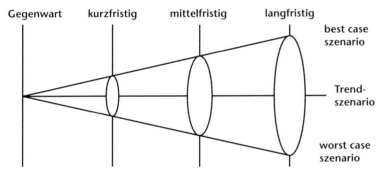

- **Trendszenarien** stellen eine neutrale Fortführung der bisherigen Entwicklung dar. Ein Trendszenario beschreibt die Zukunft unter der Prämisse, dass alles so weiterläuft wie bisher.
- **Positives Extremszenario** meint den bestmöglichen Verlauf einer Entwicklung für die Zukunft. Dazu gehören auch das Einbeziehen glücklicher Zufälle und Umstände.
- **Negatives Extremszenario** bedeutet "schlimmer geht's nimmer". Hierbei wird der schlechteste Verlauf einer Entwicklung angenommen (Horrorszenario) oder auch Murphy's Gesetz angewendet: Wenn etwas schief gehen kann, geht es auch schief.

Vorteile

Durch die Gegenüberstellung zweier unterschiedlicher Extremszenarien wird zunächst einmal die Fantasie angeregt sowie die Bereitschaft, sich mit möglichen Zukunftsentwicklungen überhaupt auseinanderzusetzen. In einem nachgelagerten Prozess werden hierdurch oftmals Fragen nach Maßnahmen aufgeworfen, die ergriffen werden können, um das positive Szenario zumindest ansatzweise zu realisieren.

Stichwortverzeichnis

450-Euro-Job 130

A

Abgeordnete 108
Absatz 203
Absolutismus 103
Abwehraussperrung 84
Agrarsubventionen 285
Aktenzeichen 194
Akteur 14
Aktives Wahlrecht 97
allgemeine Geschäftsbedingungen (AGB) 193
Altersrente 147
Angriffsaussperrung 84
Antiterrorkampf 299
Aquakulturen 221
Arbeit 126
Arbeitgeber 95
Arbeitgeberrechte/Arbeitgeberpflichten 69
Arbeitnehmer 95
Arbeitnehmerrechte/Arbeitnehmerpflichten 69
Arbeitsgerichte 78
Arbeitskampf 83
Arbeitslosengeld I 149
Arbeitslosengeld II 149
Arbeitslosenunterstützung 149
Arbeitslosenversicherung 148
 - Beiträge 149
 - Leistungen 149
 - Versicherte 149
Arbeitsmarkt 87
Arbeitsplatzsicherung 149
Arbeitsplatzverlagerung 281
Arbeitssuchende 149
Arbeitsvertrag 68
Armut 135, 296
Asyl 289
Aufhebungsvertrag 73
Aufstocker 131
Ausbildungsförderung (BAföG) 152
Ausbildungsordnung 53
Ausbildungsvertrag 55
Auslandsüberweisungen 290
Aussperrung 84

B

Bausparvertrag 153
Bedarf 199
Bedürfnisse 199
Befristung 68

Berufsbilder 61
Berufsbildungsgesetz (BBiG) 52
Beschaffung 202
Beteiligungslohn (Gewinnbeteiligung) 128
Betrieb 27, 201, 202
betriebliche Altersversorgung 153
betriebsbedingt Kündigung 72
Betriebsrat 97
 - Aufgaben 97
 - Wahl 97
Betriebsvereinbarungen 100
Betriebsverfassungsgesetz (BetrVG) 96
Bildung 52
Bildungschancen 134
Binnenmarkt 245, 256, 258
Blauhelme (Peacekeeping) 305
Blog 173
Bodenausbeutung 221
Browser 164
Bundeshaushalt 117
Bundeskanzler 120
Bundespräsident 119
Bundesrat 117
Bundesrepublik 106
Bundesstaat 269
Bundestag 116
Bundestagswahlen 112
Bundesverfassungsgericht 122
Bürgerkriege 295
Bürgerliches Gesetzbuch (BGB) 54

C

Community 176
Corporate Identity (CI) 169
Cybermobbing 182, 183
Cyberstalking 184

D

Datenschutz 191
demografischer Wandel 88, 154
Demokratie 103
 Merkmale 103
 Organe 115
Deregulierung 276
Deutsche Rentenversicherung 147
Domain 164
duales System 50

E

Einkommensverteilung 134
Emissionen 226
Entlohnung
 - Aspekte 127
 - Frauen und Männern 130
 - Schwächen 128
 - Unterschiede 130
Entlohnungsformen 128
Entwicklungsländer 282
Erderwärmung 286
Erststimme 112
Erwartungen 41
Ethik 16, 20
ethnische Konflikte 295
EU-Erweiterung 268, 269
EU-Organe 248
Euro 16, 260
Eurokrise 264
Europa der Regionen 270
Europa der zwei Geschwindigkeiten 270
Europäische Atomgemeinschaft 239
Europäische Gemeinschaft 239
Europäische Gemeinschaft für Kohle und Stahl 239
Europäische Kommission 251
Europäischer Rat 249
Europäischer Rechnungshof 253
Europäische Union 238
Europäische Wirtschaftsgemeinschaft 239
Europäische Zentralbank (EZB) 253, 264
Europaparlament 248
Europass 259
Eurosystem 261, 262
Evolution 25
Exekutive 115
Exzess 131
EZB-Rat 261

F

Facebook 173, 186
Fachkräftemangel 89, 90
Fair Trade 161
Familie 26, 31
Familienpflegezeit 146
Fernsehen 167
Finanzkrise 265
Fischsterben 228
Flächenstreik 84

Stichwortverzeichnis

föderale Struktur 104
formelle Gruppe 30
formelle Gruppen 27
Fortbildung 65
Fraktion 116
Frankfurter Nationalversammlung 96

G
Geldfluss 276
Generalsekretär (UNO) 304
Generalversammlung 303
Generationenvertrag 147
Gesellschaft 13
Gesetz 103
gesetzliche Krankenversicherung
  - Beitragsbemessungsgrenze 141
  - Beitragssätze 141
  - Härtefall 141
  - Selbstbeteiligung 141
  - Träger 140
  - Versichertenstruktur 142
  - Versicherte und Leistungen 140
  - Versicherungspflicht 140
  - Versicherungspflichtgrenze 140
Gewalt 46, 47, 187
Gewaltenteilung 103, 115
Gewinn 212
globaler Terrorismus 298, 299
globale Umweltprobleme 286
globale Vernetzung 161
Globalisierung 15, 159, 274, 277, 282, 289
Greenpeace 230
Großkonzerne 280
Grundsicherung 152
Gruppen 25
Gruppenprozess 29, 30
Günstigkeitsprinzip 81
Güter 199
  - Freie 199
  - wirtschaftliche 200

H
Handelshemmnisse 285
Haushaltsdisziplin 262
Host 164

I
Ich-Identität 43, 44
Identität 43
Individualisierung 17

Individualversicherungen 138
Industrialisierung 95
Inflation 127
Informationsgesellschaft 162
informelle Gruppen 31
Instanz 79, 174
Institution 14
Institutionen (Organe)
  - Europäische Union 247
Interessengegensätze 95
internationale Arbeitsteilung 160
Internationaler Gerichtshof 304
internationaler Terrorismus 298
Internet 163
Internetdienst 163
Internetspielsucht 188
Internetwerbung 177
Inter-Rollenkonflikte 45
Intervention 189
Intra-Rollenkonflikte 44

J
Judikative 115
Jugendarbeitsschutz 75
Jugendschutz 193
Jugend- und Auszubildendenvertretung 99

K
kalte Aussperrung 85
Kampfeinsatz 306
Karrierenetzwerk 175
Kaufsucht 188
Kindergeld 152
Kleinrock, Leonard 163
Koalition 108
Kommissare 251
Kommune 270
Kommunikation 169
Kompromiss 47
Konfliktbewältigung 46
Konflikte 44, 46
Konfliktlösung 46
konform 17
Konsens 47
Konsum 212
Konvergenzkriterien 262
Krankenkassen 140
Kriege 294
Kultur 16
Kündigung 70
  - außerordentlich 72
  - personenbedingt 72
  - verhaltensbedingt 72

Kündigungsfrist 57, 70, 71, 73
Kündigungsschutz 74, 75

L
Lager 204
Laizismus 269
Lebensformen 33
lebenslanges Lernen 63, 64
Legislative 115
Lehrgeld 54
Leiharbeit 91
Leistungslohn 128
Liberalisierung 276
Lohn-Illusion 129
Lohnnebenkosten 68
Lohn- und Gehaltstarifvertrag 82
Luftverschmutzung 226

M
Managergehälter 128
Mandat 116
Manteltarifvertrag 82
Manuel Barroso 251
Märkte 200
Marx, Karl 95
Mehrheitswahl 108
Mehrparteiensystem 103
Mehrwertsteuer 215
Menschenrechte 103
Migration 289, 290
  - Deutschland 291
  - Zahlen 289
Minijob 130
Ministerrat 250
Mitbestimmung 94, 98
Mitwirkung 98
Mobilität 159
Monopol 201
Moral 19, 20
Mutterschutz 76

N
Nachhaltigkeit 232
NATO 297
neue Technologien 275
Niedriglohnsektor 131
Normen 20
Nutzerverhalten 166

O
ökologisches Gleichgewicht 219, 227
Onlinecomputerspiele 167
Opposition 108
OSZE 306

P

Pan-Nationalismus 298
Paradox 175
Parteien 105, 106
Parteienspektrum 105
Parteiprogramme 106
Passives Wahlrecht 97
Patchworkfamilie 33, 34
Peergroup 31, 36
personalisierte Verhältniswahl 109
Persönlichkeit 43
Pflegegutachten 146
Pflegestufen 146
Pflegeversicherung 143
 - Beitragsbemessungsgrundlage 145
 - Beitragssätze 144
 - Leistungen 145
 - Träger 144
 - Versicherungspflichtgrenze 144
Phishing 184
politischen Ziele 244
politische Unterdrückung 296
politische Ziele 245
Position 41
Posting 173, 175
Prävention 189
Preisstabilität 262, 263
Primärgruppe 38
Printmedien 167
private Altersversorgung 153
private Vorsorge 153
Probezeit 57
Produktion 203
Propaganda 187
Provider 164
Pseudonym 192

Q

qualifizierte Mehrheit 242
Quotenregelung 131

R

Radikalität 187
Rahmenlehrplan 53
Rahmentarifvertrag 82
Recht 103
Rechte 98
Rechtliche Grundlagen 110
Reformstrategien 155
Regeln 17
Regierung 108
Regierungswechsel 121
religiöse Auseinandersetzung 295
Rentenanwartschaft 131
Rentenleistung 147
Rentenversicherung 147
 - Beitragsbemessungsgrundlage 148
 - Bundeszuschuss 148
 - Rentenbeitragshöhe 147
 - Versicherungskonto 147
Ressourcen 219
robustes Peacekeeping 306
Rohstoff 211
Rolle 41
Rollenkonflikte 44

S

Sanktion 22
Say'sches Theorem 216
Schlüsselqualifikationen 63
Schuldenfalle 188
Schule 30
Schwellenländer 213, 282
Schwerpunktstreik 84
Sekundärgruppe 38
Server 164
Sicherheitsrat 303
 - Probleme 308
Sitzverteilung 112
SMS 173
soziale Gruppe 26
soziale Netzwerke 172
soziale Rolle 41
soziales Handeln 22
soziale Ungerechtigkeit 296
soziale Ungleichheit 133
Sozialhilfe 152
Soziallohn 128
Sozialpartner 80, 82
Sozialpolitik 135
Sozialversicherung 138, 139
spielsücht 168
Sprache 15
Staatenbund 269
Staatsgewalt 103
Staatsorgane 103
Standortwahl 280
Streik 83
Suizid 183
Supranationalität 245
Sympathiestreik 84
Szenario 164, 165

T

Tarifautonomie 83
Tarifgebundenheit 81
Tarifvertrag 80, 81, 82
Teambildung 28
Technisierung 17
technologischer Wandel 89
Terrorzelle 298
Toleranz 20

U

Überfischung 220
Umlageverfahrens 147
Umsatz 212
Umweltschutz 225
Unfallverhütung 151
Unfallversicherung 150
 - Aufgabenbereiche 151
 - Beitragsaufbringung 151
 - Versicherungspflicht 150
 - Versicherungsträger 150
UNO 301
 - Aufgaben 302
 - militärisches Eingreifen 308
 - Organe 302
UNO-Reform 307
Unternehmen 202
Unternehmensziele 204
 - ökologisch 206
 - ökonomisch 205
 - sozial 205
Untersuchungsausschuss 116
Urheberrecht 192
User 166, 175

V

Verdachtskündigung 73
Vergütung 57
Verhältniswahl 109
Verkauf 212
Verkehrsmittel 159, 160
Vermögensverteilung 134
Vertragsfreiheit 55
Vertrag von Lissabon 242
Vertrag von Maastricht 242
Verwaltung 103, 204
Veto 98
vier Freiheiten 257
virtuelles Wasser 287

W

Wachstum 160
Wahlgrundsätze 111
Wahlkreis 108
Währung 16
Waldrodung 219
Waldsterben 228
Warlord 306
Warnstreik 84

Wasserknappheit 286
Wasserverschmutzung 226
Wechselkursstabilität 262
Wehrbeauftragte 117
Wert 126
Werte 19
Wertewandel 20
Wertschöpfung 211

Winston Churchill 238
Wirtschaftsmigration 289
Wissensgesellschaft 162
Wohlstand 160
Wohlstandsgesellschaft 216
Wohngeld 152
World Wide Fund for Nature (WWF) 231

Z
Zeitarbeit 91
Zeitlohn 128
Ziele der EU 245
Zielkonflikte 208
Zinsen 262
Zweitstimme 112

Bildquellenverzeichnis

Fotos
Agentur für Erneuerbare Energien e.V.: 223.1
Allianz pro Schiene e.V., Berlin: 204.1, 204.2
AmazonasPortal: 220.1
Arbeit und Arbeitsrecht – Die Zeitschrift für das Personal-Management, Heft 9/09 – cartoon Gige + Mosquito: 67.1
Bergmoser & Höller Verlag AG, Aachen: 71, 99, 111, 113, 116, 120, 121, 248, 252
BITKOM Research: 174, 176, 185
BMWi (Quelle: Statistisches Bundesamt): 212.1
bpk, Bildarchiv Preußischer Kulturbesitz, Berlin: 30.1
Bundesarchiv, Bild 183-14077-006/Unknown/CC-BY-SA: 18.2
Bundesinstitut für Bevölkerungsforschung, Wiesbaden: 34.1
Bundesregierung/Guido Bergmann: 120.1
Bundesregierung/Jesco Denzel: 119.2
Bundeszentrale für Politische Bildung,(bpb) Lizenz: cc by-nc-nd/3.0/de: 250.1, 279.1, 282.1
Bundeszentrale für Politische Bildung,(bpb) Lizenz: cc by-nc-nd/3.0/de (Hartmann): 280.1
Bundeszentrale für Politische Bildung,(bpb) Lizenz: cc by-nc-nd/3.0/de/(Stratenschulte): 256.1, 256.2
Bundeszentrale für politische Bildung/bpb (Datenreport 2016) Lizenz: cc by-nc-nd/3.0/de: 33.1, 35.1
Daniel Bakovic, Esslingen: 192.1
Deutscher Bundestag/Marc-Steffen Unger: 23.1
Deutscher Lottoverband (DLV), Hamburg: 188.1
Deutscher Wetterdienst 2012: 227.1
Dialog HR CONSULTANTS GmbH, Hamburg: 63.2
Dieter Kasang, Hamburg: 207.1
DIVSI – Deutsches Institut für Vertrauen und Sicherheit im Internet, Hamburg: 191.2
dpa Infografik GmbH, Hamburg: 19, 22, 32, 62, 65, 69, 76, 81, 88, 89, 90, 91, 92, 104, 106, 110, 111, 115, 118, 119, 122, 127, 129, 130, 134, 135, 142, 145, 146, 148, 150, 152, 153, 154, 166, 172, 183, 208, 213, 215, 229, 240, 241, 244, 245, 249, 251, 257, 258, 260, 261, 263, 265, 268, 269, 275, 276, 281, 283, 285, 290, 291, 292, 294, 296, 297, 301.3, 303, 304, 305, 307
dpa Picture-Alliance GmbH, Frankfurt: 93.1, 93.2, 102.1, 125.1, 137.1, 139.1, 141.1, 158.1, 162.2, 163.1, 173.2, 214.1, 219.2, 225.2, 228.2, 228.3, 230.1, 234.1, 237.1, 238.1, 264.1, 267.1, 270.1, 273.1, 273.2, 273.3, 274.1, 286, 288, 298, 301.1, 306, 308
dpa Picture-Alliance GmbH, Frankfurt am Main/AP Photo/Khalid Mohammed: 301.2
dpa Picture-Alliance GmbH, Frankfurt am Main/Antonio Masiello/NurPhoto: 289
Dr. Eberhard Huber/penta eder: 28.1
EKD, Hannover: 25.1
EU/EC - Audiovisual Service/Georges Boulougouris: 251_3
EU/AFP-Services, EC - Audiovisual Service/Jean-François Badias: 251_2
EU/Sipa Press/Emile Po: 252.2
Fisch-Informationszentrum (FIZ) e.V.: 221.1
Fittkau & Maaß Consulting GmbH: 169.1
Fotolia.com – U1: janvier, Andrey Kuzmin: 11.1, Liddy Hansdottir -11.3, Antrey - 12.1, 26.2; laci619- 15.1, ag visuell – 15.2, arahan -16.1, Jipé – 16.2, Ideenkoch – 17.2, sspice – 17.3, Michael Rosskothen – 18.1, Ingo Bartussek – 24.1, 24.2, VRD – 32.1, 159.1; Jochen Schönfeld – 40.1, imageteam – 43.1, Lasse-designen – 49.1, pressmaster – 49.2, Sergey Nivens – 49.3, 157.3, 197.1; m-buehner – 59.1, Thomas Siepmann – 60.1, the_builder – 72.2, Mipan –78.1, James Steidl – 78.2, Melpomene – 125.2, Christa Eder – 125.3, Kobes – 157.1, lev dolgachov -157.2, Christos Georghiou – 159.4, heigri – 173.1, Dan Race – 182.1, eccolo – 194.1, Igor Yaruta – 197.2, carballo – 197.3, Gina Sanders – 226.1, mystock – 226.2, egeneralk – 237.2, vaso – 237.3, Sven Hoppe – 248.2, Michael H. Sterzenbach – 253.1, Kurhan – 255.1, Aleksey Sagitov – 311, D.R.3D - 313
GfK Verein, Nürnberg: 233.1
Greenpeace: 230.2

Bildquellenverzeichnis

IAB, Institut für Arbeitsmarkt- und Berufsforschung: 98.1
IG Metall: 81.2, 85.1
IG Metall, FB Tarifpolitik: 80.1
IG Metall/OECD: 74.1
Igs Braunschweig: 222.2
Initiative Neue Soziale Marktwirtschaft (INSM) : 31.1
JOB AG Industrial Service GmbH, Fulda: 206.1
Lecturio GmbH, Leipzig: 193.1
Lutz Prauser: 167.1
Medienpädagogischer Forschungsverbund Südwest/JIM-Studie 2016/www.mpfs.de: 189.1
NZZ-Mediengruppe, Zürich: 222_1
OMB AG Online.Marketing.Berater.: 175.1
Pilavas & Heller Infografik/Bildungsverlag EINS: 78.3, 83.1
Statistisches Bundesamt, Wiesbaden: 68.1, 213.1, 216.2
Stefan Braun/Thomas Ellerkmann: 180.1
Steffen Bogs, www.querschuesse.de: 217.1
Tania Schnagl, Wörth an der Donau, www.swinging-puppets.de: 30.2
TBS gGmbH Rheinland-Pfalz: 95.2
Thomas Ellerkmann: 73.1, 165, 180.1, 217.2, 218
TransFair e. V.: 161.2
Umweltbundesamt/Bundesministerium für Verkehr und digitale Infrastruktur: 160.1
W. Bertelsmann Verlag GmbH & Co. KG, Bielefeld: 56.1
Wikimedia Commons/CC-PD-MARK: 15.3, 64.1, 95.1
Wikimedia/CC-BY-SA-3.0/Mareike Heide: 164.1
Wikimedia Commons PD: 16.3, 18.3, 25.2, 33.2, 35.2, 65.1, 159.2, 159.3, 168.1, 216.1
XING AG, Hamburg: 62.2

Zeichnungen/Karikaturen
Burkhard Mohr, Königswinter: 20.2, 44.1
Elisabeth Galas/Bildungsverlag EINS: 161.1, 163.2, 220.2, 228.1
Frank Speth, Quickborn: 42.1, 232.1
Freimut Woessner, Quickborn: 97.1
Gerhard Mester, Wiesbaden: 219233.1, 312
Heiko Sakurai, Essen: 14.1, 94.1
Horst Haitzinger, München: 225.1
Karl-Heinz Schoenfeld, Potsdam: 61.1
Klaus Stuttmann, Berlin: 84.1
Lahs Murach, Frankfurt: 17.1
NEL: 34.2, 50.1
Peter Leger/Haus der Geschichte, Bonn: 82.1
Reinhold Löffler, Dinkelsbühl: 57
Roger Schmidt, Brunsbüttel: 72.1
Thomas Plaßmann, Essen: 171.1
toonpool/Ernst Mattiello: 208.1
toonpool/Dirk Pietrzak: 184
toonpool/Karsten Schley: 58.1, 70.1, 71.2
toonpool/RABE: 50.2, 87.1

Umschlagfoto
Fotolia.com © Taffi